Selected Works Of
Chen Chuanxi

5

陈传席 著

陈传席 文集

中国青年出版社

目 录 contents

●第五卷　悔晚斋论艺及序跋集

悔晚斋论艺（上）

悔晚斋论艺（下）

【序跋集】

陈传席文集

Selected Works Of Chen Chuanxi

第五卷　悔晚斋论艺及序跋集

 悔晚斋论艺（上）

悔晚斋论艺（上）

编者按

围绕书画的话题，不论理念、技法、见解、性情、品评、辨识、趣闻、轶事，千百年来，卷帙浩繁，不堪细探。当今书画家流，于此尤亏，题画作书，多抄前人佳句，不知自己何在。

金陵学人陈君传席，于书画典籍广览博涉，经年有悟，发为新声。虽著文言，细读不啻能通，其文采风流，犹惹剧怜。闲读漫思，或有裨益。

故自本期起，将有连载，长短不一，甚或用以补白，愿读者留意。

上海书画出版社《书与画》编者按

1、中锋与八面锋

今人论作画，有专主中锋，且谓非全用中锋者，不足成大家。

余曰：此胶柱鼓瑟也。且宋元以降，大家作画，专用中锋者鲜。关全、范宽之画，为众所周知，皆中侧锋并用。元之倪云林为文人画之顶，其画山石，笔笔侧锋。浙派、武林派作画，几不用中锋。"四僧""八怪"、徐渭、龚贤、"金陵八家""新安四家"，凡大家作画，情之所至，八面锋①齐至，鲜有专主中锋者。沈石田云："八面锋一齐都来，尚了不得，如何说中锋？"今人傅抱石、陈子庄、潘天寿、李可染作画用笔，皆不为中锋所囿。林风眠用笔则无锋可究，皆一代大家也。齐白石亦云："凡苦言中锋使笔者，实无才气之流也。"②

然余非恶中锋也。余自作书画亦喜用中锋。余恶专主中锋不可一笔出中锋之论者也。

①八面锋即八锋："中锋、侧锋、藏锋、露锋、实锋、虚锋、全锋、半锋，似乎锋有八矣。"（见《刘熙载集·艺概·书概》，华东师大出版社，1992年版页178页）

② 齐白石语见《齐白石画法与欣赏》胡佩衡　胡橐著，人民美术出版社1992年版102页。

2、老、嫩，厚、薄

今人论书画，以"老"为佳，以"嫩"为病。宋人亦然，刘道醇"六要"有云："格制俱老"。然明清正统画派皆以"嫩"为尚，以"老"为病。董其昌等华亭诸家、"四王"、南田之徒作书画，皆务求其"嫩"。《桐荫画诀》云："吴梅村画，较之六大家笔法似到家，然一种'嫩逸'之致，真能释躁平矜，高出诸家之上。"梅村画因其"嫩"而高出诸家之上，是知其时尚"嫩"之风何盛也。又斥老云："世人作画，但求苍老，自谓功夫已到，岂知画至苍老，便无机趣矣。……须知：但求苍老者，终在门外也。"又责怪"本朝各家"，"于嫩之一字，均未领会"。作画之始，"宜求苍老"，"成功以后，如务为苍老，不失之板秃，即失之霸悍，有何生趣哉？如烟客、耕烟两大家，虽各极其妙，而烟客尤神韵天然，脱尽作家习气者，其妙处正在嫩也。……吾故曰：烟客之嫩，正烟客之不可及也。石谷之老，正石谷之犹未至也。"

明清诸大家以"嫩"为的，王原祁力主"化浑厚为潇洒，变刚劲为柔和"，亦欲求其嫩也。至近代吴昌硕、黄宾虹又力主笔墨苍老，其画一扫明清柔弱之气，重振画坛雄风，一开新面。又非嫩者可至也。

余论曰：画之老、嫩，各见面目，各宜其宜，周公、甘罗，谁见高下？然老不可枯索粗野，嫩不可纤弱浅薄，识者不可不察也。

又有云，作画宜厚不宜薄。

以常论之，固宜厚不宜薄。然不可绝对论之。作画如作诗，袁子才云："今人论诗，动言贵厚而贱薄，此亦耳食之言。不知宜厚宜薄，惟以妙为主。以两物论，狐貉贵厚，鲛绡贵薄。以一物论，刀背贵厚，刀锋贵薄。安见厚者定贵，薄者定贱邪？"①斯言得之。

① 《随园诗话》卷四。

3、清空与质实

文人作画如词家之写词，贵在清空，不在质实。张炎曰："清空则古雅峭拔，质实则凝涩晦昧。"①。然则一种用笔，何以至清空？何以至质实？余曰：以力用笔，易质实；以意用笔，多清空。若力、意并用，则质实、清空俱得，然仅得其半，且不偏于意则偏于力，不若得一意以灵也。

或曰：何为用力，何为用意？答曰：此可神游意会，不可驻思而得也。

然会意者得吾此语，则由无意变有意，由懵懂变自觉也。

① 见张炎《词源·清空》。

4、感·觉·悟

感觉、觉悟，佛家之语也。实由感而觉，由觉而悟。觉者，菩萨也；悟者，佛也。

凡书画诗文之成大功者，必经此三境界。

夫感者，师其物也；觉者，师其心也；悟者，师其性也。师物，即摹仿，摹仿前贤，摹仿自然，其善者曰：能；极善者曰：妙。师心者，即中得心源，先有所思，后以手状其思（以手写心），其佳者曰：奇。师性者，则任性而发，不知然而然，随其意也，此化也，其绝者曰：神、逸。

越此三境，尔后成大家。

5、三般见解

吾昔作文论"感、觉、悟"，今复读佛典，另有所悟，再论"三般见解"。

《五灯会元》卷十七载吉州青原惟信禅师语云："老僧三十年前未参禅时，见山是山，见水是水；及至后来，亲见知识，有个入处，见山不是山，见水不是水；而今得个休歇处，依前见山只是山，见水只是水。大众，这三般见解，是同是别？"①

青原惟信乃临济宗南岳下十三世。其开始时见山是山，见水是水，是只见到山和水之形，其本人并不带任何感情色彩，更无将自己之意识带入山水中去，更不知道山水中还包含着很多文化积淀。此时，青原惟信所见之山水即是山水——皮相的无情无意之物。此在禅家谓之"有执"。以"有执"看山水，形态于笔下者，仅有其形，而无神，更无意。此时，仅有所"感"，无觉，更无悟，是师物阶段耳。

清人况周颐云："吾听风雨，吾览江山，常觉风雨江山外，有万不得已者在。此万不得已者，即词心也。"②"有执"阶段，听风雨、览江山，而无词心也。

尔后，"见山不是山，见水不是水"，是因其"亲见知识，有个入处"。入处，即带以禅学底蕴的眼光去观看物象了。如是则物象皆"法身"也。禅家主"法身无象，应物现形"观念，天地间一切物象皆"法身"的变现，当然，山水也是"法身"的变现。是以山不是山，水不是水。此之谓"法执"。以"法执"观物，意在而形亡，见意不见形，故山水之形皆亡，此亦"山不是山，水不是水"也。

　　艺术、文学之至此，乃师心也，物下所写，乃心中所思，非真实物也。然心有所思，心累也；所思之物见于笔下，又非自然之物，刻意变象、抽象者，皆此境也。然非艺术之至境也。师心之精熟者，"觉"也。"觉"者，艺术之高境也，然亦非至境也。

　　"法执"固为禅家之境，亦非禅家之至境。当其大彻大悟之后，方知"色即是空，空即是色""色空一如"也。固山水即吾意，吾意即山水；山水仍是山水，然其中皆有吾意在。是以此时之山水，与始时（感）山水不同，更与他人眼中之山水不同，吾之修养意识、心境，皆化于其中，寄托于其中。吾意寓于山水，吾意有所托；山水以寓吾意，山水亦有所托。禅家谓："心不孤起，托境方生。境不自在，由心故现。心空即境谢，境灭即心空。未有无境之心，曾无无心之境。"庄子之谓"物化"，禅家又谓之"无执"。非仅见山水之皮相，亦非仅见己之意，即无执于形，无执于意，形意合一也。前言"吾听风雨，吾览江山……"风雨、江山，实在之物也，谓之第一自然。"风雨江山之外有万不得已者在"，此"在"虽在而无形，第二自然也，词人感而生之也，即意也。风雨、江山中有词心，词心寓于风雨、江山中，形意合一，此"三"也。

　　听风雨出于耳，览江山出于目，词心出于意，意根于性，能师性者，方能无执。无执于形，无执于心，随性而出，形见则意见，随笔而出，而非皮相之形，亦非心意苦思之形，此为至境也。至于此，诗人能即景为诗，诗皆言志言情，景与志与情合一；画家能即象为图，图皆显意显情，象与意与情合一。不执于有象，不执于无象，不执于具象，不执于抽象。禅家云："至人不舍幻，而过于色空有无之际。"所谓"不舍幻"者，乃不舍弃感觉世界也。"过于色空有无之际"者，乃不执著于"有"，不执著于"无"也。故凡过于求具象，过于求抽象，云云，皆非至人至境也。随性而出，形也，意也，山水也，吾意也，山水即吾意，吾意即山水，凡艺术诗文之至此者，方可为大家也。图画，近人惟白石、宾虹二老能之，西人惟毕加索能之。诗歌，吾见乎民间真朴老妪能之，古之曹子建能之，李太白能之，而今人以诗文从业者流，吾无所闻焉。

① 见《五灯会元》，中华书局，1984年版下册，第1135页。
② 《蕙风词话》，中华书局，1982年版。

6、韵·法·意·态

玄宰论书曰："晋书尚韵，唐书尚法，宋书尚意。"今人又增曰："明书尚态。"

案："尚法"之"法"，乃《荀子·劝学》"《礼》《乐》法而不说"之"法"。法者，严肃也，正规也，模范也。《荀子简释》有云：《礼》《乐》有一定之声容而未尝说明其理，故曰："法而不说。"亦有严肃正规模范之意。今人多误解为方法之法，真陋也。且韵者，原指人之神韵；意者，原指人之意态。故法亦指人之"声容"严肃、正规、不苟邪乱也。若释为方法之法，则与韵、意亦不合也。又《易·系辞上》云："制而用之谓之法。"孔颖达疏："言圣人裁制其物而施用之，垂为模范。"亦通。要之，非方法之法也。

韵由神魄中来，法由骨体中来，意乃神魄之表者，态乃骨体之表者。故曰："学书不学晋书，终成下品。"良有以也。

7、藏与露

妓至，程明道相背而不视，程伊川直对而视之。初闻之，人皆褒明道之正经，而以伊川好色为不齿。其后有论曰：背妓而坐者，目中无妓，而心中有妓；对妓而坐者，目中有妓，而心中无妓。背者藏也，对者露也。藏者在于内，虽不露于外而内在思之不止，可谓丰富；露者在于外，外在简显而内在无物。伊川对妓而视，赏其色之美，神韵之佳，心中何暇多想也。故藏者持重，露者失态。然，藏之过深，压抑太重，则损精神；露之过分，放纵无羁，则成轻薄。

书画用笔同之。然今人多知藏锋不露，不知藏之过深，亦病也。盖压抑太过，则损精神也。白石论用笔曰："不欲多露锋芒，露则意不持重；不欲深藏圭角，藏则体不精神。"[1]真至语也。

董其昌云："画欲暗不欲明"[2]。亦此意，"暗"者，藏也，非黑暗也；"明"者，露也，陋者释为明亮，谬也。董又云："作书最要泯没棱痕，不使笔笔在纸素，成板刻样"[3]。故后之师董者，用笔一味求暗，深忌"棱痕"，藏之过深，乃成馆阁体之软媚，既不持重，又无精神。学者若识白石之语，则何至有此弊也。

①见宋·姜夔（号白石）《续书谱·用笔》。
②见明·董其昌（字玄宰）《画禅室随笔》。
③同上。

8、写意

西方传统绘画，精确如真，明暗、光影、解剖、透视、色彩、比例，无一小失，每作一画，必有真实所依。有一画数年乃至十数年者。吾国传统画家非不能此，实不欲如此也。

孔子曰："志于道、据于德、依于仁、游于艺。"①盖艺者，游之而已。又曰：自娱。今人谓之：玩。岂有游玩而认真计较者乎？故草草而成，写其意而已。何晏曰："志，慕也，道不可体，故志而已。据，杖（仗）也，德有成形，故可据；依，倚也，仁者功施于人，故可倚。艺，六艺也，不足据、依，故曰游。"②又《正义》曰："六艺……此六者所以饰身耳，劣于道德与仁。故不足依据，故但曰游。"③朱熹曰："游者，玩物适情之谓。"④是以文人作画，以之游憩、玩物、适情、养神，以待学道也，故写意画尤重，非惟形之可舍，神亦寓于笔墨之中也。

①见《论语·述而》。
② 见《十三经注疏》，中华书局，1980年版，第2483页。
③ 同上。
④见《朱注论语》。

9、五代——艺术辉煌之顶

论画者必盛称宋。更有谓中国画以宋为中心者。史家必唱宋画传统之调。实则，宋画乃五代画余绪耳。史记宋画三大家关、李、范，标程百代，照耀千古。此记甚谬。关仝乃五代初梁人也；李成历经后梁、后唐、后晋、后汉、后周，亦五代人也；范宽生于五代末，虽卒于宋，实五代上升之惯性也。又，四大家之荆、关、董、巨，无一宋人。荆浩，唐末五代初人；关仝，上已述，乃梁人；董源、巨然，南唐人。史家误为宋人者，皆震于宋画之大名而不考之故也。

五代画方为中国画之顶，山水画荆、关、董、巨，宋之后，无可过之者。花鸟画，徐熙、黄筌为大宗师，后世作者，不师于徐，即师于黄，宋之后无可过之者。人物画周文矩、顾闳中、王齐翰，宋之后，无可过之者。宋之画，"齐鲁之士，惟摹营丘；关陕之士，惟摹范宽"①。黄筌画乃宋画较艺之标准②。皆保守五代法也。

论文者必曰唐诗宋词，实则词至五代已成熟，宋续之而已。五代词坛有二，一曰前后蜀，一曰南唐。蜀词之多不可胜数，集为《花间集》，开百代之先，后世师之者，皆曰花间派。南唐一李后主，占尽古今词坛风情。《谭评词辨》谓之："后主之词，足当太白诗篇，高奇无匹。"前无古人，后无复继踵。纳兰性德曰："花间之词，如古玉器，贵重而不适用。宋词适用而少质量。李后主兼有其美。兼饶烟水迷离之致。"③五代词，后主一人，后世即无可过之者，矧有李璟冯延巳辈。词之成，何待以宋也。

　　或曰："五代表面上乱，实质上变。"宋文六大家④，蜀居其三，江西其三⑤，皆蜀、南唐之遗地也，岂偶然哉。

① 见宋·郭熙《林泉高致集》。
② 见宋皇室修《宣和画谱》。
③ 《渌水亭杂识》。
④唐宋八大家，宋居其六。
⑤ 参见《五代史略》。南唐两次迁都江西南昌。

10、书画用笔不可太实

　　书画用笔不可太实，太实则如其人，其易病者六。其一内涵不足，笔下少物；其二形呆体不灵；其三意不足；其四神不清；其五气不逸；其六质不扬。然则如何去太实之病？曰：惟以意会之，以意为之。

　　或曰："笔实无碍于雄壮强猛之状也。"余曰：是则是也，然终乏于潇洒之姿也。前者，勇士也；后者，雅士也。所好者不同，则所取者异也。

　　其实诗文亦然，语太实则一览无余，无回思之地，无再品之味。

11、汉代书法改革成败之鉴

凡事，改革太急太过，便会"胡来"。世事、政体、诗文、书画皆然。过犹不及。

书法至汉，改革已甚，有成者，有败者。

由篆而隶，亦已甚矣，篆书笔画圆而匀，故刻印者用之，谓之篆刻，无闻隶刻者也。盖隶有方圆粗细波磔之变，不易奏刀。然其书甚美矣。

吾国文字，以象形为基。篆书之水，水波状。隶书之"水"，则无水之状也。篆书之"照""热""焦"等，其下为"火"，犹是"火"之状；隶书下则变为"灬"，而无火之状也。然而后世继之，书之颇便也。此变之甚且又成者。

然，再变者，又作"鸟书""虫书""飞白书"，其时皆为高雅先进者，而今乃流为村头街巷卖艺者之俗趣也。此变之太过而败之者也。今之书法改革者察之鉴之，勿为过激耳。

12、道、佛异同

道之境，略进之则为佛。

道家主"无"，佛家主"空"。

道家主"静"，佛家主"净"。

道家主"忘"，佛家主"灭"。

道家主"虚"，佛家主"幻"。

道家主"无欲"，佛家主"无念"。

道家主"隐几"，佛家主"入定"。

道家主"丧耦"，佛家主"涅槃"。

道家主"物我两忘"，佛家主"四大皆空"。

道、佛之异在于：道求生之乐，而不论死后；佛求生之苦[1]，而望死后极乐。又："佛法以有生为空幻，故忘身以济物；道法以物我为真实，故服饵以养生。"[2]

①佛以苦空为旨，韦应物《书怀寄顾八处士》诗有云："别从仙客求方法，曾到僧家学苦空。"

② 《广弘明集》卷八《道安二教论》。

13、名家和大家

昔梁释慧皎著《高僧传》云："名者，本实之宾也。若实行潜光，则高而不名；寡德适时，则名而不高。"有实方有名，然而名与实不符者，古今皆代代不乏人，有名高一代而无其实者。然而无实而有名者，如气泡之突然升起，为时不久即消失，终无名也。故曰："名者""实之宾也"。"实行"者，切切实实而行也。如是，日积月累，方能"高"。然而不名者，何也？立时不能适俗，一也；自己不善推销，二也；无人为之鼓吹，三也。然而因其高，久而必有识者。故真高者，一时无名，久后必有名。实在则名在，如泰山在，泰山之名必在，且能不朽。

适时必迎俗，偶一迎俗，亦不名，若事事适时，时时迎俗，处其心积其虑，上拍下骗，虚张声势，招摇过市，张旗鸣鼓，造声造势，人人知之，此必名也。然则用心于虚，必无力于实，则名而不高也。不高者，一旦声销鼓息，人仍不见其实，则不名也。是以，名家若无其实，久之必不名。

故先有其实而后有名者，为真名家；徒有虚名而无其实者，为伪名家。伪名家者，皆寡德之徒也。迎合上意，顺适俗情而成名者皆然。

余所论者，真名家也。真名家真有其实者也。然则未必为大家。若大家如高僧，实行潜光，乃至于高，高则必有名。是以大家必为名家，然名家未必为大家。名家之名或一时过于大家者，盖因世人识见平平者众也。然则，大学识家、大史学家一出，慧眼识之，理论之，批评之，张扬之，使庸众知之，或著之于史，以垂不朽，大家之名终过于名家也。

夫名家与大家之别者何？曰：名家作画作文，意在画与文，平日训练技巧，以技巧之功而使画与文完美，以之炫众也。众人见其完美而惊其功，其人亦名也。大家作画作文，意不在画与文，当其胸中有意，则振笔直言其意，有话则短，无话即罢，嬉笑怒骂，皆成文章。苏东坡云："吾文如万斛泉源，不择地而出，在平地滔滔汩汩，虽一日千里无难，及其与山石曲折，随物赋形而不可知也。"①因情发不可止而成文，则文可感人也，若大画家胸有怒气、闲气、逸气、静气、喜气，挥笔直泻，其意不在画，而在抒其气，气抒而画成，则观者见其气而感之，象忧亦忧，象喜亦喜，主客为一，物我合一，情在其中，意在画外。此为大家之画也。

若徐渭作画，其意不在画，大家也。

若"四王"作画，其意在画，名家也。

若鲁迅之作文，意不在文，大家也。

若钱锺书之作文，意在于文，名家也。

若韩愈作《进学解》，其意在鸣不平，大家也。

若李华作《吊古战场文》，其意在文，名家也。

若老残（刘鹗）云："棋局已残，吾人将老，欲不哭泣也得乎？"其哭泣而成文，故有《老残游记》，非为文而作也，其自序云："《离骚》为屈大夫之哭泣，《庄子》为蒙叟之哭泣，《史记》为太史公之哭泣，《草堂诗集》为杜工部之哭泣，李后主以词哭，八大山人以画哭，王实甫寄哭泣于《西厢》，曹雪芹寄哭泣于《红楼梦》。王之言曰：'别恨离愁，满肺腑难陶泄。除纸笔代喉舌，我千种相思向谁说？'曹之言曰：'满纸荒唐言，一把辛酸泪，都云作者痴，谁解其中味'……吾人生今之时，有身世之感情，有家国之感情，有社会之感情，有种教之感情。其感情愈深者，其哭泣愈痛；此鸿都百炼生所以有《老残游记》之作也。"

斯言得之，此所以为大家之文也。

若蔡东藩为编造故事而作文，林纾为卖钱而作画，皆名家也。

王国维云："尼采谓：'一切文学，余爱以血书者。'后主之词，真所谓以血书者也。宋道君皇帝《燕山亭》词亦各似之。……"[②]一切文学，皆以墨水书者，所谓以血书者，皆心境情志之物也。

大家者，重在训练心胸，坦荡心胸；名家者，重在训练技巧，表现技巧，斯其异也。然则大家亦必有大家之技巧。夫至道无言，然非言何以范世。言者，技巧也。陶渊明有逸气，李太白有狂气，然而不能画，无画之技巧也，然而能诗者，有诗之技巧也。

王力论诗之技巧，国中第一，董其昌论画之技巧，无人能过，然而其诗其画不感人者，胸中之"志"与"气"，不过人也。此可以为名家，不可为大家也。然董其昌又为理论之大家，若理论大家，须能立高观深，立远观远，综览全局，兼顾前后，见精识深，又能望芥子而知须弥，纳须弥于芥子，出其言则能启人深思，举其一而反其三。

若理论名家，则能沉潜于一事一案，深入之，劈见之，来龙去脉，俱知之，毫发不遗。亦足惊人也。然则理论大家亦必具名家之功也。

要之，名家有技巧，大家有气度。名家有学，大家有才。名家有知，大家有识。而名家之"有"，大家必有之。

① 《文说》。
② 《人间词话》。

14、诗有三远

郭熙谓山水画有"三远"①，诗亦然。

李太白："登高壮观天地间，大江茫茫去不还。黄云万里动风色，白波九道流雪山。"——此高远也。

杜子美："群山万壑赴荆门，生长明妃尚有村。"——此深远也。

陶渊明："采菊东篱下，悠然见南山。"——此平远也。

高远之意突兀，深远之意重深，平远之意冲融。

高远气势高阔，深远浑涵汪茫，平远平淡天真。

少年多喜高远，中年多喜深远，老年多喜平远。心志异也。

① 见宋·郭熙《林泉高致集》。

15、诗与人

苏东坡诗云："不识庐山真面目，只缘身在此山中。"

余曰："此学士诗也。"

王安石诗云："不畏浮云遮望眼，只缘身在最高层。"①

余曰："此宰相诗也。"

或曰："未离海底千山黑，才到中天万国明。"②此非王霸者之诗乎?

善哉，诗与人一也。心与手不可相欺乃如斯。

① 只缘，一作自缘。
②宋太祖赵匡胤《咏日》诗。

16、吴、浙、蜀之地与人

　　吴地以苏州为重，重文轻武，故状元居全国之首。绍兴次之，蜀地又次之。然大才华之士，吴不如绍兴，绍兴不及蜀。

　　韩愈《城南联句》有云："蜀雄李杜拔"。李白长于蜀，游于蜀。杜甫入蜀而后成诗圣[1]。三苏皆蜀人。黄庭坚入蜀而后诗变，《苕溪渔隐丛话》云："余读《豫章先生传赞》云：'山谷自黔州[2]以后，句法尤高，笔势放纵，实天下之奇作。自宋兴以来，一人而已矣。'"陆游乃绍兴人，入蜀后，"细雨骑驴入剑门"，而后方气势磅大。孙位入蜀而为一代画圣，边鸾、刁光胤入蜀而开花鸟画科，王诜入蜀而画变，"文彩风流磨不尽，水墨自与诗争妍"，"郑虔三绝君有二，笔势挽回三百年"[3]。郭沫若蜀人，张大千蜀人，傅抱石入蜀而画雄……皆天下士矣，盖江山之助也。

　　绍兴山水之佳，故强于吴，然比之蜀地雄奇秀旷又甚微，地灵人杰，信不虚也。若状元之流，寻章摘句之徒耳，吴地宜之。

---

①蜀成都有杜甫祠，然无李白祠，其可怪哉。
②黔州，四川彭水黔江等地。
③ 苏轼跋王诜《烟江叠嶂图》语。图藏上海博物馆。

17、洞庭张乐地

董其昌题董源名作句有"洞庭张乐地，潇湘帝子游"，故名曰"潇湘图"①，中外学者以为董其昌诗，实乃六朝时谢朓诗也，全诗云："洞庭张乐地，潇湘帝子游。云去苍梧野，水还江汉流。停骖我怅望，辍棹子夷犹。广平听方籍，茂陵将见求。心事俱已矣，江上徒离忧。"②

首联乃用黄帝张乐于洞庭故事也。黄山谷《题李白诗草后》云："余评李白诗如黄帝张乐于洞庭之野，无首无尾，不主故常，非墨工椠木人所可拟议。"③盖用此意。注云："《庄子》北门成问黄帝曰：'帝张咸池之乐于洞庭之野，吾始闻之惧，复闻之怠。'"《山海经》曰："洞庭之山，帝之二女居之，是帝游江渊澧沅，风交潇湘之川。"郭璞曰："言二女游戏江之渊府，则能鼓动五江，令风波之气共相交通，言其灵鳌也。"《楚辞·湘君》曰："帝子降兮北渚。"王逸曰："帝，谓尧也，娥皇女英，随舜不反，死于湘水，因为湘夫人。"此"潇湘帝子游"之注脚也。余观夫董源斯图，似非"潇湘帝子游"之诗意也，乃玄宰附会臆说耳。今之史家宜再研究，莫为古人所欺。

① 《潇湘图》乃五代南唐董源名作，现藏北京故宫博物院。
② 见《文选》卷二〇，谢玄晖《新亭渚别范零陵诗》。
③ 见《后山诗话》。

18、书鉴

怀素《自叙帖》前后不一，始则潇洒飘逸，从容不迫，继之则龙腾蛇走，刀光剑影，再而如石破天惊，雷鸣电闪。其字愈写愈大，至其不可收拾之时，则又戛然而止，如电断光息。

凡书，情缓则缓，情急则急，情狂则狂，醉素尤然。其帖因情而书，情愈激愈狂，愈狂书愈激，故愈至后字愈大愈猛。《自叙帖》首不如尾。

然则孙过庭《书谱》尾不如首。此狂者与学者书法之别也。盖学者书出于理性，久书则力疲，每况愈下；狂者书则愈书愈狂，愈狂愈妙。

19、跋《书谱》

孙过庭以有心硬笔作书谱，不类常流。初视之，有支离破碎之感，久视之，若天女散花、七宝铺地，似抛璧落玉，浮光跃金。观其意在潆养万里外，天机开合，自我而入，心之变化，托于书者，自言："情动形言，取会风骚之意；阳舒阴惨，本乎天地之心。"亦自道也。

20、古之学者为己

子曰："古之学者为己，今之学者为人。"①

《颜氏家训·勉学》云："古之学者为己，以补不足也；今之学者为人，但能说之也。"

《太平御览》卷六百七引《新序》云："齐王问墨子曰：'古之学者为己，今之学者为人，何也？'对曰：'古之学者，得一善言，以附其身；今之学者，得一善言，务以悦人。'"

为己，履而能行之，充实己，涵养己，改造己，身正言正；然后为德、为政、为艺、为文，皆不恶也。

为人，意在装饰以炫人，空能为人言说，浅得其表，己之行不正，又不能充实、涵养，发而为文、为艺、为德、为政者，亦然。斯历代道德沦丧，为政偏颇，文章卑下，艺术庸俗之源也。

①语见《论语·宪问》，又见《荀子·劝学》，《北堂书钞》引《新序》《后汉书·桓荣传论》。

21、真隐者和使气者艺文必异

真隐士作画作书必清高淡逸，倪云林、弘仁是也。

好酒使气者书画必狂放磅礴，不可一世，吴道子、徐渭是也。

作诗文亦然。

真隐者如陶渊明，诗文皆清高淡逸。

好酒使气者如李白，诗文皆狂放磅礴。

亦有真隐而好酒者，如陶渊明也。真隐者心如死灰，酒不足以扰其心，故虽好酒不足以使气也。李太白未尝一日真隐也。

然真使气而不好酒者，鲜也。盖人长久于世必伪诈，使气者性皆真，"醉之以酒而观其侧"[1]。借酒之力，去其伪诈，而存其真，是以故。

---

[1] 《庄子·列御寇》。

22、简与繁

齐白石小品极简，其美甚矣。

黄宾虹山水极繁，其美甚矣。

刘禹锡《陋室铭》、王安石《孟尝君论》，皆寥寥数语，千古不衰。《红楼梦》百余万言，风靡宇内。

恽南田曰："如于越之六千君子，田横之五百壮士，东汉之顾厨俊及，岂厌其多？如披裘公，人不知其姓名，夷叔独行西山，维摩诘卧毗耶，惟设一榻，岂厌其少？双凫，乘雁之集河滨，不可以繁简论也。"①

方薰云："李（成）、范（宽）笔墨稠秘，王（洽）、米（芾）笔墨疏落，各极其趣，不以多寡论也。画法之妙，人各意会而造境，故无定法。"②

①《南田画跋》。
②《山静居画论》。

23、文入蜀则雄，武入蜀则弱

　　文入蜀则雄，武入蜀则弱，自古而然。盖蜀地天下秀之景熔人志气，消人猛气，弱人勇武，使民乐其生而无杀战之心。不若北方风沙之地，粗旷干枯之景，多出剽悍之民，悲歌慷慨之士，好斗轻死之心，愈战愈勇。

　　从来国家战乱，多以北胜南，无闻以南胜北也。尤无能以蜀而统天下者。战国之乱，北方秦一统之；汉乱，北方魏最强；三国乱，北方晋一统之；晋乱（南北朝），北方隋一统之；隋乱，北方太原唐一统之；唐乱（五代十国），北方赵氏一统之而建宋。北宋败于北方金，南宋亡于北方元。元乱，刘福通北上而亡，朱元璋南战而胜。明乱，北方满清入关南下，势若破竹。皆以北胜南也。

　　刘璋守蜀而暗弱，刘备南下入蜀而猛，北上攻吴而亡。诸葛亮六出祁山而不成，姜维九伐中原而败。刘禅之父自北而起，身无长物而夺蜀，刘禅守天府之国而终为虏。王衍守蜀，固有天险，后唐兵到即亡。孟昶守蜀，北宋兵到即亡。非天不时、地不利，乃武入蜀则弱也。

　　古今治军者，凡屯兵于蜀，吾知其必败。

24、人生不可无憾——美女、才女非寡即夭

少时读书，记有一语："妇之有才有色者，辄为造物所忌，非寡即夭。"惜已忘却出自何人何书。然美女才女"非寡即夭"一语三十年不能忘。证之古今，信知此语不虚。西施[①]王昭君、赵飞燕、绿珠、杨玉环，美女也，皆不得善终，此夭也；班昭[②]、蔡文姬、李清照，才女也，皆亡夫而数嫁，仍不得意，此寡也。若朱淑真，才女又雅女也，然嫁一俗商，心境忧郁，终日断肠，此又不若寡也；若唐诗人鱼玄机[③]，虽为人妾，爱衰而仍被弃，后入观为道士，终因获罪而被处死；若薛素素[④]、柳如是、卞玉京之流，美女而兼才女，然堕落风尘，斯又下也。

人生不可无憾，完美即死亡。

十全十美者莫过于西摩尔格[⑤]，然终成祸害而被杀。此可为知不足者戒。

嗟夫！知人生必有憾，则无憾也[⑥]。

①最早记载西施的《墨子·亲士》有云："西施之沈，其美也。"言西施因美丽而人沉入江中。或曰："越王勾践灭吴后，西施被视为'亡国之物'，被越王夫人装入袋中而沉入江底而死。"《史记》记"范蠡既雪会稽之耻……乃乘扁舟浮于江湖，变名易姓，适齐为鸱夷子皮，之为陶朱公。"正义《国语》云："勾践灭吴，反至五湖，范蠡辞于王曰：'君王勉之，臣不复入国矣。'遂乘轻舟，以浮于五湖，莫知其所终极。"皆未言携西施同游也。早期史料皆无西施记载。后人记吴亡后，西施与范蠡泛舟五湖，皆好事者艳其说也。余尝游西施故里浙江诸暨市，苎萝山西施殿有今人赵朴初的诗碑云："破吴禄弗及蛾眉，轻卸宫妆却锦衣。寄志江湖同范蠡，令人长忆浣纱溪。"《左传》介之推："不

言禄，禄亦弗及。"李白诗："越王勾践破吴归，义士（一作壮士）还家尽锦衣。"亦云西施与范蠡寄志江湖，不知何据。余尝叹曰：若果有西施，且果嫁于吴王，西施理应协助其夫共振吴国。同时，促使吴越共弃前嫌，为睦邻之国。何乃助越灭吴？灭吴即灭其夫，夫亡，则家亡。家亡，而妻能存乎？其被沉入江，宜乎？不宜乎？哀哉！又，与西施同时被献与吴王之美女郑旦，于吴亡后，亦郁郁而死。此亦见美女不善终也。郑旦亦浙江诸暨人，与西施同时同里，诸暨至今仍有郑旦亭。

②班昭：班彪女，班固妹，嫁曹世叔。未几，其夫死，是以班昭早年即守寡。和帝下诏令其续《汉书》，马融从其授业。班昭虽才女，亦寡也。

③鱼玄机（844～868），字幼微，一字蕙兰，长安人。天资聪慧，才思敏捷，十五岁为李亿的小妾。得李亿之宠爱仅一两年，因李亿夫人"妒不能容"，被李亿遣至咸宜观为道士。鱼玄机从此日夜怀念李亿，盼望有朝一日破镜重圆，她的名句"忆君心似西江水，日夜东流无歇时""散聚已悲云不定，恩情须学水长流"等都是为李亿而写。李亿，字子安，当时在朝中任补阙（掌管讽谏、举荐人员），又是风流才子，早已把鱼玄机淡忘。鱼玄机又写出"易求无价宝，难得有情郎""茫茫九陌无知己，暮去朝来典绣衣"等名句，又与大诗人温庭筠等往来，互赠诗篇，温庭筠"薄行无检幅"，对鱼只取玩弄态度，并无真情。后鱼玄机因性情暴躁多疑，笞打女僮（侍婢）绿翘至死，被京兆尹温璋处死，年仅二十四岁。《唐诗快》黄周星云："嗟呼！世间至难得者佳人也，若佳人而才，非难中之难？乃往往怫郁流离，多愁鲜欢，甚至横被刑戮，不得其死。如张丽华、上官婉儿，皆斩于军前，王韫秀、鱼幼微具毙于杖下。白刃蜷蜍之领，赤棒凝脂之肤，人生惨辱，至此已极。"美女、才女之不幸，乃如斯。后人辑《唐女郎鱼玄机诗》一卷，《全唐诗》存鱼玄机诗五十首。

④ 薛素素，明末著名画家、诗人。胡应麟《甲乙剩言》记其"姿度艳雅，言动可爱。能书，作《黄庭》小楷，尤工兰竹，下笔迅扫，各具意态，虽名画好手，不能过也。"当时及其后的董其昌、李日华对她都很推崇。素素文武双全，走马挟弹，百发百中，"尝置弹于小鬟额上，弹去无迹。自称女侠。"又能调筝，鸣管刺绣、作诗。但多次作人小妾，皆被遗弃，境遇凄惨。薛素素事略见《明诗综》《静志居诗话》《甲乙剩言》《式古堂书画汇考》《珊瑚网》《玉台画史》《明画录》等。

⑤ 伊斯兰神话中的神鸟。

⑥ 吾友最爱纳兰性德，读此条后曰：

"纳兰性德生于显贵之家，其父明珠乃叶赫贝勒之孙，其母爱新觉罗氏乃努尔哈赤之孙女，英亲王阿洛格之女。一生荣华富贵，又才华出众。其二妻，一为卢氏，两广总督之娇女，才貌双绝。二为官氏，家世尤为显赫，乃一等公之女，才貌之佳，无以伦比。其二妾，一颜氏，二沈氏，皆绝色美女，而又才华超众。且颜氏之孙官一品。沈氏乃著名诗人，有词集行世。富贵、娇妻、美妾、才高，人生有四，可以无憾也。纳兰性德皆得之，何憾之有？"余曰："纳兰性德太完美，年仅三十一岁即亡。其憾一也。纳兰少时爱其表妹，亦才貌惊人之女也，然被选进宫，纳兰悲痛终生，怀恋至死。其《画堂春》词曰：'一生一代一双人，争教两处消魂。相思相望不相亲，天为谁春？浆向蓝桥易乞，药成碧海难奔（典出《唐人小说》）。若容相访饮牛津，相对忘贫。'其憾二也。纳兰一生'惴惴有临履之忧'，词皆断肠语，何谓无憾？"

25、人才多出于四季分明之地

地球中部（赤道）无人才，两极无人才。盖常年极热极冷无四季冷热之变化者，人之大脑无由锻炼故也。中国北部文人少，极南部文人亦少，惟江南文人多。江南四季分明而冷热短。全球人才以欧亚北美为最集中，乃地理至佳故也。

天气变化，人之情绪思维随之。吾乡有谚云："行哭行笑，骑马坐轿。"情绪思维变化快速之人，皆伶俐敏捷之辈，故易成功。曹孟德于逃难之际，忽而大笑，忽而大哭；八大山人，哭之笑之，皆奇才也。痴呆愚钝之徒不可至也。喜怒无常，不易捉摸，此伟人之弊，亦伟人之长。天子一怒而天下安，此开国之帝也；生于深宫之内，长于妇人之手，无怒无怨，此后世皇帝之昏庸也。文穷而后工，屈原被放逐而有《离骚》，杜甫遭安史之乱方为诗圣，李后主亡国之后，词界始大。固其胸中有泪，言中方有物，然其大脑得刺激锻炼，亦其故也。

人脑处于常态则钝，故人受辱、受惊、受挫之后易成熟，皆炼动其脑也。改朝换代之际多人才，亦然。然事故于人不常得，而四季冷热变化必随时而至，故《易》云："变通莫大乎四时"[1]。是以人才多出于四季分明之地。今人若以科学之力抗冷热自然之惠，违天地四季之意，必得劣报，惜人不自知也。

（余家不装空调，知者笑曰："穷教授无力装空调，而有力造此谬论以装点门面，此文人之陋也。"余闻而笑之，不欲辩。）

[1] 见《周易·系辞·上传》。

26、不了了之

心中烦恼，人事纠纷，愈欲了，愈不得了。或甲与乙之矛盾，双方评说，奔走调解，意在弄清而后止，本欲了结，然则，又节外生枝，非但不清不了，而又益增之。愈了愈多，愈清愈浊，此欲了之苦也。

凡事与烦恼，以不了置之，则又了也。欲了而不了，不欲了反而了。所谓：不了了之，乃真了也。

余游蜀地新津观音寺，见一联，其下曰：

"天下事了犹未了，何妨以不了了之"。

久萦心中，味之无穷，真哲语也。

《书》云："心劳日拙，心逸日休。"亦此意也。

[补记]明人云："如今休去便休去，若觅了时无了时。"

27、聊天避讳

聊天，与画家莫问画，与书家莫问书，与医家莫问医，与史家莫问史。何哉？盖专门家日夜从事之事，于聊天时复置之，已令人沉闷，倘问者浅薄，何不更使人厌烦，以至无聊者也。

28、知己

张潮《幽梦影》有云：

天下有一人知己，可以不恨。不独人也，物亦有之。如菊之以渊明为知己梅以和靖为知己……一与之订，千秋不移。若松之于秦始，鹤之于卫懿，正所谓不可与作缘者也。

查士标云："此非松、鹤有求于秦始、卫懿，不幸为其所近，欲避之而不能耳。"

余曰：块然处之，宠辱不惊，达不离道，穷不失义。此士之行也。

29、上升与下降

物之上升须外力，升之愈高，外力愈须大。外力者，一提携，一支持也。

人亦然。

人之高升亦须外力。古今腾达者，外力（后台）愈大升之愈高。

"朝中有人好做官"。此提携也。

"一个篱笆三个桩，一个好汉三个帮"。此支持也。

李广，飞将军也，胡人闻之而丧胆，然终生不得封侯。高俅，无赖子也，得徽宗提携而官至太尉。

曹植曰："龙欲升天须浮云，人之仕进待中人。"[1]

傅玄云："鸿毛一羽，在水而没者，无势也。黄金万钧，在舟而浮者，托舟之势也。"[2]

---

①曹植《当墙欲高行》诗句。
②见《全晋文》。

30、格律

吾国文化之特者，诗词、戏剧、国画至其最高阶段，皆成格律。格律者，至高至美之形式也。可守之，不可越之。越之，则坏其美也；故为打油，油腔滑调，恶墨匠体。

又：凡事皆有极限，文亦然。故诗至唐而有格律，后人无可过者；词至宋，后无可过者；曲至元，后无可过者；小说至明清，后无可过者。

今之文，前人不可及者，电影、电视也，欲传名姓者当努力于此。

31、难得则易毁

蠢才如废石，易得而难毁，颐指气使，驱之或不去，斥之唯诺诺，不需贵之也。《诚斋易传》有云："小人乐祸于已穷之后，包羞忍耻，以苟富贵，而不忍去……"

贤才如美玉，难得而易毁，须善加保护，一语之不敬，一礼之不至，或可导之拂袖而去，愤然出离，甚乃资之敌国，成"为渊驱鱼"之故事。

然古来治人者，"千金买歌笑，糟糠养贤才"，何颠倒至此矣？此吾国之所以不兴也。

然则诸侯逐鹿、力政争权时则不然。人主得贤才则强，失贤才则亡，其时不敢不惜贤也。一旦得政天下，则视贤才如草芥，爱逢迎之徒如掌珠。又何奈也。

32、翻译大家不通外语

古之翻译大家莫过于谢灵运，今之翻译大家莫过于林纾，今人更尊林纾为"近代翻译家之祖"。然谢、林皆不通外语(foreign language)。

若唐之陈玄奘、近代之严复，皆精通外语，然译名不及谢、林。

余久欲倒谢尊陈，倒林推严，惜力不逮。非力不逮也，实陈、严不及谢、林之早也。然谢、林之世，通外语者，比比皆是，反不足名家，真费人深思也。

刘禹锡云："勿谓翻译徒，不为文雅雄。"[①]唐人即谓翻译之徒，不入文雅。林纾每以人称其"译才"为耻。是知古今文士轻贱翻译之徒，并无二致，殊不可解也。

① 《刘梦得文集》卷七《送僧方及南谒柳员外》。

33、汉代已有男女接吻先例

　　吾国以古人为题材之小说、戏剧、电影、电视之类，状男女相爱者，绝无接吻之例，以为不合史实也。盖作者以为接吻(Kiss)为洋人故事，非吾国所固有也。然《西厢记》已有"檀口揾（吻也）香腮"之说，言张生吻莺莺也。《红楼梦》中亦有"亲嘴儿"之记。近数年，余遍游全国各地，察出土之汉代雕塑图画中，男女拥抱接吻之像，屡见不鲜①。故宫博物院亦有陈列，石雕男女拥抱接吻与今之男女相吻完全无异。四川彭山县汉墓出土石雕竟有一对男女裸体拥抱接吻②。其男搂女，其女偎男，面唇相亲紧贴，亦与今人之男女亲吻无异。是知汉代早有男女接吻先例。奈写作家不知，不敢写入故事之中，致使再现古之男女相恋，忸怩之态，不得尽致也。

　　① 台湾《皇冠》杂志所刊山东莒县龙王庙乡汉墓中出土男女接吻图，仅属一例。余见数十例真迹，其男女亲吻之雕更加典型。
　　② 见《文物》1987年1期第63页，同期《文物》第60页图十六有接吻男女石雕之图片。

34、人无癖，不可与交

在昔张宗子云："人无癖，不可与交，以其无深情也。"

癖者，大抵爱一物而不能自已；为得一物而至倾家荡产；为护一物，乃至投之以生命。爱物尚如此，况爱人乎？爱人尚如此，况爱国乎？待物尚如此，况待友乎？然其能如此者，皆因深情所至也。

凡余之友，皆有癖，或书画癖，或古砚癖，或集邮癖，或藏书癖，或酒癖、茶癖、竹癖、花癖、山水癖，或陶瓷癖，或石癖，或玉癖。数年前，一友独癖紫砂壶，屡屡出示所藏壶，余始视之，不以为然；久之，则喜焉；今亦癖也。

余友癖壶，则动手治之，今已名动海内外，其壶又为好事者癖。余癖壶，则著之于书。愿览者亦癖之，则神与万物交，智与百工通，终生乐之，则亦乐之终生也。

35、人无疵，不可与交

张宗子曾云："人无疵，不可与交，以其无真气也。"

疵者，毛病也，缺点也。人有其短，必有所长。性情急躁者，则办事速；好发火者，多能主正义；好吹嘘者，多为热情之士；脾气犟而大者，则性情真，惟其性情真，才敢于发脾气。此真气也。天下事，皆有真气者一怒而成也。

古训云："性自有常，故任性人终不失性。"

人有真气，方有真情、真意，方可为真友。若虚伪之"友"，多一不如少一。

或受辱，或见不平之事，皆无动于衷，无怒也无怨，更无能拍案而起，拔刀相助，或指摘于市朝者，若非忍辱负重之人，必无耻伪诈低下无情之徒，其见利必忘义。盖此辈者无真气也。无真气，不能鼓动于中，故能圆滑温顺，顺人之意而为己意。圆滑温顺，故无疵；然亦不可与交，交则无真情，无真意。有利则聚，无利则散，他日必能害友。

36、南京不可为都论

今之南京，古之楚地，乃因山立号，置金陵邑，或云地接华阳金坛之陵，故号金陵。《续博物志》卷四云："《真诰》：'金陵，古名之伏龙之地。句曲山，秦时为句曲之坛，以积金山得名。山生黄金，汉陵帝诏采句曲之金充武库。孙权遣宿卫人采金，屯伏龙之地，因改名金陵。"不知孰说为是。楚亡以后一十三年，乃秦三十六年，始皇东巡，自江乘渡，望气者云："五百年后，金陵有天子气。"因凿钟阜，断金陵长陇以通流，至今呼为秦淮。乃改金陵邑为秣陵县①。三国诸葛亮使吴，经秣陵，登石头山（今南京师大后之清凉山也），观山川之势，叹曰："钟山龙盘，石头虎踞，真乃帝王之宅也。"孙权谋士张纮谏曰："秣陵，王者之气，宜为都。"孙权十六年自京口徙治秣陵，改名建业，取建千古之业意也。号城曰：石头。南京为都自此始，吴、东晋、宋、齐、梁、陈、南唐、明、南明、太平天国等十一朝也，惜国运皆不长，势皆不振耳。其主或则肉袒出降，或则被迫禅让，或则被虏为囚，或则自杀身亡，或则仓皇弃逃。惟明迁都北京运方延，然建文失位身亡，亦在于斯。

南宋高宗未都杭州之先，有暂都金陵之意，一术者云：建康山虽有余，水则不足，并献诗曰："昔年曾记谒金陵，六代如何得久兴。秀气尽随流水去，空留烟岫锁峻嶒。"于是乃罢②。清郑板桥诗云："一国亡来一国亡，六朝兴废太匆忙。南人爱说长江水，此水从来不得长。"③。

是亦知王气尽矣。

屈大钧《秣陵》诗云；"……如何亡国恨，尽在大江东？"④其沉痛尤甚也。

吾尝攻读于六朝遗都，攀登于黄山绝顶。北览万里冰雪，西观大漠风沙，东闻吴侬软语，南见海岛狂涛。长而越洋，俯察北美，巡视东瀛，尽天下之大观以壮吾气。可怜时运不济，命途多舛，蓬莱回首，旧梦飞烟。君子安贫，达人知命，乃归而隐居于此。自书联曰：

一城黛色六朝水，
半席玄言两晋风⑤。

乃取了闲之意，故名吾斋曰；了闲。然若欲兴王霸之业者，不可久恋于此。

① 见唐许嵩撰《建康实录》卷一。
② 见元刘一清著《钱塘遗事》卷一。
③见《郑板桥全集》"六朝"诗。
④见《清诗三百首》"五言律"部分，第229页。
⑤ 其时余正研究魏晋风度及玄学。

37、重修荆浩墓记

　　荆浩字浩然，河南沁水（今济源市）人。少时业儒，博通经史，善属文。然生当唐末乱世，乃抱节自屈，退藏不仕，隐于太行山之洪谷，自号洪谷子。自是，则专力于山水画之研究创作，始终为进。尝遍赏太行山古松，写生凡数万本。又悟古人之作画，谓吴道子有笔而无墨，项容有墨而无笔，于是乃采二子之所长，成一家之体。

　　山水画古已有之，然历代画家，摸索其法，而皆笔墨不全，至荆浩方乃大成。世论其山水乃唐末之冠，其画山水有笔有墨。尔后，凡作山水者，无不以之为宗师。五代宋世，长安之关全，齐鲁之李成，关陕之范宽，史家谓之：三家山水，百代标程；又云：照耀古今，为百代师法。然三家皆传荆浩之法。荆浩乃上接晋唐、下开五代宋世及其后千余年之新面，实为千古大宗师也。

　　又，荆浩之前，绘事以人物为主，荆浩之后，山水居首，千年不变，其功之高，古今无过其右。荆浩又撰《笔法记》一卷，所论作山水画者，非惟得形似，必在于图真。又立"六要"曰：气、韵、思、景、笔、墨。开启后人，遂成法则。又论神、妙、奇、巧四品，筋、肉、骨、气四势。以为画家之戒，至今流传不衰。荆浩遗作，宋人论为"神品"，至今尚存《匡庐图》，珍藏于台湾故宫博物院。举世仰目，辉耀千载。

夫画之为德也大矣。有人世以来，代不乏贤，而荆浩独创笔墨为百世法，昭昭之明，赫赫之功，人类不绝，其功不没。人杰地灵，实济源之无上荣耀。浩卒于五代梁世，即葬于沁水之谷堆头，其冢本屹然特立，杂树环耸，的尔殊形，惜坏于动乱之年；墓前旧有石碑、供桌，早经毁弃，幸遗基尚存。今政府提倡民族文化，弘扬传统艺术，倍思前贤之功。故拨款重修其墓，以彰世人，以励来者，并勒石以记。

附记：此文应济源市政府所请而撰，碑树于太行山荆浩墓前。

文末加刻：

　　　　撰文：　全国著名学者
　　　　　　　　　　　　　　　　　陈传席
　　　　　　　南京师范学院教授

按：碑文用繁体字刻成，"南京师范学院"应为"南京师范大学"，又文中"范宽"误刻为"範宽"，"独创"误刻为"触创"。览者察之。

38、王世贞论变不足为据

明七子之一王世贞著《艺苑卮言》，其论历代绘画之变，为中外学者所尚，视之为经。凡著画史者，无不引以为据，称为历代蓍龟衡镜也。然吾观其论，乃小儿语也，极陋且俗，错谬颠倒，几无取的。且录之：

人物自顾、陆、展、郑以至僧繇、道玄一变也。山水大小李一变也；荆、关、董、巨又一变也；李成、范宽又一变也；刘、李、马、夏又一变也；大痴、黄鹤又一变也；赵子昂近宋人，人物为胜；沈启南近元人，山水为尤。①

展子虔、郑法士皆隋人，张僧繇乃南朝梁人，"顾、陆、展、郑以至僧繇"，是时代先后尚不能分，何足言变乎？且郑师法僧繇，展以山水闻名，其语全是不知画史者言，吾读之如闻巫婆念咒化斋，速掩耳急去。而今之学者皆以为法音，真可叹也。

山水，大小李无出展子虔，"展画乃唐画之祖"，今之画迹犹可证。是知山水，展子虔一变也，大李继之，无甚变也。荆浩、关仝乃北方山水，雄伟峻厚；董源、巨然乃江南山水，平淡天真，南北异趣，全非一系，当分而论之，不合同论也。李成、范宽出于荆、关，冰寒于水而已。惟南宋李唐、马、夏一变甚著，然王论刘、李、马、夏，又谬也，李唐开南宋画风，刘（松年）继之，马远、夏圭又继之，刘晚于李数世，居然居李之前，真令人笑倒。此元人读《大明律》之故事也。

大痴（黄公望）出于赵子昂，自云："松雪斋中小学生"。黄鹤（王蒙），子昂外孙也，亦出于赵子昂。元画山水，赵子昂一变也，元画无不出其下。大痴、黄鹤、吴镇、倪瓒为"元四家"，倪瓒真可谓一变也。赵子昂人物近于唐而不近于宋，赵自云："余刻意学唐人，殆欲尽去宋人笔墨。"览其画迹，谓为信然。子昂山水、人物、鞍马、花鸟俱擅，而以山水为胜。"人物为胜"，又不知根本也。

或曰："此世贞一时兴到之语，颠谬无考，何需严责？"然而后之论画者，无一不引之以为证，中外大家且不能免。余于此尤百思不得其解也。

孟子曰："予岂好辩哉？予不得已也。"

附论：王之语出于宋濂《画原》，云："顾陆以来是一变也；阎吴之后又一变也；至于关李范三家者出，又一变也。"②

---

① 《艺苑卮言》。
②《宋学士集·画原》。

39、题画

余尝画一雄鸡立树枝上，一洋人购之，复索余题，余略思，欣然命笔题曰："桑叶五片待罗敷，雄鸡一只唤刘琨。"斯人喜若狂，连呼"OK"，以为宝。后乃知，彼虽洋人，实为汉学专家也。

40、与赵凤池先生论书

国人以书法自称于世者，今时特夥，凡识一二文字，偶一弄笔，便自谓书家；乃至专以此道鸣世者，余每见其涂鸦，笔法之不知，书理之不通，惟以墨痕炫人，常哂笑不能已。

赵公凤池以医道终其身，业余无他好，惟留心书道，其无意于炫人，而仅自得其乐耳。夫知之者不如好之者，好之者不如乐之者，先生好之、乐之、勤之，乃真知书者也。虽其名不鸣，而实为书道高手，非以书家自诩者流之可比也，惜世之俗眼不能识先生也。

余十年前于皖北见先生书，即惊愕不能已。惜不久，余即考学至金陵，后又赴美，遂不通音息。十年后，余复居金陵，执教于师范大学，赵公忽来书，寄手写条幅二，又论书云：

夫脂粉所以饰容，而盼倩则出于淑姿。书工不足而求神韵者，犹无淑姿之美而饰脂粉，乃东施效颦，愈妍愈丑也。

执笔写字，犹如善御良马者，通衢广陌，纵横驰逐，惟意所之，愈险愈奇，不致蹉跌，此天下之至工也。

善哉，吾闻其语，尤奇之。因事忙，仅复数语云："十年前见尊书一纸，常在梦中，今又拜阅，惊人书俱老，感炉火纯青。当代书法，林散之后，余独知有公。古法传灯，可以不忧也。"

赵公书展于合肥之日，乃将余书一纸置之厅首，余知之颇惭惶煞人也。

41、一笑图

　　明宣宗朱瞻基善画。余尝于美国一博物馆见其画，题曰"一笑图"。图中画一犬蹲于竹下，别无他物。然犬与竹皆无笑意，何名之曰"一笑"也？百思不得其解。

　　翻检典籍，亦无解。久之，乃悟："笑"字者，乃"竹"下"一犬"也。

42、蜕化

物以蜕而化，不蜕而亡，艺亦然。蝉蛹不蜕而永为蛹，至死止得爬行耳。一旦蜕壳而化为双翼之蝉，则可声鸣于林。画人若略得技法，而守之终生，此不蜕之蛹也。若能舍其旧法，熟后而生，蜕变而化，则其声不堕也。

白石衰翁则善蜕而化，故为一代大宗师。若可染废画三千，前后画貌不一，亦善蜕而化也[1]。若苦禅作画，少具才气，然至死未蜕，故落可染一尘。吾每念之，惋惜不已。

---

[1] 李可染去世前仍电话告其妹李畹曰："我最近画正在变化。"（见李松《一个关注的焦点》，刊于《江苏画刊》1993年第5期）可知其变化之自觉。苦禅画前后固有小异，乃自然之老化，非蜕化也。

43、邓石如书

世皆知邓石如善隶书。余观其隶书，虽浑朴雍容，然无出汉人之藩篱。邓不以篆书名世，然余观其篆书，上紧下松，上密下疏，泠泠然若列御寇乘风自空中立矣，飘飘然欲仙，秦人无此格也。

44、"远有楼台只见灯"

荆公诗云："远有楼台只见灯。"

余曰："此盖为艺文作者道也。"见灯而知有楼台，则何须历历俱足、外露巧密，乃至谨毛而失貌。此其一也。见灯而知乃楼台之地，则楼台之盛、之雅、之无限，尽可以想象，若全见楼台之形，则有限之形，不容想象也。大雾行船，方可思空中仙子来亲，若晴空万里，一目了然，则无可思。此其二也。见灯实则见光，光者，无常形，意到便成。若画楼台，界尺巧历，不胜其烦，尚使览者不顾，是知写意胜于写形。此其三也。西洋画抽象，全无形象，吾国画抽象，抽其楼仍见其灯，是不可全抽象也。此中、西之别也。

45、多移居有益人生

大率有成就者，一生多移居，鲜有终生居一地者。若终生居一地能成功者，如移居多，则成就更高；然终生不移居，亦必行万里路，方能有所成就，然终不若多移居者为得。鲁迅自绍兴至南京，至日本东京，至杭州、北京、厦门，后定居上海；郭沫若自四川乐山至成都、东京、上海、广州、厦门、武汉、重庆、香港，最后定居北京；郁达夫自富阳至嘉兴、杭州、日本、上海、安庆、北京、武昌、广州、福州、南洋，卒于苏门答腊；胡适自上海、绩溪，至美国康奈尔大学、哥伦比亚大学，再至北京、上海、杭州，后又至美国华盛顿，最后定居并卒于台湾。

齐白石先世为江苏荡山人，后移居湖南湘潭，齐少游湘潭各地，后至西安、北京、广东钦州、广州，其间去香港、上海、南京、苏州等地，后定居北京；黄宾虹先人落籍皖南歙县，黄出生于浙江金华，后回皖南歙县，再至上海、北京，后定居杭州，其游踪遍天下。

张大千有移居癖，自四川，至上海、苏州、日本东京、京都，再至北京、南京、敦煌、重庆……巴西、美国，最后定居台湾，足迹遍布东西球，晚后乃创泼彩法。

一地有一地之景境与人文，一地有一地之水土与地气，"一方水土养一方之人"，人居一地，则得一境之地气与人文，居数地，则得数地之地气与人文。故人居地愈多，得地气之资亦愈多。《易·贲卦·象传》有云："观乎天文，以察时变。观乎人文，以化成天下。"故多移居有益人生。然移居之地有南有北者尤佳，北地之雄强，南地之秀润，兼而得之，更为圆到完备。

《孟子·尽心上》有云："居移气，养移体，大哉居乎！"诚哉斯言。

谚云："树挪死，人挪活。"人活则地亦活，美国之发达者，移居国也；上海之发达者，移民城市也；纽约、香港之尤发达者，世界移民之地也。是以，人才宜易地培养，易地使用，促使其流动为上。书此以俟夫组织、人事暨一切治人者知焉。

46、读书之如日、月、烛

吾昔读书，记有一语曰："少年读书如日，中年读书如月，老年读书如烛。"其时，吾嫌其言之太过，故弃而不取。今方知其说可信。余少时读书，一过目，辄不忘，四百余页之书，翻阅一遍，即可背诵，且只字不遗。今已至中年，凡读之书，记忆大不如前，惟特感兴趣且有同情者，过目后仍可不忘，其余皆不可不忘矣。又忆吾友，四十岁到美国，其在国内学美语已二十年，至美又十年，美语仍不精，然其子到美仅三月，日常用语已流利过其父也。有去美四五十年，语言仍不过者，若少时学语，有何难哉？

一老教授语余曰：少时读书，至今可记；七十岁后，读书过页即忘；七十五岁后读书，过行即忘。是知古语之可信也。

夫千月不如一日，万烛不如一月，书此以告后生，当努力读书，莫贻老大徒悲伤之憾也。

补记：

《颜氏家训·勉学》有云："幼而好学者，如日出之光；老而学者，如秉烛夜行，犹贤于瞑目而无见者也。"

《说苑·建本》："少而好学，如日出之阳；壮而好学，如日中之光；老而好学，如炳烛之明。炳烛之明，孰与昧行乎？"

47、旧学与新知

夜读朱晦翁诗，有云：

旧学商量加邃密，

新知涵养转深沉。

颇有启发，余又曰：旧学者，今又学之，时代不同，经历不同，知识结构不同，读者不同，理解即不同也，给予人之启发亦不同，则旧学亦新学也。旧学商量加邃密，亦转深沉也。

新知，乃以旧学为基础，是以新知中亦有旧学也。新知涵养转深沉，亦加邃密也。

善学者，能于旧学中知新知，新知中见旧学，则邃密、深沉可兼而得之。然此语不可与迂腐者道也。

48、穷与达

孟子曰:"穷则独善其身,达则兼善天下。"①唐白居易改云:"穷则独善其身,达则兼济天下。"②后又有云:"穷则独善一身,达则兼济天下。""善"皆易作"济"。济者,救助也,有益也。

余曰:大丈夫岂可独善其身,当达亦济天下,穷亦济天下也。穷要以文济天下,达则以功济天下。所谓达者,或遇于时,或遇于君,言听计从,立功于国,有益于民,"致君尧舜上,再使风俗淳"。此之谓济天下也。所谓穷者,不遇于君,不遇于时也,若独善一身,而不求有所为,则谬也。士之不遇,不在其位,不谋其政,其身正闲,当著文以垂不朽,使君读其文而知如何为君,使臣读其文而知其何为臣,使达者读其文而知如何济天下。"匹夫而为百世师,一言而为天下法"③,如是而已。更能使身名昭著,使国家光耀。若曹雪芹穷则著《红楼梦》,使天下后人知有曹雪芹,使四海之内知吾国有《红楼梦》,其功固在达者之上。若仅独善一身,如韩退之云:"穷居而野外,升高而望远,坐茂树以终日,濯清泉以自洁。采于山,美可茹,钓于水,鲜可食。起居无时,惟适之安。"④则何能济天下?退之虽言之,行不果也。若是,则"文起八代之衰"⑤,又何得焉?

或如汉之颜驷答武帝云:"文帝好文,而臣好武;景帝好老,而臣尚少;今陛下好少,而臣已老,是以三世不遇。"此非梓材之士也。梓材之士,当能与时迁移,应物变化,立俗施事,无所不宜。"文帝好

文"，举世为文，好武者正可补其不足；"景帝好老"，"尚少"者正
好努力，年少，则无不可学，无不可为，何以坐失光阴，待以至老？

《文心雕龙》有云：

> 穷则独善以垂文，
>
> 达则奉时以骋绩。⑥

> 乃至言也。

① 见《孟子·尽心章句上》。

② 白居易《与元九书》。

③ 苏轼潮州《韩文公庙碑》。

④ 韩愈《送李愿归盘谷序》。

⑤ 同③。

⑥ 《文心雕龙·程器》。

49、美女·结婚

拿破仑以睡狮喻中国，谓之睡狮一旦醒来，将震动世界。

胡适跑到美国去，吃了几片洋面包，于是言必称美国。他不说中国是睡狮，而说是美人，是睡美人。他在1914年写了《睡美人歌》，说中国这个睡美人正在睡觉，须得西方的武士一吻而唤醒之，并与西方的武士结为夫妻，才有前途（因而他主张全盘西化）。

毛泽东也认为中国是个大美女，不过他绝不主张这位美女与西方的武士结婚，而只能和中国的英雄结婚，这英雄必须有文采，通风骚，还要有武功，缺一不可。在他眼中，这位美女"红装素裹，分外妖娆"，这美女"如此多娇"，因而"引无数英雄竞折腰"。"折腰"作什么？当然是求爱。陋儒多释"竞折腰"是"为了祖国的强大，不惜献出自己的生命，甚至粉身碎骨"。"折腰"即弯腰、恭候，有礼貌的行为。何能释为"粉身碎骨"呢？见美人"多娇"而"折腰"，当然是倾心、求爱之意。那么多的英雄向大美女"折腰"求爱，大美女也在认真挑选，"惜秦皇汉武，略输文采"，"秦皇汉武"虽是大英雄，然"略输文采"，条件不太过硬，因此还不值她爱，这江山（大美人）还不能长久属于他们。数点到"唐宗宋祖"，但又"稍逊风骚"，数到元代"一代天骄成吉思汗，只识弯弓射大雕"。这成吉思汗，只有些武功，更不行。"数风流人物，还看今朝。"数到"今朝"的"风流人物"才值得美人去爱，反之，"今朝"的"风流人物"才是完美的大英雄，他既有文采，通风骚，又有武功，他才有资格得到这位大美人，这美人应该长久属于他。陋者释"今朝"指无产阶级，"数"言其人数之多，而非指一人。恐不确。"数"是"数点"，从秦皇数到成吉思汗，又数到"今朝"。大美人终于得到了她的所爱，她意中的完美人物。这是谁？

毛泽东在重庆，很多文人请他解释这首词，他只写了"诗言志"三个字，"风流人物"是何许人，则昭昭明甚。然而今之陋儒仍然读不懂。无大英雄之胸怀何以知大英雄？诸陋儒强作解人，意在"明字句"，然而，字句尚不能明，又何能知其深意？

又，蒋介石亦说："我中华江山如此美好，怎不令人生爱……历史既将重责付与我蒋某人，我自将当仁不让。"其言亦寓江山美人独占之意。

爱国者有罪，罪不容赦，非爱国也，爱独夫之所爱也。杀父之仇，夺爱之恨，恨莫大焉，故罪不容赦。七君子何罪？李公朴、闻一多何罪？爱国也，独夫所欲独占而不容他人爱之，故有罪。

古人亦然，宋太祖征南唐，词臣宣南唐诸罪状，太祖曰："南唐何罪？"又曰："卧榻之旁岂容他人酣睡。"亦独占之意耳。

政治家以美女结婚喻江山，艺术家则以恋爱结婚论艺术。海上名家王一亭论画则企望中日绘画"结婚"，将生出一个"宁馨儿"。圣清则希望中国艺术与欧洲艺术来恋爱，好来共同产生一种"世界的艺术"。

傅抱石听后则勃然大怒，大声斥之曰："还有大倡中西绘画结婚的论者，真是笑话！结婚不结婚，现在无从测断，至于订婚，恐在三百年以后，我们不妨说得近一点。"

乱曰：中国是个大美女，必和民主结婚，方能和睦、安定、长久。艺术是个大美女，和外国人结婚是一路，和本国英雄结婚是一路。言其必不可和外国武士结婚者，大可不必；言其必和外国武士结婚者，亦大可不必。然则，民族不同，文化不同，和外国武士为友则可，结婚则须慎重，弄不好，则将美女嫁出去，一旦嫁出去，则失其国籍也。

50、论病

西子病而生柔媚，

海蚌病而生珍珠，

牛病而生牛黄，

马病而生马宝，

猴病而生猴棘，

狗病而生狗宝，

木病而生菌，

皆难得之物也。

王羲之病而有书法，至千古书法皆王法也。[①]

凡高、毕加索、徐渭、八大山人病而有绘画艺术，皆开一代生面也。

贝多芬、柴可夫斯基病而有音乐，流传世界而不绝。

李太白疯狂而有诗。

海明威疯狂而有文。

牛顿病而有力的定律。

爱因斯坦病而有相对论。

纳什病而有经济学。[②]

物有病则有异物，

人有病则有异能。

　　高岩之下必有低谷，飞瀑之下必有深潭，高于此则低于彼，长于彼则短于此。人生亦然，平平者则平平，不平者则有凸凹；高出者必有不足，得意者必有遗憾。是知造物者心肠并无别也。

①《语林》记曰："右军少尝患癫。"并记其患癫病时口吐白沫。按王羲之之患癫，即今人谓之羊癫疯也。

②《环球文萃》1995年1月25日载："纳什于1994年10月11日上午获瑞典皇家科学院公布的当年诺贝尔经济学奖。然而医生诊断，纳什22岁起就患有精神分裂症。二十多年中，几度进出精神病院（转引自《报刊文摘》1995年1月16日）。

51、抱残守阙

余友专攻甲骨文，求余作书，余曰："所要何词？"曰："抱残守阙。"余曰："善哉！今人动辄畅言大宇宙，走向世界，欧美精神，君独抱残守阙，真学问之道也。"矧大宇宙与欧美者，人人能言，"残"与"阙"（如甲骨文）者，则鲜有人知，若无人抱守，则永失之也。凡事人人能言，又何足称学问也？残与阙，人不能言，君独能言之，斯大学问家之所为耳。

以今言言之，抱残守阙者，填补空白也。

52、为人与为艺

"舍己随人"或"舍己为人"者，乃为人之高贵品质也。

"舍己随人"或"舍己为人"者，乃艺文家为文为艺之低下思想也。艺术家当"舍人为己"，张融有言："不恨臣无二王法，恨二王无臣法。"此真艺术家之言也。舍弃他人，突出自己，树立个人，使己之文风艺风独立于世，斯乃高尚也。若一味"舍己随人"，乃文奴、艺奴、书奴也，何足道哉。

"喜新厌旧"或"喜新厌故"，乃为人、为友、为夫、为妻之大忌也。《易》云："人惟求旧，器惟求新。""喜新厌旧"或"喜新厌故"，乃艺术家必备之作风也，否者，则不足为家也。

若乃前者，则对友人家庭之不负责者也；若非后者，则对艺术之不负责者也。噫！——为人乃与为艺之异至若斯也。

"温和""老实"之人，人之所喜也；为人之如此，人愈交愈久愈爱。"温和""老实"之文之艺，人之所厌也。为艺为文之如此，人愈观愈厌且不能久观也。

故，为人正需温和老实，为文为艺正需火热、冰冷、尖锐、锋利。

嗟夫，大块文章任芒角——斯乃余之为文之道也。为艺者亦当如斯。若假以修饰，再加雕凿，宁足为大家乎？

载《美术观察》1997年第6期

53、文章之深与浅

作文如水。

半尺之坑，水浑浊如泥浆，反复观之而不见底，使人疑有千尺之深，实浅也。

百尺深潭，水清洌透彻，一览而明，潭底虽深，如现眼前，似浅，而实深也。

凡作文者，作者胸中无识，不知所言，则必错乱而无旨。故堆砌名词，借艰深难明、佶屈聱牙之语为之，以掩其浅。此貌似深而实浅薄之极也。因其言之无物而弄玄虚如此。故读者若见其浑浊之语、艰涩之文、难懂之言，不必疑其有物，尤不必疑其有深度也。

若院中艺菊、梅、兰、竹，清雅之物，门窗必以透明玻璃为之，使人一览而见其风情；若院中堆破烂杂物，门窗必以厚纸糊之，使人不见其物，其实无物可见也；若有物，乃俗物也，自不必见之。

凡作文，若作者胸中有识，则振笔直书，品极之文，自是本色。思之所至，笔亦随之。何暇堆砌名词，寻觅艰涩之语、鲜用之典耶？故意多情深之文，语必清澈明了，一览而明，似浅而实深也。似浅者，语文近而无隔，读之亲近也；深者，内含学识渊深也。

刘融斋云："艰深正是浅陋，繁博正是寒俭。"所言是也。

54、文章之远与近

佳文意远而语近，劣文反是。

感觉敏锐方可为文，其文自然意远而语近也。以猎喻之："风急鹰眼疾"。鹰飞千仞之上，虽兔藏草丛之中，一览而见，长空展翅，奋起直下，兔起鹘落，"寒山几堵，风低削碎中原路"①，"云披雾裂虹蜺断，霹雳掣电捎平冈"②。瞬息之间，而至万丈之遥，虽远犹近也。若病牛驮盲猎，虽行千日而无所获，兔之在前而不见，虽近犹远也。

为文亦然，感觉敏锐，识见高超者，一语而中的，一言而为万世法，虽深奥之意，可用浅近之语表而出之。感觉迟钝，识见低下之徒，虽响千万言而不知所云，虽浅近之意，亦言之茫然无际，犹言之无物也。

故吾读文，有时见一语而终生不忘，语虽短而意无穷也；有时读千万言而无所获，言虽长而意极短乃至无意也。故尔后，凡吾读文，览数语而无所获者，则弃之不读也。

① 清·陈维崧《咏鹰》词句。
② 唐·柳宗元《笼鹰词》。

55、法与意

作文如作画。白石之画，意高于法。宾虹之画，法高于意。

然则，意高者，必有法，无法则无可达其意。法高者，必生意，无意之法不可高。是以，法高与意高，各有偏至而已。

昔人评郭沫若诗意高，闻一多诗法高。然则郭诗岂无法哉？闻诗岂无意哉？

画者学画，当以练法起，以练意达。练法以增其技巧，练意以达其性情。练法以至理解为后得，练意以至纯真为后得。

作文类之。刘熙载论文曰："盖法高于意则用法，意高于法则用意，用意正其神明于法也。"乃至言也。

56、情与理

吾尝论傅抱石与潘天寿之画云：

抱石之画，以激情胜。天寿之画，以理性胜。激情以才为基，理性以学为基。

才自内发，学以外成。然才高者不可无学，学多者不能无才，二者亦非绝然不接也。

治学与作文者知此，亦当有所悟焉。

57、大书法家忌言为书家

溥心畬生前常云："与其称我为画家，不若称我为书法家；与其称我为书法家，不若称我为诗人；与其称我为诗人，不若称我为学者。"①然溥心畬能鸣于世者，乃画也。然则画家不如书家，书家不如诗人，诗人不如学者（画家有技巧，学者有学问），乃大书画家之共同心理也（小书画家反之）。

林散之为一代大书法家，生前自谓为诗人，书乃余事耳。其自书碑云："诗人林散之暨妻盛德粹之墓"。惟恐死后，人书"书法家林散之之墓"。然则林散之能鸣于世者，书法也，其去世时，《人民日报》1989年12月8日报道题为《当代书法家、草圣林散之逝世》，云："被誉为当代草圣的著名书法家林散之12月6日上午8时30分在南京鼓楼医院病逝，终年92岁。"则亦以书家称之也。日本人闻林散之名而低首者，亦羡其书法也，日本书家青山杉雨赠林散之词云："草圣遗法在此翁"。然林氏自己忌言为书家。

高二适生前，亦以书法鸣世，然自称学者兼诗人。倘有见其面欲索其书者，而盛称其为书法家，其为怒而斥逐之，绝不与书。若称其诗佳、学问佳，仅欲得其诗而诵之，其必喜而操笔自书其诗以赠，则其书法可得也。

林散之后，启功为中国书法家协会主席，而启功之书亦学问之余事耳。

　　古今无一大书家非饱学之士（当代伪书家例外）。王羲之为右将军，其《兰亭序》一文流传千古，为历代文学精品。欧阳询撰《艺文类聚》一百卷，无人能过。虞世南编撰之《北堂书钞》一百六十卷，皆后代学者必备之书。颜、柳皆国家要员，皆有诗文世工。颜真卿更编撰《韵海镜源》三百六十卷，为最早之按韵编排之类书。宋之苏、黄、米、蔡皆大文人，元之赵孟頫、倪瓒皆大诗人。今之毛泽东、于右任、谢无量、鲁迅皆大诗人兼大学问家，书法余事也，然其书法无人能过。

　　不能文而能书者，古今绝无一人。

　　今之无文之徒而自称书家者，真令人笑倒。

　　① 此言系刘国松先生面告。又，刘国松曾写《溥心畬》一文发表于《艺术家》1996年第6期上，说："若你要称我画家，不如称我书家，若称我书家，不如称我诗人，若称我诗人，更不如称我学者了。这是我的老师溥心畬在世时常常对我说的。"（见台湾出版《艺术家》月刊1996年第6期）

58、人生不可全求，亦不可全无求
——林散之不淡名利

　　世传大书家林散之先生一生淡泊名利，其弟子云："林老厌绝名利，唯以书画自娱。"又云："凡谈名利者，林老必鄙之。"先生亦自云："笑把浮名让世人。"然余观《林散之书法选集》，见其《临熹平残石》书后，自作一诗云：

　　　　伏案惊心六十秋，未能名世竟残休。
　　　　情犹不死手中笔，三指悬钩当苦求。
　　　　临熹平残石竟，书此自感，散耳。

　　诗言志，诗中可见真情，是诗写于一九七二年五月二十四日，[①]其时先生已七十有五岁也。仍以"未能名世"而痛心疾首。则先生求名之心跃然纸上矣。虽"未能名世"，然"情犹不死"，即仍为"名世"而力争。先生于七十三岁时，因洗澡而被开水锅烫伤，经医生抢救，尚存三指头可以执笔，余皆残，故自称"残叟"，因"情犹不死"，乃以"三指"执笔，艰难"苦求"，"苦求"者何？"名世"也。何谓其无名利之心。

　　噫！求名而淡名者，余未尝见也。散之先生一生淡泊于官，淡泊于势，惟于书名诗名孜孜以求，斯所以能成一代草圣也。若于书名亦淡泊，则无今之林散之耳。

　　先生"笑把浮名让世人"，"实名"则留于己也。刘禹锡云："名由实生，故久而益大。"散之先生名由实生，愈久愈大，是可知也。

　　嗟夫！后生当知之：有所不为方可有所为，淡于彼方能得于此，求于彼必淡于此，人生不可全求，亦不可全不求。

　　夫商人求利，官员求势，艺者求名，学者求知。有客问余曰："先生所求者何？"余曰："知不足。"

　　① 此诗见《林散之书法选集》页68～69页。江苏美术出版社1985年版。书法中自书"一九七二年五月廿四日，林散之临。"书后附诗似略晚于此。又，此集前有林氏一九八五年"自序"，是知所收之书法皆先生自定，无可疑也。

59、枝蔓与干枯

写文、讲演，忌枝蔓，亦忌干枯。

离题太远，插话太多，谓之枝蔓。然离题有二，其一与主题无关，又言之无物，此非枝蔓，谓之杂乱无章，胡言乱语可矣。其二与主题似有关，然不近密，听者欲知此，而言者却由此而至彼。言之尚有物，亦有味，此谓之枝蔓。枝蔓言者，知识尚博，然未能扣紧主题，不能于一事言透，却枝外生叶，此弊也。

干枯者，亦有二，其一知之太少，无可言。此不足写文与讲演也。其二，言之虽确，然阐述太少，且板刻无味，听者无趣，亦无可谓深言。如树之有干，然无枝叶，似枯也。

凡写文，讲演，主题既立，枝干既明，言简意赅，此之谓精练。若再能辅之以旁征博引、左歧右出，此之谓丰满。

精练者，非谓之干枯也。丰满者，非谓之枝蔓也。然精练太过，又近于干枯；丰满太过，又近于枝蔓。不枝不蔓，不干不枯，乃恰到好处。然何以致之？袁枚咏岳飞诗云：

我论文章公论战，千秋一样斗心兵。

有何法可依？"运用之妙，存乎一心。"斯以也。

60、"以物寓情"和"以情寓物"

梅竹松菊，世称四君子，谓其能抗风霜严寒，故以之寓人不畏强权横暴也。此乃人"以物寓情"耳，即见其物以寓人之情。

夫"鲜花怒放""山也笑，海也笑"者，乃"以情寓物"也。人喜则见花亦喜，见海亦喜，见山亦喜，辛弃疾词云："我见青山多妩媚，料青山见我应如是。"①又云："青山意气峥嵘，似为我归来妩媚生。"②反之，人悲则见花亦悲，见海亦悲，见山亦悲，老杜诗云："感时花溅泪"。同一花，或见之怒放，或见之溅泪，皆人之情寓之耳。

老杜诗又云："悲风为我从天来。"③风悲者，心悲也。人之少壮之时，宜多观寓情之物，以物寓情，以壮其志，以励其节。当垂老之时，则又宜多"以情寓物"，以淡其心，以消其气，以娱其年也。

当寓情于物时，则欣欣然化己为物，则己也，花也、蝶也，周也，栩栩然自喻适志欤！故能淡其心。若老壮之时，依旧见梅松而增抗争之心，则又徒激其气，而年之不许，此不足以适志娱年矣。

①辛弃疾《贺新郎》词句。
②辛弃疾《沁园春》词句。
③杜甫诗见《乾元中寓居同谷县作歌七首》。

61、题《三竹图》

百花以艳色媚众，此君以一叶去俗。是以子猷、东坡与我皆爱之。然王能言之，苏能记之，我则能画之也。至此，竹之能事毕矣。陈传席画于悔晚斋并题。

62、中国　日本　朝鲜

日本文化皆源于中国。其先，国无名，求汉皇赐名，汉以其人矮，赐其国名为："倭国"。倭国王又求汉赐封，汉皇遂赐印曰："倭奴王。"[①]其国人与王皆喜甚。后倭国派留学生至唐学汉人文化，乃知"倭"不雅；"倭奴"犹下也。遂议改国号。

其曰：汉人居天地之中央，故为中国。吾土居其东瀛，东者，日出之地，即日之本源之地也，遂改名曰：日本。

朝鲜国，本名新罗，后改为高丽，再改为朝鲜，[②]其国名皆中国皇帝所赐也。中国居天地之中央，日本又为日之本源之地，新罗居其中，取"日至时高且丽"之意，故名曰："高丽"。后又见唐诗有云："朝阳艳且鲜。"复改国名曰："朝鲜"。取日至其国时为朝阳最鲜亮之时也。"朝"当读为"召"音，不读为"潮"音。

[补记与改正]：

前记"汉皇遂赐印曰倭奴王，乃吾记忆中语，今读考古文物诸杂志及《后汉书》等，方知不甚确。日本出土之金印为"汉委（倭）奴国王"（委与倭通假，《后汉书》中即写为"倭奴"），日本江户时代光格天皇天明四年二月二十三日（公元1784年4月12日）出土于九州福冈市东区志贺岛，现藏日本福冈市美术馆。据考古家考证，乃汉光武帝刘秀赐予倭国。《后汉书·东夷传》记："建武中元二年（公元57年），倭奴国奉贡朝贺，使人自称大夫……光武赐以印绶。"即此印也。

吾国扬州市邗江县甘泉乡于1981年2月24日出土一汉代金印，文曰："广陵王玺"。广陵王刘荆乃汉光武帝刘秀第九子，汉明帝刘庄之胞弟也（同为阴皇后生）。扬州出土之"广陵王玺"与日本福冈出土之"汉委（倭）奴国王"印皆同时同匠所制，完全一致。二印之形状、制度、色泽，亦符合《后汉书·舆服志》中之规定：长短、高下皆分厘不差。

以印文"汉委奴国王"观之，倭国其时为中国（汉）之附庸国也。清诗人黄遵宪于光绪三年（1877年）出使日本时，曾亲见"汉委奴国王"印，并赋诗云："博物千间广厦开，纵观如同宝山回。摩挲铜狄擎奇事，亲见委奴汉印来。"黄遵宪并附记云："考《后汉书》，建武中元，委（倭）国奉贡朝，光武赐以印绶，盖此物也。"

1989年7月至9月（纪念福冈市一百周年）、1990年，日本多次出资邀中国南京博物院携"广陵王玺"至日本，与"汉委奴国王"印并列展出，极一时之胜事也。各报及文物考古诸刊物皆有报道。

① "倭奴王"乃金印，前时于日本墓中出土，汉印也。今存日本福冈市美术馆。
② 《明史》卷三记云："洪武二十五年(1392)，九月庚寅，立皇孙允炆为皇太孙。高丽李成桂黜其主瑶而自立，以国人表来请命，诏听之，更其国号曰：'朝鲜'。又，"朝国"乃李熙所改国名也。李熙时在1683至1707年间耳。

63、大商人、大文人

大商人必无商人气，

大文人必无文人气。

大英雄或有流氓气，^①

大流氓或有豪杰气。

老子云："大直若屈，大巧若拙，大辩若讷。""大白若辱，大方无隅。"苏轼云："大勇若怯，大智若愚。"事之极者必向其反，物之极者必见其非，人亦然。

---

① "或"原稿作"必"，友人劝改之，云："不必得罪天下英雄也。"下句类之。

64、多情、寡情、无情、痴情

吾读文，喜热如火，爱冷如冰者。然今人之文，温如阴阳水，读后无动于衷。故，于时，吾贵今而薄古；于文，吾贱今而厚古。夫热如火者，多多情之人所为也；冷如冰者，多僧尼及真出世者流；温者，多无情之辈所作也。今人无情者多，有情者鲜，故其然也。

然陈眉公云："多情人必至寡情。"吾每读其《小窗幽记》，则必驻目于此良久，何哉？盖多情人所钟情者必多，故不专，若被钟者专一，所需钟情者亦须专一，则多情者必转而至寡情，此其一也；出与入必至平衡，多情人亦需他人多情，他人情不足，则冷多情人之心，心冷必转而为寡情，此其二；情最难久，飘风不终朝，骤雨不终日，多情人处处用情，情尽则自寡也，此其三。杜牧"十年一觉扬州梦，赢得青楼薄幸名"，元稹"始乱之终弃之"，皆多情之种，然终至寡情。纳兰性德词云："人到情多情转薄，而今真个不多情。"（见《纳兰词笺注》142页，上海古籍出版社1995年）。郁达夫"只因情多累美人"，反复离合无以宁，亦因多情至寡情也。然其多情亦真，寡情亦真，非可与无情者语也。有真情方有真文，无情者仅能造文，文必假，故吾厚古而贱今。

若冷如冰霜者，亦能为文或作画。情冷非情无，故其文其画亦冷如冰霜。然自有另一番景象，此暂置而不论。

又有痴情人，其热不如多情人，其冷不似僧尼，其必有执著之感。余观夫古今之人，唯痴情者情最专，亦最长，其为文也专，意也深；其为人亦然。余觅痴情女，二十年不可得，每思之泫然，悲也夫。

"回首伤情处，正是情太浓。"

65、曾国藩之大气与小气

曾国藩以一书生而能集湘军、抗洪杨，终成大业，此非凡之气也。

然其所著《曾国藩家书》，教子弟做人如何谨慎，乃至讲话不可大声，出语音调须顿缓，处世如履薄冰，颇有颤抖之感，又何其小家气也。

若如此做人，一生有何乐趣？

66、心与志

刘邵《人物志》有云："心小志大者，圣贤之伦也；心大志大者，豪杰之隽也；心大志小者，傲荡之类也；心小志小者，拘懅之人也。"夫心小者，谨慎也、细心也、周密也。心淖小所以慎咎悔也，大则骄陵，骄陵易树敌败事；志大所以堪物任也，小则不胜。昔张士诚志在吴而失天下，终为寇；朱元璋志在天下而得天下，而终为帝。一志小一志大，此吴亡而明胜也。项羽志在天下而心不小，刘邦志在天下而心小，是以楚亡而汉胜也。故欲成圣贤者、王者及一切治人者，须心小志大，缺一不可得。心大志大，粗犷之辈，可为豪杰之隽而不可为圣贤，心大不细，所以失人失事，成一方豪杰则可，得天下则不可；心大志小，傲慢放荡之人也，不足成事，乃至不可保全自己。心小志小者，拘束怯懦之徒也，此乃走卒奴仆之材也。

然清人袁枚《随园诗话》又有云："才欲其大，志欲其小。才大，则任事有余，志小，则愿无不足。"

童二树诗云："所欲不求大，得欢常有余"。

其"才大"之说，吾无间然；然"志小"，"得欢有余"之说，吾每览之必笑曰："此穷酸之论也。"且无大志何以能苦学，无学何以有才？才欲其大亦不可至也。而志小愿能足，不亦贻东坡措大之讥乎？志在天下者，不可闻其语。

67、暂时相赏

　　见风吹波起，杨柳摇曳；见蝴蝶频扑，蜂儿恋花；见云起云消，雾来雾散；见朝霞夕晖，月白风清；见小草覆地，大树连荫；见台花盆竹，古陶旧瓷；听风声雨声，泉音瀑音；听雷鸣电击，水流浪滚；听钟声号声，笛鸣哨响；听鹧叫莺啼，鹊语雀喳……

　　会心处不必在远，目之所触，耳之所闻，无处不美，虽须臾变幻，过眼烟云，犹足娱人。老杜诗云："穿花蛱蝶深深见，点水蜻蜓款款飞。传语风光共流转，暂时相赏莫相忘。"一时之得，足以宜人，时时得之，即足娱终生。若求天长地久，则费尽心机，而无可得，所遇无故物。天地未尝一瞬不变，又何求乎人心、人事、人情乎？

　　又何求乎世道、世风、世情乎？

68、皖人不可小视

北人常轻南人，以为气小性柔圆滑曲狡，不易相处，尤以南人虚伪多诈、无信无义而不可为友。南人更轻北人，以为粗鲁无文、愚蠢笨拙、懒惰呆板，而不求上进。传云：北人王尔烈往江南任主考官，江南才子颇轻北人，于王尔烈门上书一上联云："江南千山千水千才子"，王尔烈阅后，续下联云："塞北一天一地一圣人"。以地势言，北高于南，"千山千水"亦在"一天一地"之中，"千才子"亦皆圣人哺化之物也。至是，江南才子始不敢轻北人。

其实，同为江南人，苏浙之士往往不屑论皖人，苏浙之女以嫁皖人为羞。吾前妻绘卉，乃苏中才女，大学本科毕业后，议嫁于余，同事皆惊其何故下嫁皖人，无不以为耻。其实余非皖人，乃江苏人也，生于东北，长于彭城睢宁，学于金陵，仕于皖。绘卉乃逼吾离皖回苏，余赴美后回金陵任教授，始定婚姻。同事仍以皖人而咻咻。至知吾本江苏人，方乃释之。后仍因之而离婚，绘卉悲而入空门。

皖人于清初徽商巨富之后，文化乃发达，号称"东南邹、鲁"（孟子家邹、孔子家鲁）。徽商之尤富者转而为扬州盐商，皆支持文化。参见我的论文《论徽商与新安画派》，原刊1984年《商业经济》，后收入拙著《弘仁》第六章，吉林美术出版社1996年5月版；《论盐商与扬州画派及其他》，载《九州学刊》（香港）1987年9月。

其实皖人不可小视，凡开吾国风气之先者，皖人皖地居多。[①]昔天下苦秦久矣，而首发难者陈涉、吴广，皆于皖地为之……远古且不论，清以降，吾国文化，皖人最足称风流。乾嘉学派之首戴震，即皖人也，开考据之风，影响巨大。桐城派以阳刚阴柔论文章，风行天下，其始者皆皖人也。徽人经商，至"天下无徽不成镇"，一控清代全国经济之命脉，徽商（皖人）纵横天下，无孔不入，清中期，扬州盐商皆徽商，其八大盐商上交朝廷税金过天下之半。徽人到处，经济文化随之。丌扬州画派者乃查士标（字二瞻），即皖人也。《广陵诗事》记查二瞻定居扬州，时谚云："户户杯盘江千里，家家画轴查二瞻。"扬州八怪之最长者汪士慎，最幼者罗聘，皆皖人也。"四僧"之首弘仁，皖人也；石涛之师梅清，皖人也。开书坛北碑之风而行于天下者，邓石如也，皖人也，人称皖派。慈禧太后为安徽徽宁道宁池广大道道员东征之女。马克思《资本论》所记惟一中国人大理财家王茂荫，皖人也……

近观《人文中国》一书，浅薄荒谬不可胜记，实为俗书、陋书，然惟其论皖人一语可取，其云："没有李鸿章，就没有中国的现代化；没有胡适，就没有新文化运动的波澜壮阔；没有陈独秀，就没有1921年中国共产党的缔造。"而李、胡、陈三氏均为皖人。开吾国原子弹、氢弹之新时代者，为两弹之父邓稼先，乃邓石如六世孙，皖人也。皖人之不可小视乃如斯。

现代文化始于"五四"新文化运动。"五四"新文化运动滥觞于《新青年》杂志之创办。《新青年》首卷共6期，主编、主笔及作者皆皖人[2]，其中仅谢无量、易白沙二人非皖籍，然谢无量（四川籍于安徽公学任教，其父长期在皖任数县县长），易白沙（湖南籍）长期居皖从事教育和革命工作，谢易二人非皖籍而居皖，实与皖人同。皖人变一代风气，力挽狂澜，翻天覆地，而与陈胜、吴广相呼应，皖人之力何伟哉。其后，受《新青年》影响而为之撰稿且有影响者有：李大钊、胡适、刘半农、马君武、苏曼殊、杨昌济、吴虞、光升、陈其鹿、陶孟和、吴稚晖、章士钊、钱玄同、蔡元培、恽代英、毛泽东、常乃德、凌霜、周作人、沈尹默、沈兼士、陈大齐、鲁迅、林损、王星拱、俞平伯、傅斯年、罗家伦、林语堂、欧阳予倩、朱希祖、陈衡哲、李剑农、周建人、陈启修、杜国庠、孙伏园、张崧年、戴季陶、马寅初、李季、李汉俊、杨明斋、周佛海、李达、沈雁冰、陈望道、沈泽民、陈公博……一代之精英，正与反二方之要人，无不霱丐于皖人。皖人岂可小视哉。

载《文论报》1997年11月20日

①参见（香港）陈万雄著《五四新文化的源流》，三联书店1997年版，其6页有云："《青年杂志》的初办是以陈独秀为首的皖籍知识分子为主的同仁杂志"。该书一一考证了《青年杂志》（后改为《新青年》）之众多作者皆皖人。

②见上页注。

69、古今翻译之异

古代，吾国译者译外国或外族地名、人名、朝代名，多用：奴、倭、赖、卑、乞、犬、吠、痢、女、月（肉）、腓（小腿肚上肉）、鬼、婆、尸、秽（涉）、拘等字，如匈奴、倭奴（倭奴国即今之日本，曾求汉皇赐名曰：倭奴，其主曰倭奴王，并铸为印以赐之，此印文曰"汉倭奴国王"，于1784年在日本九州筑前志贺岛出土，现藏福冈美术馆）、贺赖、寇头、鲜卑、乞伏、休官曷呼奴、秃发傉檀、秃发乌孤（以上见《晋书》）、犬戎（殷周时，为殷周西边之劲敌）、吠陀（狗叫曰吠，印度最古的宗教文献和文学作品的总称）、吠舍（古印度四瓦尔纳中的第三等级人）、吠檀多经、吠檀多派（上二者皆古印度国经典和学派名）、女真、大月氏（肉支）、腓力普（印度地名）、赫色儿（印度地名）、爪哇、身毒、天毒（天竺古译为身毒、天毒）、迦尸（天竺16国之一）、拘奴国（《后汉书》卷一一五《东夷传·倭国传》："倭奴国……有一女子，名曰卑弥呼，年长不嫁……至拘奴国，虽皆倭种，而不属女王。自女王国南四千余里，至侏儒国，人长三四尺。自侏儒南行船一年，至裸国、黑齿国……"）、龟兹、婆罗门、倭…涉…

古译者译外地名，多用以上字眼，如吠（狗叫），今之译者即译为"费"，美国的费城，如果在古代，必译为吠城；纽约(NewYork)必译为妞夭渴。

然18世纪以降，中国译者译欧美等外国地名、人名等多用英、美、利、坚、大、吉等雅词。如美利坚，简称美国，既美、又利、又坚。如果在古代，必译为：霉里尖或霉里奸，简称霉国。英吉利，简称英国，又称大不列颠，按《人物志》谓："聪明秀出谓之英，胆力过人谓之雄。"既英又吉利，又有不可颠覆之强。若在古代必译为：痈肌理，或佣急哩，最客气也只能译为莺鸡里。简称痈国，或佣国、莺国，决不会译为英。法兰西，若在古代必译为：发烂稀。其他如：意大利、德意志、奥地利、比利时、保加利亚、芬兰、爱尔兰、荷兰、挪威、波兰、瑞典、瑞士、刚果、澳大利亚、百慕大群岛、加拿大、智利、哥伦比亚、古巴、圣卢西亚等，皆优美壮雅之词也。一代译者及一代文人之心态于此可见。

古之人，视外族、外国为奴、倭、犬、吠、卑、尸，我之气盛也，气盛则国盛。今之人徒慕他人为英、美、利、坚，大他人之气，则自己之气弱也。气弱则国弱。他人气本盛，我又以英、美、利、坚鼓之，则气尤盛。古之外人称我为大秦、大汉、大唐，今之外人称我为China——陶瓷也。陶瓷何利何坚？何颠而不破也？

一强一弱，古强近弱，于译名中即可见也。

译者当以传统译法，兼采吾新说，如霉里尖或霉里奸、痈肌理等重译外国地名，以去国人崇洋媚外之心。

而我中华，本不叫China（陶瓷），China乃外国人所译，实为臆取，更有小视之意，以堂堂大国，意视为陶瓷，何肆也。古人自称吾国为"金瓯"，如《南史·朱异传》有"我国家犹若金瓯，无一伤缺"。张维屏《雨前》诗云："早筹全策固金瓯"，左宗棠发誓要"老死西城"，"使金瓯罔缺"。"金瓯"大异于陶瓷也。吾久疑外人称我China，乃针对"金瓯"而言。其恶意显见。我应尽速恢复我本名、真名Zonghua（中华），并应通知世界各国及联合国，皆以"中华"音译为各国文字为是。

1985年—1999年于南京师范大学

载《作品与争鸣》1999年第9期

70、语以半文半白者佳

文言太浓，

白话太淡，

语以半文半白者佳。

禅云："此岸不住，彼岸不留，道在中流。"此亦中庸之道也。

钱锺书《管锥编》半文半白而近于文，《辞海》半文半白而近于白。吾人则取其中而用之，语欲简雅，意欲明易，鲜用偏典，不著佶屈聱牙之字，务使览者一读而明焉，此难也。

陈传席文集

Selected Works Of Chen Chuanxi

第五卷　悔晚斋论艺及序跋集

 悔晚斋论艺（下）

一、我对当前艺术发展的七点意见

（一）提倡阳刚大气，以振奋民族精神。

（二）提倡"画家画"，以提高民族绘画在世界上的竞争力。

（三）反对殖民文化。

（四）书法、绘画要有"正、大"气象，减少邪、怪、小巧。

（五）提倡时代风格。

（六）呼吁批评界的天煞星和黑旋风，扫荡文坛恶习和龌龊。

（七）倡导全新的批评局面，为文艺的正确发展开道。

（一）90年代初期，我提倡"阳刚大气"，以振奋民族精神。那时，全国上下兴起一股小巧细秀的画风，越流行越甚，画坛上千篇一律的是：用细细的线条勾画出小脚女人，或露乳、或扭臀、或洗浴、或打扇；画树也是用细线勾出树干，无枝，叶长在干上；画上往往文不对题地题上几句卡拉OK中的歌词。这种画风兴起于江南，本来也有可观之处，但全国都跟着学，这就没意思了。山东多豪气，关北多雄气，燕赵多慷慨悲歌之士，也都舍弃了本来的风格，玩起细秀小巧了。轻柔秀润的画风，我也是很欣赏的，应该让江南画家或具有适宜性格的人去创作和发展，画得好，绝不在阳刚大气风格之下。"一阴一阳之谓道"，阴柔画风需要，但举国皆阴柔就不好。

（二）提倡"画家画"。四年前，我就提倡"画家画"。中国绘画大抵可以分为三类：一是民间画，二是文人画，三是画家画。民间画具有质朴稚拙之趣味，应该由质朴的民间画家去画，而且最好不要去培训他们，任由其发展。因为一经专业画家培训，民间画味便会失去，他们会向文人画家或专业画家靠齐，但他们想做一名最末的文人画家或专业画家都很困难。文人画应该让真正的文人且又能画者去画。其实文人画是最不易的，时下能看懂文人画者已经十分少，看都看不懂，又如何能画呢？

而现在大家都在画"文人画"，连《诗经》《论语》《孟子》都没读过，甚至连二十四史都没有通读过的人也在画"文人画"，有人背了几首唐诗、宋词，读了几本小说，或者读了大学本科，也自称文人，画起"文人画"，专业画家也画起"文人画"，更可笑的是字都识得不多的人，退休老工人、老干部学几个月画出来的画便拿到国外去办展览、去出卖，中国画铺天盖地，滔滔天下，触目可见，在人们（特别是外国人）心目中，洒几点墨水，涂几笔颜料，点几朵似像非像的破菊花，撇几枝兰草，抹几笔竹枝，便是中国画。反正倪云林说过"不管是芦还是麻"，齐白石说过"妙在似与不似之间"，不似也不要紧。长此以往，中国画能在世界画坛上占有崇高地位吗？能和西方画抗争吗？"文人画"并不全属于绘画，它有哲学、文学（尤其是诗词）、书法以及人生、社会等很多内容，你懂哲学、诗词、书法吗？你的人生观不同一般吗？如果没有，你就不要画文人画。再说一个国家理应以画家画为主流，中国画、西洋画都是群山中并峙的高峰，而文人画实际上是立在远处的独秀峰。西方没有文人画，真正的中国文人画，他们看不懂，只能怪他们不懂，而现在无知的画人胡涂乱抹，几条破菊，几片朽荷，人家看不起，是本来不能使人看得起，我们自己也看不起。

故宫博物院中所藏宋人范宽《溪山行旅图》、郭熙《早春图》、李唐《万壑松风图》、院画《江山秋色图》等等，外国人看了都惊得目瞪口呆，那是西洋画所不能企及的。同时他们也惋惜，中国画有这样优秀的传统，为什么不继承，不发扬，而那么多画人在忙于笔墨游戏呢？北宋十八岁的王希孟画出的《千里江山图》，至今光彩夺目，中国画主流如果沿着这条画家画的路一直发展下去，至今将达到何等地步啊？

中国是世界上最早实行文官治政的国家（西方一直是贵族和教会把持政权），中国的文人实际上是社会的领导阶层，文人本来以文为主，写文要懂书法，文人"志于道"，"道也者，不可须臾离也"，所以，他们把书法、哲学、文学、道家思想、禅意都用到画中去，专业画家所长的，他们未必行，于是便舍去，把文人所长的用到画中去，创作了文人画，寄托文人们自己的情操，表现了文人们文质彬彬的风度，这是文人们对艺术的贡献。画家们也应发挥自己的特长，在"绘画性"上努力，发展文人们所不能的画家画。但因中国的文人影响大，画家们便跟着文人画走，舍弃了自己所长的造型、色彩、构图等能力，玩起笔墨游戏了。画家画自元代以后便大衰了，那种磅礴大气的鸿篇巨制、工整严谨的卷轴越来越少了。但古代画家中文人多，如赵孟頫、倪瓒等都是第一流大文人，直到黄宾虹、齐白石也都是文人，能诗善书。所以古代画家画衰弱了，文人画却在发展，而现在画画人根本不是文人，却硬画"文人画"。文人画没有了，画家画也没有了。时下具有文人品质的画人不多，具有专业画家品质的人尚不少，所以，根据实际情况，我要提倡画家画，呼吁磅礴大气、工整严谨的鸿篇巨制，呼吁唐宋传统，呼吁时代新风，以提高民族绘画在世界上的竞争力和地位。

（二）反对殖民文化。一个国家，只要文化不亡，这个国家就不会亡；反之，一个国家文化亡了，其国不亡亦亡。一个落后民族夺取了文化先进民族的政权，这个先进民族的政权亡了，但民族并没有亡，反过来，文化落后的民族会被文化先进的民族化掉。历史上，北魏亡了西晋，北魏入主中原，反而被中原的文化同化了，也就是汉化了。满人入主中原，也被汉化了。所以，南宋爱国诗人陆游最忧虑的是北国儿童作"胡语"。最彻底地灭亡一个国家就是灭亡其文化。所以，文化被殖民比领土被殖民更严重。这个现象在中国已出现端倪。文学上自不必说，但文学上尚用汉字，绘画方面就更严重了。外国画出现了一个什么流派，中国画赶紧跟着学，外国人怎么画，中国画也怎么画。吸收是好的，但让外国画掌握中国画，一切按外国画的方法办，不分青红皂白地盲从外国，以至丧失自我，就不好了。

一个民族只有自视优越，才能强大，如果自己认为自己是劣等的，是不行的，这个民族肯定没有希望。据我研究，世界上自己认为自己的艺术不行，应该灭亡，自己咒骂自己的传统者，惟有中国人，令人感叹不已。中国具有五千年的文明史，文化艺术上都有优厚的传统，对世界贡献巨大。这和美国以及一些文化十分落后的国家不同，美国历史短，完全没有自己的文化，一片空白，美国又是以欧洲移民为主的国家，所以它以欧洲文化为自己的基础，这是对的。美国只以欧洲文化为基础再创造自己的文化，也不是属于欧洲文化。而中国早已具有十分灿烂辉煌的文化，不可能完全抹去。如果硬用西方文化替代中国文化，结果是先亡中国文化，后亡西方文化。这个问题，我在很多文章中都已分析过。所以，在中国，尤不能搞殖民文化。五年来，我一直强烈地反对殖民文化，提倡加强本民族的文化。但我从来不反对吸收借鉴外国的文化，发展本民族文化，应该吸收借鉴外国文化，欧美艺术为什么会如此发展，就是因为有中国艺术、非洲艺术等供他们参考。中国艺术的发展，也应该借鉴外国的艺术，但这和殖民艺术不同，前者是壮大自己的艺术，后者是用外国艺术替代中国艺术而达到消灭中国艺术的目的。

（四）我在书法界提倡"正、大"气象和时代风格，也适用于绘画界。先讲"正、大"。"正"就是正规、严整、高尚，不搞歪、扭、邪、怪；"大"就是大气派、大气势、大大方方，不搞或少搞小巧别致。历代大书法家无不沿着正、大气象而发展，没有一人靠邪、怪、歪、扭、小巧别致成名的。而现在的书法、绘画却大量出现邪、怪、歪、扭、小巧别致。有很多年轻人本来书法基础不错，但一发展就向邪、怪、小巧方面走，用一些细线条歪歪斜斜地勾画，或用粗肿的墨水堆点涂抹，似非用此法不足以独出风格，结果，风格是特殊了，但正、大气象消失了（正、大气象中包括潇洒、古朴、雄浑、厚重等，我已多次分析过）。这就是当前书法热空前，但书法水平却下降的主要原因之一。

绘画界同之。看那些画中小脚粗腿女人，有干无枝、树叶长在干上的大树……多数用细邪线条歪歪倒倒地勾画出一种小巧趣味。风格特殊了，正、大气象却消失了。如何能出大画家呢？而且一代人都这么画，风格也就不特殊了。

（五）提倡时代风格。七年前，我为一个画家画集写序，提到时代风格问题。这位画家名气不很大，所以无人注意。几年后，听说有一位外国人从另一面提到这个问题，似乎也有和我类似的看法，我就不提了。因为中国画家一听到外国人讲话，肯定吓得半死，而且赶紧下跪叩头称是，绝不敢怀疑，更不敢否定。即使外国人讲错了话，也必有人出来解释求证，说明其"正确性"。世界上再荒谬的理论，都能经过理论的阐说和多方求证，见其"正确"的一面。但我始终没有见到这个外国人的文章。最近，我要重提这一问题。大书画家必有个人风格，其实任何人都会有个人风格。我们看朋友亲人来信，一见笔迹便知是某人，这就是风格。但在创作中过分强调个人风格，便会出现邪、怪、小巧，尤其会出现怪诞的东西，秦汉、唐宋时代，没有人天天强调个人风格，那时候只有时代风格。我们说汉唐气势，书法中"晋书尚韵，唐书尚法，宋书尚意"，这也就是时代风格。时代风格强了，个人风格才更强。时代风格弱了，大家也就不大了。元以后时代弱了，大书法家无能超过晋、唐、宋大家。我们现在天天高喊突出个人风格，结果个人风格突出了，但总的趋势下降了。和前代比，现在突出的个人风格也无可观了，更不敢和前代相比了。不知谁说的：汉唐人以天下为花园，明清人以花园为天下，前者相当于时代风格，后者相当于个人风格，所以，明清的气势无法和汉唐相比。

而且，我们只有提倡时代风格，书画家们才不会挖空心思去搞歪门邪道，才不会去搞丑怪小巧的东西，才能沿着艺术的正道去发展，才能出现真正的大家。当然，个人风格不是完全不要，只是不能再过分强调，以造成书画家们误入歧途。

（六）呼吁批评界的天煞星和黑旋风。天煞星和黑旋风不是时时都需要，但现在十分需要。书画界当今是最混乱的时代，小商贩、跑江湖的、职业骗子、不想做工的工人、不想务农的农民都进入书画界，笔都不会用，到处号称大师，花钱也能找到评论家写出好评论，而且书画愈糟的人叫得愈响，牛皮吹得愈大，骗的人也愈多，居然也有人花巨款去买他们的书画（实为垃圾）。书画界本身问题也很严重，真正的好书画家默默无闻，胡涂乱抹、胸无点墨的人被捧上天，通过吹捧，骗到钱，拉上关系，居然也可以混到客座教授、学术顾问的雅号。好书画出版不了，恶劣的书画，因为有钱给出版社却大量出版。前几年，我收到一本很大的画集，主人题上"拜请陈传席教授指教"，前言中居然借他人之口称之为"超级艺术大师"，其画不堪入目。我当时十分发愁，这位"超级艺术大师"还拜请我指教，我应该是什么级呢？书法界问题更严重，众所周知，现在已没有书法家。亚明先生和吴丈蜀先生告诉我，他们小时候，看到那些管账先生、开处方的先生，甚至帮店铺或卖猪肉记账的伙计们毛笔字都比现在第一流书法家写得好。我完全相信这话。我到皖南看很多老字号的店堂里字牌上字，都是无名之辈写的。我买很多旧线装书，里边夹的当时一般读书人笔录的字条，都确比现在第一流书法家字好得多，尽管现在的所谓书法家字奇丑、恶心，但一动手就万元以上，反正是国家的钱，人民的血汗，有了钱行骗就更容易。出书法集、上电视、升大官，老百姓被骗得晕头转向。所以，现在需要天煞星和黑旋风，扫荡文坛艺坛上的龌龊和丑恶。温和的评说，已不起作用，需要揭露和抨击，需要鲁迅式的"投枪和匕首"。总之，"我劝天公重抖擞，多降天煞星和黑旋风"。先"抢起板斧，排头砍去"，扫荡一通，然后才能谈整顿。

（七）倡导全新的批评局面。我的呼吁效果不大，于是决定自己放手写批评，我的老朋友、作家记者包立民写文骂我，说："老友陈传席，美术史论家，好发怪论，哗众取宠。他的专业是研究古代美术史论，近几年却跳到现当代美术论坛上，恣意评点时贤前辈……"他骂我的文章先在台湾发表，最近又重新发表在《百美图》一书中（《我的自画像》）。是的，我原来是研究古代美术史的，现在我看不惯，按捺不住了，才动手写评论，但不是"恣意评点时贤前辈"，而是实事求是。众所周知，我去年写了一篇小文，只不过讲几句实话，有根有据，于是在全国引起轩然大波，据说有二百多家报刊转载评论。讲几句实话，本是自然的事，如此哗然，可见一时风气。文章发表不久，我就遭到有组织的围攻，有人不断地扬言要上法院告我。我也多次声明，如果有人要去法院告我，我可以赞助他起诉费。但至今无人起诉。于是又通过领导给我施加压力，而且终于通过行政手段停止发表我的文章（本来要评一百家，结果只发一期就被下令停发）。可见我要倡导的真正的批评局面也不易打开。但我还要继续努力，也呼吁批评界的朋友们共同努力，开创一个新的批评局面，为文艺的正确发展开道。

载《美术观察》1998年第3期

二、从阳刚大气谈起

现代的中国画争着朝细秀小巧阴柔方面发展，最近看到一位画家的画却朝着阳刚大气磅礴方面发展，读了他的画之后，使我产生了很多联想。

艺术是一个民族的象征。它既是民族意识的反映，又能反过来影响民族的意识。秦以力健闻名，汉以气厚著称，秦碑、诏版、兵马俑等皆可证：秦之艺术和秦一样力健。汉碑皆以气厚感人，以霍去病墓前的石刻为代表的汉代石刻等艺术也都是深沉雄大的，汉朝也是朝气蓬勃深沉雄大的。一个二十几岁的青年率领部队就可以把匈奴扫荡出境，并追杀数千里。大汉王朝在当时世界上是强大无比的。唐代以前的艺术都把具有力度气势和阳刚美的作品作为正宗和欣赏的主流。吴道子被称为"百代画圣"，他的画"当其下手风雨快，笔所未到气已吞"。乃是气势磅礴的艺术。西晋时的画圣是卫协，从《古画品录》中知他的画也是"颇得壮气，陵跨群雄"。唐代之前，对柔软、阴柔性的艺术都是不十分欣赏的，王维的画是阴柔、柔软的，在唐代画坛的地位一直不高。可是到了宋代，社会审美观发生了变化，人们一致欣赏细软、阴柔性的美，把阴柔立为正宗，反视大气磅礴、有力度感、阳刚性的艺术为粗野、粗鄙、俗气。欧阳修提倡"萧条淡泊""闲和严静"（见《欧阳文忠

公文集》卷一三〇《鉴画》），程伊川提倡"温润含蓄气象"，他连
"英气"都反对，认为"才有英气，便有圭角，英气甚害事"（《二
程全书》）。苏东坡更提倡"萧散简远""平淡""空且静"（《苏
东坡集》），他看了吴道子颇有气势的画后，认为"吴生虽妙绝，犹
以画工论"。只有王维的画"有如仙翮谢樊笼"，"敛衽无间言"。于
是王维的画在宋代具有惊人的地位，虽然宋代前期的绘画人多还是继承
五代的，但在士人思想中，都以阴柔细软为美，而皆排斥阳刚大气了。
米芾、苏东坡、晁补之、乔仲常等文人作画都取阴柔轻缓之势。米芾深
恶吴道子，"不使一笔入吴生"（《画史》），苏东坡更大骂张旭、怀
素具有气势的书法"颠张醉素两秃翁，追逐世好称书工……有如市娼抹
青红，妖歌嫚舞眩儿童"。连范宽、关仝的雄浑气势的山水画也被骂为
"俗气"。李公麟初学吴道子，后来也怕入"众工之事"，于是，消除
豪气，复学顾恺之了。宋代的以柔弱为美的审美观导致了宋的衰弱，宋
王朝再也没有汉唐那么雄大的气势了。宋的疆土最小，和西夏打，败于
西夏；和辽打，败于辽；和金打，败于金；和元打，败于元。先亡于
金，再亡于元。但宋以柔弱为美的倾向一直占主流，且被继承下去，汉
文化的民族从此衰弱下去了。一直到董其昌倡"南北宗论"，把王维、
董源一系定为正宗，王维的画是阴柔性的，董源画也以柔软为主要特
征。董源是南唐人，在五代时只是一般的画家，地位远不及卫贤。但因
其画无雄强之气，而皆用柔软的披麻皴，显示出一种阴柔温润平和之
气，这正是弱小的南唐气象，在宋代却被南方的文人看中，加以张皇。
到了元代，遂成一代主流，明清因之。

　　明清文人提出绘画的最高境界是"静、净"（见《南田画跋》及
《画鉴等》。"四王"还提出要"化刚劲为柔和，变雄浑为潇洒"，连
"雄浑"都在明确的反对之列，他们更喋喋不休地要去除的"习气"，
就是有力感的壮气，"习气者，即用力之过"（《临池心解》）。董其
昌（思翁）的书画为什么成为一代大家，就是因为"惟思翁用力不足，
如瘠者饮药。……宁见不足，毋使有余"（同前）。就在这一片"柔

弱"声中和"静、净"的气氛中，中国"柔弱"了，"万马齐喑"了，别人用大炮打开了我们的大门，我们只好赔礼、赔款、割地，任人宰割。中国灭亡在即。

有志之士都已认识到，改变民族，首先要改变意识，改变审美观。于是"静、净"和"柔弱"被抛弃，代之而起的是吴昌硕、黄宾虹磅礴雄浑的艺术，他们的艺术不是净，而是浑，他们不像以前画家那样用墨讲究细润，古人特忌用宿墨（脏），吴、黄都以用宿墨（脏墨脏色）为特色。他们的画不是静，而是动。绘画本来就是要"生动"，后来却变成"生静"，现在又恢复到"生动"的境界。吴昌硕、黄宾虹的画不是"柔弱"，而是苍劲雄强、气势磅礴，到了傅抱石，更变而为奋跃、飞动，又如天风海雨、惊雷奔电一般的激烈。傅抱石的画开始被人讥为"没有传统""不是中国画"，这正是以传统的"柔弱""静净"观为标准的。但不久即被整个时代所认可，可见，整个民族的审美观都在改变。整个民族也在改变，我们的民族又开始雄强了，不再受人宰割了。

艺术似乎是小道，恐怕也不是小道，它的方向可影响一个民族。审美观是一股潜流，它"强"则民族强，它"弱"则民族弱。历史之实正证实了这一点。

中国艺术发展变革缓慢，正表明了这个民族的慢节奏。历史上艺术变革最显著的时期也是时代变革最显著的时期，如唐末五代，安史之乱，宋元之际，元明之际，尤其是明清之际的"天崩地解"时期，以及清末民初时期（再后因为离现时太近，谈多了会犯错误，暂置而不论），其他时期，艺术的发展都是很平稳的，社会也无甚变化。

因之，艺术不变是不好的，"变则其久，通则不乏"嘛，但朝哪个方向上变，却值得注意。

我并非不欣赏江南传统画风中的那种细秀小巧画风。它抒情、潇洒、轻松，给人温柔的情感。但在温柔乡中也可能会削弱人的壮气，泯弱人的雄心。人的意识情感在这种柔弱的风格中也变得柔弱了，整个时代也就会变得柔弱。我们的时代更需要的是汉唐的豪气、猛气、大气、厚气、健气，需要阳刚的正气。

在我面前的这位画家的画中正有这种豪气、猛气、大气和阳刚的正气，我读了他的画后就产生了这一大堆联想。绘画作品中美的感觉固然重要，能引起人的联想就更有价值。

清末以降，阳刚大气正是艺术的主流，也是民族的主流。从中山先生推翻清朝的卖国政权，到北伐，到抗日战争、民族解放战争，直到出兵朝鲜，最终都是正义占了上风，赢得胜利。清代也有正义的人和事，如林则徐等，但最终都失败了。弱气和巧宦总是占上风，艺术如之。石涛、八大等人的艺术也颇有气势，但不居主流，最后还是"四王"一类柔弱的艺术占据了主流，清末改变了这种审美观后，阴柔小巧的画风也有不少，但一直不居主流。居主流的艺术乃是吴昌硕、黄宾虹、齐白石、傅抱石、潘天寿这些大气、雄气，甚至在以前被人称为狂气、霸悍气的艺术。正是这些雄大的艺术，成为支撑民族意识强大的因素之一。李可染的艺术有板、滞等很多缺点，但他仍成为一代宗师，他的艺术仍代表一代高峰，原因之一便是：他的艺术是雄浑的、深沉大气的，而不是细秀的、小巧玲珑的。

细秀的、小巧玲珑的画有一点也很好，这种画风产生于以南京苏州为中心的江南，也以这一地区的画家画得最好，从古至今皆然。但全国都学它，而且是强学硬学便不好。最近在北京有不少画展，多以年轻画家为主，大多都给我寄来请柬，附来他们代表作的印刷品，左一套，右一套，千篇一律的是那些用细线条勾画的小脚女人或带肚兜的半裸姑娘，或洗澡或打扇矫柔造作，看多了，就腻了，难过了。而且山东、东北、浙江、北京各地画家都这么画。南京的画家画出来还有一点秀气，其他硬学的画，除了粗腿细脖的外形外，便只有腻气和小气。山东多豪气，东北多雄气，燕赵多慷慨悲歌之士，为什么不抒发自己本色性格，而去硬学细小秀气呢？仅就艺术而论，亦不可取。何况，我们这个时代不可能把细秀小巧阴柔的画风树为楷模，更不应该成为主流。主流画风、楷模画风还应该是阳刚大气磅礴的画风，这是时代的需要，人民审美的需要。

令人遗憾的是，阳衰阴盛，已经抬头，这不是一个好兆头，而且也不仅是美术一个领域。有识之士不能不加忧虑。是否要作一个反向的提倡，而且要先从审美的标准及价值意义方面作些阐说，使画家能认识到这个问题，也许会好些。

民族要强大，必须有各方面的充实和辅助，尤其是意识方面的。艺术正是意识的形态啊。

1991年2月于南京师大美术系

载《美术》1992年第6期

【增补】：宋代的王安石虽和苏轼等政见不一，但对绘画的看法也有一致之处，他说："欲寄荒寒无善画，赖传悲壮有能琴。"画和琴都是文人遣怀自娱之事，故有一致性，琴音有"清、淡、圆、芳……"九音，总之以清淡幽雅为美，如果求悲壮之声，琴就不适宜了，更有能于琴的乐器。绘画呢？只能寄"荒寒"之情，欲寄"荒寒"，也无能更善于画者。显然，王安石也认为绘画不宜表现雄强浑厚之气。

附录：时代需要什么样的主流书风

【周俊杰按】文艺理论究竟主要干些什么？近年来这个问题被理论界弄得越来越糊涂，书法界也不例外。其实，不论研究什么，用什么方法去研究，其中心的一根红线是：研究艺术的审美特征及其规律。艺术的中心是审美。就书法艺术来讲，它的审美特征、变革和发展，都紧紧与历史和时代相连，一个时代的书风作为潜流，与其时代的国民心理、国家强胜衰败有直接或间接关系，它反映并反过来影响一个时代人的心理，这为中外艺术史所证实。"民族要强大，必须有各方面的充实和辅助，尤其是意识方面的。艺术正是意识形态啊。""令人遗憾的是：阳衰阴盛已经抬头，这不是一个好兆头，而且也不仅是美术一个领域，有识之士不能不加忧虑。"上面引的两段话，即我们这期专栏要转载的惟一一篇来自美术界的文章——陈传席先生的《从阳刚大气谈起》。陈先生是被国内外美术理论界公认为研究能力和深度分值最高的一位艺术理论家，他从历史与美学的角度，论述了美术风格与时代的关系问题，他以极强的思想力度和犀利的文笔，在一篇不长的文章中纵横于历史的古今和艺术总的审美变化与历史本身之间，向我们时代提出了一个至关重要的时代审美主流问题。它在谈美术，也是在谈书法，对当前书法界有重要的现实意义和长远的历史意义，它应当是所有热点中的热点话题。我们转载的目的，是想以期引起讨论，甚至争论，"笔墨官司，有比无好"，它至少为活跃书坛思想、强化学术氛围提供了一发重磅"炮弹"。

要写就写这样的文章，要读就读这样的文章，不管你是否同意他的观点，你都会被其文章的风格所吸引。当我们看腻了那些味同嚼蜡或食之无味弃之可惜的"鸡肋"式文章，当我们对那些耍噱头或玩名词的花架子文章越来越反感时，我们再看这样充满理性精神、充满激情的文章该是感到多么的舒心和振奋！本专栏主持人希望接到更多如此感染力（不论与之观点同否）的文章，以使我们的专栏成为艺术美文的荟萃之园地。

载《书法导报》1996年2月21日

三、因果没有倒错

首先说明，我的《从阳刚大气谈起》一文，是写给画家们看的，没有在理论上作过深的阐述。尽管如此，君峰先生《感言》一文中所提出的众多问题，我在文中实际上都谈过了，只是很简洁而已。因我现在仍很忙，只可能对某些问题再作提示而已。

《感言》一文一开始便断定我的文章"因果倒错"。并表明自己的观点："究竟是物质决定意识呢？还是意识决定物质？笔者坚信物质决定意识，先有物质，后有意识。如果我没有理解错的话，先生从古今绘画风格阳刚与阴柔谈起，试图论证一个民族的艺术的阳刚之风即可唤起一个民族的阳刚之气，从而使其民族兴盛；反之，一个民族的艺术的阴柔之风即可平添一个民族的阴柔之气，从而使其民族衰败。面对其所谓的当代画风'阴盛阳衰'，于是呼唤绘画要走向阳刚，进而振奋民族精神再进而振兴民族。""先生则犯了一个'意识决定物质'的错误。"关于唯心、唯物，意识、物质的关系问题，哲学家们谈得太多了，我用不着再去重复，恐怕和我的文章不是一回事，先生可再细心研究一下哲学家们的有关论述。我这里也不想再作理论上的重复。

君峰先生自然是一位"唯物主义者"，我就再谈一个最基本的问题，那就是列宁说的"没有一个革命的理论，就没有一个革命的运动。"这是人人皆知的理论。无疑，这"革命运动"就是"革命理论"的果。我们可以用小学生造句的方法说："因为有了革命理论，所以才产生了革命的运动"。而且，什么样的理论就产生什么样的运动，我们国家今天经济建设发展十分迅速，也正是我们的执政党提出了大搞经济建设的理论才有今天的局面。

如果你要硬和我谈理论，我只告诉你一句话，从理论上说：理论的惟一作用是指导实践。理论不是物质，而是属于意识的。古今中外，任何一个执政者，改造、建设或保卫其国家或地区，都必须先有理论，而且，什么样的理论就产生什么样的结果。"因果"不会倒错。

绘画也是一样，绘画理论就是理论家的意识，只要它在画家身上起作用，"果"之因之，不会倒错。历史上的画论都证实了这一点。例子太多，不胜枚举，为节省篇幅，不复再录，读者和君峰先生可参阅我的新著《中国绘画理论史》。

有几件事使我对时下的一些"理论"产生不好的印象。其一，在传统的看法中，"史"才是学问，"理论"不是学问。其二，我所读到的中国一些时髦理论，都是在阐述西方人的理论，或用西方人的理论套中国的现实，自己的理论完全没有。我常说："不恨我无西洋法，恨西洋无我法"。实际上，西方已有16国的留学生、高级进修生、教授、研究员来到我这里跟我学习中国的理论。所以，你如果要搬来西方的框子套我的文章，我只好高挂免战牌。实际上，所谓"物质决定意识""先有物质，后有意识"也和我的文章无关，我并没有谈这个问题。如果硬要用哲学名词去套，那么"物质可以变精神，精神也可以变物质"这句话倒是沾一点边，但其主旨并不相同。

君峰先生在文章中又谈到"汉武帝刘彻、唐太宗李世民、周天子武则天等有所作为的皇帝"。这些皇帝有所作为，在历史上都建立了赫赫之功，正是他们的思想意识决定的，他们本人就是强者，正因为他们是强者，所以，他们不但不会屈节投降，反而要制服和歼灭对手。强者和弱者，不是指他们的身体，汉武帝经常闹病，身体并不强，而是指他的意识。如果换一个弱皇帝，汉代就不会强大。因果不会倒错。君主强，时代就有可能强；君主弱，时代就有可能弱。君主的思想意识起到很大作用。南宋的岳飞，率军抗金，胜利在望，但宋高宗一心想投降，他宁肯杀掉岳飞，也要投降，这就是他的投降意识决定的，因和果如何？显而易见。

我在《从阳刚大气谈起》一文中说："民族要强大，必须有各方面的充实和辅助，尤其是意识方面的，艺术正是意识的形态啊。"当然，艺术只是意识形态之一。人的意识是怎样的，他的意识形之于态，就有怎样的形态。改变其形态，首先要改变其意识，这并没有错，更不会"倒错"。

以下还要回答几个具体问题。

一、"将汉唐兴盛的辉煌记在倡导阳刚雄强一路艺术家的头上了，记在吴道子的头上了。……"社会是复杂的，意识形态表现在各个方面，艺术只是其中之一，吴道子就是其中之一，但也是社会和社会意识形态的一个折射。我谈的是艺术，只能举几个艺术的例子，如果把所有例证都举出，那么一本书也写不完。

二、"千百年来，古今哲学家、思想家、史学家、美学家、艺术理论家、艺术批评家、艺术家均在著书撰文探求，然而在我看来，到如今还没有一家之言令我心悦诚服。"所以，你对我的文章有如此态度，我倒希望你能写出令人心悦诚服的文章来，如此，国则幸甚，书坛幸甚！

三、你反复说艺术发展有"其内在的发展规律……艺术史也有其固有的内在的发展规律"。我也曾考虑过这个问题，在你之前，很多书上都大谈艺术的"自律性""艺术按自己内在的规律发展""不受外权干扰"。但和史实一对，问题又来了，1966年"文化大革命"后，大陆的绘画都限在画阶级斗争、红、光、亮……难道艺术发展的规律中就规定好，艺术发展到1966年，必须画红海洋吗？

四、"泛文化"问题和我的文章无关，故暂置而不论。

五、"我不认为当代艺术是'阴盛阳衰'。"你再考查一下，当时的"阴盛阳衰"还是很重的。就连获全国一等奖的《玫瑰色的回忆》一画也是阴柔的风格，而非阳刚大气的风格，至于刘文西的画，在"文革"前确属于画坛主流地位，甚至是领导地位，但在80年代后期，刘文西的画则不居于领导地位，也不居主流了。请注意：我这篇《从阳刚大气谈起》，写于1991年2月，最初发表在《美术》1992年第2期上，当时转载的刊物很多。给我写信、打电话的画家不计其数，有一位画家说："我本来也是画阳刚大气一路，后来认为这种细线条、淡色墨才是传统，所以，强行改了。读了先生的文章后，方知道阳刚大气也是传统。我还要画我的本色。"因为此文反响很大，所以，我已收入我的《现代艺术论》一书中，1995年5月由江苏美术出版社出版。现在"阴盛阳衰"现象略有改变，这是一代美术家共同努力的结果，我的文章大概也起到万分之一的作用吧。

至于"壮美一路的作品"，当然是有的，我的文章第一句话就是："现代的中国画争着朝细秀小巧阴柔方面发展，最近看到一位画家的画却朝着阳刚大气磅礴方面发展……"我的文章题目就是"从阳刚大气谈起"，说明我当时也见到"壮美一路的作品"，而且，我的文章主旨就是提倡阳刚大气，包括对你说的"曾历秦汉唐之风的陕西"画风的褒扬，希望你再细心地体会一下我的用心。

六、"谁追求阳刚之风，谁追求阴柔之气，那是由其天性……"当然是这样，但理论的导向也起到重要作用。你又说"审美的价值观所决定的"。"审美的价值观"是可以改变的，那么，风格也是可以改变的，例子太多了。

七、"不是由某一所谓的'法家'……一声呐喊就可决定得了的……""呐喊"有时很起作用，苏东坡一声呐喊："论画以形似，见与儿童邻"，对后世影响多大？赵孟𫖯一声呐喊，"书画本来同"，即要以书法入画，对后世影响多大？明董其昌"南北宗论"一出，崇南贬北，几百年来，"北宗"画几乎无人染指，文人画家无一再作"北宗"画，画坛几百年皆为"南宗"画一系，连日本画也以南宗画为正宗了。

当然，不是所有"呐喊"都能"决定得了的"。"呐喊"更不是对所有人都起作用，请参阅拙作《谈唯上智与下愚不移》。

八、"反作用绝不会像陈先生强调得有那么可怕的重要意义"。反作用"有时和"正作用"不可分，任何一个王朝的末期，都是反作用力使之改朝换代，康有为是正作用于清王朝的，孙中山是反作用于清王朝的，结果呢？反作用胜过了正作用。《孟子》谈到一个"一傅众咻"的故事，后人也作"一傅三咻"，说的是有一楚大夫请一齐人教其子学齐语，齐人（傅）教之，但众楚人仍和其子讲楚语，结果其子就学不得齐语，且讲楚语依旧。这齐人是正作用，但抵不上"众咻"的反作用。 前面说过，艺术只是意识形态之一，如果仅以艺术一方面反作用于历史，当然是微弱的，但我说的是"各方面"，包括艺术。清王朝后期"万马齐喑"，毫无生气，意识形态的主流也同之，尤其是绘画，皆传"四王"末习，"软甜俗赖"。这种萎靡的形态正是萎靡王朝的反映。若一直延续下去，就会越来越萎靡。恰恰是"反作用"改变了这种局面，人们写文章、讲演、办报纸、办刊物，从各方面指责之，文学艺术等意识形态的各方面反作用于清王朝，结果改变了它。相反，如果一个时代十分强大，文学艺术也会有相同的反映。但如果所有人都在唱反调，"事大如天醉亦休，人生几见月当头"；"哎呀，要那么强大干什么，有一碗饭吃就行了嘛"；"要坐什么飞机，有毛驴就行了"；"刀枪入库，马放南山"；"中国这么大，谁要就割一块地送给他，谁要独立就让他独立"。如果一代人意识都这样，这个时代也会弱下去。"反作用"怎么不可怕？！

其次，你的文章中有些地方我读不懂。我历来的态度是，读不懂的东西就不读，人生有限，能读懂的文章都读不完，何苦再去读那些读不懂的东西呢？

原载1996年8月26日《书法导报》

四、提倡"正、大"气象和时代风格
——关于书法问题答记者问

问：陈先生，我读过你很多著作，发现你对书法也很关心，你能否给我们书法界讲几句话？

答：关于书法，我没有时间作过多的思考，但我一直坚持书法要向"正、大"方面发展，一个"正"，一个"大"，古今大书法家都离不开这条路。"大"，气象要大，而不是搞"小巧别致"，古今大家没有一个靠"小巧别致"出名的，所以，举不出一个例子。但"小巧别致"的书法存在不少，时下尤多，像某某的书法，一拐一顿，挑来踢去，看上去很别致，实则内行无一人承认其书法是艺术，还有的书法靠抖抖而成，有的书法忸忸怩怩，虽然别致，但不成气候。"正"就是"尚法"的"法"，这个"法"，我曾著文解释过，是《荀子》"《礼》《乐》法而不说"的"法"而不是时下书家以为的"方法"之法，方法的法也和"韵""意"不统一。"正"和"邪""怪"相对，像郑板桥的书法以"怪"而名，就不属"正"的气象，更不属"正、大"气象。所以，都评郑板桥书法，"欲变而不知变也"。评郑板桥就不可能称为大书法家。简单地说："正"就是正正规规，不搞歪门邪道；"大"就是大气象，不搞小巧别致。颜真卿的书法当然是"正、大"气象的典型。所以，后人说"学书当学颜"。宋人当中有人非议颜书，米芾最甚，米芾说："颜书行可观，真便入俗品。"又说："自以挑剔名家，作用太多，无平淡天真之趣。大抵颜、柳挑剔，为后世丑怪恶札之祖，从此古法荡无遗矣。"（《书史》）米芾这个人玩世不恭，算不上正道人，对他的话要加以分析，宋人《画继》谓米芾"心眼高妙，而立论有过中处"。当时人对米芾的行为都是了解的，他装疯卖傻，见石下拜，秉性高傲，凡事务求出人头地，凡是众口皆云的问题，他都要发表一些相反的意见。所以说他"立论有过中处"，即不公正。当时山水画荆浩、关仝、李成，名声最高，举世皆学，他却说荆浩的画"未见卓然惊人者"，他并标榜自己的画"无一笔李成、关仝俗气"。吴道子被人称为"百代画圣"举世公认，而米芾却说"不使一笔入吴生"。绘画上的"过中"论且不多谈，书法方面，"二王"和颜真卿地位最高，他非要扳倒他们不可，他说他的书法要"一洗二王恶札"，连"二王"的书法，他都否定，目为"恶札"，所以他的话就不可全信。他否定"二王"，否定颜真卿，但"二王"、颜真卿的成就和地位还是比他高。所以，我们宁可相信苏东坡的话："颜公变法出新意"，"故诗至杜子美，文至于韩退之，书至于颜鲁公，画至于吴道子，而古今之变，天下之能事毕矣。"杜诗、韩文、颜字正代表盛唐的精神气象。

王文治《论书绝句》有云：曾闻碧海掣鲸鱼，神力茫茫运太虚。间气中兴三鼎足，杜诗韩笔与颜书。"说得颇有道理。

"正、大"气象又包含很多类型，潇洒、雄浑、厚重、质朴、古拙等等，但都必须有"正、大"气象，才能称得上真正的潇洒、雄浑、厚重、质朴、古拙，否则，古拙可能成为邪恶，质朴可能成为粗野，厚重可能成呆滞，雄浑可能成为鲁莽，潇洒可能成为轻薄，今人书法大抵皆如此。

所以，钟繇、王羲之、王献之、欧阳询、虞世南、褚遂良、颜真卿、怀素、柳公权，宋人苏、黄、米、蔡等等，其书法都具有"正、大"气象。清代以降，那种歪、邪、丑、怪、小巧别致的书法才大量出现。近来，这种风气又抬头，很多人书法本来不错，却向邪、怪、歪、小方面发展，自以为可以别出一格，实际上不可能成为气候。

当然，正、大气象和邪、怪、小情趣还和时代气息有关。前述盛唐气象有盛唐的书法和绘画以及诗文。反之，正、大气象的诗文书画也加强了盛唐气象。因此，提倡"正、大"气象，除了书法发展的意义外，对时代的正、大也是一个补充。这个问题，以后我准备作专文论述，此处只提一下。关于"正、大"问题，还有很多内容要谈，我这里只简单地表述一下我的看法而已。

其次，我想提倡一下"时代风格"。我并不是反对个人风格。没有个人风格，是不足成家的。但实际上，个人风格一直是有的，即使一天不学书法艺术的人，他的字也有个人风格，我们看朋友、同学、兄弟、姐妹、老师、学生、官儿们的字，一看就知是谁写的，这就是风格。官儿们批示，在报销单上签名，会计一看便知，这也是风格。学书的人都想建立自己的风格，越特殊越好。过分强调个人风格，很多人便会急功近利，走正道出不了特殊风格，于是便走歪门邪道，这也是书法偏离"正、大"气象，走向邪、怪、小巧别致的原因之一。所以，我仍然赞成建立个人风格，但目前，更要提倡时代风格。从历史上看，只有时代风格强，书法家才强；时代风格不强，书法家也不可能太强。甲骨文、金文、汉隶的书法，都没有强调个人风格，它们只有时代风格。但艺术水平都是历代无法超越的。"晋书尚韵，唐书尚法，宋书尚意。"这韵、法、意就是晋、唐、宋的时代风格，那时候的书家不太注意个人风格。有的虽也意识到要个人风格，但并不强求，大家都踏踏实实地练字，即使有些口诀，有些理论性的东西，也只是研究如何写好字，并不大讲特讲个人的突出风格，结果，时代风格出现了，个人风格也出现了，大书法家也出现了。元以后的书法能和晋、唐、宋相比吗？元以后的书法家能和王、欧、褚、颜、柳、苏、黄、米相比吗？现代书法家动辄便讲个人风格，时代风格没有了，个人风格又怎么样呢？所以，我要提倡一下"时代风格"，提倡一下书法家老老实实地写字。同时，要了解这个时代，一致地反映这个时代，"时代风格"出现了，个人风格才强，"正、大"气象就会重返书坛，怪、恶、小巧别致，自然就会消除。理论家不要再大声疾呼什么个人风格。你要有理论、有观点就讲，没有就不讲。个人风格，谁人不知，还要你讲？你没有话可讲，只好讲众人皆知的个人风格问题，你讲多了，书法家便着急，凡事一急便会出现"胡来"，功夫不下在认真练字上，而在绞尽脑汁地建立个人风格，结果又是邪、怪、小巧，真正的丑怪恶札便会大量出现。

关于"时代风格"问题，还可以讨论，我的看法也不太成熟，但我也不是信口乱说。我十三年前就考虑过这个问题，一直想从历史和理论上证实一下，但我一直没有这个时间，这里要阅读大量书籍，并对历代书法研究后作出总结。我做了这个工作，但做得不够。

再次，我谈一谈书法改革问题。过分强调个人风格，已经出现了很多弊端，再拼命强调改革，问题就更严重了。当然，改革是对的，不改革不能出现新局面，但过分强调就会出现弊端。我以前写过文章，谈汉代书法改革太快、太过分，当然出现了新局面，成就不小，但后来出现了鸟书、飞白书等，尤其是鸟书，在当时是很新奇的，但后来却成为村头巷尾卖艺人的手艺事了，真正的书法家都不屑一顾了。这是汉代书法改革太过失败的例子。现代书家们要引以为戒。关于书法改革问题，我曾写过《现代书法臆议》一文，发表在《书法研究》1991年第4期上，这篇文章后来又收入我的《现代艺术论》一书中（1995年江苏美术出版社出版），大家可以参看，此外不再多谈。只是我现在仍然坚持我这一观点。

最后还要谈一谈书法家的文化素质问题。这是一个老问题，众所周知的问题，但仍然是一个最重要的问题，也可以说是书法虽热而不振的最根本问题。我研究过历史，从古至今，没有一个文化素质不高的人能为大书法家的先例。王羲之是右将军，是诗人，他的散文《兰亭序》传诵千古，是千百年来第一流的文学作品之一。欧阳询集编《艺文类聚》一百卷，成为现代研究学问者必备之书，所以欧阳询首先是一位大学问家。虞世南更是大学问家、大文学家。他辑的《北堂书钞》一百六十卷，是现存最早的一部类书。颜真卿是平原太守，吏部尚书，诗文书无一不佳，还编撰《韵海镜源》三百六十卷，是最早按韵编排的类书。苏轼、黄山谷是大诗文家，米芾、蔡襄诗文学问亦皆佳……例子太多了。现代的书家有三人值得一提，于右任、谢无量、林散之，三人都是诗人，都有诗文集行世。当代号称"书法家"者大约不下十万人，能有一个人配称书法家吗？这些人不是不下工夫，而是学问不行。读书太少，诗文更不行，每日练一点技巧，称写字匠可以，称书法家就不必了。有很多年轻人字写得很不错，但没有发展，甚至越写越差，就因为懂一点技巧，写得不错，而终不成家，更不能成为大书家。有的坚持写下去，但不成气候，有的就"胡来"了。根本原因就是其文化素质不行。如果你想当书法家，首先要有文学家、学问家、诗人的根基，否则你不要想成为书法家。写几个毛笔字，骗骗酒楼茶馆、商店杂铺可以，认真地称为艺术家就不行了。

怎样摆平读书、做学问、练字的关系，我曾写过一篇《论早熟和晚学、晚成》，发表在《美术观察》1996年第9期上，用科学的方法解决这一问题，读者可以参看。

终生埋头练字的人，肯定不能成为书法家，而且必然是越写越差。鲁迅是文学家、诗人、思想家，毛泽东是革命家、军事家、诗人，他们都不以书法为本业，但他们都是第一流的大书法家，时下以书法为专业的最著名的书法家能和他们相比吗？万一皆不及。学问底子不行，胸怀气质更不行，这是当代书法热大大超过前代，而书法水平又大大低于前代的最根本原因。

我以上谈了四个问题，但基本精神都是一以贯之的。

　　　　　　　　　　　　　　　　　　　　　　　1997年1月

　　　　　　　　　　　　　　　　　　载《中国书法》1998年第3期

五、呼吁批评界的天煞星和黑旋风

　　记者：陈先生，你对文艺发展的"七点意见"中，有一条是"呼吁批评界的天煞星和黑旋风"，我听了很兴奋，可否就这一问题再谈谈你的想法，随便谈谈。

　　陈传席：我的"七点意见"是对"当前文艺发展"而提的，注意"当前"二字。文艺批评不是时时需要天煞星和黑旋风，有人提出"轻批评"，但当前批评界需要大量的天煞星和黑旋风，扫荡文坛丑恶和龌龊。目前文坛上坏风气太多了，昨天我接到一家出版社的编辑打来的电话，约我写一本书，不要学术性，不要知识性。要什么呢？他举一本书的例子说：某作者（男人）和某女大明星之间的纠葛，管它是真是假，编出来第一版作者就得稿费100万元啊，责任编辑也翻身了，出版社也翻身了（由贫变富）。我举这一个例子，文坛丑事可以举出十万个例子。友人告诉我，北京有一位作者为了出名，打算写一本书，把自己丑恶灵魂、卑鄙行为、下流语言都写出来，希望引起读者注意。作家中问题更多，现在的作家缺乏科学家思想，缺少社会责任感，这个问题最严重。记得清代周亮工在《书影》中谈过一个事，说"《杂志》中载：常开平每出师，夜必御一妇人，晓辄断其头以去，然后临士对敌"。周亮工对此大加鞭斥云："语以此等事，必以为大英雄应当尔尔，或反生效法心。我辈笔墨，不可不慎也。"封建文人尚有社会责任心，"笔墨不可不慎"。新时代文人竟然连廉耻都不顾，真是可叹。所以我要呼吁批评界的天煞星和黑旋风。

现在的批评家也太温文尔雅了，不敢尖锐地批评。生怕得罪人，一任坏风气和恶劣行为蔓延。出版界也有问题，你指名道姓地批评，尖锐地批评，他就说你缺少和气，缺少含蓄。有的要你删改，有的干脆不敢发表。

20年代、30年代，批评风气真好，大家都是一针见血，毫不留情，所以，做坏事的人就老是心惊，不得不收敛。现在就不行了，坏事可以大胆地做，批评却不敢。做坏事不要请示，批评反而要请示。

我曾说过："温和、老实之人，人之所喜也；温和、老实之文，人之所厌也。"批评家的文章不能太温和，要火热、冰冷、尖锐、锋利。要像鲁迅那样，放出去的是"投枪"和"匕首"——提起鲁迅，我又想起另一件事，鲁迅曾经说过"不生造除了自己之外，谁也不懂的词"（大意）。如果鲁迅现在还在的话，他大概会修改这句话为："不生造连自己都不懂的词。"因为别人都不懂，他自己还懂，我们可以去问他自己。可是现在很多作者造出的词，连他自己都不懂，这就麻烦了。我读过一篇文章有一个词叫"全重性"。我怎么也看不懂，疑心是从国外引进的新名词，便去问责任编辑和主编，结果编辑和主编也不懂。又去问作者，作者看了很久，摇摇头，说一时记不清了，反而叫我们根据文章大意顺一下。我们三个人，一个教授，两个编审，把文章顺了一遍，仍不懂。过了两天，作者来告诉我们，"全重性"应为"权重性"，他当时写错了。"权重性"又是什么意思呢？作者说："我顺了一遍，就是权利太重了，中国当官的权利太重了。"这——鲁迅若活着，又该怎样感慨啊。

当一个作家，难道是简单的事吗？——可是现在连字都识不了多少的人都能当作家，当然，当画家更容易。工人做工做累了，农民种地太苦了，小商贩做不下去了，都去当画家、当作家，结结巴巴编几段文字，胡涂乱抹几笔，找找关系，印出来，就变成作家、画家。一旦成为作家、画家，便是知识分子，便要照顾和尊重，国家就赶紧把他们养起来。顺便说另一件事，现在当博士生导师更容易，我认识博士生导师不多，当然，开博士点的导师一般说来都很有水平，但补进去的博士生导师问题就严重了。因为老博导死了或调走了，博士点中要马上补进去导师，补谁进去呢？就看谁的"本领"大，这"本领"不是学术，而是关系。

越讲越气愤。总之，温和的批评，已不完全适用，"我劝天公重抖擞，多降天煞星和黑旋风"。清除、扫荡文坛丑恶和龌龊，然后才能谈文艺的健康发展。

载《文论报》1997年12月11日

六、评文坛大家和名家——答客问

问：近年来国内掀起一股钱锺书热，你是怎样看待这个问题的？

答：对钱锺书的评价，胡适曾说过："英文不错，中文也不错。"这是最确切最恰当的评价，过之则过之，不足则不足，钱锺书热的兴起正是时代特征的显露，文坛上现在正是阴盛阳衰的时期，缺少阳刚大气，小巧玲珑、精致优美被人看重。美术界的现象也特别严重，小巧玲珑的画风靡全国，细细的线条、粉腻的色彩，或精工细雕、或疏疏地勾写，从内容到画法都小巧玲珑。阳刚正气、磅礴大气却少见了，这是一个时代的风尚。钱锺书的学问可以用一句话概括：小巧精致。但其精致达到相当高的程度，一般人所达不到的高度，读者被其精致的程度惊呆了，因而产生了崇拜的心理。在这种情况下，人们忘记了它的小巧。惟有小巧，才能精致。不过，没有相当的才力，要想达到十分精致，也是不可能的。钱锺书精通中文和英文，所以，他才能达到如此精致的程度。但他缺少相当程度的高度（不是一般的高度），也缺少相当程度的思想深度。他没有鲁迅那样敏锐的思想和犀利的目光，一眼看出几千年来民族的症结，且能从大处着眼，发现大的问题，并能深刻地剖析社会的弊病，给国人以深刻的启发。当然钱锺书能看出中国诗和中国画的标准之异，这说明他的理解力很深，他的才能也正在于此。一般人（不包括有才力的人）看不出中国诗画标准之异，所以读了钱文便崇拜得要命。鲁迅的《中国小说史略》可以说是中国第一部小说史，由于他眼光深邃，对小说问题略一经心，便有高论，至今写小说史的，还没有人能超过鲁迅。鲁迅的小说地位更崇高。钱锺书的小说无论从深度或高度都不能和鲁迅比。

和郭沫若比，钱锺书的《管锥编》显然更精致，乃至无懈可击，郭沫若的学问稍嫌粗略了一些，但郭沫若能识古鼎彝器、能辨甲骨文，他能从宏观上把握问题，他对青铜器几个时期的划分，至今仍被专家所承认，他对奴隶社会和封建社会的时代划分贡献更大。

钱锺书的书，我见到的有《管锥编》《谈艺录》《旧文四篇》《宋诗选》，读后确实令人惊叹。学识丰富、记忆力惊人，但读久了，又总觉是在读一堆卡片。论读书之多，钱锺书恐怕还不如辜鸿铭，辜鸿铭精通英文、法文、德文、意文等差不多欧洲乃至世界各大国的文字，通外文不但比钱锺书多而且也精，欧洲人了解中国的孔孟诸子，大抵皆读的是辜鸿铭的译书。对中国古代典籍，凡属名著，辜鸿铭差不多都能背诵，也是超过钱锺书的。辜鸿铭在当时名气也大得不得了，现在看来，他的成就似乎还是弱了些。凡是学习内容太多、基础铺得太广的人，成就都不会太高，据我知道：凡是精通十几国、二十国语言的人，成就都不太高。不过，辜鸿铭向西方介绍中国的古代学说还算有功劳。

刘勰《文心雕龙》有云："摛文必在纬军国，负重必在任栋梁。"文人必须通晓和时时考虑到军国大事，写出文章也必须对军国的建设和改造起到重大作用，否则文章定难高深。钱锺书缺少鲁迅和郭沫若的深度和高度，并非他的才力不足，而是他的生活体验和思想锻炼不足。他大半生只宁静地读书，基本上是"两耳不闻窗外事"。他为什么老是写《谈艺录》《管锥编》？这工作坐在书房中便可以做。所以，钱锺书只是名家，而鲁迅、郭沫若是大家。

钱锺书只钟爱书而已，他的文章只展示他读过很多书，他作文意在文，时时表现自己懂得很多知识；而鲁迅、郭沫若作文意不在文。这也是名家和大家的区别之一。我以前说过：钱锺书是一位高雅之士。但最近又出现了一个"钱锺书研究"，又叫"钱学"，这就没有意思了。使他的高雅之名为此损失不小，鲁迅、郭沫若、齐白石、黄宾虹这些大家生前皆没有研究会，林散之是一代书法大家，生前禁止一切人搞他的研究会，反复声明"等死后一百年再说"。这才叫高雅，这才叫大家。

还想补充说明一件事，"大家"必产生在大时代——天崩地解、雷霆万钧、改天换地的时代方能产生相应的大作家，大作家的出现又反过来促使这个时代的变革，反之，小巧精致必为向往小康的时代标准。小品文、闲言碎语、消遣式之文与艺，轻松的笔调，阴柔的风格必会兴时（我本人也颇喜爱）；怒吼式的强音，为时代呼唤的大作，阳刚大气的风格，也必遭冷落。后者实为时代所需要，学者们应清醒地认识到，并努力提倡，"一阴一阳之谓道"，二者不可偏废，否则"阴盛阳衰"，"阳盛阴衰"，皆是病态。

问：你刚才多次提到鲁迅、郭沫若，是否可就这两个人，谈谈你的看法。

答：先谈郭沫若吧。现代很多人，尤其是大学生和港台文化人，以攻击和嘲笑郭沫若为时髦，我总觉得他们看问题太肤浅了（不过，我年轻时也是这样看问题的）。他们无非是说郭沫若没有骨气，揣摩他人的意思在写文章。这个问题如果真正弄清（不是表面上弄清），反而能看出郭沫若的为人。说郭沫若没有骨气，恐怕不符合史实，当年他对蒋介石不满，便不顾杀身之祸，写了《请看今日之蒋介石》，并发表出来。当时对蒋介石不满的人，不知有多少，有几个敢写文章并发表出来？据《民国春秋》刊文说，法国名作家罗曼·罗兰逝世时，郭沫若在追悼大会上讲演，讲到震动全国的湘桂大撤退，他大骂掌管中国海陆空军队的负责人何应钦，而且越骂越起劲，而何应钦就坐在他背后的主席台上（可参见《文汇读书周报》1993年6月12日的文章）。一个作家敢于当众当面责骂掌管海陆空的大人物，没有骨气的人是做不出来的。但郭沫若晚年确曾根据毛泽东的意思写文章，毛泽东称赞曹操，郭沫若就替曹操辩解，毛泽东说喜爱李白的诗，郭沫若就写《李白与杜甫》扬李贬杜。本来，郭沫若对杜甫十分推崇，成都杜甫草堂中有郭沫若的题词可证，郭沫若后来违心贬杜，显然有迎合毛泽东之意，便从中正能看出他的为人。

如果毛泽东对郭沫若很冷淡，我想郭沫若不会写任何迎合的文章。但是，毛泽东一直对郭沫若十分友好，甚至很尊重。当这位伟大的领袖被人捧为神时，人们见之要三呼万岁，而毛泽东却和郭沫若称兄道弟，甚至经常驱车去郭沫若家中拜访，据有人回忆，毛泽东多次去郭家谈诗论词，每次皆尽兴而去。后来郭沫若后悔没请毛泽东给他留下一幅字。不久，毛泽东又去郭家，便给郭沫若写了一首自己的诗。毛泽东写的三十七首诗词中，就有两首是"和郭沫若"的，一个国家元首、政党主席，处于极其崇高地位的毛泽东如此厚待他，他能不为之感动？他要报答知遇之恩，怎么办呢？"秀才人情纸半张"，于是他顺着毛泽东的意思写文，以证实毛的见解高明正确。郭沫若这样做，也许对不起学术，却对得起他自己的良心，他并非阿谀逢迎，而是报知遇之恩，对于郭沫若来说，学术是他的生命，但在学术和报恩二者面前，他选择了"报恩"，"士为知己者死，女为悦己者容"。郭沫若其实是牺牲了自己，从中正可看出他人品中真赤的部分，如果是我陈传席，大概也会这样做。

再说郭沫若的学问，前面说过，郭沫若对甲骨文和青铜器的研究，并把其研究成果用到历史研究中去，成就十分杰出。柳亚子诗云："太原公子自无双，戎马经年气未降。甲骨青铜余事耳，惊看造诣敌罗王。"实际上他的成就已经超过了罗振玉和王国维。以甲骨文内容证史，开辟了历史研究的新领域，也是历史研究中继乾嘉学派之后又一特点，王国维和郭沫若是最重要的人物。

在新诗领域中，郭沫若是最了不起的人物。就凭他一本《女神》，郭沫若就不朽。胡适虽以写新诗闻名，但却无一首新诗能赶上郭沫若《女神》中任何一首诗。当然，郭沫若后来忙于各种事务，又要做学问，他静不下心来，因而，发表了不少不严密不成熟的文章，还有他为了迎合毛而写的一些文章，虽然对得起他的良心，却对不起学术，这也是毋庸讳言的。

"一号为文人，无足观矣。"郭沫若并不是一个纯文人，他任过北伐军总政治部主任，当过国民党的中将，又参加过中共的南昌起义，抗战时任过政治部三厅主任。解放后，又当过政务院副总理、人大常委会副委员长、科学院院长、文联主席等重要职务。他的机遇很好，他死时，也正值"四人帮"垮台、国家最重视知识分子的时候。他受到最高的礼遇和最高的评价，所以，赵朴初挽他的诗云："知公此去无遗恨"……

还要补充说明，郭沫若的感觉很好，很多材料别人都看过，但一到他手中，问题就出来了，他又敢于下判断。他的缺点是不肯下力气。搞甲骨文和青铜器的研究，他当时是在日本，外界干扰少，心静，他下了工夫；其他问题，他都凭感觉和现成的材料写文章，有时也顾此失彼而出现差错。香港有人写文章说郭沫若的《十批判书》是抄袭钱穆的，实际上，他不过利用别人的研究成果发自己的议论而已（当然，应该注明一下材料来源）。郭沫若如果一直静下心来，全力做学问，他的成就会更高。

问：再谈谈鲁迅吧。

答：否认鲁迅，也成为一种时髦，很多人说："鲁迅是政治力量捧出来的"。其实，在某些时候，正相反。可以看看近来的《文汇读书周报》，连篇累牍地介绍周作人，但却闭口不提鲁迅。什么原因？就因为周作人当过汉奸，而鲁迅却是"我以我血荐轩辕"吗？曾经有一位朋友帮我整理书籍，结果把我收藏的鲁迅著作全部扔掉了，等我回来知道后，已经找不回来了。他说："你是一位严肃的学者，架上放鲁迅的书，太不严肃，人家会看不起你，我还是代你扔掉好。""得剑乍如添健仆，亡书久似忆良朋。"我至今想起，十分难过，如果年轻几岁，我非和他吵架不可。我问他："你读过鲁迅的书吗？"他说："我怎么会读鲁迅的书，太恶心人了。"但他读过徐志摩、周作人、苏曼殊、林语堂等人的书，常谈论这些人。于是我便把鲁迅的著作借来，复印了部分内容，交给他，并告诉他："这是一位朋友借给我的资料，里面全是二十至三十年代一位作家的文章，你看看如何？"他读后十分惊讶，连说："这些文章写得太好，此人是谁？文学史上应该大树特树才是。现在写文学史的，老是写鲁迅、郭沫若，真是活见鬼。"我又把鲁迅的一些诗给他看，他读后，愈加崇拜，连说："徐志摩、林语堂相形之下，真不值一提了。"他下决心要弄清作者是谁，并要搜集全部文章编为全集。我告诉他："这些都是鲁迅的作品。"他哈哈大笑说："你开什么国际玩笑，鲁迅如果能写出这样的文章，那就不称为鲁迅了。不可能，绝对不可能。"第二天，他又来了，连说："太下流了，所谓的鲁迅名句'横眉冷对千夫指，俯首甘为孺子牛'，原来是抄袭来的，是从这里抄来的！"当他弄清这位作家确是鲁迅时，他已惊得目瞪口呆，讷讷不能发一语。这是一个典型的例子。可以说，贬低鲁迅的人，大多是没有读过鲁迅著作的人，单凭一种情绪在下结论。

　　鲁迅是中国现代小说的开拓者（有人更说他是现代小说之父和奠基人）。他"五四"前后就发表白话小说，《阿Q正传》家喻户晓，阿Q成为众所周知的艺术形象。鲁迅的小说，连反对他的胡适都十分佩服。在学术方面，他的《中国小说史略》《汉文学史纲要》等，都是学术史上的丰碑。前者更是中国第一本小说史，而且至今无人能超过。

　　鲁迅的旧体诗在当时也是脍炙人口的，除了那些名句外，还有"心事浩茫连广宇""风雨如磐暗故园""花开花落两由之""心随东棹忆华年"等等，或气势磅礴，或深沉旷远。而周作人的诗，最有名的只是"请到寒斋吃苦茶"，简直无法和鲁迅比。文艺界现在拼命地捧周作人而贬鲁迅，真令人不解。我为了弄清这个问题，最近买回不少周作人的书，读后更觉周作人无法和鲁迅比。而捧周作人的人谁也没说出周作人的杰出成就在哪里。

鲁迅成就最高的还是他的杂文，他开创了一个杂文时代。他的杂文显示出他的犀利目光、深邃的思想，非一般人所能及。有很多深刻的问题，鲁迅一经眼便能看出来，而且几句话便揭露得淋漓尽致，令人叹服。鲁迅的文章真是一把锋利的解剖刀，他利用它指摘时代的弊病，剖析民族的痼瘤，挖掘国人的劣根，指出国家的前途，都显示出鲁迅对国家民族的责任心和爱心。鲁迅不但是伟大的文学家，更是伟大的思想家。

鲁迅的学力和功底，别人也许可以具备，但鲁迅敏锐深邃细致的思想、高深远大的目光、犀利的笔锋是一般人难以具备的。

这里还有一个更基本的问题，就是时代问题。上面我已说过，"天崩地解"时代才能产生"天崩地解"的文章。宋人戴复古《论诗》诗云：

飘零忧国杜陵老，感寓伤时陈子昂。

近日不闻秋鹤唳，乱蝉无数噪斜阳。

杜甫、陈子昂的成功，皆因其所处之时代不平凡，同时他们也忧、伤和正确认识那个时代。"鹤鸣于九皋，声闻于野"。戴复古所处之南宋偏安一隅也即将灭亡，底气不足，再也没有"秋鹤唳"了。能文能艺的人很多，都是"乱蝉"，而不是"鹤鸣"，无数乱蝉在斜阳中鸣噪，却没有一个大家。

我们这个时代能否产生大家，那要看时代的需要和文人们的认识。如果一代人都沉浸在奔小康的满足中，需要的只是小巧玲珑精致而已。如果一代人都不以小康为满足，都能认识到我们的时代还有落后和腐败，我们还应该用鲁迅式的笔锋扫荡一切腐败和落后，需要怒吼式的文章呼唤大时代的到来，那么，我们就不会把小巧玲珑推为时代的最高标准或惟一标准，我们更需要阳刚大气，更需要天风海雨。只有如此，才能改变时代，才能产生真正的大作家、大艺术家和大学者。

问：最近也有一小股"巴金热"，你是怎么评价的？

答：巴金的文章很通俗，因而赢得很多读者，但我更喜爱茅盾。茅盾的文章更深刻更有思想，读后令人回味和留下的东西更多，茅盾的文章也更细腻真切。很多人的文章，包括最近的《大红灯笼高高挂》等，其中重要细节，皆来自茅盾的小说中。不过，巴金和茅盾的成就都在解放前。巴金后期的文章，尤其是那篇小说《杨林同志》，我读了几遍都读不下去。一个作家需要写的东西写完了，就不必硬写。等到有新的感受时再写。巴金最近的《随想录》，又拥有很多读者，这是他想讲的话。最近的"巴金热"原因很多，其中最重要的是：巴金在最关键的时刻，不帮权势说话，而坚定地站在人民一边，代人民说话。这是巴金的最伟大之处。所以，人民也热爱他。

问：听说你对苏曼殊的评价不高？

答：是的。苏曼殊小说中的名篇《断鸿零雁记》，我读了，硬着头皮读完，非常痛苦，味如嚼蜡，实在看不山有才气，简直不叫小说。他的诗也没有什么可读的。苏曼殊是个和尚，但又好吃酒，又好女人，是个风流和尚，身世又奇特，一般人对他的奇特身世感兴趣，又认为风流总和才子联在一起，再加上柳亚子和苏曼殊关系好，柳常写文捧苏，所以，一般人便认为苏肯定了不起。但我没有看出他了不起在何处。

还有徐志摩、梁实秋、林语堂等一批人被很多人津津乐道，我看他们的文章都平平，都没有什么特别了不起的地方。也无人能讲出他们有什么突出的建树。他们出名和"不朽"，是因为这一批富家子弟过着风流浪荡的生活，又留过几天洋，识得几个洋文，因其人被传闻而又及其文，实际上他们的思想和生活皆很贫乏，他们所关心和接触的，除了女人、鲜花，便是品茶、饮酒、玩耍之类。因而，他们的作品也只能如此。文人中大抵皆有这些情趣，于是便喜谈他们。其他人便被糊弄住了，认为他们了不起。当然，徐志摩也写了几首艳诗，梁实秋教了一辈子英语，他主编的《英汉词典》却并不好。但林语堂后来向国外介绍中国的文化，功绩很大。这一批人中，郁达夫很了不起，无论是功力，抑或是才气，都在他们之上。

（根据谈话记录，未及校对）

附记：

本文是我数年前在烟台海滨游玩时，和友人聊天的内容。经友人记录整理发表。现在校对时，我才认真看了一遍。忽然感到当时对钱锺书、徐志摩、梁实秋、林语堂等人的评价略低了一些，他们还有些长处，我并没有评价到位。后来，我又读了以上诸人的一些著作和介绍，发现他们都是爱国的，对国家都有一定的责任心，对中国的文化也都有一定的贡献。尤其是徐志摩的诗，艳诗、平庸之作固有，然其清新可喜之诗和散文也值得一读，才气还是有的。附语于此，以见我当时之片面。

载1995年7月15日《文论报》

七、评画坛大家和名家（选录）

编者按：陈传席在主编《现代中国画史》之余，拟对现代的大家、名家和部分中青年画家一一给予评说，道其长处和短处。这一想法得到很多画家和史家的赞同，文中所有的观点都是作者个人的见解，本刊将陆续选刊其中部分。文责自负。

吴昌硕

大约在五六年前，一位年轻的学者告诉我："李白、杜甫都不会写诗，根本不会，辛弃疾也不会写词，他们的作品全是别人代笔，我有第一手资料，铁证如山。"我听后，吓得差一点得了心脏病，劝他赶紧写出论文，赶紧披露他的第一手资料，肯定震动全中国、全世界。他说："我当然要写论文揭露。我要叫所有的文学史变成一堆废纸。"我等了五六年，没见到这篇论文，连这位年轻学者的姓名都忘了。前时期又听人说："刘海粟的诗词是别人代笔，吴昌硕也不会写诗。"后来我的一位朋友告诉我："吴昌硕的诗是请别人写的，我看到浙江×××（笔者忘了此人姓名）保存吴昌硕的信，说，画已画好，无诗，请速作诗送来，日本人等着要。"他答应马上把吴昌硕的亲笔信复印给我，可也一直没见。但其他友人证明，确有此信。这就引起我的注意。于是我开始研究这一问题。

我研究的结果：吴昌硕绝对会写诗，而且颇有功力。在当时就颇有诗名。只是在晚年生病之后，不想写了。当然，年老气衰，人颓唐，诗也会颓唐，也许硬写写不好，就懒怠动笔。日本人要买他带有新诗的画，他只好请人代笔。何况医生也规定他戒诗。"代笔"不太好，但吴昌硕请人代笔，是可理解的。不值得大惊小怪，而且他本人也不太隐瞒。今天我看到香港出版的《名家翰墨》"吴昌硕专刊"上，刊有"吴

吴昌硕 致沈公周手札

昌硕致沈公周手札"。经鉴定是吴昌硕真迹。手札很长，上有："承代作写兰句，有书卷，有力量，弟万万不能及。"这说明吴昌硕确实请沈公周代作写兰诗句，或者是沈公周主动代作诗句送吴，吴复信表示感谢。手札上吴昌硕接着说："弟诗益作益颓唐，病后又不能用心，用心即心跳神散，医者深以此为戒。酸寒尉文字福薄，将奈何？"这也说明他本会作诗，病后不能用心硬写些颓唐之作。还有一个问题，画太多了，研究学术太多了，也会废诗，我少年时颇能诗，现在也不大写了。硬写也写不好，诗不佳，绝对不要外示。

现在我正式谈吴昌硕的画。

吴昌硕在中国绘画史上的地位是十分崇高的。他是"后海派"的领袖。我在《近现代中国绘画史》一书中列赵之谦为"前海派"领袖，赵之谦实际上没有居住在上海，但他的开拓性绘画，以金石入画（金石派）的风格，对"海派"的形成起到重大作用。"皖派"对赵之谦的成功起到前导作用，赵之谦是集皖、浙派而大成者。"中海派"是任熊、任伯年等人，这一系是继承陈洪绶的。吴昌硕则受前、中海派的影响，仍以金石入画，他的书法，篆刻都十分了不起，特别是在石鼓文上下功力最多，他后来即以篆籀笔法入画。他的书法也是受了皖派邓石如、包世臣倡导碑学的影响，他的篆刻也脱胎于皖、浙二派。但他的气比赵之谦更雄厚。吴昌硕少时饱受战乱之苦，过了五年流浪生活，备尝人世之艰辛，锻炼了他坚强的意志、奔放不羁的性格，同时也养成了他忧国忧民的思想，他的诗云："男儿好身手，何不拔剑舞。"1894年，中日甲午战争爆发，他已五十一岁，却不顾亲友的阻拦，毅然投笔从戎，携剑出山海关，准备杀敌报国，和日本侵略者决一死战，直到晚年，他还写诗记述当年临阵杀敌前的激动心情。这一股气不得了，所以，他说自己作画是"苦铁画气不画形"。清代的花鸟画正宗和主流，由柔弱秀丽一变而为萎靡软弱，当中虽有"扬州八怪"生气勃勃的画风冲击其正统派的萎靡风气，但"扬州八怪"画总的水平不高，实力不太强，影响只限于一地。到了赵之谦创"海派"，正统派才始被动摇。吴昌硕一出，则彻底摧垮了正统派的萎靡风气，加之吴的长寿和门人之多，"吴派"的雄浑苍劲画风遂居花鸟画坛之首。

所以，吴昌硕的意义不仅在于他的重大影响（当时是居画坛前位的），更在于他彻底地冲击了正统的萎靡画风，改变了一代画史，他是里程碑式的画家。

我在评齐白石画时说：齐白石的艺术成就最终超过了吴昌硕。但齐白石画史上的地位却未必超过吴昌硕，吴有开启之功，齐又略逊之。顶多是吴齐平等。吴昌硕之所以彻底摧垮了正统画风，用的是"矫枉过正"的方法。前人"清"，吴画"浊"，前人"净""静"，吴画"脏""动"，前人悠淡，吴画急猛，前人细柔，吴画粗强。至少说，传统文化中强调"清雅"之气，吴画中不见了，这是他的不足，而且，其俗气未尽，即世俗之气未尽消除。这一条是他艺术上的不足，却是他人格上的伟大。正因为他是入世者，而不是出世者，他关心国家命运，关心民间疾苦，因而他的画也并非不食人间烟火者。入世者和市俗打交道，无法完全消除市俗气。像元代倪云林那样自己隐居不问国家大事和老百姓的疾苦，还劝别人不要关心国家之事，老百姓的生死疾苦，他漠然置之，所以倪云林画中有不食人间烟火气，乃是他的思想之反映，但人人如此，国家就完了。吴昌硕画中俗气未尽，画却更多地体现了时代的精神和时代气息，所以，和吴同时的虚谷的画格调更高，但并不能代表当时的时代精神，而代表时代精神的是吴昌硕的艺术。

吴昌硕不仅开创了"后海派"，也开创了20世纪气势磅礴艺术的新境界，自吴昌硕始，中国艺术进入了一个新的时代。齐白石的更高成就也是在吴昌硕艺术的启导下而成功的，齐去除了吴画中的"浊"气、"粗"气，增加了"清"气和静气，再加上他的童心而成功。吴之后，一代名家如王震、王个簃、诸乐三、吴茀之、陈师曾、朱屺瞻、赵云壑等皆为吴之门人，连一代大师潘天寿也亲受吴昌硕的鼓励和指点。当然潘天寿由吴派弟子一变而为独立门户的大家了。

齐白石

　　我把齐白石列为20世纪最有影响的中国画家之首，除非无知的人之外，恐怕都会承认的。在20世纪，没有任何画家的影响能超过齐白石。而且，自明末清初的石涛、八大山人等画家之后，在传统基础上变化，成就最高、面貌最新、影响最大的画家也当首推齐白石，至今无人能和他相比。

　　那么，吴昌硕能不能和齐白石相比呢？记得我读研究生时听说过当时有人传言："吴老缶一日不死，齐木匠不敢南下而卖画。"当然，吴昌硕活着时，齐白石的成就确实赶不上他，而且齐白石也受过吴昌硕的影响，但齐白石的成就最终超过了吴昌硕。齐白石的影响更大大超过吴昌硕，齐白石可谓家喻户晓，鲜有不知者，而吴昌硕的知名度，只限在美术界的圈子内。吴昌硕的画，大气磅礴，雄健浑厚，但浊气太重；在清新、淡雅、宁静、散远等方面都不如齐白石。吴画中不仅火气尚存，而且俗气也没有完全泯灭光，至于齐白石画中所表现出的天真和童趣，他是更没有的。如果承认绘画有供人玩赏的一面，齐白石的画才"好玩"。

　　吴昌硕写诗的基本功可以说是超过齐白石的，但诗的成就也没有超过齐白石。吴诗中浊气也太重，形象模糊，且有老气和旧气，不如齐诗清新天真、形象真切，且有新鲜感。试举数例（顺便说明，我写这篇短文，没有去查各种资料，只靠记忆举例，故不能一一对举，但记忆中的诗都是各家好诗，有的是画家反复题画的诗）。吴昌硕《桃花图诗》：

齐白石 补裂图

"浓艳灼灼云锦鲜，红霞裹住玻黎天。不须更乞胡麻饭，饱食桃花便得仙。"题《顽石图》："石头顽如此，闻道谪疏星。落落丈人行，离离秋海萍……"题《牡丹水仙图》："红时栏外春风拂，香处毫端水佩横。富贵神仙浑不羡，自高唯有石先生。"题《双桃》："琼玉山桃大如斗，仙人摘之以酿酒。一食可得千万寿，朱颜长如十八九。"

齐白石《雨耕图》诗："逢人耻听说荆关，宗派夸能却汗颜。自有心胸甲天下，老夫看惯桂林山。"题《石涛》："绝后空前释阿长，一生得力隐清湘。胸中山水奇天下，删去临摹手一双。"题《不倒翁》："乌纱白扇俨然官，不倒原来泥半团。将汝忽然来打破，通身何处有心肝。""能供儿戏此翁乖，打倒休扶快起来，头上齐眉纱帽黑，虽无肝胆有官阶。"《题古树归鸦图》："八哥解语偏饶舌，鹦鹉能言有是非。省却人间烦恼事，斜阳古树看鸦归。"《题大涤子画像》："下笔谁教泣鬼神，二千余载只斯僧。焚香愿下师生拜，昨夜挥毫梦见君。"《题菊花诗》："穷到无边犹自豪，清闲还比做官高。归来尚有黄花在，幸喜生平未折腰。"吴昌硕多次题《天竹》："错落珊瑚珠。"齐白石题《鹦鹉图》："汝好说是非，有话不在汝前头说。"吴昌硕的诗功力当然很深，但却不如齐白石的诗鲜明、清新。读吴诗很多，印象都不深，含糊不鲜。读齐诗，马上给你一个鲜明的印象，美妙的意境，真切感人。所以，吴昌硕诗的成就终不及齐白石。如前所述，至于齐白石画中的童趣、天真，他更是没有的。吴昌硕的篆刻师法汉人，颇有功力；但齐白石篆刻师秦人而变为己法，力健而清爽，风格更强烈。此外，齐白石人物、山水、花卉和各种翎毛鱼虫，无所不能；吴昌硕正式创作，基本上是花卉，连鸟都很少画，造型基本功远逊齐白石。当然，齐、吴的高下主要在一清一浊，中国人讲究清高，一向以清为高的。所以，张大千在台湾说："齐白石的为人，我不欣赏，他对钱斤斤计较，太没意思。但他的画好，超过吴昌硕。"（大意）吴昌硕的画尚逊于齐白石，其他人的画就不必再比了。莫说全面的比，齐白石的诗、书、画、印，只要取其中之一，当代画家也无人敢与他相比。

要说有新文人画，齐白石的画才是真正的新文人画，其他人都不能称为新文人画。齐白石更带起一个新潮。下面我们正式地谈齐白石的新文人画问题。现在我们常提到的所谓新文人画，其中大部分只能称为小情调画、小趣味画，和文学界的梁实秋、周作人等小男人风格的文章相类，当然其中一部分人也具有"女郎才"，然皆乏于丈夫气。如果有新文人画的话，首先要画家是新文人，现在，我们还没有见到。

齐白石确是新文人。当时的文人很多，大概可以分为三种。一种是传统文人，读传统诗书，具有旧式士大夫的情结；一种是具有时代先进思想的文人，尤其是出洋和学习洋思想的文人，他们以天下为己任，要移风易俗，改造中国，反动文人、汉奸文人则是他们的对立面。齐白石显然不属于以上两种文人，他出身贫苦，少年辍学，放过牛，当过木匠，是道地的农民，但他却又有文人的灵性，他二十七岁时拜当地的旧文人（传统文人）为师，学习诗文，学习绘画、书法。他的诗云："村书无角宿缘迟，廿七年华始有师。灯盏无油何害事，自烧松火读唐诗。"由于他的刻苦，更由于他的颖悟，他自己也变成文人，但他却没有旧式士大夫的情结，他一直保持着农民的本色、农民的情愫。旧式士大夫是看不起农民和百工之人的，更不愿与之为伍，而白石始终称自己是木工、木人，直到晚年，他还说："余少贫苦，……朝为木工，夜则以松火读书。"他的印章有："大匠之门""鲁班门下""木人"。他画的题材也和旧文人画大不相同，劳动者所用的钉钯、镢头、竹筐、柴筢、瓦罐等等，都屡屡在他笔下出现，儿时常见的各种草虫、青蛙、鱼虾、瓷皿，以及放牧、打柴等等都是他最喜爱的题材。甚至算盘、秤砣、老鼠、蚊子都可入画。这是旧文人所不屑画的。他还在一幅柴筢上题字曰："余欲大翻陈案，将少小时所用过之物器，一一画之……"而且他在画上题字，尤非传统文人所能至，如"祖母闻铃心始欢"（放牛图）、"网干酒罢，洗脚上床，休管他门外有斜阳"（山水图）……白石之前，还很少见到这样文人、老农民的本色、大文人的学识，所以我称他为新文人。他的画从题材、画法到思想情趣也都和旧文人画不同，所以，齐白石的画才是新文人画。

很多人都说"齐白石的画是吸收民间画而成功的"。这完全是不负责任的乱说。大画家吸收民间画是常事，文人画家也吸收民间画，民间画的特点是质朴、生拙，齐白石的画中不能说没有民间画的成分，但吸收民间画恰恰不是他的主要方面。他的画是从徐渭、八大山人、石涛、扬州八怪、吴昌硕这一路来的，不但从他的画中可以看出来，而且他的"夫子自道"也证实了这一点。"青藤雪个远凡胎，缶老衰年别有才。我欲九原为走狗，三家门下转轮来。"至于他学金冬心、郑板桥，更是众所周知。他也学过民间画，如画肖像等。在他的后期作品中不但很少吸收，而且是尽可能地舍弃排斥。他只从民间取得题材，但不是民间画。民间画不论是题材，抑或是笔墨皆和齐画不同。齐白石的画中表现出的是天真、童心、自然、真切。而他的人越老越天真，越老越有童心，天真和童心足以去除浊气和俗气，乃是他绘画不同凡俗的主要因素。学他画的人虽能学其形式，但因无其天真和童心，就很难画出其精神。当然，齐白石的天才颖悟，更是人所不能及。

当时和齐白石齐名的黄宾虹，乃是山水画中的最大宗师（详后）。黄能诗，但诗才远不及齐（黄史才过齐），黄题画严肃有余，天真清雅不及。黄书法功力深厚，正宗严正，超过齐，但齐书法更精神抖擞，显见别才和天才。黄年少时即得到很好的教育，读书多，临古画多，功力皆很深厚。齐少时当木工，然齐后来有如此高的成就，益见其天才颖悟，常人难及。毕加索学习中国画，惟把齐白石的画临摹了二十册，岂偶然哉？补充说明：

一、吴昌硕创"金石派"，开"后海派"之生面，彻底扫除清代正统派余风，功不可没。而且吴昌硕的画也启导了齐白石的成功。

二、齐白石和黄宾虹相比，黄的山水画更有功力，齐的山水画更"好玩"，黄的传统用笔耐人寻味，齐的意境情趣耐人寻味。黄宾虹有长者之风，齐白石有儿童之心。我对黄宾虹的画十分欣赏，对齐白石的画十分喜爱。

徐悲鸿

我把徐悲鸿排在近现代绘画最有影响的画家第二名，恐怕尊徐派和反徐派的人都会反对。尊徐派的人把徐悲鸿列为第一。一位老教授著文说："不由我们不承认：'五四'以来，一人而已。"（见《徐悲鸿评论集》第16页，漓江出版社1986年版）一位著名学者写的序言中称："五四以来，中国只产生两位巨人——鲁迅、徐悲鸿。"我建议他于"中国"之后增加"在艺术道路上"六个字，因为，陈独秀、李大钊、毛泽东、周恩来等人也应算作巨人。老先生很勉强地接受了我的建议。"一人而已"，只列为第二名，尊徐派不反对我还反对谁呢？反徐派则认为徐阻碍了中国艺术的发展，还居然被列为第二名，不但要反对我，更会嘲笑我：你懂不懂艺术？你这个教授是怎么当的？我则希望双方都暂时克制一下自己的情绪，先研究一下事实。

首先我声明，我说的是"影响"。老实说，徐悲鸿的影响在一定程度上超过齐白石，如果论全部绘画界（包括油画、素描等）以及艺术教育，徐悲鸿的影响肯定超过齐白石。说他是"五四以来，一人而已"，并不过分。日本学者则称徐悲鸿是"现代绘画之父""现代中国绘画之祖""中国现代美术的曙光"（见日本读卖新闻社、西武美术馆联合出版《徐悲鸿绘画展》）。老实说，我也打算把徐悲鸿放在现代绘画的第一人。但考虑到齐白石的中国画（仅仅是中国画）成就更高一些，而且没有反对者，也没有产生过负影响，还是把齐白石放在第一。但齐白石比起徐悲鸿，不会画油画，不会画素描，这就少了半壁江山。徐悲鸿又是中国美术家的组织者和领袖人物。齐白石虽也任过全国美协主席，只是挂名而已。徐悲鸿在美术教育上影响全国，齐白石又少了半壁江山。我也曾打算把徐悲鸿列为第三，黄宾虹第二。当然，黄宾虹山水画，不仅是20世纪第一，于清初石涛等人之后，也堪称第一。然就影响而论，黄宾虹虽也当过教授，但对教育界几乎没有什么影响，而且在50年代、60年代、70年代，乃至80年代初，都是人物画的天下，人物画行的是徐悲鸿一系，那时候，黄的影响甚至赶不上刘文西、方增先。刘文西、方增先也是实际上的徐系画家。那时山水画家傅抱石、石鲁、钱松嵒、贺天健、吴湖帆、张大千等等也都很少甚至没有接受过黄宾虹的影响。当然，这都无损于黄宾虹的成就，黄宾虹的影响主要表现在80年代至今。当然，黄宾虹成功后即在山水画家中产生过影响，但因80年代之前，新一代画家主要是人物画家，所以，黄宾虹的成就虽十分杰出，但就"影响"而论还远逊徐悲鸿。

画家能家喻户晓的，现当代只有两个人，其一是徐悲鸿，其二是齐白石。徐悲鸿画马，齐白石画虾，几乎是无人不晓。最近在广州市民中调查，知名度最高的画家仍是徐悲鸿，其次是齐白石（《见《美术家通讯》）。徐、齐之外，知名度最高的方能数到张大千，但张大千的知名度还仅限于文化界，在文化界外知名度仍很小，远远不及徐悲鸿。至于黄宾虹、傅抱石、潘天寿、李可染等，知名度又仅限于美术界。美术界之外的文化界都少人知，文化界之外的人更不用说了。调查一下大学生、博士、硕士、作家、学者和其他文化人，大都不知道黄宾虹等人，而且大多知道徐、齐，其次是张大千。当然，知名度不是我们要讨论的最关键问题（但也说明其影响）。

至于徐悲鸿的影响（再注意，我说的是"影响"），我一提，大家就心里有数（如果是正直的人也会承认），直到现在，学画画的人从素描开始，从速写开始，学校招生仍考素描、速写、色彩，这仍然是徐悲鸿的影响，而不是齐白石、黄宾虹的影响，仅就这一条就不得了，就可见出他的影响多大，可以说50年代之后学画的人，不受徐影响者很少，至少在学画阶段如此。再说50年代至70年代，人物画为主的时代，几乎都是徐家之天下，这是无法否认的事实。徐的影响，大家承认了。他的艺术成就，恐怕就很少有人承认了。但是（又是但是！真是没办法），徐悲鸿的艺术成就也是十分杰出的，我们不妨一一分析：

若仅就笔墨韵味而论，齐、黄更高一些。但徐画马、狮、猫等动物，也是无人敢比的。在动物画史上，他开创大写意一派，乃是前无古人的。古人画马都是用细细线条勾勒，然后一层一层染色墨。徐悲鸿那样画写意马乃是古今第一人。而后画马，鲜有不受他的影响。

他提出"素描是一切造型艺术的基础"，在艺术上产生最大的影响（还是影响），可以说，二千年的传统绘画中，到了徐悲鸿这一次变革，才出现最新最彻底的变化。中国画史上，人物画出现最新最不同于传统的人物是从徐悲鸿的"素描论"开始的。笔者更酷爱传统，更欣赏画中意趣，但也不能不承认，徐悲鸿创造的风格在画史上最突出，影响最大。之后，他的人物画风行全国，一代人物画家系无旁出地出自徐系，产生了方增先、刘文西、黄胄、杨之光等著名画家，蒋兆和的成功也是得到徐的支持。70年代，人物画基本上都是徐家素描式。李可染的山水乃当代山水画高峰，其实也是用笔墨画素描，当然也是受徐悲鸿"素描论"的影响。可以说"李家山水"只是徐悲鸿派系的一个分支。

再说书法，有人说徐悲鸿的书法高于他的绘画。当然，二者不可并论。说起来奇怪，徐画处处讲新意，徐书处处有古意。他的书法早年在康有为指导下，习魏碑，后习汉隶及大小篆，及至甲骨文、六朝碑版，无所不习，最后形成了他的个人风格。其魄力之雄强、气象之浑穆、笔法之超逸、气势之磅礴、结构之自然、精神之飞动，无人能过。时下全国的著名书法家，无一人能与徐比并。就在当时来讲，黄宾虹的功力更深，内涵更多，但魄力、气势不及；齐白石的自然、精神更足，但雄强、浑穆不及。我不是说徐书超过黄、齐，而是说黄、齐、徐三家各有特色。即使把专门的书法家都搬出来，除了于右任、林散之，又有谁能超过徐悲鸿呢？徐悲鸿是大书法家，这问题常被人忽视，我特于此表而出之。但，除开不懂书法的人之外，对徐悲鸿的书法成就没有不承认的。

诗文。画家能写点诗的人很多，黄宾虹能写诗，但不能算诗人，几乎没有好诗流传，甚至没有好诗可读。傅抱石、李可染都不能诗。大画家而能称诗人者，齐白石、徐悲鸿、吴昌硕三人而已。徐悲鸿的诗，试举数例。《题墨猪》："少小也曾锥刺股，不徒白手走江湖。乞灵无着张皇甚，沐浴薰香画墨猪。"抗战时，感于某些人不问国事，而明哲保身，尤其是某些掌军权的人，一味退却，保存实力，于是他画懒猫，题诗云："颠顶最上策，浑沌贵天成。少小嬉憨惯，安危不动心。"比喻之贴切，造句之自然，格调之高逸，不让专门写诗之名家。徐悲鸿心有所感，能出口成章，他见到画家可以当场写诗相赠。如《赠谢稚柳·玉岑》："玉岑稚柳难兄弟，书画一门未易才。最是伤心回不寿，大郎竟折玉兰摧。"《赠赵少昂》："画纸天南有继人，少昂花鸟实通神。秋风塞上老骑客，灿烂春光艳羡深。"《赠齐白石》（四首之一）："烽烟满地动干戈，缥缈湘灵意若何。最是系情回首望，秋风袅袅洞庭波。"虽是应酬之作，但诗味颇浓。当时画家能如此者，十分鲜见。但徐悲鸿在贯彻他的"写实论""素描论"时，也确实给中国画发展带来一些负影响，否则，他的影响就应列为第一了。

最后还有一个问题，不知研究家们看出来否。这就是我写《徐悲鸿》一书中提到的：徐悲鸿一生提倡"写实"，提倡"素描是一切造型艺术之基础"，并严格地要求他的学生必须如此。但他最欣赏的画家齐白石、傅抱石、黄宾虹、张大千等等却恰恰不会画素描，也不是以素描为基础，也不是以写实为特征。这问题我已提出很久，希望专家们深刻地研究一下，拿出一个像样的结论来。

陆俨少

　　陆俨少是当代一位了不起的画家，传统功力颇深，有人把陆俨少和李可染并称为"南陆北李"。实际上，当时山水画家也就以陆、李二人成就最高。前面我已说过：李可染并没有以最大的功力打进去，但却以最大的力气打出来；陆俨少却以最大的功力打进去，但却没有用最大的力气打出来。论传统功力，陆俨少在李可染之上，论风格之突出，分量之重，李可染又在陆俨少之上。但二人不是平等的，李可染是一代大家，而陆俨少只是名家，但又比名家高一些，介于大家和名家之间吧。很多画家对陆俨少更佩服，就是因为陆的传统功力深、书法高，他人不能及。但如果把陆评在李之上，那就缺乏史家之眼光了。

　　我在十五年前评到陆俨少的画时说过：画由线、墨、色组成。有人作画，乍一看，亦殊不恶，然不耐人寻味，细品之，线条全靠墨与色扶衬，去掉墨色，则线条不足观也，甚至不能成立。然陆俨少作画，本平气，发乎韵，笔（线）、墨、色有秩，各自争美，有墨有色很美，抽掉墨与色，仅留线条，亦能成立，而且线条更美。我还感叹地说："观变于阴阳而立，发挥于刚柔而生，可谓画道高手。"这段话在我写的《论中国画之韵》一文中也提到，收入1984年出版的《六朝画论研究》中。陆俨少学画，从传统入手，一步一步地深入，他的笔性很好。他常给学生说："一个人是不是画画的材料，主要看他有没有笔性，笔性不好，也能画画，但不可能画得很好，更不能成为大画家。"陆俨少的画，也有人说50年代至60年代中期最好。实际上还是70年代至80年代初期最好，这时期他的"勾云""留白""黑块"已形成他的特色，如果没有这个特色，他早期的画也就不贵了。说他50年代至60年代画好的，还是从传统功力（笔墨功力）方面着眼的。当然，没有这个功底，他后期便不可能成功，没有后期的成功，他前期的功底便不会有人注意。陆俨少后期的特色同时又是程式化，李可染也有这个问题，但不太严重。有很多人否认陆俨少，就因为他后期的程式化。这说明陆俨少还不是真正的大家。齐白石就没有程式的问题。真正的大家随心所欲而不逾矩。陆俨少是1993年10月去世的。记得他去世时，我还在浙江美术学院授课（我是浙江美院的客座教授），他的死不如李可染震动大。他最后十年的画基本上都是重复，重复多了，甚至会"油"。所以，好作品确实不如80年代初期多。我一直奇怪陆俨少是有才气的画家，底子也好，晚年为什么不能再向前推进一步。他能文能诗（但算不上诗人，除了吴昌硕、齐白石、徐悲鸿三人，其他画家都不能算诗人，黄宾虹、潘天寿都能诗，但也不算诗人，当然，如放宽一点，硬算作诗人，我也不会计较），书法和传统功力如此好，晚年为什么不求变呢？前一时期，我到杭州，遇到他的入室弟子沈明权，沈告诉我很多陆俨少的事，对研究陆俨少和当代绘画都大有益处。

陆俨少在80年代初画风（特色）形成后，而且也得到了巩固，他本人确实不想再重复了。他是有思想的人，他要变，而且要大变。李可染借鉴伦勃朗，陆俨少则托友人（学生）从欧洲买来了很多名家的油画集，而且买来进口颜料（他以前从不用外国颜料），开始用进口颜料学赵无极等人的抽象派油画，当然不是全学，只按赵无极等人油画的章法形式，用他固有的传统笔墨加颜色，一面照着画，一面变化。接着又认真地研究思考，他当然不会跟着赵无极等人走，只不过把赵无极等人的画当做一个桥梁，他通过它走到另一个世界中去。他底子厚，思考力强，触类旁通，不久，就创作出另一种崭新的风格。据沈明权说，你一看会吓一跳，完全不像他以前的画，也完全不是胡涂乱抹，妙极啦。

陆俨少　千里江陵一日还

他画了几十张，据说韩天衡要了几张作为收藏。陆俨少也正打算沿着这条蜕变的路再走下去。如果真的走下去，他必会到达另一个峰巅，他在画史上的地位将会更崇高。可是卖他的画的画商来了，说："陆先生你这样画影响你的画价，我们拿到香港去，买画人都说这不是陆俨少的画，和以前的不一样，卖不出去。""我们还要你以前那种画，好卖，价也高。"陆俨少穷了大半辈子，他穷怕了，他的新风格画卖不出去怎么办呢？他考虑很久，最后决定停止艺术上的追求，而先卖钱再说。他后来搬到深圳去住，原因很多，卖画是最主要的，香港人到杭州去较麻烦，到深圳容易，他屈服于画商，而停止了艺术的追求，最终影响了他的成就，这太可惜了（李可染一生忠于艺术，从不为画商所左右）。贫穷，玉成了他，使他练就了一手过硬的基本功；钱，破坏了他，如果不是钱包围了他，他也许能成为一代大师，他的成就应该高于李可染，可惜没有。而且，江南人有江南人的画风，北方人有北方人的画风，一方水土养一方人，深圳的水土能出传统型大画家吗？不退步才怪哩。跑到国外去的画家，条件十分优越，画进步了吗？这问题以后我还要详谈。

陆俨少的人品也很高。但又据说晚年和几个学生闹得不可开交，为了几张画的问题，恐怕也是"钱"在起作用，这就没有意思了。如果我是陆俨少，当年赠送给学生或友人的画，现在再值钱，我也绝对不会索回。如果我曾得到过陆俨少无偿赠送的画，陆俨少有索回的意思，我也绝对马上送回。世界本来是无，最终还归于无。画本来是无，最终还是无。不必说未来，现在，陆俨少已去世了，对于他来说，这些画是有还是无呢？写到此，余不禁合掌作歌曰：

是有是无，我佛无说。

我佛无说，事理有说。

有知有识，应明此说。

哈哈好玩，好玩哈哈。

李可染

李可染的画是当代一个高峰，但和前代比，他又是一个低峰，低峰成为当代的高峰，问题就有点严重。

李可染最大的问题就是没有"用最大的功力打进去"。他一生的名言是："用最大的功力打进去，用最大的勇气打出来。"所谓"打进去"就是进入传统中去。前一半，他没做到，后一半，他做到了，他打出来了，他成为一代大师。陆俨少和李可染相反，他用最大的力气打进去，但却没有用最大的功力打出来。当然不是说完全没打出来；李可染也不是完全没打进去，他早年学传统，画得很不错，甚至有人说他早年画好，应该按早年的路画下去，不应该变。说这种话的人都是糊涂虫。李可染如果按早年的画风画下去，不过是学学石涛、八大而已，他顶多成为"同能"画家中的一员，或者能成为一位优秀的画家，而不可能成为"独诣"的、卓然不群的一代大师。他早期画之所以可贵，正因为有后期的成功。如果没有后期画的成功，早期的画也就不贵了。

李可染自称是苦学派，似乎自己没有天才。其实如果真的不是天才，他也到不了今天这个地位。当然，他不是那种才华横溢能诗能文的天才，他是一个老实的天才。我们把他和李苦禅相比，1950年代前甚至60年代初期之前，李苦禅的名气和表面才气不亚于李可染，甚至超过他。但李苦禅糊里糊涂地画了几十年，不知变，我曾评过"苦禅画前后固有小异，乃自然之老化，非蜕化也"。而李可染就知道变，他早年

李可染　清漓帆影

　　学石涛、八大，后来学齐白石，我见过他的一张画连书法都学白石，不久，他又变，每一次变化，他都苦苦思索。他当时在中央美院工作，正值徐悲鸿提倡"素描为一切造型艺术之基础"及"仅直接师法造化而已"，又提倡"深入生活"。他的山水画基本上是用笔墨画素描，他面对大自然，对景写生，他观察得极精微，他画得极认真。当然，李可染用传统的笔墨画素描，而另外一些人用宣纸毛笔画素描，没有传统笔墨，和李可染比，就大相径庭了。西画传入中国，他又曾学过素描，他有这个基础并能利用。徐悲鸿提倡素描，素描基本功也大大超过李可染，但他就没有李可染画得那么认真。

　　而且，李可染得益于欧洲荷兰画家伦勃朗颇多。他常在一片浓黑的山石中留出一条白光，既生动醒目，又有鲜明的对比，这正是从伦勃朗的油画中（比如其名作《戴金盔人的头像》）得到启示。我曾打听过李可染是否爱看欧洲油画，比如伦勃朗的油画。得到回答是肯定的。去年，安徽画院画家朱修立到我家中来，他曾陪李可染几个月，上黄山、下黄山，我向他问起李可染的问题。朱修立回答说："李可染在黄山上亲自给我讲过：'我喜爱伦勃朗的油画，伦勃朗的油画喜欢在一大片黑调子中突出一道亮光，十分奇特，我的黑山黑水中夹有一道白光正是从伦勃朗的油画中得到启示，不过，我用我们传统的笔墨表现出来了。'"可见李可染善于思考，你能说他没有天才吗？他这个苦学派可不是无目的、无思想的苦学派。"苦学派"这三个字，有时也害人不浅，它有时会给人误解：只要苦学，埋头画画，肯定能成功。实际上，如果没有正确的思想指导，没有顿悟，没有意外的发现，天天埋头画画，中年之后，只有退步，没有进步。我说的"中年之后"大约是老年或接近老年，这时人的思维迟钝，朝气锐气都消失了，甚至目力腕力也减弱了，画面上的朝气锐气也消失了，增添了老气昏气暮气。画就退步了。安徽有个画家萧龙士，晚年作画不动脑筋，基本上靠习惯动作，所以，越画越差；李苦禅晚年的画恐怕也不如以前，蒋兆和晚年的画更不行，远不如他中年时的画。而李可染后期的画正是靠他的思考和修养才渐趋成熟的，他又善于利用他能得到的和具备的一切条件，他又能知己知彼，知道应该怎样发展，这都说明他很聪明，也就是说具有一定的"天才"（老实天才）。他老是说自己是"苦学派"，没有天才，画家们如果信以为真，那就上当了；研究家们如果默认了，那就也上当了。

"君子生非异也，善假于物也。"50年代后，李可染生活安定，他不必为生计奔波忧愁，也不可能靠画发财，于是他便慢慢地画，不求多，但求精，日新又新。李苦禅还在飞快地画，一日十几张。徐悲鸿提倡素描、直接师法造化，他便顺着办，不逆于时。但他是用"心"去画、用"心"去思索。借鉴油画、利用素描，这是齐白石、黄宾虹一代人办不到的，他就从这个空隙中求生存，建立自己的基业。他不是书香门第，少年时代家学基础不优越，再补学诗词古文外语已来不及，于是便放弃，记得他曾说过，他拉二胡有点天分，也有兴趣，很想发展，但基本功不行，于是只好放弃。知道努力不容易，知道放弃更不容易。要画好画，书法不练不行，但他的书法不可能赶上黄宾虹，这就确定了他用线赶不上黄宾虹，于是他便发展墨法。黄宾虹的墨法也是线法，这是黄宾虹的长处，李可染的墨法就是墨法，神功迹化，妙造自然，达到了一代高峰。古人说：用手杀人，用刀杀人，不如用心杀人。余曰：用笔画画，用苦功画画，不如用心画画。李可染的成功，处处体现了他的心机。"苦学派"们学李可染苦功易，知其心机难。

在我的印象中，李可染的画在1960年代风格基本形成，1970年代成熟，以后就是重复，但也更臻于完善、墨道趋于神化。他嘴中说还要变，心中也想变，但又谈何容易。究其根源乃是其底气不足。同是画素描法，李可染的成功在于他有传统功力，能将素描化为笔墨而成为名副其实的中国画，别人只是画素描。但李可染尽管已达到当代大师的地位，很多人对他的画还不服气，就是因为他的传统功力没达到大师级的地步，线条的火候未到，书法很好，但和大书法家相比，又差之甚远。他写字甚至做作（但也有做作美）。说他的画板滞，似有点苛刻，但至少说缺少潇洒。他不能诗，不能篆刻，才华有，但不横溢。这都是致命伤。

一句话，他没有用最大的功力打进去。基底不足，所以，晚年想变也就难了，他没有达到应有的高度。他如果早打十年基础，比如从五六岁就打好国学基础和书法基础，或者1950年代前后，晚一点创作，多打书法和文学基础，也就是多花七八年或十来年时间"打进去"，晚几年"打出来"，他的成就会更高。不过他只活了八十二岁，也是个问题。

有一个问题，我一直奇怪。李可染在上海美专上过学，但却从来不承认刘海粟，更不提刘是他的老师。李可染人品极其高尚，为人忠厚老实，他对齐白石、黄宾虹，时时执弟子礼。他在杭州国立艺专上过学，一直到去世前，对林风眠还是那么尊重。他去世前一月，纪念林风眠九十诞辰画展在北京开幕，他恭恭敬敬送去一个大花篮，上书"学生李可染",而且去了三次,对老师之情何其深切。但他对刘海粟一直很冷淡,在北京,见到刘海粟时,他连应付都很勉强,更不会称"老师"。而刘海粟今天说这个是他学生,明天说那个是他学生,到了安徽、福建等地,比他大十几岁的老画家,他也说这是我的老学生。他甚至斗胆说徐悲鸿是他的学生,遭到徐悲鸿的否认,弄得很难堪,但他却不敢说李可染是他的学生。这个问题是否可请李可染研究专家们研究一下。

载《江苏画刊》1996年第5期

林风眠

林风眠是了不起的人物。这是我给他的总评价。他二十一岁到法国留学，二十五岁回国任北平国立艺术专门学校校长兼教授，二十八岁在蔡元培支持下，创杭州国立艺术院，任校长兼教授，并把艺术院搞得红红火火，而且确实培养出很多人才。当时画画人成千上万，能达到林风眠这种程度者，几乎没有。当然，林风眠十分幸运，他偶然的机会认识了蔡元培，得到蔡元培的支持，才有如此地位。如果没有蔡元培的支持，他恐怕不会如此成功。在当时，也许没有比林风眠素质更好的人，但他没有这个机会，就没能发挥这个作用，历史就不能记载他。当然，林不光是机运好，他是有才能的。才能加机运，是成为杰出人物的两大因素。

林风眠的画是中西调和的代表，他是这一派画家的最著名人物，也是必须承认的。

我在我的著作《中国绘画理论史》（1997年台北东大图书公司出版）中列林风眠为"调和论"的创造者，他的理论有一定道理，他曾在《亚波罗》月刊上发表了他《东西艺术之前途》等文章，他说：

在中国，有一个"国粹绘画"同"西洋绘画"剧烈地争着的时期……我以为，大家论争的目标应该是怎样从两种方法中间找出一个合适的新方法来，而不应当诋毁与嫉视的。又说：

西方艺术，形式上之构成倾于客观一方面，常常因为形式之过于发

林风眠　仕女

达，而缺少情绪之表现，……东方艺术，形式上之构成，倾于主观一方
面，常常因为形式过于不发达，反而不能表达情绪上之所需求，把艺术
陷于无聊时消遣的戏笔，因此竟使艺术在社会上失去相当的地位（如中
国现代）。……因此，当极力输入西方之所长，以期形式上之发达，调
和吾人内部情绪上的需求，而实现中国艺术之复兴。

　　认识上也是对的，他要取中、西画之所长，达到调和画家内部情绪
上的需求。因而，在他主持国立艺专工作时，则要求学生既学中国画又

学西洋画，以便取二者之长以调和之。他给国立艺专定的校旨也是：

> 介绍西洋艺术；
> 整理中国艺术；
> 调和中西艺术；
> 创造时代艺术。

在美术教育史上，林风眠和徐悲鸿同是最杰出的人物，杭州国立艺专——浙江美术学院——中国美术学院，只要这个学校在，林风眠的丰碑就在。但当潘天寿接任院长后，林风眠的教育体系则为潘天寿的教育体系所替代。这个问题，我在《浙派和京派》一文中已谈得清楚，读者可参看。

但是（又是"但是"，崇拜林风眠的人看到这"但是"二字，肯定吓得半死）林风眠的绘画，虽然取得一定成就，然其艺术价值并非太高。虽然"艺术根本是感情的产物"（林风眠语），但没有相当的基本功（绘画技巧）是不可能有相当水平的艺术品的。即使是感情十分丰富的人，如果没有绘画技巧，也照样画不出画来。林风眠倡导"调和中西艺术"，然而他中、西的绘画技巧都不十分过硬。

林风眠的油画，我只见过黑白图片，而且还不太清楚，无法判断其优劣，但我问过很多老一代油画家，其中不少人见过他的油画，都说"水平一般"，有人干脆说"不怎么样"。我相信他的油画水平不会太高。中国画固然要终生努力才能学好，油画更不是短时间能学会其高超的技巧的。林风眠在法国不足五年时间，其间又到德国旅游。而且，他并没有全心力地学习油画，他先是和德国柏林大学化学系一位毕业生方·罗达恋爱，后来结婚，方·罗达分娩时，因染疾与婴儿同亡。林风眠把她们安葬在巴黎。后来，他又和法籍第戎国立美术学院雕塑系女学生阿里斯·瓦当恋爱结婚。这两次恋爱，两次结婚，岂能不分心神？而且，林风眠在法国更多的是学习中国画以及中国雕塑、陶瓷等。他在巴黎国立高等美术学院设在柯罗蒙(Crmon)工作室学习油画，可当柯罗蒙看到他的作品时，可能大为不满，于是便严厉地对他说："你是一个中国人，你可知道，你们中国的艺术有多么宝贵的优秀的传统啊！你怎么不去好好学习呢？去吧，走出学院大门，到东方博物馆、陶瓷博物馆去，到那富饶的宝藏中去挖掘吧。"（见朱朴编《林风眠先生年谱》，刊于台北《艺术家》杂志1989年10月）于是林风眠便到东方博物馆和陶瓷博物馆学习中国的绘画等艺术。一个中国人，到了欧洲，不学欧洲艺术，反而去学中国的艺术！这真令人费解。难道在欧洲学习中国的艺术能比在中国学习中国的艺术更强吗？欧洲有比中国更强的中国画老师吗？所以，我相信林风眠的油画不会太好。因为他在欧洲并没有全力学习油画。事实上，他的各类画集中都没有收入他的油画。如果他的油画好，想象会到处发表，到处有人研究。

林风眠也没有认真学习过中国的传统绘画，在赴法前，他的绘画基础是有限的，他到法国的博物馆中学中国画，又能学到多少？而且绝无高人给他指点。

回国后，他忙于教务，当校长，建学院，也是绝无时间研究和学习绘画的。中国画的基础是书法，林风眠终其生没有进入书法大门，从他画上题字可以看到，他只会写字，而不懂书法艺术。当然，他的字写得比吴冠中要好些。《秋鹜》是他的名作，也是他最常画的题材，其次《舞》（一只鹤）、《小鸟树枝》《渔舟》等等，他都是用笔画出来的，没有内涵，更没有功力。当然，也反映了他的一些情绪。中国画的基础，他不行，他赶不上和他同时的潘天寿，也可以说，很多中国画画家都比他强，他自然不能以中国画画家的面目出现。西洋画的基础，他也不行，和他同时或比他更年轻的一些油画家如吕斯百等人也在他之上，他自然不能专以油画家面目出现。于是中西调和乃是他惟一能行的路。但中、西画的基础都不十分过硬，中西调和出来的画能有多高价值呢？

他的中西调合的作品，实际上是用中国的工具和材料，去画西洋式的绘画。差不多完全是凭着他的情绪在涂抹。绘画中的情绪是重要的，但没有功力和技巧，也是徒劳的。他画的小鸟树叶，看出他完全没有经过训练。他用水粉式的方法画出的《仕女》《戏曲人物》等等，连崇拜他的人都说不能代表他的水平，"不好"。我们略而不计。我手中有一本《林风眠画集》（上海人民美术出版社1979年出版），其中《收获》《南方》等反映农村题材的人物画，我看后都不好意思。如果不是出于林风眠的笔下，恐怕绝无人去看它半眼。《枫林》《秋艳》等是他常画的画，也是他的代表作，画面上是一排浓浓的树，就是在宣纸上画水粉画，浓墨加红、黄厚色。崇拜者拍案叫好，誉之为大师级的作品，中西结合的杰作。我企图讨好这批崇拜者，也为了避免顶着不理解林风眠的恶名，准备闭上眼睛跟着叫好，但怎么也叫不出来，我痛苦极了。

一位自称终生只崇拜林风眠的友人，断定中国只有林风眠一人是杰出的，是大师级的画家，其他人都是狗屁。"林风眠太伟大了，其他人根本不能和他相比。"我听后，吓得半死，但又马上惊喜非常，忙着捧出林风眠的画集向他请教："这画好吗？""不好。""那张好吗？""不好"。"那么，这杰出……""林风眠有好画，你看。"他翻到《水果》《红花》《花瓶》《静物》等等，"这太了不起了。我太崇拜了。"这部分画确实不错，但是（又是这该死的"但是"）最近一位美国朋友送我一本纽约出版的《塞尚》大画集，发现林风眠这批画差不多都来自塞尚，只不过塞尚用油画材料，而林风眠用中国画的材料。还有林风眠画的树林、大海也来自塞尚，当然我说的"来自"应该解释为"借鉴"。但我断定林风眠见过塞尚这批画，而且手中有塞尚的画集。否则不可能那样肖似。

我断定学林风眠画的人不会多，他的画中不中，西不西，而学中的人，会去学吴昌硕、黄宾虹、齐白石这些真正的中；学西的人会学塞尚、凡高、马蒂斯这些真正的西，也有学头。林风眠的画没有多少学头。事实上，学林风眠的画家确实不多。

我是肯定林风眠的，所以，他的短处不宜多讲。林风眠虽然借鉴塞尚等西方画法，但他用中国的材料去画，确实达到了"调和吾人内部情绪上的需求"这目的。他移来外国的花，植于中国画坛的"花园"中，仍很醒目，比起那些重复中国传统的绘画者要好得多。他打通了一条调和中西的大道，他在美术史上仍有一席之地。此外，他在中国美术教育史上应有十分突出的地位。这是不可否认的。

载《江苏画刊》1999年第3期

【补记】

评林风眠一文发表后，议论颇多，有人请我看了林的原作和其他一些精品画，然后我又作了思考。林风眠应是20世纪中国绘画的大改革家。有人请我为20世纪中国画坛列出"四大家"，我就顺手写出：齐白石、黄宾虹、徐悲鸿、林风眠。齐、黄是绘画大师，徐、林是绘画大改革家。徐悲鸿是反对"中西合璧"的，他称之为"中西合瓦"，他说他学西洋画是为了改良和发展中国画。而林风眠则公开提出"调和中西艺术，创造时代艺术"。总之，都要借鉴西方艺术。我前时提出"借尸还魂"，反对"换形"。所谓"换形"，即用毛笔画西方素描，或用油画方法画中国画，用西洋画之形换中国画之形，这不是改革，更不是发展，而是取代，其作品也没有生命力。所谓"借尸还魂"，即借西洋画之形，但赋予中国画之灵魂。如猪八戒，虽然是猪的形，但却有天蓬元帅之灵魂，尽管连原来好色的本性都保留了，但却是神通广大的，而且最终能成为"正果"，如果猪形，也是猪的灵魂，不过是个猪而已。又如铁拐李，借了一个瘸子的尸还了魂；哪吒连瘸子的尸也没借到，只借了一个藕的形。瘸子和藕都没有什么了不起，但其灵魂不同，就成为"上洞八仙"之一，护法天神之一。所以，借用西洋画之形，必须赋予中国画的灵魂，然后才能不同凡响。林风眠的画，就是借用西方塞尚等人所作西洋画之形，而赋予了中国画的灵魂，他用中国画的笔墨，中国画的写意精神，以西洋画的形体为载体，所以颇有生命力。虽然他的画还有待于进一步的深入和发展，但他毕竟是这一派画的开拓者、奠基人，他起了步，开了头，所以，我说他是中国画的大改革家。以前我对他的评价尚有不足，故增补于此。

蒋兆和

　　在艺术上，蒋兆和是我肯定的画家之一。最近，我把他列为人物画的改革家。前时有人多次找到我，约我为20世纪列出"四大家"，像"元四家""明四家""四王""四僧"那样的形式。我便顺手写出四人——齐白石、黄宾虹、徐悲鸿、林风眠。并解释说齐、黄是绘画大师，徐、林是绘画改革家，但20世纪一百年就这四个人，太少了。有人劝我为山水、花鸟、人物各列四家，我考虑好久，只能列出各三家。山水三家：黄宾虹、傅抱石、李可染；花鸟三家：吴昌硕、齐白石、潘天寿；改革三家：徐悲鸿、林风眠、蒋兆和。有人说这蒋兆和是凑上去的。但再也凑不出第二人。当然蒋兆和的背景赶不上徐悲鸿和林风眠，学问也赶不上，徐悲鸿的国学基础甚厚，读过四书、五经，出口能成诗，书法也精通；又留过学；任过美术学院的院长；林风眠的国学基础赶不上徐悲鸿，不人能写诗；书法也远不及徐，但林也到国外留过学，经多识广，又当过国立艺专校长，也是不简单的。而蒋兆和自言"从未上过学堂"，从他题画的文字看来，学问是不太深的。本来，徐悲鸿要送蒋兆和去法国留学，据蒋兆和写的回忆徐悲鸿文章《患难之交·画坛之师》（载《徐悲鸿——回忆徐悲鸿专辑》，文史资料出版社，1993年版）中也说："（悲鸿）对我出国留学的事很是费心。他一面安排我跟蒋碧薇女士学习法文，一方面给我联系出国的机会。他知道福建还有五百元的留学官费，就想让福建省教育厅厅长黄孟圭给我帮忙。那一阵，恰好黄孟圭来到上海，悲鸿就极力推荐我出国留学，为此，我还专门为那位黄厅长画了一张油画肖像。黄孟圭倒是答应了我，但我穷，因为只有五百元官费是远远不够的……日后，悲鸿先生继续为我留学的事操心……"虽然徐悲鸿为了他留学寻找机会，但他不去。我想可能一是他太穷，二是文化不高，三是外语不通，出国有困难。徐悲鸿虽穷，但父亲有文化，能诗、能画，徐自己也读书学习不辍，文化根基甚厚，但蒋兆和文化不太高，从刘曦林编的一本《蒋兆和论艺术》看来，他的文化水平有限，他甚至给研究生讲："古人讲'骨法用笔'，包括解剖、透视关系，古代也讲这个关系……"他有时也写"诗"，如"且喜抱孙度晚年""二月二日龙头昂""灿烂光辉满门墙""儿孙满堂心操碎，越是老年越痴心"。都是民间艺人的水平和情怀。画家需要有一定的文化水平，但在这方面，我对蒋兆和先生不敢恭维。读书不多的人不等于不聪明，蒋兆和是有偏才的人，他对于画，一半是"生而知之"，他从十六岁开始，全部精力用于画，素描、油画、国画、雕塑、擦笔画样样皆通，他开始学画就是为生存、糊口。但有人学一辈子画也学不好，蒋却在二十来岁时就有很高的造型能力。但他的基础还在素描，对于中国画的笔墨基本上不懂。但他学手艺、学技术的能力十分强，他挥洒笔墨（不论是线条，抑或是墨色），外在的形象（笔墨形象）也颇似中国画。于是他利用自己的所长，用水墨表现素描式的人物象，他的造型能力强，水墨技法熟练，因而画起来得心应手。他改革了中国传统人物画的表现方式，从此闯出了一条新的道路，对以后的中国人物画产生了深远的影响。但他的水墨素描式和后来"文革"前后的水墨素描式有所不同：一、他不是用笔墨从明暗上去加工，而是从结构中分清主次去表现形和神；二、他不是用干笔擦出素描的效果，而是写意式，大笔挥洒式，他画出来的人物不是再现素描样，而是有笔有墨（且水墨淋漓），有水墨味，又有明暗、结构；三、他不仅画出的人物生动传神，笔墨也生动传神。这是一个大的改革，所以，我称他是改革家。蒋兆和没有太大学问（文化），但却有绘画天才。郭沫若曾称柳亚子写诗熟练，如高明的泥瓦匠玩泥蛋一样容易。我看蒋兆和画人物也像高明的泥瓦匠玩泥蛋一样容易，而且要形有形，要神有神，要生动有生动，这种能力绝不是人人都能达到的。"熟能生巧"，所以，他能改革人物画，而且徐悲鸿对他的启发和影响及鼓励也是十分重要的。

蒋兆和的画中表现出来的主要是技术性，他的文化修养不足，因而，他的画，到《流民图》已达最高峰。以后，他勉强保持几年，便开始下降。他到后期，渐渐走向用毛笔擦出素描感的效果，不仅人物形象不如以前生动，笔墨效果更不如以前生动，已无复当年光景矣。他后来多画古人像（其中《曹操像》成为范增人物形象的基础和范本），只有1959年所画的《杜甫像》较成功，其他的像都远不及《流民图》。他偶尔画一些花鸟，山水就更不行了。我早已讲过：文化修养不足的人，画画到三十多岁，最高到四十岁就开始下降。因为他年轻时期的朝气没有了，目力和锐气下降了，画亦如之。

但蒋兆和改革人物画的功劳已不可没，在他之后，他和徐悲鸿的影响左右了一个时代，达数十年，直到现在，他的影响也没有完全消失。

蒋兆和还创作了惊天动地的《流民图》，加强了他在画史上的地位，他若无《流民图》，他的地位不会有今天之高。这也给画家一个启示：要创作感人的名作。画一万张平庸和应酬之作，也不如一张名作。

关于《流民图》，我掌握一些材料，曾经写过上、中、下三篇文章谈《流民图》，后来又决定不发表了，因为发表出来会影响庸众对这幅名作的评价。何况蒋兆和一直是我肯定的画家。但我好讲，偶尔谈一点，于是到处流传，记者也写成文章发表。"字经三写，乌焉成马。"传来传去，便走了样。所以去年9月，我写了《就百年画史中一些问题答客问》谈了这个问题。现在再附记于此。

首先必须肯定：蒋兆和的《流民图》艺术效果和社会效果都很好，这就行了，其他都是枝节问题。这些枝节问题，史学家必须知道，一般观者未必需要知道。我仅略作说明。

对《流民图》一向有两种相反的看法。其一是，作者是爱国主义画家，作品是揭露日本帝国主义侵略中国的暴行。其二是，作者是汉奸，作品是汉奸和日本侵略者授意而画的。老一代的美术界党的领导人和当年地下党北京负责人，差不多都持后一种看法。在他们主持或编选的大型作品集中，绝不选蒋兆和的《流民图》，如果有人要选，他们就坚决反对，要求选者讲清楚。我感到这一问题很严重，就决定弄清楚。我想蒋兆和举办这样重要的大画展，自己可能会写个前言、画展说明等文章发表，于是我便去查阅当时大大小小的报纸，注意，我是大海捞针地查，而不是按图索骥地找。皇天不负有心人，我果然在中华民国三十二年七月三十日的《实报》上查到了蒋兆和的自述——《我的画展略述——蒋兆和》，发表在《实报》的"学生新闻版"上。全文千字，最后一句是句号，前面各句末皆是逗号。《实报》是汉奸汪精卫一伙办的报纸，内容是媚佞日本帝国主义的，全是汉奸言论。我以前虽知道汪精卫一伙是汉奸，但汉奸到什么程度，心里尚没有数，而且，我年轻时教日语的老师是留日的，后来也被定为汉奸，他给我作了很多"解说"，使我很怀疑。这一次翻阅《实报》，才明白汪精卫一伙真是十恶不赦的卖国贼，正当中国人民奋起抗击日本侵略时，他们却在报纸上连篇累牍地宣传所谓"大日本皇军……"，报道日本的"战绩"，并且诬蔑抗日的军民，真令人切齿痛恨。蒋兆和在这种报纸上发表文章，当然不太好。像齐白石这样不问政治的"糊涂"老头都知道将日本人配给的烤火煤退回，绝不和日本人打交道；黄宾虹也坚决拒绝日本人为他祝寿，更不和汉奸打交道。但我们也不必对每一位画家作政治上的深究。蒋兆和的文化水平不高，对大是大非问题也很难弄清，我们顶多指摘他是一位缺乏政治头脑的画家，而不能指摘他是汉奸。蒋兆和这篇文章，我复印了一份，但不想公开，只披露他谈自己画《流民图》时的动机和经过，他说：

至于制作此大幅国画之动机，以及经过的情形，乘此机会略向诸公作简单的报告，数年以前，在某一画展里，鄙人参加一幅作品，题曰"日暮途穷"，而得殷同先生的赏识，因此对于鄙人有了相当的印象，之后殷同先生在别府养病，适鄙人由东京画展归来，便中蒙殷先生邀至别府小聚，所以有充余（裕）的时间议论到艺术上的问题，而殷先生对于艺术不但只能理解，而且有所主张，尤为对于鄙人甚是（器）重，北京归来，于某日殷先生与储小有先生商议拟请北京之文艺界诸公一聚，所以在席间殷先生对艺术有所鼓励，并且嘱鄙人拟绘一当代之流民图，以表示在现在中国民众生活之痛苦，而企望早日的和平，更希望重庆的蒋先生有所了解，此种用心之深远，可见殷先生是为有心人乎……

得殷先生经济上之帮助，只好勉为努力，自从受命以来，工作尚未一半，而殷先生已作故人，当时鄙人之心境可知……现在拙作虽不敢说是完成，只能说暂告一段落，兹逢殷先生于十月三十一日国葬之前，展开于大众，以稍少补我于殷先生之一点遗憾，而同时以感答某君的感情与期待……

文中提到的殷同，和汪精卫一样，都是臭名彰著的大汉奸，而且手握大权。殷同死时，汉奸们为他举行所谓"国葬"。汉奸头子汪精卫亲自为他致悼词。我在《实报》上也查到这篇悼词。我们不必为蒋先生讳，蒋兆和先生当时是依附于汉奸的。但他不是汉奸，他只为了画画。他的《流民图》是汉奸头子殷同提议并给予经济上的支持而创作的。殷同死后，又得到"某君"的金钱帮助，这"某君"是另一名汉奸（一说是日本人）。而且《流民图》的展出是为了纪念汉奸头子殷同，这是事实，蒋兆和先生在文章中也承认了。但仍不能以此论定蒋先生是汉奸。当时北京地下党人认定蒋先生是汉奸也是根据蒋先生依附于汉奸，并听命于汉奸等现象而定的，但他们不知道蒋先生依附于汉奸只是为了画画。当然，蒋先生如果是政治家，我们就不能谅解他了。但他是一位画家，一位"画呆子""画迷"，只知道画画，而没有政治上什么目的，如果有政治目的，那只是"支持"他的汉奸们的目的，我们应该谅解他本人。

诚然，《流民图》虽画于北京（按当时称北平），但不是反映北京的现实，老百姓（其中很多是知识分子）流离失所，飞机轰炸，其中一老者还双手捂耳，以减小轰炸声震耳。显然反映的是国民党统治区的情况，而不是日本人占领区之状况，因为日本人不会派飞机轰炸自己的占领区，实际上，日本人时时派飞机轰炸国统区。汉奸们嘱托蒋兆和先生创作《流民图》，目的是"企望早日的和平，更希望重庆的蒋先生有所了解"。有人说汉奸们"企望早日的和平"，就是早日投降日本，不要再抗日；"重庆的蒋先生"即蒋介石（当时被推为抗日领袖），他们希望蒋介石通过《流民图》了解老百姓的苦难，不要再抗日，也是要投降日本。当然，这只是殷同等汉奸们的思想，而不是蒋兆和先生的真正思想。蒋兆和在自述中一开始便说"鄙人作画素以老弱贫病、孤苦无依者为对象"，而目的是"能达到大众的同情"而已。何况，《流民图》的效果确实达到了反映日本帝国主义侵略下中国人民流离失所的目的，不知道其创作背景的人，也不会知道汉奸的目的。作者作品的实际效果是重要的。

毋庸讳言，作者当时依附于汉奸，《流民图》又是为了纪念大汉奸殷同而展出，很多人为此产生误解，以为作者就是汉奸。不仅当时地下党的负责人这样认为，就连不在北京并曾经帮助和支持蒋兆和的徐悲鸿先生也误解过。蒋兆和先生晚年写过一篇《患难之交·画坛之师》，纪念徐悲鸿，其中有云："1946年，悲鸿应聘任北平'艺专'校长，携家来京。但由于我们八年未通音讯，他对我产生了误解，为此我也非常难过。"此文刊于文史资料出版社1983年出版的《徐悲鸿——回忆徐悲鸿专辑》上。徐悲鸿先生误解，就是听说他当了汉奸。但经过蒋兆和的解释后，又送上自己的画，说明自己一直遵照徐悲鸿的现实主义、写实主义的绘画主张，艰苦探索，一心创作，为了艺术，他不得不如此等等，徐悲鸿当时正需要这样写实主义的作品，也就谅解了他。可是没听到蒋先生解释的很多人仍然不能谅解，直到现在。

我的意见，对于一个画家，主要还是看他的作品，他的作品《流民图》还是好的。至于为什么画，受谁支持而画，都不必深究；至于作者一度依附于汉奸，当然和作者政治思想不十分清醒有关，但作者不是那种玩世不恭的人，不是那种为了个人目的而出卖国家的人，他只是一位迷于画、只想创作的人，又迫于生计，我们应能悲其境，谅其心，哀其志，他毕竟创作出中国画史上不朽的作品——《流民图》。

凡事，不可使不知者知，亦不可使知者不知，既已有人知道，我就把它说清。

刘海粟

　　鲁迅先生曾对刘海粟的虚假作风表示不满，他说："'刘大师'的那一个展览会，我没有去看，但从报上，知道是由他包办的，包办如何能好呢？听说内容全是'国画'，现在的'国画'一定是贫乏的，但因为欧洲人没有看惯，莫名其妙，所以，这回也许要'载誉归来'。"这段话收录在人民文学出版社出版的《鲁迅全集》第12卷中，"刘大师"三个字打了引号，注释中特别指明"指刘海粟"，"载誉归来"四字也打了引号。刘海粟真的能"载誉归来"吗？大家心里都是有数的，不必言明。其实，这类事并不希罕，我们现在的画家到国外去办画展，不论惨到什么地步，回来时都要大吹大擂，表示"载誉归来"。

　　我年轻时也好吹牛皮，后来年龄大了，也就渐渐不吹了，至少在学生面前不好意思吹了。刘海粟则不然，他牛皮吹得太大，而且不论场合，在学生面前也吹，日本有个外相称他为老师，人家不过是客气一下，他回来便说：我有个学生是日本外相，他拜我为老师……太虚假。又喜欢上靠大官儿，以和大官儿厮混为荣，并以此炫耀，都不像一个艺术家。所以有人贬刘海粟，把他的画说得一文不值时，我听了都很高兴。但我自己从来不讲，老实说，他的画还是不错的，很有点气势，我不能因人而废画。但他的画也绝没有他自己吹嘘的那么高，更不像他的崇拜者推崇的那么高。论传统功力，他远不如陆俨少；论突出风格，他远不如李可染；论艺术品质，又差傅抱石远甚。因此，他绝对够不上大

法国　塞尚　静物

刘海粟　静物

师。我说他的画很有点气势，但一细看，内在又不足。画如其人，刘海粟到处吹嘘，其实他自己胸中有数，他本人并没有受过高等教育，他在国内没有读过大学，到法国去考察，东跑跑、西看看，也没有正式留过学。他没有像徐悲鸿那样扎扎实实地练过基本功，实实在在地接受过高等教育。一般人说刘海粟是教育家，主要功劳在美术教育。当然，刘海粟在美术教育上有一定功劳，谁也不可否认，但功到什么程度，有必要说清楚。刘海粟的崇拜者说他建立了中国第一所美术专科学校。这恐怕不合事实。中国最早的美术教育在高等学堂内出现，是开始于1902年的三江师范学堂（后改为两江师范学堂），后来成立了专门的图画手工科，虽然只是一个系，但规模也比而后出现的专门学校要大。因此，最早的美术教育应是两江师范学堂，即今南京师范大学美术系的前身，功臣应是李瑞清。要说专门的美术学校，最早要数在上海徐家汇由外国人办的学堂。中国人最早办专门学校的是周湘。周湘从日、欧学习绘画回到上海，1911年夏创办了中西美术学校，后改为中华美术学校，刘海粟、徐悲鸿都在这里上过学，虽然只上过几个月。上海图画美术院（上海美专前身）于1912年11月议始，1913年正式成立，创办人和首任校长是乌始光，第二任校长是张聿光。刘海粟当时十七岁，挂名副校长。他既不是创办人，又不是首任校长，他自己还是个孩子，还没受过正规的教育，怎么是创始人呢？如果说刘家出了钱，那也只是他父亲之功。说刘海粟创办了中国第一所美术学校，从哪一方面考察，都是完全不存在的，何况这学校也不是第一所。李瑞清第一，徐家汇第二，周湘第三，上海美术院至多只能数第四。说刘海粟第一个使用裸体模特儿，也是不合事实的。第一个使用裸体模特儿的是李叔同，这是画史常识。但刘海粟喜欢宣扬，李叔同是实实在在的人。刘海粟后来虽任校长，他去欧几年，去日、去印，学校又停了几年，即使他在校内，也不太问事，说他在美术教育上有多大功劳，我看还是慎重点好。

研究刘海粟最大的问题是他自己讲的话都不可信，举一个简单的例子，他说他和大翻译家傅雷是好朋友，傅雷在法国失恋想自杀，是他救

张大千 山水图　　　　　刘海粟 仿董其昌

了傅雷。我读到他在三本杂志上发表的文章（他讲述，别人记录），具体情节都不相同。其一说傅雷拿着手枪准备自杀，刘一面稳住他，一面暗示妻子去给他送东西（茶水？），趁傅雷不注意时，妻把其手枪藏了起来；其二是说傅雷要自杀，刘大声呵斥，然后上去把手枪夺下来扔出去（和他妻子无关了）；其三是说傅雷要自杀，刘一面劝说，一面示意妻子，妻子近前装作安慰傅，冷不防地把枪夺过来。当然，人会有记忆上的错误，但这个具体情节绝对不应记错。

刘海粟多次说，徐志摩和陆小曼结婚，他从中帮了很大忙。但据当时知情人回忆和徐志摩研究家研究，这事根本和刘无关。类似的例子太多了。刘海粟又说周恩来总理是他老朋友，但我查了当时由周恩来主持的重庆《新华日报》1945年8月23日版，刊有《文化汉奸名录》，第一名文化汉奸是周作人，第二名文化汉奸是管翼贤，第六名文化汉奸就是刘海粟，在"刘海粟"三字旁边打了三个黑点（重点号），下面还有一段文字说明："这位有名的画家在太平洋事变后由南洋到上海，受到敌伪的利欲的诱引，下了水，公然对伪新闻记者发表谈话，称颂'大日本'的'王道'了。"类似的问题还有很多，我这里只是举一个例子。 刘海粟发表的文章更令人头疼，很少是他自己写，大多都是别人代笔，只要能发表，内容是不太讲究的。他一生中每一阶段都要找一个人代笔，傅雷、滕固替他写过文章，后来温肇桐替他代笔时间较长，再后来是罗叔子，"文革"后，替他代笔写文最多的是柯文辉。另外，南京艺术学院还有几位老师替他代过笔，柯文辉和南艺的几位老师都亲自告诉过我为刘海粟代笔写文之事。柯文辉做过的事和讲过的话，都不会否认的，他现在在北京中国艺术研究院工作。近代大画家如黄宾虹、徐悲鸿、傅抱石、潘天寿等，其诗文著作都是自己写，我们研究他们便有了可靠的根据，而刘海粟的文章和著作是别人写的，代笔人有代笔人的思想，以之研究刘海粟就不行了，这太麻烦。我的意见，研究近现代美术史的学者和机构，要趁柯文辉等人还健在时（罗叔子虽死，他的友人还在），一定要弄清，哪些是代笔，哪些是真笔，否则以后就要更麻烦了。有很多

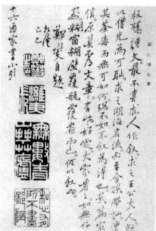

刘海粟手迹　　　　　　　　　　　　　清　郑板桥手迹

刘海粟国画作品　　　　欧洲19世纪油画作品

法国19世纪女画家作品

人佩服刘海粟文才，说他的对联颇有哲理，颇高明，比如"甘守时穷方为士，不为人忌便非才""宠辱不惊，看庭前花开花落；去留无意，随天外云卷云舒"。有一位大作家还撰文赞扬刘的这两句话，有些书法家书写此二语时，还注明："刘海粟联句，××书"，于是大家对刘更加佩服。其实前一联是清初诗人钱匡的诗句，原句是"甘守时穷方是士，不为人忌便非才"。刘只改了一个字，但这一改，把平仄关系改错了，"是士"是"仄仄"，"非才"是"平平"，正相对，"为"是平声，就不对了，而且是很严重的不对。后一联则是明人洪应明的句子，原句是"宠辱不惊，闲看庭前花开花落；去留无意，漫随天外云卷云舒"。刘写时省去"闲""漫"二字。提起这话又长了，清代郑板桥为自己诗文作序云"板桥诗文，最不喜求人作序，求之王公大人，既以借光为可耻，求之湖海名流，必……"而刘海粟自序则云："海粟绘画最不喜求人作序，求之大人先生，既以借光为可耻，求之学者名流，必……"当然这些都是旧案，人人皆知，我们不必再提。所以，刘后来感到麻烦，干脆请人代笔。我经常说：绘画界第一聪明人是张大千，第二聪明人是刘海粟。但张大千很讲义气，他请人代笔写诗，给人很多钱，代笔者乐意。刘海粟就舍不得花钱，但有时也帮人解决工作或调动问题。代笔人中很多人不太乐意。

以上我谈了刘海粟这个人，知人才能知画。李可染提出"可贵者胆"，但李的胆子并不大，传说他的去世也和胆小有关。真正胆大的要数刘海粟，我上面谈到的，都可见出他胆子大。另外，他和五省联军头子孙传芳抗争（虽有外国人保护他），没有胆量也是不行的。他的胆量也同时反映在他的画上，胆生魄，魄生气。我们看他的花卉（我看过他的梅花、牡丹），设色之厚重，用笔之稳健，胆、魄、气皆不同凡响。虽不及齐白石，但在某些方面还是有突破的。

刘海粟基本上不会画人物，他以画山水见长，在70年代末、80年代初，他的山水画大有长进。年轻时，这位富家子弟没有认真下过苦功，忙着和名人要人打交道，忙着跳舞看花、到各地游览。1957年，他被打成右派，接着便是"文革"，他无事可做，在家中沉潜下来，练画练字，70年代末，他复出时，画艺大进，如果他一直做官，一直"辉煌"，而没有受这十几年苦难，他就不会有后来的成就，终其身不过是一个"阿混"。还是苦难玉成了他，此外还有他的长寿。但他胆子太大，最晚年用大泼彩，像刷墙一样，过于放纵，不成体统。

要之，以高标准评刘海粟的画，颇不足；若以低标准评之，又非常之好。此文皆是以高标准要求之，望读者谅察。

载《江苏画刊》1996年第5期

附录一：

刘海粟，是不是文化汉奸？算不算画坛大师
——陈传席关于"评刘海粟"一文风波答记者问

编者按：在1996年第5期的《江苏画刊》上，南京师范大学美术系教授陈传席撰文，从人品、画品及历史功绩等方面，对刘海粟进行了史无前例的否定性评论，在美术界激起了轩然大波。其后，广州《岭南文化时报》就风波缘由对陈传席作了专访，并配发编辑部文章《"大师"之害》。本报特将陈传席全文并其编辑部文章转发之，供读者品鉴。

（陈传席声明，文中一切问题，概由其本人负责，和编辑完全无关）

问：陈教授，听说你以前在你的专著《现代艺术论》中对刘海粟评价很高，现在又有了180度的大转弯，对刘海粟进行了史无前例的贬低与否定，这是什么原因？

答：我在《现代艺术论》的附录中有一篇《画坛点将录》，其中有一段谈到刘海粟。我给他最高评价是，虽为纨绔子弟，但不作游手好闲

刘海粟　秋江饮马图

日本桥本雪作品两幅

之徒。很多记者认为我把刘海粟列为徐悲鸿的副手，就曾有记者说："刘海粟能在徐悲鸿的部下称事，这地位已够高的了。"当然，高是高，但他自己不这么认为，他争了几十年说徐是他学生，岂肯居于徐之下？但我要声明的，我仅指他办学，而未论他的绘画成就。所以，说我把刘海粟评价得很高，是完全没有根据的，如果说，评刘海粟"不作游手好闲者"就是很高评价，那问题就更严重了。

我写《画坛点将录》时对刘海粟了解还不具体，后来，我主编《现代中国画史》时，广为搜集材料，发现了刘海粟很多问题，于是我对他的评价又有改变。

问：你说刘海粟是汉奸，根据是否可靠？

答：我从来没有说刘海粟是汉奸，而是《新华日报》上公布刘海粟是文化汉奸，我照着抄录，我的根据十分可靠，我这里有复印件。《新华日报》1945年8月23日刊登《文化汉奸名录》，第一名是周作人，第二名是管翼贤，第三名是陈彬龢，第四名是钱稻孙，都是臭名昭著的大汉奸，人所共知，第六名汉奸便是刘海粟，在"刘海粟"三字旁边打了三个黑点（重点号），下面还有一段文字说明："这位有名的画家在太平洋事变后由南洋到上海，受到敌伪的利欲的诱引，下了水，公然对伪新闻记者发表谈话，称颂'大日本'的'王道'了。"第七名汉奸是张资平，也是人所共知的汉奸（毛泽东曾点过名称周作人、张资平是汉奸的代表），第八名是林徽音。但这位林徽音虽和梁思成的夫人女建筑家林徽因同姓名，却并非一人，他是男而不是女。《新华日报》当时社地在重庆，由周恩来主持工作，报纸代表中国共产党的声音。当然也有周恩来的意见。这《文化汉奸名录》可不是随便列的。在《新华日报》上，即使登出一篇读者来稿，也必代表共产党的意见，日寇和汉奸的稿子，他们绝对不会刊登，这是无疑的。

在非共产党的报纸，甚至伪报上刊登刘海粟和中国人民的公敌日寇

刘海粟 山水花鸟图册之一

高奇峰 枫鹰图

军政官员的"友谊"就更值得注意。例如1943年11月30日上海的《申报》上，刊登《刘海粟画展，昨预展盛况》，其中称"到中日各界三百余人"，"其友人张一鹏、林庚侯等为刘氏举行预展，特于昨日下午四时至六时，在中国画苑茶点招待各界参观，到有盟邦方面东亚同文会副会长津田中将、海军武官府长近藤少将、盐田大尉、陆军川本大佐，华中振兴公司高岛总裁、冈部顾问等三百余人，极一时之盛。当由张一鹏、林庚侯、陈彬龢等，暨刘海粟亲自招待，巡回观摩，风趣横生，至六时散会……"注意，刘的友人张一鹏（汪伪司法部长）、林庚侯、陈彬龢都是著名汉奸，无人不知；至于被刘海粟视为"盟邦"的日本中将、少将，当时正是中国人民最直接、最凶恶的敌人。"亲自招待"人民的仇敌，而且还"风趣横生"。而那个时候，大多数画家、作家、学者、作曲家等都直接参加抗日的斗争，作抗日宣传，有的直接奔赴战争的第一线，有的甚至牺牲在战场上。即使是落入日寇手中的艺术家，也决不向日寇屈服，更能拒绝日寇的拉拢。齐白石在北京坚决拒绝日本人的教授聘请，并退回日本人送来的烤火煤，在门上书写"齐白石已死"，画不卖给日本人，画螃蟹题："看尔横行到几时"。日本人给黄宾虹祝寿，寿堂已设好，黄宾虹拼死拒绝出场。梅兰芳也隐居起来，蓄须明志，坚决不为日本人演戏……而刘海粟却"亲自招待"日本人，和他们"风趣横生"起来，对比之下，不能不令人齿冷。

此外，刘、夏结婚时，上海《申报》也报道了婚礼盛况，乃是由大汉奸陈彬龢作主婚人，被邀请参加婚礼者，多是日本军政大员和一些大汉奸……

最近很多知情人、受害人家属给我寄来了无数资料，有刘海粟的思想品德方面的、私生活方面的、办学方面的、"创作"方面的，等等等等，看后令人目瞪口呆，其中有的是受害人在刘百岁庆祝会上亲自交给他的复印件，有的是在内部或地方刊物上发表的用"有人"如何如何，寄给我时注明"有人"即"刘海粟"，有的是刘海粟抄袭别人作品的对照图等等，寄给我的材料上都注明："供发表用，如果上法庭，由我们

南宋 夏珪 风雨山水图　　　　　　　刘海粟 风雨图

出庭。"这些材料我看后基本上都相信，但不是正式出版物，很难引用。最近几位老先生劝我："埋头做学问，不必介入其中。材料收藏起来，暂不扩散。""很多问题，包括汉奸问题，我们老一代人都知道，比你知道得多，这些事国家都不问，你又何必问呢？"此外，江苏几位知情人（都是某一机构的要员）也电话告诉我："刘海粟的问题，我们掌握的情况比你多，尤其他历史上的问题，我们只是采取宽大政策，不去计较了。（略去几句）所以，他生前曾千方百计谋求在南京建一个纪念馆，我们都没有同意。建了，没法向历史交代，没法向人民交待。""你写文章披露一点也好，但不要多讲，讲多了对你对他都不利，凡事适可而止。"

问：刘海粟绘画水平到底如何？到底是大师？还是中上等画家？

答：很多内行人都知道他的画水平太差。但我认为他的画还是不错的。大师肯定是不够，稍懂一点画的人都知道。但刘海粟善于造势，他的功夫在画外，所以，完全不懂画的人震于他的"大名"，叫起大师来。此外，还有一批人靠刘海粟吃饭或靠刘海粟这块"虎皮"包装自己吓唬别人的人，也叫他为大师。刘的大旗一倒，他们便难混，所以，硬着头皮也要叫大师。这批人自己心里也有数。

很多人指责我把刘捧得太高，这些人又把刘贬得一文不值。最近我收到五批图片，刘的画问题真严重，松树来自"扬州八怪"，山水来自明人画。一位老先生看了，说："这几张抄外国的画我们以前都知道。"我先公布大家早已知道的但我本人以前也不知道的这几张画。其一是刘海粟抄袭欧洲著名画家塞尚的作品，载于《刘海粟油画》画集第23幅。我开始还以为不过是刘临摹，怎能算是抄袭？但刘自己说是他创作。在他的"作品"旁，刘还写了一段"创作经过"，说："1922年8月里的一个星期日，在家没有出去，六龄的儿子，买了一串紫葡萄，四只红柿子，一只莱阳梨，笑嘻嘻的献给我看；放在我桌上一个白石型的左右，半面恰巧又衬着一张新作的晚景；他无意给我这般对象，我那里肯放过他（它）去。我就拿他（它）画了！"他自己说是"创作"，人家说他抄袭塞尚的，我们又怎好为他辩护呢？又，19世纪法国一位女画家的作品《马斗图》与刘海粟的"作品"（图略），两匹马相斗是完全相同的（刘画得不准而已），但在右上方刘多题了三行字证明是他的"创作"，题字云："戏□□（看不清），笔扫骅骝，颇见麒麟出东壁。癸酉五月，刘海粟。"其三是抄袭19世纪欧洲油画作品。刘画的二狮和欧洲油画作品完全相同；但刘为了证明这幅画是他的创作，在右上自题："威凌八阵，百兽震恐。刘海粟写于存天阁。""写"就是"创作"的意思，如果临摹，只能用"临""摹""模""仿""拟""抚"等字样。其四如清郑板桥自序："板桥诗文，最不喜求人作叙（同序），求之王公大人，既以借光为可耻……有些好处，大家看看，如无好处，糊窗糊壁，覆瓿覆盎而已，何以叙为。"再对照一下刘海粟的一篇自序："海粟绘画，最不喜求人作序，求之大人先生，既以借光为可耻……有些好处，大家看看，如无好处，以之覆瓿以之当薪曷为而要序。"

一位曾在美协负责过工作的老先生（也是刘的好朋友）告诉我："刘海粟胆子太大，全国美展，他送来一幅山水画创作，我一看很高兴。刘老的创作，一定展出，并且要出版。谁知几个年轻人过来一看马上指出，'这是抄袭宋人的作品'。我听了不高兴，叫他们拿出证据，他们回去就把宋画的印刷品拿来，我一对照，完全一样。怎么办呢？幸好还没发表。我只好千里迢迢把画带到卜海，找到刘海粟：'刘老啊，有人说你的画是抄袭宋人的，你看怎么办？'他看我手里拿的一本画册，就说：'是的，我参考了一点。'我说：'不是参考一点，而是参考很多点噢。你看看噢。'刘海粟说：'这问题暂勿谈，我给你看一件东西。'他拿出上海美专毕业生名单，指着徐悲鸿的名字说："你看，这是徐悲鸿，他是不是我的学生？'我说：'这和徐悲鸿无关。'刘海粟说：'就是他一派人搞我。'其实那几个年轻人根本和徐悲鸿无关，幸亏他们指出，不然的话，正式展出，发表了，又被徐派抓住把柄。"

问：你写《刘海粟》，有无背景，这是大家最想知道的事。

答：关于背景，你们可以问《江苏画刊》编辑刘二刚。刘二刚根据很多人的反映，说现在的大师太多了，很多画家水平一般，却被捧得太高，叫我谈谈看法。我便谈了一些问题，完全是聊天式，他说："你把你谈的内容写下来，我给你发表，一期一期地连载，把目前那种胡乱吹捧的风气正一下。"我回去便先写了李可染，次写陆俨少，再写刘海粟，后来想这样写杂乱无章，于是又写齐白石、徐悲鸿、黄宾虹、吴昌硕……对每一个画家都有批评。但编辑首先把"刘海粟"发出来。谁知影响这么大！可见在中国讲几句实话之不易。大家听惯了假话，一讲实话，反而听不惯。其实，我要评一百个画家，有表扬有批评，我将要披露的内幕和真实史料有的比刘海粟更惊人，可惜《江苏画刊》不敢发了。如果都发出来，刘海粟的问题便会被冲淡。读者也会明白我在研究近现代历史上下过不少工夫，同时也会理解我不是攻击某一人，而是告诉大家一些鲜为人知的史料和一些没被人发现的问题。因为我对两派都作了批评，对其他"大师"模仿抄袭别人作品更有所揭露，对那些大名鼎鼎的"权威"水平低下无知无学无才无能错误百出也稍示其一二。现在不让发了，也有好处，免得我树敌太多。以后如果不得不发表评论文章，我可能要从俗，讲点好话了事。我已下决心渐渐退出美术界，今后不再给人写评论。美术界风气太坏，画家们素质又低，不能和他们打交道。

最后我要声明：我评刘海粟的文章只有三处。其一是江苏美术出版社出版的《现代艺术论》，其二是《江苏画刊》1996年5期，其三便是给《岭南文化时报》的这篇。其余凡是以我的名义评刘海粟的文章，皆是伪作，本人概不负责。我评刘的文章也到此为止，下面，我将把精力移向人文史的研究，各种笔墨官司，包括谣言，恕不答理。

载《岭南文化时报》1996年8月8日，原文有附图6件

附录二："大师"之害

文/《岭南文化时报》编辑部

中国的文化艺术还很贫乏，可"大师"却很多，哪个地方，哪个领域没有一两个大师、名人？真的倒也罢了，问题是其中不少人既没有付出十年寒窗的艰苦，也没有拿出一鸣惊人的精品杰作，却凭借其钻营功夫及其与权力系统的特殊关系，左右文坛艺苑，垄断文化权益，污染精神空间。在当代中国，人品、艺品均有严重问题的"大师"，绝非罕见。

伪"大师"之害，不只在于个人的弄虚作假，名利心切，更在于他们颠倒价值标准，以劣质之作、抄袭之作假冒文化精品，混淆视听，亵渎文化，全面败坏文化的声誉，也戏弄了人们对文化艺术的挚爱之情和对真正大师的景仰之忱。由于他们"先据要路津"，进而还垄断了流向文化领域的社会财富，借文化以营私，在经费紧张、大量青年文化工作者连基本的生存条件都难以保证的情况下，"大师"仍要钱有钱要官有官，要地有地，"×××故居""×××纪念馆""×××艺术中心"随处可见。他们的所作所为，不但斯文扫地，更令后进心寒齿冷，致使文化领域人才流失活力锐减。

在经济领域全面向市场化国际化推进之际，文化领域依然留有封建军阀气的影子，许多伪"大师"占山为王，拉帮结派，挥舞棍子，以个人的平庸品位为取舍标准，"顺我者昌，逆我者亡"，严重妨碍了文化领域本就有限的人、财、物资源的最优化配置。在此意义上，我们不仅不应把文化领域的萎靡一概说成是市场经济所致，而且须认识到文化领域的反市场经济原则的资源浪费，才是当前文化之果凋零的直接原因。

"大师"之害，于今为烈。中国文化的真正发展，必须重倡毛泽东同志提出的"打倒阎王，解放小鬼"的口号，剥开"大师"的画皮，现其本来面目。

八、就百年画史中一些问题答客问

客：陈先生，你在研究中国近百年画史中，发现有哪些问题与通常说法不同的，或者有与历史不相符之处？可否讲一讲？

陈：太多了，尤其是画家自述的历史，靠不住。但我是著名的胆小鬼，不敢讲。

客：那倒不必，讲出来，让大家辨识有好处，如果不准确也便于弄清楚。

陈：那好，先讲一段不被入注意的画史。五四新文化运动以来，中国画的处境一直不好，除了金城的中国画研究会和后来的湖社之外，差不多都对传统中国画持否定态度，这是众所周知的。在新中国成立之前，国民党和共产党也都对中国画持冷淡态度。这是很多史家忽视的。国民党虽然冷淡中国画，少数人持反对态度，但又标榜自由，当时在重庆，还准许国画家办画展、卖画。在延安，中国画被认为是封建地主阶级的腐朽艺术，资产阶级的闲情逸趣。那时有特定的情况，处境艰难，物质条件差，又要作战，文艺要为政治服务，为抗战服务、为工农兵服务，所以，中国画就不太适宜，也就无形中遭到禁止。木刻比较方便，延安多枣树，就地取材；木刻画，老百姓看得懂，又能复印很多份，便于宣传用。所以，延安的画是清一色的木刻画，石鲁到了延安也改作木刻画了。但石鲁的兴趣在中国画，所以，他一离开延安又改作中国画了。实际上，共产党不但不反对中国画，而且是传统艺术的捍卫者和推动者，所以，抗战和解放战争一结束，情况就有所变化。江丰在新中国成立后，成为美术界的实际领导人，他仍把延安时代的思想带到新中国时代，他坚持反对中国画，说中国画不科学，是资产阶级的闲情逸趣，是封建地主阶级的腐朽艺术。并要打倒中国画，改中国画为彩墨画，实际上用西洋画法来代替中国传统的画法。他对亚明说过："油画能画毛主席像，抬出来游行，中国画行吗？一阵风就吹坏了，这种画要它有什么用呢？""油画、水粉画都能画大画，适于宣传，中国画能画大画吗？根本不能……"所以，潘天寿后来画大画，可能是以作品反驳江丰。那时候，一些老画家都没事干，李苦禅、李可染都不教中国画，甚至被派去卖电影票和饭票了。中国领导人毛泽东、周恩来都关心中国画，在北京、上海、南京设立中国画院，把老画家养在里面，专门从事中国画的创作。江丰后来受了不少苦，他复出时，有所觉悟，不再反对中国画了。

客：说到这两段历史其实还很复杂，一种现象的出现有多种原因，大概不是一个人能怎样的。

陈：好，我就再来谈谈画家个人对自己的评价。我前几年研究刘海粟，这是艺术研究院美研所在天津会议上分给我的任务，郎绍君说："刘海粟的霸气和你陈传席差不多，你来写刘海粟，以毒攻毒，才能写好。"水天中也附和，说非我写不可。后来郎绍君还代表出版社给我写信，叫我把刘海粟写出来。我搜集了很多刘海粟的资料。刘海粟在《人物》杂志1990年第3期上发表了《老梅香馥自年年——我的爱情生活》一文，他郑重其事地说："……需要提及的是，我母亲是洪北江（亮吉）的小女儿，自幼家学渊博。她在我7岁时就教我诗词。我们兄弟几个都是十余岁就学着填写旧体诗词。"这段话见该期第42页。洪北江就是洪亮吉，宇君直，又字稚存，号北江，江苏阳湖人。阳湖属于常州，也就是常州人。活动于清乾隆时期，1790年中进士（探花），距刘海粟之死已差不多两个世纪。洪亮吉是个好官，也是个有学问的人，名气很大，他最早提出计划生育问题，后因批评朝政，被皇帝治罪，遣戍伊犁，不久赦还。有《春秋左传诗》《洪北江全集》。他生于1746年，死于1809年。刘海粟说他母亲是洪北江（亮吉）的小女儿，我认真计算一下，刘海粟生于1896年，则他母亲生他时差不多已100岁左右了。即使刘海粟的母亲是洪亮吉晚年所生，那么，她生刘海粟时也90岁左右了。刘海粟说他母亲"自幼家学渊博"，当然是得到洪亮吉的指教，所以，他母亲生他还是差不多100岁左右了。古今中外，有没有100岁或90岁老妇生孩子的？这恐怕不符合实际。刘海粟亲口讲的其母是洪亮吉的小女儿，到了为刘海粟写传记的人手中，又改了，如柯文辉、石楠二人都说刘海粟母亲是洪亮吉的孙女。是孙女又对不对呢？应该再改一下，说成曾孙女，就差不多了。但说得太远又沾不上边，比如黄帝的名气更大吧，我们都是黄帝的子孙，但沾光并不多。刘海粟的母亲到底是洪亮吉的女儿，还是孙女、曾孙女，我们是相信哪一家？刘海粟自己的文章是发表在《人物》上的，《人物》是很上档次的杂志，又是国家级的人民出版社出版的，恐怕不能怀疑，那么，我们只好相信刘海粟所说了。

还有，刘海粟发表文章大谈自己一生结过几次婚，其传记中也把他的婚姻写得丰富多彩，但他的妻子夏伊乔在和他结婚前是否结过婚呢？这，刘海粟纪念馆和其研究人员都十分清楚，也亲口告诉过我，私下议论时有声有色，正式写文章时又不提了。这就不公平，似乎男人再婚很光荣，女人再婚就不体面需要隐讳。女人丈夫死了，又为什么不能再婚呢？

我前几年写一篇评刘海粟的文章，主旨是说刘海粟讲话不可靠，不可作为研究历史（包括画史）的依据。比如刘说傅雷失恋要自杀，是刘救了他，但怎么救的，三次发表文章三个样儿，我现在又在《人物》1990年第1期上看到第四种说法："傅雷无法忍受，当我发现他怀里又藏了手枪，企图再次自杀时，急忙把他的枪夺了过来。张韵士赶快把枪藏起来。"这四种说法都是他一人讲的。若果有其事，傅雷欲自杀，枪是刘的妻子夺过来，还是刘夺过来；是刘夺过来扔出去，还是刘夺过来后张韵士藏起来；是张韵士夺过来，还是张韵士趁傅雷不注意时藏起来；这一细节，绝对不会错。

　　诸位不要认为我老是注意这些细小的事。刘海粟讲话不可靠，不可信，关系到党史、革命史的研究的大事。我前年写评刘海粟一文主要为了证明近代史研究所和党史研究家们误信了刘海粟之言，弄错了很多大事，造成了混乱，但又恐怕打击面太大，伤害了党史研究家们，所以，我把要说明的重大问题删去了。现在，我感到有责任再讲这一严肃的问题，供近代史研究家和党史研究家们参考。上海人民出版社出版的《陈独秀传》是一部力作，影响十分大，这本书1989年第1版，到我买时1995年已第4版。书出版后，很多"研究"、介绍、论述陈独秀的著作和文章大抵皆从此书派生而出，有的摘取此书部分内容，重新编排，有的从此书中录取内容另作文章，等等不一。我读过很多本有关陈独秀的著作和文章，最好的就是这本《陈独秀传》，其次还有一本不太厚的书，也很好（忘记书名）。《陈独秀传》下（唐宝林著）第166页，谈到"陈（独秀）在上海被捕后不久获释"，"实际上是刘海粟起了关键的作用。刘找到了当时上海滩上很有影响的头面人物李征五。李原系国民党的左派人物，性豪爽，重然诺，思想开明。刘要他营救陈独秀，他当即一口答应了，随后到法捕房，保释了陈。这一段'刘海粟营救陈独秀'的历史，知者不多，刘过去也不愿多说"。作者自注这段话内容是根据1983年11月5日《团结报》上《刘海粟谈陈独秀》，而且是唯一的根据，没有任何旁证。惟一的根据又是当事人自己讲的，也没有任何旁证，这就奇了。1922年8月陈独秀在上海被捕，是孙中山和马林等人出面营救而获释，这是众所周知的事，当时报纸也有报道。没有任何人提到是刘海粟营救，在陈独秀、李征五、孙中山、马林等人活着时，刘海粟不敢吭一声，何至于过去60多年，知情人都死光了，又变成刘海粟的营救？孙中山、马林都是国际著名人物，大政治家，孙当过临时总统，他们出面营救如果不起作用的话，李征五有何能耐？国民党左派又和法捕房有什么利害关系？而刘海粟当时不过是个画图画的二十几岁青年，他的作用能超过孙中山？作者置真实历史而不顾，只听信了刘海粟个人的自述（完全不可信的自述）就改变了真实的历史。而且孤证是做学问的大忌。作者说："刘过去也不愿多说。"刘岂是那种不愿多说的人？若果有其事，刘不说破天才怪哩。

同是这本《陈独秀传》第166页又说："这次，刘海粟到南京探监，见到阔别多年的陈独秀，又听到他在法庭斗争的事迹，十分激动，快步上前，紧握陈的手，大声说："你伟大……"陈也很兴奋，抢着说："你伟大，敢于画模特儿，和封建势力斗争……"我们再回味一下，"你伟大，敢于画模特儿……"这是陈独秀的口气吗？是陈独秀的语言吗？而且是"抢着说"的，稍微研究一下陈独秀，就知这话绝非陈独秀的语言和口气。陈独秀是大学者、大理论家、大政治家，他的语言地方音很重，讲话很快，有时急躁，但很深沉而有分量，绝不狂肆，更不浮薄，像这样"你伟大，敢于画模特儿，和封建势力斗争……"的话，浮薄而浅陋，绝不会出于陈独秀之口，这是谁的语言？人们也许并不陌生，这正是刘海粟的语言。而党史研究家们又是轻信了刘海粟个人的"叙述"，以为陈独秀真的这样说了。

类似的例子还很多。只要读读他写的回忆文章，就会发现其中矛盾百出。比如他曾说他十岁"入绳正书院肄业。"《人物》1990年第3期上又说："我12岁就到武进县的新式学堂绳正书院读书，14岁下半年，学校停课，我又回到青云坊读私塾。"接着他又说："经人介绍，丁1909年我只身一人到上海周湘办的布景画传习所学画。"1909年，他13岁。他有时又说"16岁入周湘办的布景画传习所"。

据朱沛莲《吕凤子先生事略》一文介绍，刘海粟是吕凤子的学生，他说："（吕凤子）考入设在南京的两江优级师范，作临川李瑞清先生之入室弟子。毕业后，于清末民初，先后在武进县立师范及女子师范任教，教授图画手工。民国初年创办上海美术专门学校，自任校长，有艺术叛徒之称的刘海粟君，便是他在武进县师任教时的学生。刘君是以西洋画著称的，得力于凤先生不少。"朱沛莲是当事人之一，他对当时情况的回忆，人数、钱数、年、月、日等等记得清清楚楚，谅不会错。其文发表在《吕凤子纪念文集》中，1993年由江苏人民出版社出版。

最后我还要谈一件事。我以前写文章提到，刘海粟的文章大多是别人代笔的。然后收到很多来信，提到刘海粟抄袭别人作品的事实，其中一位老诗人笪昌隆先生，给我来一封长信，申诉刘海粟《汉宫春》和《水龙吟》词是抄袭他的。笪先生信中说明了他写词的经过，和刘海粟抄袭他词的经过后，又说："1979年秋，我曾填词《汉宫春·黄山次韵辛稼轩蓬莱阁怀古》一首，抄送李老。李时为镇江市政协多景诗社社长，我向来与他过从甚密，每有新作，必抄送他一首，后闻李曾到南京由人引荐去拜会刘大师，并随身携带诗稿一包，同刘评诗论词。刘把在新加坡出版之画册赠李，并向他问起唐镇凯和我为何许人。1981年《文化娱乐》杂志第1期、第2期连载沈祖安《刘海粟散论》一文……下篇录有十年动乱之后，刘自己题画的两首词，其中第一首实为我的《水龙吟》，经他略加审改，我原词已把'泛'字改为'健'字，这里保留未动，大概他也意识到出韵了。……"

"1987年《中国当代诗词选》（江苏出版社1987年出版），在署名刘海粟的若干首诗词中，184页刊有《汉宫春·黄山次韵辛稼轩会稽蓬莱阁怀古》一词，注明1980年作，实系我1979年的作品，又经他改审过，第4句原为六字句，他却改为七字句，不但与我的原词字数不同，且与辛弃疾蓬莱阁怀古词及宋姜尧章和词字数相异。在这里活灵活现地显示作伪者心劳日拙的滑稽面孔。"（笪昌隆来信）

"我曾向李宗海老人倾诉：刘海粟不应该将我的词改审后发表。李劝我忍耐，刘大师的名气太大，勿与之计较。……"

笪昌隆先生向很多出版机构申诉过，虽然得到同情，但都震于刘的大名，不敢伸张正义。笪昌隆的信，我将寄到美研所存档，供人查阅。笪先生还附来他的词和刘的词：

笪昌隆《汉宫春·黄山次韵辛稼轩蓬莱阁怀古》

叠嶂层峦

竞奔腾驰突，

欲饮江湖，

青莲玉立千仞，

琢者天乎！

心仪造化，

骋襟怀游目须臾。

君不见苍松好客，

相迎招手遥呼。

桃献天都开宴，

对茫茫云海，

旭日昭苏。

人间料无此境，

此殆仙欤！

奇峰怪石，

特参差如列笙竽。

谁酿得梨花春雨，

流霞酌罢头鸟。

刘海粟改窜后的《汉宫春·1980年黄山次韵辛稼轩会稽蓬莱阁怀古》

叠嶂层峦，

似奔腾万马，

欲饮江湖，

青莲玉立千万仞（按此句应为六字，刘弄错了）。

琢者天乎？

心仪造化，

骋襟怀游目须史。

君不见苍松迎客，

风前招手遥呼！

桃献天都开宴，

对茫茫云海，

万象昭苏。

人间料无此境，

此殆仙欤？

奇峰怪石参差立，

竞奏笙竽。

谁捧出梨花春酿，

流霞飞酌金乌。

在中国，侵害别人的利益，抄袭别人的文章，会安然无事；如果有人来揭露这件事，就大逆不道了，就会被群起而攻之。笪先生到处申辩，知者虽同情而不敢言，我特为言之……（笪昌隆先生现居镇江市桃花坞新村二区18号教工宿舍二单元101室。读者可前往查问其详）

客：听说你对蒋兆和的《流民图》作过研究，掌握了第一手资料，能否把你的研究公诸于世？

陈：第一手资料确实掌握一些，我也曾写过上、中、下三篇详细文章，后来又决定不发表了。蒋兆和是值得肯定的画家，他在人物画上有相当的建树。《流民图》的创作目的如何，背景如何，且不说，但其艺术效果和社会效果都很好。这就行了。但我这个人好讲，我把我掌握的资料和研究的结果告诉很多人，在社会上到处流传。"字经三写，乌焉成马"。传到最后，便走了样。这里略作说明。

对于蒋兆和和他的《流民图》，一向有两种相反的说法。其一是：

作者是爱国主义画家，作品是揭露日本帝国主义侵略中国的暴行。其二是：作者是汉奸，作品是汉奸和日本侵略者授意而画的。甚至一些美术界的党的领导人和当年北京地下党负责人也持后一看法。我觉得这一问题太严重，决定弄清楚。蒋兆和开画展，他自己可能会有个说法。于是我查阅了当时大大小小各类报纸。果然在《实报》上（学生新闻版，中华民国三十二年十月三十日）查到了蒋兆和的自述，《我的画展略述——蒋兆和》，全文千字左右，最后一句是句号，前面各句末皆逗号。《实报》是汉奸汪精卫一伙办的报纸，我以前虽知道汪精卫是汉奸，但汉奸到什么程度，心里尚没有数，那次翻阅《实报》，才明白汪精卫一真是十恶不赦的卖国贼，正当日本侵略中国时，他们在纸上满篇宣传所谓"大日本皇军……"报道日本的"战绩"等，真令人切齿，蒋兆和在这种纸上发表文章，当然不是太好。但是我们也不必对一位画家作政治上的深究，这篇文章，我复印一份，但不想公开，其中谈到他画《流民图》的动机和经过时说：……数年以前，在某一个画展里，鄙人参加一幅作品，题曰"日暮途穷"，而得殷同先生的赏识，因此对于鄙人有了相当的印象，之后殷同先生在别府养病，适鄙人由东京画展归来，便中蒙殷先生邀至别府小聚，所以有充余（裕）时间议论到艺术上的问题，而殷先生对于艺术不但只能理解，而且有所主张，尤为对于鄙人甚是契（器）重，北京归来，于某日殷先生与储小有先生商议拟请北京之文艺界诸公一聚，所以在席间，殷先生对艺术有所鼓动，并且嘱鄙人拟绘一当代之流民图，以表示在现在中国民众生活之痛苦，而企望早日的和平，更希望重庆的蒋先生有所了解，此种用心之深远，可见殷先生是为有心人乎？……得殷先生经济上之帮助，只好勉为努力，自从受命以来，工作尚未一半，而殷先生已作故人，当是鄙人之心境可知……现在拙作虽不敢说是完成，只能说暂告一段落，兹逢殷先生于十月三十一日国葬之前，展开于大众，以稍少补我于殷先生之一点遗憾，而同时以感答某君的感情与期待……"殷同和汪精卫一样，都是著名的汉奸，而且手握大权。殷同死时，汉奸们为他举行所谓国葬，汉奸头子汪精卫亲自为他致悼词。我在《实报》上也查到，我不必为蒋兆和先生讳，蒋兆和先生当时是依附于汉奸，但蒋先生自己绝不是汉奸，他只是为了画画。他的《流民图》是汉奸头子殷同提议并给予经济上的支持而创作的，殷同死后，又得到"某君"的金钱帮助，这"某君"是另一名汉奸（一说是日本人）。而且《流民图》的展出是为了纪念汉奸殷同。这也是蒋兆和先生自己说的。但仍不能以此论定蒋先生是汉奸。当时中共地下党人认定蒋先生是汉奸，也是根据这些现象，但论据是不足的。蒋先生如果是政治家，我们当然不能谅解他，但他是一位画家，我们应该能谅解。他依附于汉奸，只是为了画图画，而并没有政治上什么目的，问题是汉奸们嘱蒋兆和先生创作《流民图》目的是"企望早日的和平，更希望重庆的蒋先生有所了解"。有人说汉奸们"企望早日的和平"，就是投降日本；"重庆的蒋先生"即蒋介石，他们希望蒋介石不要再抗日，也投降日本。当然这是殷同等汉奸们的思想，但绝不是蒋兆和先生的思想，蒋兆和先生作画"素以老弱贫病，孤苦无依者为对象"，而目的是"能达到大众的同情"而已，何况《流民图》的效果确实达到了反映日本帝国主义侵略下中国人民流离失所的目的，并没有汉奸的意思，作者作品的实际效果是重要的。毋庸讳言，作者当时依附于汉奸，《流民图》又是为了纪念汉奸而展出，很多人为此产生误解，以为作者也是汉奸，曾经帮助和支持蒋兆和的徐悲鸿先生也误解过，蒋兆和先生晚年曾写过一篇《患难之交，画坛之师》，纪念徐悲鸿，其中有云："1946年，悲鸿应聘任北平'艺专'校长，携家来京。但由于我们几年未通音讯，他对我产生了误解，为此我也非常难过。"此文刊于文史资料出版社1983年出版的《徐悲鸿——回忆徐悲鸿专辑》上。徐悲鸿先生误解，就是听说他当了汉奸。但经过蒋兆和的解释后，又送上自己的画，说明自己一心为了画画等，徐悲鸿先生谅解了他。可是没听到蒋先生解释的很多人还是不能谅解。直到现在。

我的意见，对于一个画家，主要还是看他的作品，他的作品《流民图》还是好的。至于为什么画，受谁支持而画，都不必深究。至于作者一度依附于汉奸，当然和作者政治思想不十分清醒有关，但作者是一位迷于画、只想创作的人，又迫于生计，我们应该悲其境，谅其心，哀其志，他毕竟创作出中国历史上不朽的作品——《流民图》。

蒋兆和先生是我肯定的画家，他在《实报》上发表的自述，我本不想披露，但已传之甚广，我考虑很久，这件事固不可使不知者知，亦不可使知者不知，不如说清楚。而且下一代美术史家还是会写的。

客：陈先生，你方才所说有不少都是画史中鲜为人知的资料，但今天太晚了，你已讲了很多，暂到这里，下次再听你谈吧。

陈：我本来只研究古代，后来被朋友们硬逼到近百年画史的圈子里来了。我写文章主张一是要有新观点，二是有新资料，二者缺一，就不必写。所以，我查了很多资料，包括中国历史第二档案馆中那些从来无人动过的资料，我都查过。所以，我读今人写的文章、传记，甚至在报上发表的文章，常有错误，胡吹瞎编得太多。我正在主编的《中国近代画史》，本着"隐恶扬善"的原则，以讲他们长处为主，以评画为主，对所有的画家，包括刘海粟、张大千这些画家，我都将肯定他们的功绩和成就，少讲不讲他们的过失。但我也不会误沿以前荒谬的说法，我一向主张史学家要：心细可以辨毫发，胸宽可以容宇宙。请他们放心，不要今天上法院，明天找领导，不累吗？

客：确实需要实事求是的精神，历史不会永远被掩饰，终将真相大白。我们都应该努力。

附录：刘海粟的话不可靠、不可作为史料

【增补】：任何一个有责任心或有一点良心的历史学家，对基本史实都是最重视的，如果连基本史实都弄错了，其他都无所论了。刘海粟"写"的文章太多了，被很多人作为写史的根据。可是他的话是不可靠的，有个别话可能属于他记错了，但大多是他故意编造、混淆是非、搞

乱历史，故不可作为史料。我写了几篇关于刘海粟的文章，都在说明他的话不可信，这是为历史负责。可是很多论者反驳我时仍以刘的话为"根据"，本来就是错误的，怎么能作为根据呢？我这里再举几个例子，进一步说明之，目的是提醒研究历史的人注意考证史实，切不可盲从一些胡编乱造的文章。对一些人品不佳的名人所讲的话，更不可相信。捏造历史，抬高自己，是20世纪名人的一大特色，并非刘海粟一人。有些谎言，只要稍微思考一下便弄清楚了。比如：

1988年刘海粟在台北谈起什么时候和徐悲鸿交恶时说："有一次，我从欧洲归国，在上海举办了一次盛大个展，徐悲鸿此时也已回国，乘机也在上海办画展。我贴出去的海报，徐派人在上面贴上他的海报。名作家巴金就在报上写了一篇文章说徐悲鸿、林风眠是刘大师一手培植出来的门生。此文一出，引起徐著文反驳……"这是刘海粟叙说的刘、徐第一次交恶的时间和经过。然后刘海粟接着说；"康有为等都劝我不要辩，我当时年轻也没有太好的修养，他登广告，我也登广告，我真的上了他的当了。"（见1988年4月《雄狮美术》101页）后来他又多次谈起并发表此事，这一次他的时间都没有记错，都是说在他有一次从欧洲归国之后，徐悲鸿也已回国之后，而且记得康有为等都劝他不要和徐悲鸿辩。读者读过刘海粟讲话后，一定同情刘，而对徐不满，因为连徐悲鸿的老师康有为都站在刘的一边反对徐，问题是很严重的。但一查资料便知道这个谣言造得太离奇。刘海粟说他有一次从欧洲归国，我把它算作第一次吧，是1931年9月，即使他刚回国康有为就和他讲话吧，那也必须到阎王老爷那里才能实现，因为康有为已于1927年3月去世了（死在青岛），这是谁都知道的，目前还用不着考证，死了就不能讲话了，何以在康有为死后4年又6个月，又给刘海粟讲话了呢？这真是好玩。刘的原文是："蔡元培、康有为等都劝我不要辩。"康有为是不可能了，蔡元培"等"还能可靠吗？他的话还可信吗？

再说徐悲鸿，1919年3月赴法国留学，1927年3月康有为死时，他正在瑞士、意大利、罗马等地观看文艺复兴时杰作，1927年5月，他还在法国国家美术展览会展出作品9幅，9月才返回上海，其时康有为已去世差不多半年了。很多学者、作家都相信刘的话，又引用，又阐述，简直……唉！

上海美专用第一个女模特儿是中国女子还是白俄女子，本不是什么大事，用不着撒谎，但是刘海粟还在动脑筋。他在《上海美专最初10年的回顾》一文中说第一个女模特儿是中国女子，并说"他（当时她皆写作他）们（模特儿）家里的人知道他来做这事，大家都辱骂他说：'不应该这样无耻给人家画春片。'并且还向我来吵闹一番。"但在1985年3、4期《中国现代画报》上，刘海粟撰文《漫话人体艺术》一文中又说："到1920年，上海美专开始起用女性模特儿，第一位是白俄妇女。"上海美专起用的第一位女模特儿是中国人还是白俄人，绝对不会记错。但却两次说法不同，这就值得思考了。

在《人物》1990年第3期上刘海粟撰文说："于1909年我只身一人到上海周湘办的布景画传习所学画。"由刘海粟亲定的两种《刘海粟年谱》则说："1909年2月，母亲去世……随绳正学堂的谭廉老师到上海，进周湘主持设在八仙桥之背景画传习所学画半年。"（又见《刘海粟文集》534页）原来说随老师去上海，后来又说"只身"，这且不论。但周湘的布景画传习所是1911年才招生的，刘海粟也是1911年才进周湘的布景画传习所的。据陈抱一于1942年写的《洋画运动过程略记》一文说："1911年夏天，周湘开办了一次三个月为期的布景画传习所。那个地方是在法租界八仙桥南首，一所傍街的二层楼房子，当时我也进过他那里学习……当时曾在周氏的布景画传习所学习过，而后来我仍能相遇的，只有刘海粟、乌始光两人。"（见陈瑞林编《现代美术家陈抱一》99页，原刊于《上海艺术月刊》1942年）刘海粟自己写的《怀念陈抱一》一文中说："布景画传习所的同学中，年龄大的已40出头，如乌始光兄，除我之外，最小的是陈抱一，17岁。"（同上）据王震先生考证：乌始光当时27岁。而周湘自写的小传中说："庚戌辛亥(1910～1911)之间，沪上新学大兴，予以在欧所得西洋画法设专门学校十余载。"（见

《中国西画五十年》，人民美术出版社，1989年版，第35页）周湘的布景画传习所第一次招生广告是1911年7月2日。还可以从当时的《申报》中找到很多证明，刘海粟是1911年他16岁时进入周湘的布景画传习所的。然而刘海粟硬是说自己是1909年14岁进入周湘的布景画传习所，把别人的年龄说大，把自己年龄说小，把时间提前，这绝对不是记忆错误，其中原因读者未必知道，我也暂不说破。只提醒读者切勿轻信名人自述，大部分都是欺骗。史学家更不可作为信史写入书中。

我看到的刘海粟的文章百分之九十都是假话，没有时间也没有精力一一揭露，他回忆康有为、傅雷、徐悲鸿等等，全不可信，不必考证，细心读一下他自己的文章就可以见其假。随便抄一段刘海粟写的《忆康南海老先生》："老先生对拙作《雷峰塔》《回光》《埠》等油画看得很仔细，久久才把视线从画幅上移开。康老看完作品，济远给了他一张六尺宣，请他题几个字作留念，老先生欣然同意，并提出：'我想找刘海翁谈谈！'济远、慕琴两位先生把他介绍给了我。'你是——刘海翁的儿子吧？'老先生银眉扬起，目光炯炯地看着我。"（见《海粟黄山谈艺录》，福建美术出版社1984年版）如果康有为见了刘海粟的作品后，真的误认为刘是老人，而且又为之题字，又向济远、慕琴提出要见"刘海翁"，那么济远、慕琴也必然会向康有为解释："刘海粟是少年，尚未成翁。"何以能到既讲了，又介绍了，还会说"刘海翁"呢？全不合情理。造谣无疑。

又如80年代初期，刘海粟为了证明徐悲鸿是他的学生，说学期结束了，检查宿舍，发现他（徐悲鸿）一个箱子还留在床下，人早已不在了。这是当年刘海粟证明徐悲鸿是他的学生的惟一根据。到了1988年，刘海粟又说"我一直待他（徐悲鸿）很好，他家庭贫困，我还把衣服给他穿"（见《雄狮美术》 1988年4月）。又说："我曾经临过一幅西班牙画家委拉斯盖兹的《宫廷裸女》，徐悲鸿也照我的画临了一张。"（同上）徐悲鸿会临摹刘海粟的画？这真是天大的笑话。后来又说："我指导他画色彩，带他去写生……"每一次说法都不一样，反正徐悲鸿已死几十年了。真是鬼知道呢?

另据上海王震先生考证:上海美专第一任校长是乌始光,第二任主持者是蒋元赓,第三任校长是张光,第四任校长才是刘海粟。

刘海粟经常说傅雷和自己关系如何好,但我们看《傅雷文集》中多次把某人讲得一无是处:"他与我相交数十年……你想他自高自大到多么可怕的地步。""没有艺术良心,决不会刻苦钻研,怎能进步呢?浮夸自大不是只会'故步自封'吗?近年来陆续看了他收藏的国画……可见他对国画的眼光太差。"

1997年8月27日《新安晚报》上刊登了安徽省文联一位负责人朱泽的一篇文章,题目是《人品、画品、书品》,谈到"中华民族是个讲人品、讲志气节操的民族",指摘了某些书画家不讲人品,其中提到刘海粟和汉奸马士英等人。其中写道:"二十年前在南京一位爱好书画的朋友家,他向我出示一幅《秦淮烟雨图》,上款是赠日本侵略军的某司令长官,下款是某'大师'的署名。日本投降时,这位长官慌忙逃跑时,没未得及将'烟雨'卷走,而落入街坊古玩店,朋友花几元钱购得此图,并在疏空处题一首'打油'诗:'秦淮烟雨中华物,不入东瀛堪守贞。沧海有量容一粟,人品画品后人评。'诗虽不工,但奇巧处在于嵌进'大师'的名字。"这"大师"的名字便是"沧海"的"海"和"一粟"的"粟"。

载《美术观察》1999年第10期。原文无增补。

九、画坛点将录

　　《诗坛点将录》自舒位之《乾嘉诗坛点将录》，近人汪国垣《光宣诗坛点将录》以降，以至钱仲联《顺康雍诗坛点将录》等等，十分众多，皆以《水浒》中水泊梁山一百零八将排座次为序，定其位置、专长，读者于游戏笔墨中见其诗坛历史概要，颇见乐趣。昔舒位以性灵派首领袁枚为梁山泊之首及时雨宋江，汪国垣则以同光体作家陈三立、郑孝胥为都头领。钱仲联以钱谦益为"托塔天王晁盖，诗坛旧头领"，以吴伟业为梁山之首呼保义宋江，以王士祯为梁山副头领玉麒麟卢俊义，以顾炎武、宋琬等为五虎上将……读后颇有启发。然独画坛无点将录，何寂寞之甚也。

　　今拜南京师范大学美术史论教授陈传席为帅，即日登台点将。然诗坛点将甚众，惟画坛点将尚属首次，陈子匆忙登台，临时点将，事前无备，无名录可查，故有大将遗点者，或有名将错点者，勿为计较也。他日作《近现代绘画史》再重排座次，补点名将，以为完备。

　　今为试点耳。所点者皆二十至五十年代之间之名将也。

（一） 画坛旧头领一员

托塔天王晁盖　康有为

康有为首议中国画必须改革，谓之"如仍守旧不变，则中国画学应遂灭绝"。力主"合中西而为画学新纪元者，其在今乎？"康氏并亲往欧洲考察绘画，带回文艺复兴之仿作，回国后则大斥"四王""二石"之糟粕，力摒以禅入画，大声疾呼，以写实为主，"不夺唐、宋正宗"。又，画坛正、副二头领徐悲鸿、刘海粟皆其弟子。故点康有为为"画坛旧头领，托塔天王晁盖"。

（二） 画坛都头领二员

1、天魁星呼保义宋江　徐悲鸿

徐悲鸿出生民间，艰苦奋斗，赴法留学。回国后，名振南北，遂广结天下画家，提携有为青年。坐镇中央大学美术系，当时即为画坛中心。后又组建中国美术工作者协会，任主席。又任中央美院院长。且徐氏作画，中西俱精。当时画家，或出其门下，或聚其左右，公推为画坛首领。故点徐悲鸿为画坛梁山好汉之首"天魁星呼保义宋江"。

2、天罡星玉麒麟卢俊义　刘海粟

刘海粟出生大户富家，自幼锦衣纨袴，然能依正道，习艺弄文，不作游手好闲者，是可喜也；又于十七岁参与创办美术学校，虽曰私立，然亦聚画家于一方。后刘海粟赴欧考察绘画，大开眼界，如卢俊义之出大名府也。刘氏回国后，继任上海美专校长。新中国时，又任南京艺术学院院长。故点刘海粟为画坛梁山好汉副头领"天罡星玉麒麟卢俊义"。

（三） 掌管机密军机二员

1、天机星智多星吴用　郑午昌

郑午昌为一时理论权威，曾任中华书局美术部主任，又组织蜜蜂画社，出版《蜜蜂画报》，更被杭州艺术专科学校、上海美术专科学校及新华艺术专科学校聘为教授。郑氏亦善画，能作青绿山水，用笔精微，设色妍丽，尤擅画杨柳，有"郑杨柳"之称，郑最精者乃画学理论，尝谓"画不让人应有我"，主张"善师古人而自立我法"，能诗词、擅书法，其著《中国画学全史》，开一代之例，又著《中国美术史》《中国壁画史》《石涛画语录释义》等等，黄宾虹为之作序，蔡元培为之题辞，其史其论，见重于艺林。故点郑午昌为画坛军师"天机星智多星吴用"。

2、天闲星入云龙公孙胜　王逊

王逊以哲学为基础，治画史为郑午昌后之一人，且精密正规又过之。又组建中央美院美术史系，事未成而沦为"右派"。永乐宫搬迁，其元代壁画内容无人能考，文化部特请王逊"出山"，考《朝元图》之始末及众仙之来源名号，使朝元之仙人重为人识。王氏又善治佛画，考诸佛窟，为一时之奠基。著《中国美术史》，为全国美术史教材之参考。惜至死未被平反，闲居于家，无事可做，偶被请"出山"而已。故点为"天闲星入云龙公孙胜"。

（四） 掌管钱粮头领二员

1、天贵星小旋风柴进　蔡元培

蔡元培为清光绪进士，翰林院编修，可谓"天贵"也。后组织中国教育会，创办爱国学社和爱国女学，又组织光复会，参加同盟会。1907年赴德留学，回国后任南京临时政府教育总长，主张"以美育代宗教"。又任北京大学校长、国民党政府大学院院长等，又倡办留法勤工俭学会，支持无数青年赴法留学，发放留学费，又创办国立艺专，造就大批画家。蔡元培以其"天贵"，更以所掌财力支持画界，故点为天贵星，掌管钱粮头领"小旋风柴进"。

2、天富星扑天雕李应（暂缺）

（五）五虎上将五员

1、天勇星大刀关胜　齐白石

齐白石衰年变法，大刀阔斧。所创红花墨叶，为一代之胜，又为万虫传神；所作山水，亦别具风格。能诗，善书法，篆刻亦为一代之冠。白石名高一代，晚年为中国美术家协会主席，自是画坛"五虎上将之首"，故点为"天勇星大刀关胜"。

2、天雄星豹子头林冲　黄宾虹

黄宾虹为徽商之后，早年生活优裕，后因支持"公车上书"和"戊戌变法"而被通缉，被迫出逃，流离于上海、杭州、河南、歙县诸地。一面反清，一面授徒，在上海各艺术学校任教授。又从事编辑工作，编印《美术丛书》及各类画集。黄宾虹作山水画，综采百家，心师造化，其画雄浑苍莽，一扫明清画坛柔弱萎靡之风，使濒临败弱的中国山水画得一转机。从此开创了中国画大气磅礴，刚猛雄强的新时代。黄之前，中国山水画"山寨"，气局甚小，"一代正宗才力薄"；黄之后，山水画始复兴壮大。

黄宾虹实中国画"山寨"中之林也。故点黄宾虹为"天雄星豹子头林冲"。

3、天猛星霹雳火秦明　傅抱石

傅抱石出身贫穷，艰苦奋斗，读书习艺。后得徐悲鸿之助赴日留学，回国后任教于中央大学美术系。抗战期间，参加三厅工作，奔走于抗日宣传之途。而后仍回中大任教。抱石先攻美术史论，擅篆刻，尤擅山水。其性情豪放，酣饮过人，不可一日无酒，酒足之后方挥毫作画。故云："往往醉后。"其室有清人联曰："左壁观图，右壁观史；有酒学仙，无酒学佛。"当其胸有块垒，借酒之势，操笔猛刷横扫，如风旋水泻，毫飞墨喷，若电闪雷鸣，似惊涛扑岸。真如"霹雳之火"。故点傅抱石为"天猛星霹雳火秦明"。

4、天威星双鞭呼延灼　潘天寿

潘天寿既治史，又作画，治史既有《中国绘画史》，又有《中国书法史》，双史齐治，皆早行于世。作画，既有花鸟，又有山水，且又精于书法、篆刻，有《潘天寿书画集》上下两册；又有《治印谈丛》《无谓斋谈屑》。潘天寿早年入上海美专，复任教席，后任浙江美院院长。花鸟师徐渭、八大、老缶，又能自创新格，布局敢于造险、破险，笔墨浓放，气势雄阔，为白石后又一高峰。潘天寿为人朴实，性简寡言，体貌镇重，不严而威，故点为"天威星双鞭呼延灼"。

5、天立星双枪将董平　张大千

水浒英雄董平能使双枪，号称"风流双枪将"，每出征，箭壶插一小旗，上书"英雄双枪将，风流万户侯"。张大千一手造假画，一手搞创作，双套本领，且又为人风流，富抵万户。故点为"双枪将董平"。董平居五虎上将之末，张大千虽名震东西，然以传移模写古作品为能事，所造假画遍及五大洲，张彦远云："至于传模移写，乃画家末事。"画家以创作新风格为首事，如齐白石然。模写仅为画家末事，故张大千名虽重而仅居五虎上将之末。

画坛一百零八将，不能一气点毕，今日天晚，点将暂止于此，所余九十五将，俟异日再点，读者欲知后事如何，且看下回分解。

载《星期天艺术家》1993年8月第1期

五代 董源 华阳仙馆

张大千 山水图

张大千 山水图

元 王蒙 青卞隐居图

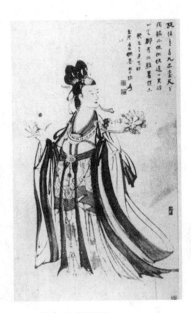

北宋 武宗元 朝元仙仗图   张大千 说法图

印度 阿旃陀壁画   张大千 美女

清 弘仁 黄山蟠龙松　　张大千 黄山松

元 钱选 人物

张大千 人物

十、游美闻见记

（一） 赴美

1986年9月2日，下午2时许从上海起飞，4时许到达日本东京，然后换机，继续飞行，在太平洋上空度过了整整一夜。当时忽然感受到辛弃疾的一首词："可怜今夕月，向何处、去悠悠？是别有人间，那边才见，光景东头？……但长风浩浩送中秋……"

当我看到太平洋另一岸景致时，飞机已进入了美国领空。由于东西半球时差的缘故，我在上海起飞时是9月2日下午2时许，降落在美国旧金山机场上时，却是9月2日上午10时许，比起飞还早了四个小时。美国中华文化中心第一届主任、旧金山博物馆协会董事吴定一博士早等在那里迎接我。因为时间安排太紧，未及细谈，便继续换机飞行，二次转机，晚上到达目的地堪萨斯城。

我这次赴美，是应美国杰出教授李铸晋先生推荐，并由李先生提请KRESS基金会资助，堪萨斯大学授给我研究员职称，在这里从事中国艺术史的研究。瞬息九阅月矣。我曾游历美国各地，讲演、考察、观光，接触世界闻名的美术家和美术史家，欣赏各大博物馆所藏的中国古代艺术精品，浏览世界各国数千年文化遗产。其中包括我向往已久的世界名作，会见了新老朋友，参观了各地名胜，回途复游历日本各地。异国风情、绝域知交、海外游子、览睹国宝，悲喜万端，感慨系之。"吟魄与离魂，那堪疏雨滴黄昏。"应《江苏画刊》之请，将所闻、所见，或人、或物，记之于此，或期与诸君同忆同忧同喜同知。

（二）李铸晋

在美国，研究中国现代绘画首屈一指的大家当数李铸晋教授。李教授同时又是研究中国元代绘画的权威学者，在全世界享有极高的声誉。几十年来，在瑞士、美国及我国的台湾、香港等地以中、英文出版他的专著多部，世界各国反响甚大。

李教授今年六十七岁，原籍中国广东，早年毕业于南京的金陵大学外文系，并一直钻研水彩画，留心中国传统绘画，后留校任助教。1947年，教育部要送一名学生赴英国深造，在全国招生，李先生应考，名列第二，未能得到官费留学，却意外得到一笔美国的赞助，于是便和他的太太邝耀文女士（毕业于金陵女子大学）一起赴美攻读英国文学。他们本打算几年后学成便回国，惜因局势变化，于是决定在美国等几年再说。这一等……，先生曾十分感慨地对我说："谁知一等就是四十年啊！"

出于对艺术的热爱，李先生在博士研究生期间，改读西洋美术史，获博士学位后，却无法忘情中国的艺术，于是又改治中国艺术史。他开始向全世界介绍中国的艺术。不久，他应瑞士大收藏家但劳慈的邀请，研究但劳慈氏所收藏的中国历代绘画。1960年，李先生在瑞士出版他的两大册巨著《千岩万壑》，这是一部以画为史的中国画史著作，改变了以前因人设史的现象，奠定了李先生以后治学的基础。1962年，李先生在爱渥华大学任教授。1964年，李先生又在瑞士出版他的巨著——世界上第一本以存史为目的的《中国现代绘画》。这时，李先生已应香港中文大学之邀，任艺术系教授兼系主任。台湾著名诗人余光中等人皆出于他的门下。1966年，美国堪萨斯州立大学成立艺术史系，这是美国也是世界上最大的一个艺术史系（学生最多），他们特赴香港聘请李先生去该系任讲座教授兼系主任。从此，李先生便在这个风景优美的大学城中定居。这期间，他出版了他的代表著作《鹊华秋色图研究》。《鹊华秋色图》是元代著名画家赵孟頫的杰作，现藏台北故宫博物院。李先生深入地研究此画以及画的作者，研究它对前代绘画的继承，对后世绘画的影响，具体而微，一滴水中见太阳，一部中国绘画简史就在这一张画中得以体现。以画为史的主要对象是李先生治画史的特点，所有史料皆是为研究画而服务的。国内的美术史家（包括我在内）往往以文献资料为主，画只用来证实资料，这样就倒置画史研究的本末。李先生一书在研究方法上具有拨乱反正之功。而后，美国所有博士研究生的论文皆以一张画为题而进行深入的研究。所以，李先生此书一出，在艺术史研究学科中具有重大的历史意义。李先生成为美国的杰出教授，中美建交后，美国政府派往中国访问的第一批学者中便有他。

司马迁说："太上立德，其次立功，其次立言。"三者很难兼有，但也不是绝无兼之者。在"立言"方面，李铸晋教授固然是当今世界上最负盛名的学者之一。"立功"方面，李先生任过几个大学的艺术系系主任，培养学生是他最重要的事业。但李先生的"望重"更在于他的"德高"，他帮助别人、奖掖后进不遗余力，对稍有出息的年轻人，他不仅在学业上指导，在做人方面教育，更在经济上给予巨大的支持。饮誉世界的画家刘国松就是李教授一手提携起来的。在海外，来自祖国大陆和台湾、香港的华人皆异口同声地说："李铸晋教授是中国人在海外的保护人。"

李先生还兼任纳尔逊（Nelson)艺术博物馆的研究员，他和那里的老馆长席克曼先生和东方部主任何惠鉴先生相处得十分密切。

（三）　何惠鉴

研究中国美术而以国学基础雄厚见称于当今世界上，当首推何惠鉴先生。何先生原籍中国广东，他的太太是香港的名门之后。先生早年从学于国学大师陈寅恪教授，大学毕业后，任陈寅恪教授的助教。1947年赴美，然后渐渐改治中国美术史，毕业于哈佛大学。他不仅富有才力，也富有财力，所以，世界各地所藏的中国文物，他都一一过目，鉴赏极其精到，而且青铜器上的铭文、绘画上的题记、印文，一经他的目，无不迎刃而解。以至于清代大鉴赏家安岐反复观摩"不可辨"的印文，何先生却能一览而辨。他在克利夫兰艺术博物馆任东方部主任时，就使这个博物馆以收藏中国古代绘画而闻名于世。1965年，何先生应邀任纳尔逊艺术博物馆东方部主任，他一上任，就使这个馆的中国画收藏工作别开生面。在美国，除了华盛顿的佛利尔艺术博物馆和纽约大都会艺术博物馆之外，以收藏中国文物而著称的最大博物馆就数克利夫兰和纳尔逊两家。1980年，二馆曾经联合展览中国古代文物《八代遗珍》，声震全球，何先生出力最著。

何先生在学术界闻名的，还有他的名士风度，他文如其人，有深度而无纪律。研究学术，完全出于他的兴趣，忽而宋代，忽而元代，忽而明清，忽而六朝，所择题目都是他所感兴趣的画家或对某一理论提出见解，并无系统，但每一篇文章都能从高处和大处着眼，更能深入探索，立论精到、见解新颖、论说周密。所以，他的论文一出，学者争相购读，但正当大家对他提出的问题产生兴趣时，他的兴趣却又转向其他。人们翘首相望，不知所之。据我和何先生接触一段时间中，知道他读书的兴趣不减，每天读古人书，一旦碰到他所关心的问题，便立即写，所以他的文章既有新意又不随众论，但也不成系统。我第一次见到他时，便把我写的《六朝画论研究》送他，一般老先生很难有时间去细细阅读一个年轻人写的书，他却一口气读完，而且马上提出意见，他的兴趣也就立即转入六朝画论。当我离开堪萨斯城之前，他告诉我，他已撰写了几篇关于六朝画论研究的文章，不久即将发表。

载《江苏画刊》1988年1期

（四） 艾瑞慈

我到了美国的堪萨斯大学之后，第一个邀请我去讲学的是密歇根大学。堪大在美国的中部，密歇根大学在美国的北部。密歇根大学的美术史系也以研究中国美术而闻名，而且是资格最老的大学，中国历代绘画的资料也最丰富，曾是美国中国画幻灯图片的中心。现在这里教授中国美术史的是美国著名学者艾瑞慈教授。在我赴美之前他就写信来邀请我去密大讲学，我到了美国，他又几次相邀，盛意可感。艾瑞慈教授对中国有深厚的感情。抗日时，他一直在我国重庆开救护车救护中国的伤员，当时即对中国文化产生浓厚的兴趣。抗战胜利后，他才回美国，在密歇根大学学习中文和中国美术史。当时在密歇根大学教授中文的是一位中国姑娘林维贞小姐，学习期间，师生恋爱结婚。婚后，艾瑞兹和林维贞共同来到中国，就读于成都的四川大学。后来艾瑞慈夫妇离蜀回美执教于密大。

我到了密大之后，艾先生正在办理退休手续，因为接班的教授尚未聘到，工作仍由他主持。

我在密大讲演了《扬州八怪和盐商》。

艾先生夫妇多次宴请，并请来当地专家和解放前曾任南京政府的参赞夫人等多人作陪。他们纷纷向我了解国内情况，并一致为中国政府的开放政策而高兴。华侨尤其怀念祖国，中国乒乓球队赴美比赛时，林维贞夫人就曾义务充当翻译。

我和艾先生谈得最多的还是中国的绘画。我向他介绍了国内中青年画家现状，然后征求他对中国画的意见。他说：我还是喜爱中国古代的绘画，尤其是中国古代的山水画，宋代山水画更好，山的上下、前后、林木萧寺、崎岖小道，清清楚楚，一一可辨，可行、可望、可居、可游，看到画，使人对它的境界非常向往。特别是现代人处于工业城市中，出入汽车楼房，回到家中看到一幅山水画，尤如进入山水境地，心情豁然为之一振。可是现在的中国画，大黑墨一抹，并不能使人产生什么联想。

艾瑞慈先生谈到中国的人物画时说，中国古代画家多作时装，如五代顾闳中的《韩熙载夜宴图》、唐代张萱的《捣练图》、宋代李公麟《雅集图》，皆是时装。但是现在中国画家一是好画古装，二是好画少数民族的服装。前者只能靠资料作画。后者画家多是汉族人，画画要跑到很远的边疆去"体验生活"。我曾问过一位画家，你为什么不画身旁常见的人，而要跑到那么远去画少数民族的人呢？他笑了笑，也未讲出什么名堂。画画跟写文章一样，只能写自己最近最熟悉的人和事，感受深才能画得好。有人画少数民族人物成功了，你再跟着学，就不新鲜。周围的短衣帮不易画，你想办法创造出新的画法，这就成功了。而且你画出你的真实感受，画出能深刻反映社会生活的内容来，我们看了，才能有感受，才能增长知识，这样艺术作品才有研究价值。你跑到少数民族地区去一次，看到的只是一些服饰，可是人物画的价值不是以服饰而定的，你的感受浅，自然画不出深刻的内容，我们看了也没什么收获，更谈不上去研究。

对于花鸟画，艾先生认为，好是好的，但是一定要创新。老是那个样子，我们也不想再看了。他对中国的墨竹、墨兰等，评价很高，认为这是中国最有特色的部分，外国画所无法达到的。中国画家不能失去这个传统。

最后谈到卖画问题，美国的画家是要靠卖画为生的，但画并不容易卖。便宜没意思，贵了无人购买。正好我们吃饭的地方就挂有几十幅画在那儿标价出售。这里是一个菜馆，北壁和西壁面临一个丘陵，景致颇美，所以用玻璃钢建成，便于用餐者聊天赏景。东壁和走廊中挂满了一位美术教授的画，我认真地观赏这批画。主要用水彩和水粉画成，十分秀美清雅。内容大多是西方的神话故事加上欧美的现代风景，手法是传统加"现代"。不论是内容和形式都有新意。画下面挂有小红纸条的，说明已有人购买，我数点一下不过五分之一，而且都是巴掌大的小速写，价钱是50美元一幅。2000美元一幅大画，一幅都没有人买。据说这些画挂在这里已一个多月了。如果画者和老板的关系好，卖出的画他只抽取部分，卖不出的画就算了。如果和老板没有什么关系，场地租借费就不得了。

那么中国画在这里销路好不好呢？他们回答："中国画家如果在这里单靠卖画为生，大概会饿死。"一般美国人不理解中国画，所以，也不会买。尤其是那些泼墨画，在他们眼中就是一片脏墨水，犹如一个中国人不理解西方现代派，认为那些画不过是一堆垃圾，一块像胶皮、一只破袜，不要说出高价去购买，就是不要钱挂在你的屋里，你也会把它扔出去，哪里还会去买呢？

艾先生夫妇告诉我，中国画偶尔也能卖出去一幅，那都是十分难得的巧遇。一般说，专门挂在什么地方出售，是非常困难的。因为未见有售，所以，价钱如何，也不清楚。

（五）武佩圣

艾先生夫妇毕竟年高，且又在退休之际。所以，我到密歇根，接送和陪伴我参观的更多是武佩圣先生。武先生原籍山东，性格豪放，气魄宏大，少年时在南京读书，解放前随父母去台湾，曾在台湾师范大学美术系学习工艺美术。毕业后在台北故宫博物院工作，曾获公费赴美，在夏威夷大学攻读硕士学位。毕业后回台任台北故宫博物院书画组主任。武先生说他临摹古画的功底得益于蒋介石和宋美龄，蒋、宋经常在公余去博物院看画，他是书画组主任，必须接待他们。按理下班后他就可以回家，但是蒋介石和宋美龄说去就去，事先并不通知。他只好等在那里，有时很晚很晚蒋氏夫妇才到，一到就要看画，武先生至今仍能绘声绘色地学着蒋介石"是的，是的"的口头禅和不停点头的形象；有时等到半夜，他们又不去。等候是十分着急而难熬的。于是武先生便开始临摹古画，蒋氏夫妇去了，他就陪着看画，不去，他就埋头临摹，有时从下午临摹到深夜。他现在密歇根的办公室里还挂有李唐的《万壑松风图》及范宽《溪山行旅图》临本，几可乱真。所以，武先生对故宫所藏古代精品了如指掌。后来武先生得到一位不知名的基督教徒寄来的一笔钱，到美国密歇根大学攻读博士学位，在密大攻读期间就兼任大学博物馆东方部主任。承他的美意，我参观了该馆所藏的中国古代绘画。一个大学的博物馆藏有世界各国名画、雕塑、陶瓷及青铜器等等，不可胜数，单就中国画而言，从宋到明清，从民国到现在，不但有齐白石、黄宾虹、傅抱石，还有陈师曾、俞剑华，直到现在的李华生。有很多作品在国内都是见不到的，比如美术史学者余绍宋的画，我是在这里第一次见到。古代画家的作品也很全，比如"扬州八怪"的画，郑板桥、汪士慎、金冬心、黄慎、高凤翰、陈玉几等，皆是精品。这些画主要用于教学和研究，不像中国的博物馆秘藏不公。武先生还带我参观他们的资料室和图书馆，琳琅满目，不可胜记。

载《江苏画刊》1988年第2期

（六） 方闻与纽约大都会艺术博物馆

美国最大的艺术博物馆，即是坐落在纽约42街至46街的 The Metropolitan Museum of Art。Metropolitan 是大都会的意思，故一般译作大都会艺术博物馆，馆址占了五条大街。这是一个著名的私立艺术博物馆，馆内收藏世界各国的绘画和其他艺术品，从原始艺术到中世纪，再到文艺复兴，以至"巴罗克"、17世纪荷兰画派、学院派和"洛可可"、浪漫主义直至印象派，洋洋大观，美不胜收。其中很多是我向往已久的世界名作。但最使我惊叹的是三个部分，其一是埃及部分，公元前的司芬克司、法老王等巨大的青石雕，精美雄伟，仰视之令人叹止。三千年前的壁画和墓棺画又颇令人费解，更有一个阔大的墓地，碑、坊、坟、棺及墓地石雕俱全，完全是埃及古代墓地的本来面目，只是罩上一个庞大的玻璃房。据馆内人介绍，埃及人无力保护自己的文物，由美国人出钱挖掘保护，但分得其中一半运回美国。其二是非洲的木雕，朴直怪拙，奇趣横生，原始气息特浓。毕加索说过："只有非洲黑人和中国人有艺术，白人根本没有艺术。"看了非洲的木雕，方知这句话的分量。其三是中国部分，"中国部分"又分卷轴画陈列室、雕塑壁画陈列室、林园、研究室、资料室、库房（储藏中国画，外有供研究者展看的大厅）等几个部分，最为突出。雕塑壁画室又最为高大，这里收有从中国山西盗运出去的元代壁画，这些巨大壁画，当年被锯开铲走，又在这里复原，览之感叹不已。北魏、东魏、西魏、北齐、北周、唐宋的大型石雕也不知是如何从中国运到这里，石佛们依旧微笑向人，我却潸然出涕。室中还有青铜器和石坊等艺术品，这些艺术品都比美国的历史要长一千乃至数千年。

陈列室中刚换上一批唐、五代、宋元的名画，第一张便是闻名于世的唐韩干所作的《照夜白》，此画经千余年，墨韵神采，依旧动人。《睢阳五老图》之一也引起我的注意，这五张画皆在美国，我已在华盛顿佛利尔美术馆看到其中之二，又在耶鲁大学美术馆看到二张，最后一张又在这里看到。宋徽宗的画，我在国内看到不少，但史书记其以生漆点睛、隐然豆许的画，我在这里还是首次见到。周文矩的《硫璃堂人物图》，赵子昂等《三世人马图》《九歌图》，米友仁、夏圭、屈鼎、钱选、倪云林、董其昌、方方壶的画，黄山谷、米芾的书法，皆稀世名宝。这些画足供撰写一部完整的《中国绘画史》。

陈列室分两幢大房，两幢大房中间，便是不久前建成的中国明园，园中有堂有殿、有亭有阁，青砖黛瓦，飞檐尖耸，环池浮玉，平桥碧浪，怪石假山，岩洞秀奇，修竹长蕉，嘉木杂卉，完全是中国明代苏州的园林景象，置身于此，会使你忘记身在美国。明园之所以突出，大都会艺术博物馆的中国部分之所以突出，完全归功于该馆顾问方闻先生。

方闻先生在中国美术史研究方面是当今世界上实力最大的学者之一，他以气派宏大、门生众多、能干善断、指挥若定而闻名于世。先生原籍上海，自幼喜好书画，时时弄翰，颇得前辈书画家青睐，少年时，作品展出于上海，一时倾动群雄，被誉为"神童"。解放前，放洋留学至美，毕业于普林斯顿大学，为了更好地了解西方艺术，方先生于硕士研究生期间，攻习西洋美术史。但他的根基还在中国的艺术，于是在博士研究生期间，又改攻中国美术史。后至日本，观赏大德寺所藏中国南宋时代的五百罗汉图，十分惊叹，当时学者对此五百罗汉知之尚少，方先生决定解开这个谜，于是以此为题，撰写博士论文，获得了普林斯顿大学博士学位。而后，先生又对宋元画以及钱选、倪云林、董其昌、"四王"、八大、石涛等作过专题研究，以中、英文在美国和港台等地发表论文颇多。1984年，方先生回国参加黄山诸画派学术讨论会，回到了阔别三十多年的祖国。此后，他又经常在大陆各地发表学术论文。1986年，方先生以艾氏家族所藏中国历代书画主要内容，出版了《心印》(Images of the Mind) 一书，这是我见到的世界上最厚一本绘画史著作。

方先生又是一位著名的教育家，多年来，他一直任普林斯顿大学考古与艺术系教授。在方先生主持下，这个系成为美国惟一的只研究中国考古与艺术的一个系，而且在方先生努力下，该系建立了专收藏中国画的艺术博物馆。其中黄山谷的《赠张大同》行书卷、米芾《三札》册页、李公年《山水》轴、钱选《来禽图》、赵子昂《幼舆丘壑》图卷、石涛《致八大山人书札》《罗浮山图》等等，皆是中国古代绘画的名迹。

方先生作为著名的教育家，还在于他培养出一大批著名的学者。他的门生遍及欧美各大重要博物馆和高等学府，如华盛顿佛利尔美术馆的东方部主任傅申博士、纽约大学美术研究所的韩庄教授、哥伦比亚大学的王妙莲教授、耶鲁大学的班宗华教授、曾任职英国大英博物馆十余年现为伦敦大学教授的韦陀博士，以及大都会艺术博物馆远东艺术部两位副部长姜斐德、何慕文等等。

由于方先生在美术史界的崇高地位，以及在当今世界上的实力，大都会艺术博物馆特聘请他为顾问。方先生广络海外华人及中国画收藏家，为该馆收购了一批又一批的宋元明清绘画，并特聘苏州园艺家建造了明代园林。他经常筹资邀请中国学者去美从事研究工作，为中国留学的学生争取助学金。李铸晋教授的学生张子宁毕业后，也由方先生资助在大都会艺术博物馆实习。出于对中国人的感情以及对中国文化的责任心，方先生为培养和帮助中国的青年学者费尽心力。

载《江苏画刊》1988年第9期

（七） 傅申与佛利尔美术馆

傅申先生字君约，毕业于台湾师范大学美术系，而后任职于台北故宫博物院，从事古代书画的鉴定和研究工作。傅先生曾以书、画、篆刻闻名，他在华盛顿的办公室里至今仍悬挂一幅大轴山水，就是他曾在台湾省美展中荣获一等奖的作品。他又曾发表过《巨然存世画迹之比较研究》等论文。当普林斯顿大学教授方闻先生去台北故宫博物院参观时，发现了傅申是个人才，便动员他去美深造。在方闻教授的鼓励支持下，傅申即去普林斯顿大学攻读中国美术史。在校学习期间，他即与王妙莲女士合著《鉴赏研究——沙可乐所藏之中国画》，这是一部巨著，对研究和认识中国绘画颇有助益。傅申先生获得博士学位后，曾执教于耶鲁大学，其间他筹办过大型的中国历代书法展览，并编其目录《行穰》。同时举办了首届国际书学史研讨会，震动颇大。不久，他又应聘到华盛顿的佛利尔美术馆，因爱其环境之美以及藏画之多，遂长期留在这里任中国部主任。傅申虽然年轻，论实际功力，却堪称一流学者。他目前正在研究张大千，同时又编辑了海外所藏中国历代书法集七大巨册，不久将出版。我问他为什么要研究张大千，他说本来是研究石涛，后来发现各地所藏的石涛画多为张大千伪造。张大千又伪造了很多古代名人画，要研究古代绘画，非把张大千弄清不可。说着他就搬出两大摞画，其一

是张大千的，其二是古人的。然后他一一指出，张大千的这些画都是从
古代画中来的，山头来自何处，山根来自何处，树、云来自何处，两相
对照，十分明了。我大为吃惊，傅先生研究得真细啊。但他对张大千却
那样佩服，殊不可解也。我说我只佩服张大千一方印文曰："游戏人
生"。说着大家一笑，便去库房看画，佛利尔美术馆收藏中国古代书画
最丰富。这个博物馆原是佛利尔私人建立的，佛利尔十四岁在一个水泥
厂做工，后转入铁路公司，四十四岁退休，他把钱存在银行里，用利息
购画，目的是为了让美国人通过艺术品了解中国。不过，在30至40年
代间，他们派人去中国购画，却误把很多明人画当做宋人画收来，但
是真正的宋人画以及其他名迹真品，仍是不少。傅申先生首先取出了
元代大家赵孟頫的名作《二羊图》，接着便取出传为顾恺之的《洛神
赋图》、唐画宋摹本《内人双陆图》、郭熙的《溪山秋霁》、金人李
山的《风雪松杉》、宋人龚开的《中山出游》、元人钱选的《来禽栀
子》和《贵妃上马》、王蒙的《夏山隐居》、吴镇的《渔父图》以及
明人沈周、唐寅、徐渭、陈淳、董其昌、陆治、陈洪绶的铭心绝品。
对着这些稀世名宝，我差一点昏倒了，我说，有生以来，我只激动过
两次，这是其中之一。

　　傅申先生虽然十分忙，但仍然陪了我几天。不过，去佛利尔看画，
没有他关照，也是不行的。

（八）高居翰和景元斋

　　高居翰是James Cahill的汉名，中国画界的朋友对他反而比几位美
籍华人学者更熟悉，因为高居翰近几年常来中国。而且每来必讲演。其
实，第二次世界大战期间，高居翰就到过中国。从此他对中国的艺术产
生兴趣。后来他回国在密歇根大学专攻中国美术史，并以吴镇为题获博
士学位，后在华盛顿佛利尔美术馆任中国部主任，现任旧金山加利福尼
亚大学柏克莱分校教授。作为一个美国人研究中国画史，他的看法和思

路都有别致之处，很多地方颇引人注意。高居翰治中国美术史有三点特别突出：一是具有讲演天才。他的语言流利，声音洪亮，知识渊博，邀请他去讲演的单位特多，在夏威夷大学等地听他讲演要付给很贵的门票，但愿听的人仍然很多。二是有著作癖。他不停地写作，我在堪萨斯大学从事研究工作期间，他也应邀前往讲演，我发现他在讲演的空闲时间，还不停地借打字机打字著书。因而，高居翰在治中国美术史学者中是著作最多的一位。他的著作有《中国绘画史》《中国画》《永无止尽的山水——晚明的中国画》《引人入胜的意象——十七世纪的中国画中之自然与风格》《黄山之影》《中国古画索引》《青山江河处——元画（1279～1368）》《离岸——初期与中期之明画(1368～1580)》《远山——晚明之画(1570～1644)》。他现在又在撰写清代和近代的中国画史。其三是收藏癖。在研究中国画史的学者中，高居翰的收藏是无与伦比的。其实高居翰并非十分富有，他少时甚至很贫困，但他很节省，有钱便去购画。他的藏画室叫"景元斋"，颇为世界各国学者知闻。

我和高居翰认识多年，1983年我们就书信频繁，以后多次见面。我这次赴美前，他就多次来信邀请我到他们大学观光和讲演，可惜我因申请护照一拖再拖，比约定的时日晚了半年，当我到达旧金山时，他又到了中国。后来在美国几个地方，我们又多次见面，他约我去参观他的景元斋藏画。我到了旧金山，他请一位博士小姐陪我看画。景元斋的藏画寄托在加大伯克莱分校艺术博物馆里，藏中国宋元明清绘画数百幅，当然其中不乏赝品，但明清的精品也不在少数。陈洪绶的《山水花卉册》、任熊的《人物图册》、罗聘的《孟浩然像》以及浙江、查士标、吴彬、龚贤、方士庶、张风、高岑、樊圻、石涛、萧云从、金农、黄慎、任伯年等人的作品，皆令人难以忘怀。很多画看后，会增加你对画家和当时画史的新看法。到了美国，景元斋藏画是不能不看的。

载《江苏画刊》1988年第11期

（九）夏阳

50年代，台湾美术青年们成立了以刘国松为首的"五月画会"和以夏阳为首的"东方画会"。这两个画会彻底冲垮了日本奴化教育带给台湾艺术界的绘画日本化，以及大陆赴台的老一代画家们所带去的恪守传统而毫无生气的僵死画风。但当时，他们却遭到台湾保守派的攻击和压制，可最终他们的画都得到世界的公认。我这次赴美，有幸见到了夏阳和刘国松二位，并且受到他们热情的接待。这里我简略地把他们的生活和艺术介绍给读者。

"东方画会"的领袖夏阳，祖籍南京，1932年生于湖南，1948年毕业于南京师范，1949年去台湾，1951年从师李仲生习画，1956年夏阳因不满于当时台湾的陈腐画风，和画友李久佳、陈道明等八人创"东方画会"，以前卫的姿态提倡现代绘画艺术。被当时的评论家称为"八大响马"。"八大响马"以其迥异于时俗的画风，横冲直撞，把当时的正统画风冲得七零八落。1962年，首将夏阳搅乱了台湾画坛之后，"落荒逃走"，奔赴需要他的法国巴黎。在巴黎六年余，他认为世界艺术的中心已由巴黎悄悄地转向纽约，于是1968年，夏阳来到了美国，旅居纽约。住在艺术家群居的苏侯区，一直至今。夏阳出售他引人注目的精妙艺术，生活得很好。夏阳又以他曾是台湾画坛和巴黎画坛中的风云人物，颇受人敬重。但夏阳没有停留在原来的基础上，1972年，他开始全力研究超写实主义绘画，成为当时最著名最有代表性的超写实主义画家，收藏家们争相抢购他的作品。后来，他成为OK HABBIS画廊的画家。他的作品一出，画廊就代为销售，他租借了宽大的住宅，潜心于艺术的创作和研究。一直到80年代中期，他还是一位幸运的画家。可是最近几年，他的超写实主义绘画忽然滞销。目前，夏阳这位曾在世界画坛上放射异彩的大画家，开始进入了他的潜伏时期，但人们相信，他不久将会重整旗鼓，再放异彩。

　　我第一次见到夏阳时，他给我的印象是不修边幅，身材不高但很结实，不由得使我想起"八大响马"的绰号。他见到我第一句话便是："祖国的情况如何了？"又接着问了一连串具体的问题，他的声音是那样地急迫而凄切，情感是那样的真挚而激动，说着抬起头看着我，等待我的问答，眼中闪烁着淡淡的一层泪水，我未想到这位"响马"竟有这样一颗赤子般的心。

　　他的画室十分宽大，摆满了各种古器玩意。美国有一项照顾贫困艺术家的政策，房主不得增加没有固定收入的艺术家的房租。夏阳十年前租的宽大房间，按一般住户房租不知要增加多少倍，但至今他的房租依旧，否则，他的收入将无法维持这样宽大房间的租金。稍坐饮茶后，他带我去里间看一大堆明清的家具文物等。原来，他在创作之余，还帮助美国的博物馆或其他收藏家修复文物，赖以养家糊口。再向里间，便是他的画室，画架上正摆着一大幅尚未完成的画，原来他的超写实主义是以照片为底稿的。先用幻灯把画稿放到画布上，描下来后，再对着彩色照片画，但画出来却和照片不同。其意境虽然逼真，但色调给人的感受却是冰冷凄苦的。元代画家倪云林作画不画人，自云："世上哪有人？"夏阳画中有人有物，甚至很繁多，但给人的感觉，都是无情的，冷漠的。其气氛犹如夜间带着惨绿灯进入一个大坟场。所以，他虽然对着照片画，却能画出他个人的感情，画出他对现实世界的认识。他的画颇能牵动读者的心，使人感叹不已。然后，他又叫我坐在他的画椅上，按动电钮，椅子便上下左右移动，一直能升到空中，且非常方便，不像我们画家画大画非搭脚手架不可。

　　夏阳最关心的还是国内的情况。他说他不想发财，只想画画，像社会主义国家中设立画院，把画家养在里面，自由创作，他是十分向往的。我又向他介绍了国内大学美术系的情况，问他是否愿意回国到我们大学当教授，他十分高兴。我又提起徐悲鸿先生曾主持我们系工作，以及其影响和基础。他说："那麻烦了，我并不反对徐悲鸿这个人，但非常反对他提出的写实主义口号。这等于否定艺术、限制艺术，实际上，任何艺术，即便是变形艺术、抽象艺术、中国的大写意艺术都是从现实变来。只要人在现实中生活，现实中的一切必然在头脑中有反映，也必然是他绘画的基础，但一切绘画也不可能绝对写实，因此，他提出的写实主义口号，有时等于不提，但对艺术的发展却起到障碍和限制作用。"接着他又从理论深度作了很多说明。我听后非常惊讶，原来夏阳还是一位出色的理论家。话题又回到他回国任教授问题。我告诉他：国内的文艺政策是百花齐放、百家争鸣，您可以回去宣扬您的观点，建立您的学派和画派。夏阳在沉思，但他的夫人却忧心忡忡。夏阳的夫人是学哲学的，曾获哲学博士。可是她一直在家闲居，找不到工作。贫困的时候，她为了支持丈夫的事业，几次想去做一点小生意，可是一个中国传统式的女知识分子对于从商却是无能为力的。她知道在国内，大学毕业都会受到重用，一个博士更是国家的重要人才。所以，她又向往国内，但又不清楚国内的现状。

（十）刘国松

现代画坛风流，在世界上都颇有影响的大画家是刘国松。他是台湾最早的新派画会——"五月画会"的创始人和领袖，现在执教于香港中文大学艺术系。目前他已辞去系主任的行政职务，主要精力从事艺术创作。我从美国回国途经香港时，本由文物馆馆长兼艺术系主任高美庆女士接待，她安排我住在风景优异、面山临海而又十分高雅的雅礼宾馆。第二天，刘国松给我打了两次电话，接着便来接我。我十分惊讶，这一位驰名中外的大画家怎么知道我在香港的？不一会儿，他和他太太以及一位美国客人来到我的房间。他给我的第一印象就不同一般：英俊、潇洒、爽朗、坦率，双眉间距离特宽，有种万事不在心上的精神。我看他有山东人的气质，果然，他说他是山东益都人。接着他便告诉我："李铸晋教授是我的恩人，他的客人就是我的客人，你到美国时，我就知道，到香港时，我也知道。我还为你预定了房间……"我听了十分感动，这位山东汉子一直不忘他的恩人，又爱屋及乌，以至恩人的客人。我从来耻于去见名人和官员，然而，一旦真正的名人对我很客气时，我又倍加崇敬，难于忘怀。当时，我就有要写一部《刘国松传》的念头，于是便不停地向他发问。

吃饭时间，他向我讲起他的经历以及绘画主张等等。刘国松原来是台湾国民党遗族。早年主要在遗族学校中度过，他从小就喜爱画画和看武侠小说。1947年在武昌读初二时，每天途经两家裱画店，总是恋恋不舍。后来裱画店老板注意了他，鼓励他学画，并给他很多支持，不但给他纸、笔，借给他画册，还指点他画之得失（我当时插了一句话："你的经历颇似傅抱石，傅先生也是受裱画店的启发和影响而走向艺术的道路。一艺之成，莫不神于好，而精于勤，然意外之机遇、启迪和影响有时亦有转机拨航之作用。"刘先生非常赞成）。1949年赴台湾，在省立师范学院附中读书，他一直被老师称为"小画家"，所以，1951年考大学时，他五个志愿都填台湾师大艺术系。大学毕业后，苦闷又来了，年轻人要想发表作品，想成名，必须参加台湾省美展。可是当时的美展被评审委员把持着，除了他们自己的作品，就是他们学生的作品，其他人的作品很难入选。更令人气愤的是，评奖变成了分奖，由评委们和他们的学生轮流获得。

刘国松说：我们的作品都绝对超过他们，比获奖的作品都好得多。越是好，越不给我们展出，怕我们把他们比下去，我们看透了把持艺术的这批人，但又不甘沉沦，于是，联合四个人自办画展，借用师大美术系教室。结果画展十分成功，得到各界人士支持、鼓励。于是我们便进一步决计成立画会，像巴黎"五月沙龙"一样，所以我们的画会便叫"五月画会"。这个画会第一次给台湾画坛带来了巨大的冲击力，接着"东方画会"成立并展出作品，以后，众多画会便接二连三地成立起来。新画会成立，大家又都一起发表文章，很多教授、诗人、文艺评论家也都一起写文章为我们叫好，一时间，台湾的画坛由死气沉沉变成生气勃勃。当然也有反对的。徐复观就多次发表文章，说我们破坏中国的传统文化、用心不良，我们和他辩论，指出他的错误，结果使他哑口无言，这就更增加了新画会的志气和生气。

刘国松接着说道：最使我难忘的是1963年，美国爱渥华大学教授李铸晋先生来到台北。李先生的推荐，使我获得了洛克菲勒三世基金会的奖助，得以周游世界，也从这一年开始，我的作品开始打向全世界。接着李铸晋教授又撰写了一本《刘国松——一个中国现代画家的成长》。李先生写道："中国艺术已成为世界文化最重要之一环，在这个融会中西发展中的最有力之一员，就是刘国松。"从此之后，我才得到世界画坛的认可。

刘国松曾被列入《世界名人录》《美国名人大辞典》以及英国出版的《成就人士录》和《世界著名知识分子大辞典》。刘国松的画除了非洲之外，遍布全世界各大博物馆，私人收藏家收藏他的画者更是不胜枚举。

谈到作画，刘国松仍认真地介绍他的"画若布弈"的著名论点，他反对作画"胸有成竹"。主张以势取势，犹如下棋一样，自己投上一个子，马上看看对方的反应，然后再决定自己下一步在何处布子。如果完全是预先设计好的，犹如自己和自己下棋，那就完全无趣了。他还主张画家交朋友要注意交结理论家和画家以外的朋友，他的新画之成功就得力于一位建筑家的理论，他还强调，他的成功，妻子黎模华对他的支持也十分重要。

晚上，刘国松邀请我到他的家，黎模华女士为我准备了十分丰盛的菜肴。他们住在一个面海背山的大楼中，抬头便见到祖国的南海，群岛罗列，层峰叠起，浪涛拍岸，水光连天，景象十分幽美。他的一个画室大约有一百平方米，我去时，地上正铺着他的长卷山水图，长达几十米。是为一位英国收藏家特画的。他的画风总的精神状态和以前差不多，但用笔变化甚大，他仍用他的"国松纸"，但完全用笔画成而不用工艺的方式制作，只是最后揭去纸上的纸筋，留出天然的白道皴法。黎模华女士告诉我，刘国松画水的方式大异于以前，我细览之，果然如此，十分逼真，又完全用书法笔意。他给我解释，他的画中所追求的主要二点，一是现代的，二是中国的。

谈到画史的分期，刘国松认为："以前的画史是以朝代为界限，以后的画史应以世纪为界限"。是的，那么20世纪的中国画，应该属于谁？至少说，刘国松的崇高地位已经无法动摇了。

载《江苏画刊》1988年第12期

（十一） 美国的美术教育

我到美国的重要任务之一就是去考察美国的美术教育。但他们聘请我为他们的艺术史研究员，所以所到之处，多为艺术史系接待。美国的教育把美术和美术史截然分开，美术属于艺术学院，美术史属文理学院，因为前者是艺术，后者是社会科学，本不一回事。但每到一处，我总要美术史系的学者们陪我去考察美术系。所见所闻甚多，择其要而记之。

——美国美术系入学情况和其他任何系科一样，不必考试，任何具有高中学历的人皆可进入（硕士、博士研究生也不必考试），但不是任何人皆能毕业。顺便言之，美国大学以私立最强，哈佛大学、普林斯顿大学、耶鲁大学、麻省理工学院等名牌大学全是私立。私立大学学费高，且人数有限制，州立大学要保证本州每一个人入学，所以，美国很多大学学生忽多忽少，教师也会相应多聘或解聘，每个系的人数当然也会忽多忽少。不像我们的大学有固定人数，一届学生从入学到毕业基本不变。为了节省文字，现以堪萨斯大学为例，以一斑而窥全豹吧。美国画家程凡（台湾入美）入学那一年，共147人，二年级时只剩下几十个人，毕业时只剩下几个人，得到毕业证书的仅4人。在他前后几届入学时大约都在150人左右，毕业时一般都剩下不多，每届能得到毕业证书的人也不过四五人。当然美术系特殊些。人数由多到少的原因：很多人只想学一点美术，并不想以此为职业，学一点，得到一点美的教育就改学其他科了（美国人大多都了解艺术，所以美国的艺术博物馆特多）。再者很多学生不宜学美术，主管老师就会劝其改变系科。有的学生必须退出来。

——美国美术系的学生们必须到美术史系去选修美术史课程。美术史的学分约占全部学分百分之二十。绘画课占全部学分百分之四十，其余的课可到文学、哲学、历史、美学等科中去选修，而且还必须有百分之二十的学分要到数、理、化等科中去选修。只有美术史和外语是必修的，其余可由学生自己去选。但已有硕士或博士学位的人只要学绘画就行了。美国的美术教育重艺术，不重技术。美术系一般未有学位，有之，最高也不过硕士而已，亦不因技术。有很多学生取得哲学或数学、力学、文学、美术史学等博士学位后，再去美术系学习。我所熟悉的程凡先生大学期间学理工，研究生期间，先得机械学硕士学位，后得数学博士学位，曾任大学副教授，四十余岁后，忽然醒悟了人生的什么道理，毅然抛弃一切，去美术系学画。四年后，又得到美术系本科文凭。他学习期间，只要学画和美术史二门就行了。毕业后，他失去了工作，以钓鱼为生，每年可以卖一次画作为补贴。他是当地的画鱼专家。前面说过，美国美术系不以技术为重，大画家的作品中总有哲学、数学、力学等方面的内容。比如雕塑是静的艺术，但力学博士的雕塑就改成了动的艺术，我在美国看了很多动的雕塑（造型很简单），不要任何外力，却不停地运动。

——美国美术系的学生造型能力确实差，我看他们画人体不过几分钟就一幅，夏威夷大学画人体课时间最长，也不过半小时。只画大概动势而已。他们早已废除画石膏像，有的学生连画鞋子、房子都要改来改去而且画不准。很多画家靠拍照幻灯片放映到画布上描下来（雕塑靠塑料模），但他（她）们很重思想，重个人创造。抽象的画，我看不懂，但见那些乱七八糟的色块线条，似乎是胡乱涂抹，实际上他们作画时十分吃力，改来改去，据说很讲究，而且都有什么道理。我只见到一位女学生画具象的画，她手里一大堆照片，主要的一张拍成正负二张，先用幻灯机放到画布上，再对着照片画。我问她为什么这一群人中大家都红光满面的，但有一人呈令人讨厌的恶紫暗棕色。她说她曾应邀出席一次联欢会，会中有一个男人老是和她讲话，她讨厌他，忽然感到他的颜色和一般人都不一样，颇令人厌。所以，她就画出这种感觉来。还见到一位研究生的毕业作品，她画的物中有物，比如落下的雨点却是一个个人头，绳子却是男女纠缠在一起，如中国汉画像中的伏羲女娲。……她说，她经常胡乱想象，有时想天上下的雪如果是白银就好了；有时想，雨点落下来了，如果是人头，多可怕啊；两股拧在一起的绳，真似一男一女纠缠在一起。于是就画出这种感觉。人称之为假的现实主义。美国人重创造、重自己，鄙视因袭别人。

——美国是重实际的国家，所学必有所用，社会不需要的他们不会学。美国虽然是世界上最富的国家，但却绝没有闲钱设画院养画家，所以，学画画的人并不多，美术系以工艺设计、（摄影）冲印、手工制造为主，往往是一人而兼多能。他们的美术系酷似工厂的大车间，有翻砂模型，有熔炉、煤炭、风机、油漆、斧、凿、刨、刀、车床、纺织机……老师带领学生在这里设计、浇灌、烧制各种工艺器皿。中国50年代农村中的织布印染工艺，现在早已丢弃，他们却作为艺术学习。他们问我，中国人为什么不会做生意？日本人从中国学去的工艺都能大赚外国人钱，为什么中国人只赚本国人钱而不去赚外国人钱？中国工艺品为什么价格忽高忽低，自断销路？甚至问我中国这样贫困，为什么会有闲钱设置这么多的画院等等，可惜我皆无可奉告。美国学生学知识很踏实，不怕脏、不怕累，耐苦力不亚于中国人，他们学习期间就要创造价值。

——学生可以任意地画和造，老师不能限制学生的自由，那么老师又怎样教呢？我每到一处，不但看，而且还问。——上课时，老师不停地检查观察学生画画或制作，有时也向学生发问，当学生想达到某一效果而无法实现时，就要请教老师，老师就要帮助或启发学生。初入学的学生，老师布置的作业，要求学生表现出色彩或意境上某一效果时，学生是必须做到的，做不到的，就可能被勒令退学。老师都必须是有一定成就的画家，而且思想都很解放。

美国的美术教育有很多问题值得介绍，至少要写一本书才能谈清，限于篇幅，仅介绍这一点。

载《江苏画刊》1988年第7期

访谈录：李铸晋教授谈美术史研究方法

　　李铸晋教授是在国际上享有盛誉的美术史研究家之一。原任美国堪萨斯大学美术史系讲座教授。该系因为有李教授的努力，由一个普通的系提高为世界上第一流的美术史系。今年1月，李先生退休，但该系仍聘任他为名誉讲座教授。同时他还任台湾大学艺术史研究所顾问兼客座教授。李先生以治元代美术史闻名，他的名著《赵孟頫的〈鹊华秋色图〉》，举世公认。不仅内容充实，新见层出，同时在方法上也开一代之先。李先生对宋明清美术史皆有研究，他更注重现代美术史的研究，一直不辞辛劳地向世界各国宣传和介绍中国当代美术家和美术运动。早在70年代，他就出版了国际上第一本《中国现代美术史》巨著。1986年，笔者曾因李先生的推荐，赴美任堪萨斯大学的研究员，受益于李先生甚多。今年10月，李先生应故宫博物院之邀，前来参加"吴门绘画国际学术研讨会"，笔者也应邀参加，并受《江苏画刊》编辑部之托，就读者所关心的一些问题，请教了李先生。

　　陈传席（以下简称陈）问：李教授，国内学者近几年读到了您的不少著作，都知道您是当代著名的美术史家。您可否介绍一下研究美术史的方法。

　　李铸晋（以下简称李）教授答：研究美术史的方法太多太复杂了，

不是简单几句话可以讲清楚的。

陈：那就请你随便谈谈，就根据你自己研究的经验，谈谈你是怎样研究的。

李：好吧。我最早是选择元代绘画作为研究对象的。绘画史的研究是一门科学，必须采取科学的方法。通常写绘画史的人，都注意书本记载，寻找一些文字资料，以介绍画家为主。实际上，如果没有画，那些画家都不必介绍。绘画史以绘画为主，研究绘画史，当然也要以绘画作品为主。

第一个先决条件是要看到原作，当然，这幅画也必须是值得研究的作品。确定了值得研究的作品，首先要详细地分析画中各种因素。风格方面、形式方面，例如组成画面的线条，点皴颜色以及透视关系、空间大小、人物、车马等等。总之，画面的一切都要分析，这是研究这张画的基础。

其次是画面上表现出的艺术风格和画家的理论关系。一个大艺术家，他的实践和理论大多都是统一的。例如赵孟頫在理论上提倡"古意"，而他的画正可以看出是从"古意"中变出来的。所以，分析他的画正可以检验他的理论。了解他的理论又可加深对他的画的理解。

第三是这幅画的意义，即图像上表示的是什么意思。如果是人物画，故事内容、画中人物的关系就更重要，绘画的意义就在其中。如顾闳中画的《韩熙载夜宴图》，表现了韩熙载的夜宴生活，正反映出南唐朝政的腐败、人物精神颓废、生活荒淫的真实，预示着南唐即将灭亡的前景。再如唐代之前，中国画中有很多《职贡图》，宋代以后就没了，因为唐代之前，中国很强大，很多国家自称下邦，称中国是上邦，于是年年向中国进贡，岁岁来朝，《职贡图》就是这种真实的纪录。宋代之后，中国就不那么强大，其他国家也就不再来朝贡，所以画家也就不再画《职贡图》了。山水画也有山水画的意义，花鸟画也有花鸟画的意义，这些都要从画面上分析得到。同时还要分析画家为什么要这样画，这一幅和另一幅有什么不同，和前人、后人所画有什么区别，这里也包含着一种意义。

第四是看社会关系。一张画是整个社会文化的表现，从这幅画上应该能看到当时社会是怎样的，当时的全部文化是怎样的。

第五要探索这幅画的前承和后继，即它继承了前人哪些传统？如何变化？在当时占有怎样的地位？对后人又有哪些影响？

当然，一幅画需要研究的内容很多，我以上说的只是最基本的几点。

陈：我非常赞成你的看法。我本人也一直认为，研究绘画史必须以画为主。至于画家的生平、思想、社会背景，都是为了加强对画的理解才有必要了解的。如果只是介绍画家的生活、事迹、思想，那只是把画家当做一个人物来介绍，而不是当做一个画家去研究。

李：正是如此。不看画，不研究画就谈不上研究绘画史。

陈：那么，如果看不到原作怎么办呢？

李：噢，那当然，看不到原作是不能研究的。而且看得少也不行。绘画史的研究，在西方，文艺复兴时就开始，在中国更早。六朝时，顾恺之的《论画》，谢赫的《古画品录》，唐代张彦远的《历代名画记》，宋代米芾的《画史》，元代夏文彦的《图绘宝鉴》等都是画史研究的记录。但是真正以科学的方法进行研究的，始于19世纪中叶。那时有了照相机，我们到世界各地看画可以用照相机拍照下来，以前没有照相设备，光靠记忆不行，有了照片和幻灯片，可以仔细比较、认真观察用笔、用墨、构图空间等等。这样才能研究，否则只是纸上谈兵。董其昌有理论，他也看过很多画，他的"南北宗"理论借禅的方法立论，并不是科学的方法。另外，还有大型博物馆的建立，使学者们看到很多画，以前没有这个条件。

我还要补充说明的是，看画时一定要弄清真、假画，所以，鉴赏的功夫是必具的。鉴赏不但要看笔墨，还要看图章、题跋，从图章、题跋中也能了解到作品的流传经过。

陈：西方研究美术史都有哪些方法？

李：噢，那多得很，如图像法、阐释法等等。这个问题谈起来更麻烦，暂时不谈。总之，所有的方法都用得着。

陈：我现在正在注意方法论问题。我的《中国山水画史》出版后，有的热心读者说我的方法很多，有社会学方法，有阐释学方法，有考证法，有图像法等等，据说有八种方法。邓福星还约我为某出版社撰写一本《美术史方法论》。其实，我写作时一种方法都不知道。我只知道尽可能全面占有资料，根据所占有的资料分析研究得出结论，便下笔写作。后来我自己总结，如果我有方法，就只有一种方法，即实证和文献相结合的方法。我看到西方早期介绍中国美术史的著作，大都用实证的方法，很少利用文献，也许他们看文献不太方便，所以，很多问题只罗列现象，得不到深入的解释。而中国的美术史著作又完全忽视实证，只抄录一些文献了事。文献也是常见的文献。似乎二者都有缺陷，我开始既重实证，又重文献，二者互证互释，发现很多问题。但当读者评论我的著作有八种方法时，我实在是一种都不知。所以，我只好留心方法论问题。我现在得出的结论是：多元方法论，全面论和综合方法论，也就是您所说的"所有方法都用得着"。

李：关于方法论问题，德国人写过一本书专门介绍过，以后也还有几本谈方法论的著作，美国大部分学者都读过，当然要知道一些好。

陈：在您的哪些著作中最能体现出您的研究方法？我们到哪里能查到这些著作？

李：我的著作基本上都体现出我的的研究方法。仅是元代画的研究论文，有关赵孟頫之著作就有。其他关于明清画及现代画论文还要更多些，不一一尽列了。

陈：读者都想知道您学习和从事研究的经历，那一定是很艰苦的，当然也是很有意义的。

李：我是1947年出国的，在此之前，我毕业于南京的金陵大学外语系并留校任助教。业余时间，我喜爱画水彩画。1947年，我到了美国，就读于纽约的汉美顿学院。一年后，我又到了艾衣沃大学，攻读英文硕士学位。1955年始，我在奥勃林学院攻读博士学位，以学习西方美术史为主，同时也到哈佛大学和普林斯顿大学进修东方美术史。1960年获博士学位后，回到母校教授西方和东方美术史。1966年，堪萨斯大学聘请我任讲座教授，直到现在。其中于1972年到1973年，我又应聘到香港中文大学筹建美术系，并任系主任和教授。在香港中文大学任教期间，我回内地观光一次，那是我1947年离开祖国后第一次回内地，真是感慨万千。1979年，中美建交，美国政府派遣五名美国教授作为第一批访问中国的学者来到了中国。我是其中一名。当时中国派了四个教授：费孝通、冯友兰、钱伟长，还有一位也是很有名的教授，我一时记不清了，与我们座谈。那次在国内三个月，我又顺便看了不少画。

陈：您对国内学者研究美术史的方法有何意见，有哪些忠告？

李：这不好讲，我不谈这个问题。

陈：您认为中、西研究美术史方法有哪些不同？各有哪些优缺点？

李：中国的美术史研究重考据，重著录，以书本文献为主，这些皆是文字上的功夫。国内的美术史教学也以书本文字为主。美术史的教学和研究都应以画为主，教学要放映绘画幻灯片。研究要看画，要一半看画，一半看书，从分析画面着手。美术是视觉语言，光靠文字是不行的。必须看到画才有直接感受。国内出版的美术史著作和文章也是这样，没有图片，或者图片很少很模糊，看不清，那么，风格是怎样的，意义是怎样的，都无法知道。

陈：这和国内的经济力量有关，印制精美的图书需要投资多，印不起，而且读者也买不起。去各地博物馆看画，也要有经济力量，况且很多博物馆保守，藏品不给看，只好从文字入手。

李：那么考据是考据，从文字到文字，别人读了，还是不可能自发感受。现在研究历史的人都要用图片，研究美术史，图片就更重要。画是第一手资料，文献上记载的资料到现在都是转手的内容。仅仅写画家的生平事迹，那只是文学内容，当然也起作用，有人到处找家谱、族谱，以为查到一个家谱就不得了，家谱、族谱，每一个人都有，你发现了一个家谱、族谱有什么用呢？知道和不知道又有什么关系呢？正因为有了画，我们欣赏这些画，内心感到激动，感到美，才需要研究它，然后才知道其他的东西。所以，最重要的是要看画。国外的学者都重在看画。到世界各地去看画，以画为重要资料，研究一个画家，于中要集中他的全部作品照片。教学也要以图片为主，训练学生有看画的能力为主。国内学者往往以文字为主，到处查找书本资料，教学也以书本文字为主。当然，最近也在变，《中国美术全集》《中国古代书画图目》的出版都是大好事。

陈：刚刚您提到的国内教学以书本文字为主，也不尽然。我们南京师大美术系50年代初期的美术史教学，就以幻灯片为主，大小画册、画轴辅助。50年代初，傅抱石教授美术史，他就请来摄影师帮助，翻拍了大量的图片，制成幻灯片，用以教学。现在国内情况已有更多的变化，当然是越变越好。我们还有很多问题向您请教，但是今天太晚了，就到这里吧，再见。

李：再见。

载《江苏画刊》1993年第3期

十二、"求异存同"和"求同存异"
——与高居翰对话

　　高居翰是美国学者James Cahill的汉名。他现任美国加利福尼亚大学柏克莱分校的美术史教授。和李铸晋、方闻、何惠鉴并称为美国的中国艺术史研究四大家。方闻在东部，李、何在中部，高居翰在西部。高居翰在第二次世界大战期间曾到过中国和日本，和中国人民一起进行过反法西斯的斗争。从此，他对中国的艺术产生了热爱并崇敬之情。二战结束后，他回到了美国。在密歇根大学攻读中国美术史课程。并以吴镇为题撰写论文，获得博士学位。而后便到了华盛顿，任佛利尔美术馆中国部主任。他嗜爱中国绘画，节衣缩食，在美、日、港、台等地购买中国古代名作，在美国乃至全世界的中国美术史研究家中，他的私人藏品堪称第一，他的藏画室就是著名的"景元斋"。笔者在美期间，曾应邀前往观赏，所藏陈洪绶、任熊、罗聘、渐江、查士标、吴彬、龚贤、方士庶、张风、高岑、樊圻、石涛、萧云从、金冬心、黄慎、任伯年等等诸名家作品，美不胜收。高居翰又是美国乃至世界上撰写中国美术史著作最丰富的一位，著有《中国绘画史》《中国画》《永无止尽的山水——晚明的中国画》《引人入胜的意象——十七世纪的中国画中之自然与风格》《黄山之影》《中国古画索引》《青山江河处——元画》《离岸——初期与中期之明画》《远山——晚明之画》等等。

高居翰是中国美术史界的老朋友，更是笔者的老朋友，他常来大陆，对中国的情况十分了解。

他的研究特点是力求真实地道出中国艺术家和中国社会的真实生活，而不受文献上经过美化、过滤、润饰过的记载之影响。他研究古代，也研究现代。由于他对中国情况的了解，这次和笔者谈话中，他能以一个美国人特有的眼光，真实地道出中国学术界的弊病和长处，且能直言不讳。惟其真实，有些谈话也不宜全部发表，故文中作了省略。特请高居翰教授、曹星原夫人以及读者们谅解。倘有不当之处，概由笔者负责。

陈传席：高居翰教授，我曾经写过一篇文章向国内读者介绍你，说你有著作癖，有点像韩愈说的"口不绝吟于六艺之文，手不停批于百家之篇"，可谓兢兢业业，你的著作最多。你可否向国内读者介绍一下你研究美术史的方法？

高居翰教授：这个问题太大了，我至少要谈四个小时，现在你给予我的时间太短了。

陈：那你就随便谈吧，只要围绕中国美术史的研究这个问题，想谈什么就谈什么，谈到哪里就到哪里。

高：好，我想谈一些我最近的认识。艺术本来是作为社会行为的组成部分，可是以前，包括我在内的史家们对艺术家作为独立个体的看法，未免过于局限。艺术家是不能脱离社会的，不能不受社会各种因素的制约。这问题在前一时期内（指"文革"前）中国国内的政治还不允许自由讨论，尤其是不能作真实的探索和披露，比如社会对现代艺术家的限制，政治对艺术的真实作用等等。国内的史家只能按照政治所划定的框框去写作。所以，艺术家的真实都很难真正地了解。艺术的作用价值也就不可能明白（按：当中有一段未听清）。

我现在的兴趣是在探索艺术家的真实情况，艺术家与社会经济的真实关系。以真实为探索目的，而不是文人史家笔下过滤、修饰、美化的内容。只有真实的历史内容才能对现实有所启发和帮助。因而我最感兴趣的一本书是一位美国人写的《关于李华生》，这是一本介绍中国中年画家李华生的生活经历、艺术道路以及各种遭遇的书。李华生的画都出于陈子庄。我并不认为李华生就是理想的中国画家，更不认为李华生的艺术水平很高。但这本书却通过李华生艰难的成长、受到各种压抑的经历，反映了艺术家在中国社会中的真实关系。从中也便了解了中国的社会，这是真实的社会，真实的人生。如果读官方介绍陈子庄、李华生的文章，展现经过过滤、删减、润饰、美化了的情况，本来很曲折很不平坦的真实便被熨平了，本来很特殊的个例也便成为政治运动下的普遍的理想化的通例。它只能是官样文章的重复，不可能暴露社会和艺术家的真实。

明清的文章也是如此，把真正的压抑掩盖起来，把真实的不平抹去了，因而，我们必须去除其华丽的外表，以见其真正的画家和真实的社会。很多文章不谈实际生活问题，很多官方及个人都不会全写，写出来的都是经过美化润饰的内容。文人对社会影响特深，文人要面子，要高雅，按一个腔调去写，写出自己理想的人和物。后世写美术史的人，就把现实生活同理想化的生活混合了，实际的生活和经过文人美化了的生活是不一致的。因此，不能轻信文献上的记载。上学期，我们组织研讨课，研讨的中心问题是：中国艺术家及其实际生活。是不是很多画家别人给百金而不画？是不是很多画家宁肯挨饿而不卖画？查阅非官方的资料可知，实际上都不是，都要钱，不要钱也要物。明年，我要到哥伦比亚大学作系统化的讲座，仍谈这个问题。

陈：你的看法，我非常欣赏。我这几年也致力于这方面的研究，比如在美国组稿、在香港出版的《九州学刊》第五期上发表了我的《扬州盐商和扬州画派及其他》一文便是。这个问题研究起来很好玩。我已写了不少这类文章。发现文人笔下的画家确和真实的画家不一样。不过这方面的研究只是我研究美术史的角度之一。我更重视研究绘画本身。昨天，我采访了李铸晋教授。他最强调的也是看画，研究绘画本体，你对此有何看法？

高：画当然要看的，但看画要先有设想，先提出问题，不光是看风格。如果仅看风格，就会忽略主题，忽略作画的意义，美术史上很多实际问题便很难找到。比如一个画家作画，不光是表现笔墨，而是有他的动机的。再如院画的风格，为什么所有的院画都是一样的风格、前后有什么联系、院画都围绕什么样的主题创作，这些主题反映了什么？明代院画中常画从山林中请出贤人来，这就可以想到政府的开明。内容是很重要的，仅谈风格是概括不了的。美术史上很多问题便会忽略。

陈：李铸晋教授强调看画，不但要看画的风格，也看画的内容。他的看画六大要点，也是很全面的。另外，你可否再谈谈当你研究一个课题时，是从何处着手的？

高：先读所有的材料（但注意不一定都能找到，找到的也不一定都是真实的，所以还要鉴别），从现有材料中发现问题。再找到画，和文字资料比较分析。先研究它的风格，再研究其主题，最后再研究作品的功能作用。但如果只看到一张画，就不能找出正确的答案，必须找到一组画，一个时期的一组画，前后比较分析，也许能告诉你要知道的问题。比如艺术家的风格，你只找到一张画，假设这张画叫《送别》，你只能知道其一，《送别》一画，从古至今画了很多，你都要找到，作一比较，然后可知这张画独创的有多少，传统的、因袭的有多少。如果只看到一张画就不能找出此图的来龙去脉。如果看到一组画，就很容易看出问题。

我还要强调的，只看风格不能解决美术史上的问题。

陈：你出版了哪些著作？

高：三十多年来，我在美国、台湾、大陆、日本出版了很多著作。最早一本叫《中国绘画史》，这本书被翻译为中文，在台湾出版过。最近四川美术出版社也出版了。但印得很不好。

1979年至1980年，我在诺尔顿进行系列讲座，后来这个讲座的内容出版成书，得到了诺尔顿讲座奖。前后得到这个奖的仅有二人。我是其中之一。《中国十七世纪的艺术》一书是我的重要著作。这个时期的艺术家既有因袭，也有独创。后来中国画的发展和这个时期很有关。现实主义萌芽了，为什么没有存在？还有很多问题都被忽略了。很多人对于我这本书是有争议的，海外的中国人不愿承认，甚至否认我的看法，但我提出了问题。近来被译为中文在台湾出版。很多中国人都可以读到，评论的范围就不仅是几个读英文的中国人了。我相信我的看法自会得到公论。我所持的立场观点，是对中国的历史怀有崇高的敬意的。对历史的分析，对实际状况的探索，都和今天文字改造了历史不一样。当时很多人承认的事被忘却了，17世纪画坛的真实又被忽略了。（略）去年我出版了一本书，其一谈中国画的政治含义，其二谈山水画的含义和功能，其三谈率笔风格以及后期如何接受率笔。我谈到写意画引起中国画的衰落，等等，书出版后，引起很多中国人的反感。

陈：你对现在大陆的中国美术史研究有何看法，有哪些优缺点？

高：我不想做高低优劣的判断。看法太多，也不是几句话可以说清的。我们美国人对中国的讨论感触最深的是：学者们老是把大家都认可的内容又确认一遍。所讲的东西，都是尽人皆知的东西，既没有新资料，也没有新观点，在和谐的气氛中做学问。美国人绝不能容忍这种现象。如果在美国的会议上有人讲大家都认可的内容，其他人肯定都跑光，即使把门关上，大家也要跳墙跑走。但中国人不，尤其是老人、名人在上面讲大家都认可的内容，大家都坐在那里静静地听，这真奇怪（陈插话：何止是静静地听，还要恭维叫好，甚至记录去发表。如果有人打断老人和名人的废话，大家会群起而攻之。至少说你不尊重老人。所以，我在开会时常常练气功）。美国人对此不可思议，美国人只能存小同而求大异，中国人是求大同存小异。大家都同了，就很难发展。气氛和谐了，新思想就碰撞不出。

陈：你刚才说，美国人求大异存小同，中国人求大同存小异，可谓道出了我们民族的痛处。另外，你对中国国内的美术史学者有何看法？

高：（开始一段略）实际上，中国传统的治学方法是可取的，值得尊重的。但希望中国学者接受更多的方法，站在不同的方向上研究问题。研究中国美术史，任何一种方法被中国人掌握了，都比外国人更有利。但不必过于欧化美化。既要放开思路，又要尊重自己的文化传统。

陈：你对中国学者的著作有何看法？

高：事实上，中国学者的著作，无论是古是今，都是研究中国美术史的重要部分。其中一大部分是很有价值的，是必要的。古代学者的著作，更是研究中国美术史的根本，但现代学者如何利用文献，是一门学问。

载《江苏画刊》1991年第12期

十三、历代名画的收藏和散佚

　　唐代以前，中国历代名画的收藏和散佚，在唐人张彦远《历代名画记》中记述颇详。自西汉武帝刘彻"创置秘阁，以聚图书"开始，至汉明帝刘庄"雅好丹青，别开画室，又创立鸿都学以集奇艺，天下之艺云集"，到汉代后期，所收图画，已蔚为大观。汉末董卓之乱，挟献帝迁都长安，内府图画随之西迁。军人无知，取图画（当时图画皆作于绢帛上）作帐篷或包囊，如《后汉书》所记"其缣帛图书，大则连为帷盖，小乃制为滕囊"，损毁巨大。然仍有七十余辆车的图画西运，惜又"遇雨道艰，半皆遗弃"。这是中国图画第一次大散佚。

　　曹魏时代的帝王，皆好斯文，曹操、曹丕善书，曹髦更是画史上有名的画家。同时的吴帝孙权亦好画，三国时最享盛名的画家曹不兴即为孙权画过屏风。晋纂魏并统一全国后，这些画即为晋府所藏。《历代名画记》云："魏晋之代，固多藏蓄"，惜"胡寇入洛，一时焚烧"。又云："晋遭刘曜，多所毁散。""胡寇入洛"指的是五胡十六国时汉主刘渊之子刘聪于公元311年派呼延晏、王弥、刘曜等率军攻下洛阳，俘虏了晋怀帝，这批人纵兵烧杀抢掠，洛阳城一空如洗。历代图画，皆被焚烧。当贾疋等人在长安拥立宗室司马邺为帝（愍帝）时，刘曜于公元316年再次攻下长安，俘虏晋愍帝，西晋遂亡。长安城又一次遭到洗劫。图画亦不能免其灾。

西晋亡后，南北士族拥戴司马睿在建康（今南京）成立东晋政权，东晋大大小小统治者胸无大志，但皆对书画艺术特别热心。桓温之子桓玄尤好聚集天下法书名画。顾恺之寄放在他那里的一橱画也被他盗去。公元403年，桓玄篡晋，晋府所藏书画真迹，尽归玄有。

刘裕打败了桓玄，首先派遣臧喜入宫接管这批名画。公元120年，刘裕代晋建宋。公元479年萧道成又废宋建齐。萧道成不但接受了宋府藏画，且又继续搜集图画，而且还从事整理工作。他"科其尤精者，录古来名笔，不以远近为次，但以优劣为差。自陆探微至范惟贤四十二人为四十二等，二十七秩，三百四十八卷，听政之余，且夕披玩"。公元502年，萧衍建梁称武帝，对书画"尤加宝异，仍更搜葺"。侯景之乱，"内府图画数百函，果为景所焚也"。然文德殿内书画尚存。梁武帝之子萧绎"雅有才艺，自善丹青，古之珍奇，充俹内府"。他于公元552年，发兵击败侯景，即位称元帝。因建康被侯景烧掠一空，残破难堪，遂迁都江陵，于是将文德殿所余书画悉皆载入江陵。加上他自己收藏的八万卷，共有十数万。及西魏将于谨攻陷江陵，元帝"乃聚名画法书及典籍二十四万卷（按《资治通鉴》一六五谓之"焚古今图书十四万卷。"），……焚之"。并叹曰："儒雅之道，今夜穷矣。""于谨等于煨烬之中，收其书画四千余轴，归于长安。"图书于梁散佚不计其数。陈主所得最少，然仍"肆意搜求"，"及隋平陈，命元帅记室参军裴矩、高颎收之，得八百余卷"。

隋帝于东京观文殿后起二台：东曰"妙楷台"，藏古今法书；西曰"宝迹台"，收自古名画。炀帝东游扬州时，又将这些法书名画带走，惜"中道船覆，大半沦弃"。炀帝在江都被宇文化及所杀，剩下的法书名画又并归宇文化及。化及带到山东聊城的一部分，又为窦建德所取，留东都者，为王世充所取。唐建立后，又皆归于唐，高祖乃命司农少卿宋遵贵，载之以船，溯河西上，将致京师，行经砥柱，忽遭漂没，所存十之一二。唐初内库只有三百卷。唐太宗特好书画，四方购求，不遗余力，所聚甚多。武后朝张易之奏召天下画工，修内库图画，因使工人各推所长，锐意模写，仍旧装褙，一毫不差。其真本多归张易之。中宗复位，张易之被杀，这批画为少保薛稷所得，薛死后为玄宗弟岐王范所得。岐王又害怕被查处，于是将这批真迹焚之。内府所存及所收得的一部分画，又因安禄山之乱，玄宗逃跑，耗散几尽。及肃宗回长安，复将残存书画"颁之贵戚，贵戚不好，鬻于不肖之手"。于是有些书画爱好者开始收购名画法书。"及德宗艰难之后，又经散失"。但一批私人收藏家却兴起。三代宰相之家的张彦远自其高祖始即"相继鸠集名迹"。张氏的收藏一部分献给宪宗归于内府，一部分在张彦远祖父高平公张弘靖出镇幽州时，失坠大半。唐末，黄巢攻进长安城，僖宗仓皇逃跑，秘府藏画又一次流散。

五代时，西蜀、南唐都成立画院，所蓄图画不少。宋统一南北后，画院中的画皆归于宋。宋徽宗对历代书画穷搜狂取，无微不至，至宣和年间，御府收藏空前盛多。由蔡京主持编成《宣和画谱》一书，所收仅历代名家就有二百三十一人，历代名画六千三百九十六轴。不入谱者就更多。北宋灭亡时，金人进入京城，特别注意书画的搜求，将内府全部书画以及民间收藏各种艺术品全都席卷北去。据《靖康纪闻》《三朝北盟会编》《宋史》《宋史纪事本末》等书记载，金人自内府至民间上下搜罗，"图画等物，尽置金营"。"秘阁、三馆书……府库蓄积，为之一空"。"粘罕在西京令人广求大臣文集、墨迹、书籍等"。"又取苏、黄、文墨迹及古文书，开封府支拨现钱收买，又直取于书籍铺"。"内侍梁平、王仍辈，曲奉金人，指所在而取之……屏榻、古书、珍画，络绎于路"。"如此者，日日不绝"。在汉奸协助下，金人将北宋御府、官府及民间名画全部搜出，"为之一空"，甚至将残留的郭熙壁画都揭走，运往北国。金昌宗治政期间，曾令王庭筠、张汝方整理这批珍画，选出特优者（入品）五百五十卷。中国历代名画散于宋却又聚于金（但损失仍是惨重的）。金代章宗更是著名的鉴藏家，亦工书画，其治政期间，竭力搜求各地历代名画，库藏极富，至今可见其题签之名画存世者甚众。南宋建立后，宋高宗特所耽玩，锐意搜求，从《中兴馆阁储藏录》中可以知道，南宋建立后七十余年，就搜求名画千余轴。元军攻宋，宋帝不战而降，元将入临安城，即下令封库，收史馆礼寺图书等，所以内府名画，全为元世祖所得。入藏于元秘书监，基本上没有什么损毁。但在宋亡之前，内府书画也佚出一部分，这从周密《云烟过眼录》中可以了解到，元初私人收藏家的名画法书中，有些原为宋内府所藏。元代皇家有一位大收藏家——顺宗之女皇姊大长公主祥哥刺吉，她的收藏十分丰富。现存故宫的最早一幅山水画隋展子虔《游春图》，除了有宋徽宗的"宣和"印，贾似道"悦生"葫芦印，还有"皇姊图书"的朱文印，并有"前集贤待制冯子振奉皇姊大长公主命题"的七言诗一首。此外，在唐卢楞伽的《六尊者像》、宋崔白《寒雀图》、赵昌《蛱蝶图》、刘松年三轴《罗汉图》等等稀世名作上，至今仍可见到这位女收藏家的"皇姊图书"和"皇姊珍玩"的收藏印。皇姊大长公主的收藏虽然丰富，但仍比不上内府。内府所收除了得自南宋内府之外，还有得自金人的收藏；在灭金时，散佚的部分名画也渐渐被收购回来。元代内府收藏活动到了元文宗阶段最为鼎盛，著名的奎章阁即创立于文宗天历二年（1329年），著名的鉴赏家兼书画家柯九思任鉴书博士，从事书画的鉴定工作。

　　元人空着手进入中原，一百年后，在农民起义的风暴中，又空着手逃走。内府收藏基本上留给了朱明王朝。到了隆庆、万历年间，皇家竟把这些名画"折俸"送给大臣，有些大臣又把它卖出。这样，一些私人收藏家的藏品就更加丰富了。朱存理的《珊瑚木难》、赵琦美的《铁网珊瑚》、都穆的《寓意编》、文嘉的《钤山堂书画记》、汪砢玉的《珊瑚网》、张丑的《清河书画舫》《真迹目录》《南阳名画表》等等皆记载自己或其他收藏家的藏品，其中《钤山堂书画记》乃是所记严嵩家被查抄的书画著录。仅古今名画一项就三千二百零一幅。这时的私人大收藏家还有王世贞、王世懋、项元汴、董其昌等人。

　　清代皇家对书画的收藏和整理是继宋徽宗之后的又一高峰。至乾隆时，高宗命鉴定家张照、梁诗正等鉴定内府所藏书画并加钤皇家览藏印，同时著录编纂于《石渠宝笈》中，其著录了四十四册。接着又命董浩、阮元等继续鉴定编纂成《石渠宝笈》续编四十册。这一工作继续了几十年仍未结束，可见书画之多。嘉庆年间，仁宗又命英和、吴其彦、胡敬等编纂三编，共二十八函，一百十二册。才将内府所藏书画著录完毕。另外道释画编入《秘殿珠林》之中，皆是皇皇大观。清代的私人收藏家也不少，著名的有梁清标、孙承泽、安歧、卞永誉、高士奇、年羹尧、毕沅、毕泷等。

清代的公私收藏家对历代名画保管甚严，鲜遭损害。但到了近代，外国人开始伸手进来。1860年，英法联军入京，圆明园各殿书画全被抢走，如现藏英国伦敦大英博物馆的名画顾恺之《女史箴图》等即是。1900年，八国联军入京，清廷书画被抢去更多。辛亥革命后，溥仪等人又将一千二百余件名画盗运宫外。美、日、英、法等国无数画商坐镇北京，高价收买，然后买通海关，将这些名画（手卷居多），运往国外。日、英、法、德、意等国，尤其是美国各大博物馆中皆设立中国艺术部，藏中国画无数。还有清朝大臣的后裔如翁万戈、王季迁、顾洛阜等人也将大批名画携往国外。

中国历代名画在近代是空前大流散的时期，而且流散到全世界各个角落。目前国内所存历代名画比较集中地保存在台湾故宫博物院（宋元画最精）、北京故宫博物院、南京博物院和上海、辽宁、天津、苏州、杭州等地博物馆，私家也收藏不少。近几年来，中国政府正组织谢稚柳、启功等几位大鉴赏家一一鉴定著录，并出版图录、目录，以供国内外学者、画家研究学习。

1982年

载《古代艺术三百题》，上海古籍出版社，1985年

十四、古画鉴定有什么意义？怎样鉴定古画？

就古画数量来说，世界上没有任何一个国家能和中国相比，中国古画又分为十三科，每科内容之丰富，又难以言状。多数画上又有题识（或诗，或文，或词，或曲），还要记上年月日姓名等等，又要盖上印，印有姓名印和闲印。后世人收藏这些画时又要盖上收藏印。所以，没有任何一个国家的画有中国画这么复杂。而更为复杂的是，中国画赝品十分多，因为中国画有各种各样的价值，所以伪造者特多，现存的名家画十之八九是赝品。正因为如此，所以要对古画进行鉴定。

古画鉴定就是对古代绘画作品的时代、作者、真赝进行鉴别审定。这是一项十分细致、复杂而又十分重要的工作。如果对此认识不足，便会忽视古画鉴定的价值作用。

古代中国画是古代中国的缩影。比如我们常看到的南宋画是以院画为代表的，院画突出的是马远、夏珪的山水和常见的梁楷的《泼墨仙人图》之类。南宋画几乎全出于这一系。线条是刚硬的，皴法是猛烈的大劈斧，后人总结为"水墨苍劲"。梁楷的泼墨画如急风骤雨，皆是南宋绘画精神的集中表现，也是南宋社会意识之反映。南宋国势危陷，外族入侵，朝廷懦弱，有志之士皆"怒发冲冠"，"拔剑砍石"，"人人自期以杀身翊戴王室"（陆游语）。一代人的意识形之于"态"上，如陆游的诗、辛弃疾的词、陈亮的文皆刚猛激荡、骨干磊落，"不作妖语媚语"。绘画亦然（一般学者说南宋院画是柔媚艳丽的，完全不合史实）。但中国文人受儒道思想影响甚重，儒道都是崇尚柔弱，主张虚静的，所以南宋那种刚而猛、实而动的绘画一直遭到后世文人的攻击。晋代艺术一直被后人誉为格高品逸的标准，其书画皆重韵尚柔，气度宽缓，绘画线条如春蚕吐丝，缓缓地写出，没有激动的情绪和猛烈的气势，书法尤然，这正是晋人意识之反映。甚至在衣着、语言上皆显示其"宽缓"。晋人峨冠博带，著名的三字箴"将无同"，其实就是一个"同"字，"将无"二字是辅音，就是为了使语言拉宽变缓（文言中"夫、也、矣、耶"等字，都是为了使语言变缓。中国节奏缓慢，表现在各个方面，晋人尤甚）。晋人的书法成为后人不可逾越的典范，但晋人绘画存世太少，所以以虚松柔曲、平淡自然为特色的元人绘画便成为文人绘画的楷模。明清人特别强调柔和静，由柔而弱，由静而死，弄得整个民族也柔弱和"万马齐喑"。所以，一部中国绘画史就是整个民族史的折射。但如果不去鉴定，而把南宋画误断为晋人画，或把元人画断为宋人画，那就无可索解了，甚至绘画是不是社会意识形态都值得怀疑。这是从艺术的风格上看古画的意义价值。再从画的内容看，《职贡图》《步辇图》《文姬归汉图》《校书图》等等都反映当时国内外重大的历史事件。《清明上河图》《货郎图》《大傩图》等又反映了当时的社会风俗。至于各时代的建筑结构、服饰样式、生活生产用具乃至典章制度，也多能从古画上得到证实。所以，古画的价值不仅在它的本身（一般鉴定家仅注意于此），更在它本身之外。比如有人说中国算盘出于明代，但从宋人《清明上河图》中可知，民间已广为使用了。历史的研究，以前全靠史料考证，到了清代，也基本到了尽头。王国维、郭沫若从美术考古入手，以实物以及甲骨、青铜、竹简上的文字证实和修正史料，开辟了历史研究的一个新局面。出土的战国和汉代的帛画内容也和文献中的楚文化相辉映。当然，这一切如果缺少鉴定，就毫无价值了。 古画鉴定的最直接作用还在绘画史的研究方面，绘画史研究的主要对象是历代绘画（而不是像今人写"史"那样变成了历代画家介绍），如果辨不出历代绘画，甚至以假作真，那就得不出正确的结论。所以，古画鉴定是绘画史研究的基础。一个研究绘画史的人如果分辨不出唐、宋、元、明、清各时代的绘画，那就根本不是绘画史家。真正的绘画史家就是复杂一点的鉴定家，真正的鉴定家就是单纯一点的美术史家。二者的基本功是一致的，只是发展的方向有偏端而已。

古画的鉴定需要十分渊博的知识，不仅要通晓书法、印章、文学、历史、宗教、历法，还要了解绢、纸、墨色、油（印）等科技方面的知识。但古画鉴定的最主要依据还是古画本身的时代气息和画家的个人风格。其他都是辅助的，当然也是不可缺少的。

时代风格的断定分两种。一是时代突出的（代表的）风格，犹如文学史上楚辞和唐代的律诗，立览可辨。六朝画、唐画、宋画、元画，其突出的代表风格还是颇明显的。六朝画的风格，气度宽缓，线如春蚕吐丝，如果有一幅画有明显的顿挫和直折，甚至粗笔草草，那就绝对不是六朝画。如就人物形象而论，六朝人物形象是"清羸示病之容"和"秀骨清像"，初唐人物画形象则较肥，到了盛中唐，人物圆浑肥胖而健硕，和六朝人物画形象大有区别。山水画，唐以前存世者，在国内外各地公私收藏家手中皆屈指可数，盛唐之前，基本上是勾线填色。山水画在唐末五代开始成熟，直至北宋，山水画虽然多一些，但保留至今者仍然是很少的。北方画大抵出于荆浩、关仝、李成、范宽一系，用硬线勾明显轮廓，再以硬而短的线条皴写，外轮廓线较重。南方画大抵出于董源、巨然一系，线条柔软、随意，外轮廓线和内皴线条没有浓淡轻重之别，一般称为披麻皴。披麻皴始于董，成于巨。董、巨之前是没有披麻皴的。大斧劈皴始于南宋李唐，成熟于马远、夏珪，在此之前是没有大斧劈皴的。而且南宋以前的山水是上留天，下留地，当中方设意布意。局部取景取"一角""半边"的构图法亦始于南宋。这些都是鉴定古画时代的重要标准。但更重要的是作品的时代气息。艺术形式后人可以摹仿伪造，作品气息乃是时代精神通过画家的流露，绝无伪造的可能；即使是同一时代，画家不同，流露出的气息仍然有别。其二便是不能代表时代风格的绘画，这就更要靠从作品的时代气息上去分辨。时代气息完全靠个人的感受，语言文字是很难表达清楚的。因而鉴定家首先要有一定的修养，其次便是多看。当然看的时候，要深入、细致、以研究考察的态度去看，看得多了，自然熟悉。犹如你看了成千上万人，下一次见了不一定分辨出来，但你熟悉的人，一眼便能分辨出来，而且不是靠记其特征来分辨，如果靠记特征才能分辨出来，就不能说是熟悉。观古画亦然，因为很多伪作正是摹仿某些真迹的特征而迷惑人的，但它不可能具有真迹的气息。一般人所说的以假乱真，其实只是"形"似而已，实际上完全形似也不可能。如前所述，绘画是意识形态，时代不同，作者不同，其意识形之于"态"（形神兼备的态）是不可能一样的。尤其是南宋以后的画，以写意为尚，作者作画时意识在运动，思想情绪在变化，或喜或怒，或平缓，或激动，或奋狂，或漫不经心，在他的笔下流露出来的"态"也有轻重缓急、迟速钝锐的变化。作伪的人不可能重复他人的意识和思想情绪，因而也不可能绝对重复他人情绪控制之下的速度，那么，其笔下出现的"态"也不可能绝对一样。高明的作伪者可以骗过一般的鉴定者，但在高明的鉴赏家目下，仍然是泾渭分明的。张大千号称石涛第二，全世界都有张大千伪造的假石涛画，甚至张大千的伪作比石涛画更干净，更纯清，下笔更利索，但却无石涛画的内在精神，二者真伪是一目了然的。但一个画家从早年到晚年，画风是有改变的，即使是同一时间，因情绪的变化，精力的限制，作画也有分别。优秀的画家也可能出现败笔和劣品，但其基本性格却是一致的。当然，从事鉴定的人也必须了解作品原作者各时期和各种情绪下的作画特点以及用笔习惯。这一点也并非易事。

　　"所以言论者，物之粗也；所以意致者，物之精也。"以上所言（气息、精神、情绪），是鉴定古画的主要依据，但主要靠感受和体会（意），所以也无法言之具体。能言之具体者，又不是主要的，但当你靠"意"不能确定其真伪时（这种情况很多，因为一个鉴定家要把古往今来无数的画家每一时期作画的形态完全了如指掌，亦非易事），辅助的内容便会出来帮助你，当然最后还要落实到画上来。犹如中药的"君臣佐使"，"佐使"的药虽不能治病，却可以帮助"君"药发挥效力，离开它就不行。鉴定古画的辅助内容十分众多，下面姑且举一些例子。

建筑、服饰和工具：如果一幅被称为六朝的画上出现了唐宋以后才有的建筑、服饰和工具，那么就可以断定这幅画不是出于六朝人之手。但是也有些六朝或隋唐作品已经破旧，宋人为了"希其真迹，又得留为证验"，摹揭一本，建筑等部分或因破损不清等原因，摹者作了添补或改动，这类画虽非原貌，但因基本风格相同，仍可以作为原画的参考。而且，摹者也绝非存心作伪。

款识、印章：有款识和印章的作品，款识和印章便是鉴定古画的一个重要方面。如果款、印是真的，作者和年代就不难考证。如果款、印是假的，那就更容易辨认，因为书法和印章更难作伪，极易露出破绽。但有的假画上也有真款、真印，如文徵明、沈周等人，别人伪造了他的画，他们有时也乐于题款、加印。又如董其昌，常令人代笔作画，他本人题字。当然也有真画假字，有的名画上本无款印，后人为了明确便加了款印。有的是小家的画、学生的画，后人加上同时代大名家或老师的款（这也是作伪）。改款、加款一般是以后代作品冒充前代作品，但也有无知者手中有了宋画，自己不知，却加上元人的款。如此等等，情况十分复杂，切要区别对待。

题跋：一幅画可能有同时代人或后人在前面加题或在后加跋，以及加盖收藏印章，当然，这些本身也有真伪问题。如果是真的，比如著名的李公麟《五马图》，并无款印，但有作者的朋友黄庭坚的题字，我们可以从黄题中确信它是李的真迹无疑，而且意义又在有作者款印之上。但也有题跋是真，当中的画却被后人换成赝品。还有一种题跋虽真，但题时已把画误定了的，如元任仁发《五王醉归图》，明陈继儒跋乃称为唐人画，所以，最后仍以画定。如果题跋是伪作，画就值得怀疑。当然，这只限于名家和较古的画，近代的小家画又当别论。

收藏印：一般画上如果盖上宋徽宗时代"宣和""政和""大观""御书"，南宋时"绍兴""睿思东阁"以及"内府图书之印"和贾似道的"悦生""秋壑""似道"，金章宗的"群玉中秘""明昌""御府宝绘""内殿珍玩"等，元文宗"天历之宝""奎章阁宝"，鲁国大长公主"皇姊图书""皇姊珍玩"，元顺帝"宣文阁图书印"等等，只要印是真，画皆十分可贵。此外，明清的大收藏家项子京、梁清标、安歧、宋荦等都有很多收藏印，画上有他们的印，大多是真迹。宫廷收藏印如"乾隆御览之宝""乾隆鉴赏""宜子孙""三希堂精鉴玺""石渠定鉴"，还有"嘉庆御览之宝"等，皆非寻常之作。鉴定印的真伪主要靠比较，复制的印，要从精神上分辨。其次，有些收藏印钤的位置有一定规律，作伪者有可能乱钤。印泥的色泽有时也可以帮助你发现问题。

考证：考证的范围很广，前面说的建筑服饰的时代性也是一种考证，这里主要谈画上题识的考证。如果是真迹，作者自己题识，时间、年龄、地点、职务、家世、友人以及重大事件等自不会错，但作伪者很难了解得十分清楚。例如徐邦达《中国绘画史图录》848页中金农《万玉图轴》，徐定为真迹，并说："此画寄其老友汪士慎的，当然不会找人代作。"其实这画绝对是伪作，因为题识中云："笑寄瞽居士（汪士慎），……赏我横斜影。写此小幅，又题一诗，以寄巢林先生（汪号巢林）。七十六叟金农。"考金农七十六岁时，汪已死去多年，汪、金同居扬州，为好友，常来往，岂有死后多年仍寄画求赏之理，况汪晚年双目失明甚久，即使不死，又何能赏？题识中还有很多问题，口气和语言重复也不类文才高超的金农。

著录：古画历来被称为"国之鸿宝"，尤其是名画，有历代公私著录、收藏印鉴、名人题咏等等，可谓"流传有绪"。我们参考历代著录，颇有益处。凡是十分名贵的古代名家画，不见著录者，皆可以怀疑一下。例如现存于故宫博物院的"顾恺之《洛神赋图》"，最早著录于《石渠宝笈初编》，距顾恺之已一千四百年了，这当中没有任何著录中提到此作。顾画名如日中天，他的画吉光片羽，何能在一千多年中毫无声迹？又查《石渠》著录此画是根据卷末赵子昂、李衎、虞集、沈度、吴宽等人的题跋、诗、赋而定，经所有专家鉴定，这些诗、赋、跋以及最早的"明昌""御府宝绘"收藏印"均伪"。其中虞集的诗本是倪瓒的，虞集早于倪瓒，又是元代诗文大家，作伪的人也太无识了。故此画绝非顾作。

当然，著录的本身也需要鉴定。如明张泰阶的《宝绘录》二十卷，著录六朝至元明历代名家画二百许。可是这些画都是他伪造的，然后又把这些伪画著录成书。如果不考证，就会上大当。

笔、绢、纸、墨等也是鉴定家所必知的，但这只能断前，不能断后，因为前代人固不能使用后代工具，但后人却可以用前代的笔、绢等工具。

有关鉴定的知识十分丰富，至少要写几本书才能述其大概。以上所写，不过提出其中几条，且每条中也是挂一漏万。

总之，真正要从事古画鉴定工作，必须接触古画，面对具体的古画作具体的分析，多看多记多比较是关键。其次，最好能了解一些作伪的方法、作伪集团和作伪者等有关内容。自己能动手临摹一些古画，体会就会更深，那就更好。

1982年

载《古代艺术三百题》，上海古籍出版社，1985年

十五、庶免马首之络——电影片名小议

　　好看电影，但却极少看电影，原因正如一个小偷说的："我们从来不偷带红校徽的大学教授，因为他们没有钱。"所以，只好经常去电影院门前看看广告。大部分的片名，我看后都按捺不住地想议论一通。比如影响较大的一部电影叫《古今大战秦俑情》。说客气些，这名字似通非通；严格地说，怎么理解都不通。"秦俑情"的"秦俑"是定语，重点在一个"情"，"情"能大战吗？"大战秦俑"也讲不通。如果把"情"字改为"坑"字，倒可以讲得通，即在"秦俑坑"大战，但又和内容不符。"感人心者莫先乎情"嘛，情为什么要"大战"呢？实际上也没有大战，只有一些小的冲突。

　　平庸比谬误更差，有一个片名叫《壮丽婚礼》，是根据《刑场上的婚礼》改编的，作者把"刑场"改为"壮丽"，大约是认为"点铁成金"了，却恰恰是"点金成铁"，庸才修改天才。《刑场上的婚礼》记的是一对革命男女就义前在刑场上举行婚礼的故事，在刑场上举行婚礼，其"壮丽""奇特"早已包含其中了，古今中外有几人在刑场上举行婚礼？可是"壮丽的婚礼"世界上何止千百万亿次呢？"婚礼"差不多都是壮丽的。把一个具体的、雄壮的且又名副其实而不可移易的名字改为抽象的、空洞的，且又可以任意乱套的名字，一看就知改者是庸手。这一改，正如一个油漆匠，把一幅价值连城的名画拿来，用油漆重刷一遍，画面新了，但却一文不值了。

还有一个片名叫《风流千古》，大而空、浅而俗的程度令人吃惊。秦皇汉武、唐宗宋祖，乃至拿破仑、华盛顿都可以说是"风流千古"的，怎么也令人想不起这个电影内容的范围。一看介绍，才知道是陆游和唐婉的故事，真是伤心，居然叫"风流千古"！"风流千古"者何止陆游一个人？这个电影有一个现成的名字，叫《钗头凤》，当然如果叫《陆游和唐婉的故事》，那就更好。但非大手笔取不了这个名字。小手笔如果没有"千古""壮丽""大战"，那是很难过的。

明代大画家王履曾评论韩愈和杜甫的诗，他说韩愈的《终南山》诗"吾闻京城南，兹维群山囿"等句，套在终南山上可以，套在其他山上也可以，一主十客，泛泛然驾虚立空。而杜甫的自秦入蜀诗，写的就是秦蜀中一段山景，具有鲜明特色，移之他山则不合。他得出一个结论："文章当使移易不动。慎勿与马首之络相似。""庶免马首之络"即不能像马络子那样，套在任何一个马嘴上都合适。而现在很多片名都有这个毛病。

难道就没有一个好片名吗？有的。有一个翻译的片子《鸳梦重温》就很不错。一看就知是两个人的爱情（婚姻）曾经冷却或遗忘了，而后又一次回复。我看到最好的改编片名是《牧马人》，原名叫《灵与肉》，本来是一部小说，却取了一个论说文似的名字，一看就知作者好议论。编者改为《牧马人》，具体而微，点铁成金，一看片名就知是牧马人的遭遇，名符其实，格调高雅，堪称逸品。一看就知改者是高手，实际也正如此。

《西安事变》这个片名也很好。但如果落在一个庸才手里，肯定要改为"伟大的事变"，或"壮丽的事变"，那就煞风景了。

载《中国财经报》，1992年4月29日

十六、艺术大师与政治

艺术与政治这是个不合时宜的题目。现在很多人一提政治就厌烦，认为只有潜心于纯艺术，研究笔墨、色彩、构图、形式，不问政治才是正路。其实，这恰恰是艺术颓废的原因之一。毕加索就是共产党员，他曾多次以自己的艺术品声援人民的正义斗争，其名作《格尔尼卡》就是对帝国主义暴行的控诉。他说过"艺术家同时也是一个政治人物，他会经常关注悲欢激烈的事件，他从各方面来作出反应。他怎么能不关心别人，怎么能够以一种逃避现实的冷漠态度而使自己同你那么丰富的生活隔离起来呢？不，绘画并不是为了装饰住宅而创作的。它是抵抗和打击敌人的一个武器"。毕加索之所以能成为一个伟大的画家，其根源正在于此。

大卫特是革命的雅各宾政党党员。他明确宣布"艺术必须帮助全体民众的幸福与教化。艺术必须向广大民众揭示市民的美德和勇气"。当马拉被刺死之后，他勇敢地拿起画笔，创作了不朽的《马拉之死》。高更看到土人遭受虐害，曾不止一次地向当局提出过抗议，为此还被判了三个月的徒刑。米开朗基罗更是佛罗伦萨革命党的前锋之一，他参加了守城会议，担任佛罗伦萨卫戍总督，勇敢地尽其职守至终。

中国的吴昌硕于中日甲午战争时投笔从戎，出山海关，参与戎幕，抗击外族侵略。黄宾虹曾奋起响应康有为发动的"公车上书"，并致函康、梁，认为"政事不图革新，国家将有灭亡之祸"。后又与陈去病等人组织"黄社"，为反清做舆论准备。

两耳不闻窗外事，一心只想做画家的人，未必能成为大画家，因他想的只是技法、色彩、构图等等。而真正的艺术离不开美的观念和生命的冲动，由生命冲动而形成的艺术，才能冲动别人的生命。生命的冲动是以时代的节奏为鼓动力的。开一代新风的大画家，如徐渭、八大山人等皆不是因他们的技法，而是他们的生命的冲动，南宋的画家正是基于民族的义愤而出现了一代"水墨苍劲"。只有元代的画家是不问政治的，倪云林最为典型，这是元代的政治限制了士人无事可做，并发展为使个体与社会总体分离的社会性精神运动，当外在的反抗和经邦济世前途渺茫时，人们就会转向追求内在精神自由和性情的抒发，所以元画虽无外在的雄强之势，却有内在丰富的蕴藉。隐逸性的画只能产生在适应的时代。明清绘画以净、柔、暗（含而不露）为最高准则，且由静至死、由柔至弱、由暗而赖，正与当时社会精神相契。清末，民族处于生死存亡的紧急关头，民族和国家再也不能坚持内在的含蓄，更不要静、柔、软、媚、淡，需要的是浑厚雄强气势和强大的冲击力，因而产生了吴昌硕式的艺术。从康有为、陈独秀、蔡元培为代表呼出了采用西法，革"四王"命的响亮口号，直至现在，这正是时代的需要。

任何伟大的作品都必须以时代为基础，中国现在不需要隐士，也产生不了隐士型的艺术。中国隐藏着被开除球籍的危险性，焦急的时代期待着艺术家的鼓励，不安的人民需要艺术家的呼叫，需要艺术传达他们的复杂感情，因而，只有符合时代需要和人民期望的艺术家和作品才能留下时代的强音。

摘自《中国当代美术发展趋势》研讨会论文
载《中国美术报》1989年第39期

十七、《依朱图》——项圣谟的自画像

项圣谟(1597～1658)是明代第一流全才画家，流传作品亦多，不知何故其名今日不显。然在当时，他的作品颇为名家推许，声誉非同一般，文坛领袖董其昌题其画册云："项孔彰此册，乃众美华臻。树石屋宇，皆与宋人血战，就中山水，又兼元人气韵，虽其天骨自合，要亦工力至深，所谓士气、作家俱备。项子京有此文孙，不负好古鉴赏百年食报之胜事矣。"孔彰是项圣谟的字，号曰易庵、松涛散仙等。其祖项元汴字子京、号墨林，是中国历史上最著名的文物收藏家兼鉴赏家，亦能画。项圣谟少时即临摹乃祖留下的古画，日无暇刻，夜必篝灯。

项圣谟48岁那年，正值甲申之变，明王朝覆灭，不久清兵入关，挥师南下，戍守南京的三十万军队不战而降，接着便是"扬州十日""嘉定三屠"，项圣谟的家也遭到清军的大抢劫。

明清易祚时，有一种奇怪现象，投降和逃跑者皆是明王朝的高级官员，奋起反抗、坚持气节者多是在野人士。画家中弘仁（浙江）、石谿、龚贤、戴本孝等等在野派皆反清志士，皆能保持气节，项圣谟也是其中之一。这幅《依朱图》便是他反清忠明保持气节的确证。

全图是长卷，这里发表的仅是部分，用墨笔画自己像，坐地背依朱色大树，远山及其他景致全用朱红色，并题二诗云：

"剩水残山色尚朱，天昏地黑影微躯。赤心焰起涂丹膜，渴笔言轻愧画图。人物寥寥谁可貌，谷云杳杳亦如愚。翻然自笑三招隐，执信狂夫早与俱。"

"一貌清癯色自黛，全凭赭粉映须眉。国惭人面多容饰，别染烟姿岂好奇。久为伤时神渐减，未经哭帝气先垂。啼痕虽拭忧如在，日望升平想欲痴。"末识："崇祯甲申四月，闻京师三月十九日之变，悲愤成疾，既甦乃写墨容，补以朱画，情见乎诗，以纪岁月。江南在野臣项圣谟时年四十八。"诗和画皆十分明白，当他听说明王朝灭亡时，悲愤成疾，苏醒后，即画了这幅《依朱图》，他要永远和朱明王朝在一起。而且用朱笔画江山，"剩水残山色尚朱"，以朱色、朱笔喻意朱明王朝，表达了他对朱明王朝的忠诚和依恋。这一幅画从政治目的出发，却产生了艺术上独到的效果。用朱笔画树石山水等全部背景，反用墨笔画人物，墨与朱强烈映对，在画史上这是第一幅，恐怕也是仅有的一幅。

图中的人物，据其识云"乃写墨容，补以朱画"，知是项的自画像。项是山水、人物、花鸟全才画家。他的自画像现存多幅（美国翁万戈所藏项《自画像》最妙），皆与此图形神肖似。此外，上海博物馆还有一幅《尚友图》，系项和张琦合作，所画六人之一就是项。吉林省博物馆还藏有一幅《松涛散仙图》，系项与谢彬合作。谢彬、张琦皆是当时肖像画高手，同为最著名的肖像画家曾鲸的高足。二人所画项圣谟的肖像，神形俱备，无一不似，也与项所作的自写墨容无异。此外，美国佛罗里达州之迈阿密大学罗尔美术馆(Lowe Art Museum)亦藏一幅《尚友图》，与上海博物馆所藏本中人物相同，虽然功力不逮，然其中项氏小像却是十分肖似的。我们虽然未能亲见项公，但从现存这些画中，仍能证实项自写墨容是十分准确的，他是一位写实功力很深的画家，这在明末极为难得。

明末，董其昌等人提倡"一超而入如来境"的"南宗"画，反对"其术亦近苦矣"的仇英式绘画，举国上下皆随声而起，绘画皆以自娱为尚，无人敢出"元四家"窠臼。项圣谟生于显族之家，诗文书画无一不通，然而，他仍然从严谨的写实法学起，破除门户之见，兼收并蓄，无怪乎董其昌也说他"作家、士气俱备"。正因为如此，项圣谟在明末画坛上应有独特的地位。

载《江苏画刊》1988年第8期

十八、美术史研究的意义、目的和方法

　　研究美术史的人往往以有点知识学问自居，视画家者流为无知识的工匠，且羞与之为伍。而画家们又视美术史和美术理论家为摇旗呐喊的鼓吹手，二者各偏一执，于是便产生了美术家和美术史家孰高孰低的疑问。当然，应该说真正的合格的美术史家必须有学问，这是无疑的。而且，理论的作用在指导创作，这也是无疑的。但美术家又发出疑问："没有美术家创作出的美术作品，你们研究什么？你的理论又从哪里来？"当然，世界上如果没有细菌，也就没有细菌研究家；没有鸟类，也就没有鸟类研究家；没有罪犯，也就没有犯罪心理学；没有商业和经济，也就没有商业和经济的研究家。这里有的属于自然科学，有的属于社会科学。研究家和他的研究对象是不好比较的，难道能把细菌和细菌专家比较？二者不是一回事。十年前，我讲过一句话："艺术者，艺术也；艺术史者，社会科学也。"这句话后来被学者们公认，有人更说："谁都知道。"其实，未必谁都知道。美术史只把美术作为一种社会现象来研究。当然，美术是美术家创作出来的，研究美术史不能不研究美术家，但也只把美术和美术家当做自己的研究资料而已，利用这些资料来说明问题，很多写文章的人只把美术家当做一个人去介绍，而不是把他作为一个美术家去研究，就是没有弄懂研究和报道的区别。

美术史既是一门社会科学，它和文学史、思想史、宗教史、经济史等等虽固有其本体之不同，但最终都一样能达到了解整个社会的目的。举例言之，社会犹如一个大厅，美术史、文学史、思想史等犹如各个窗户，透过任何一个窗户都能看到大厅内的内容。如果只看看窗户，没见到窗户里面的内容，那你只看到一点皮毛。也就是说，你对这一学科的意义还不了解。当然，为了透过这个窗户看到大厅的内容，你也必须先了解这个窗户，了解它，打开它，才能达到目的。所以，你研究任何学科的历史，首先要弄懂这个学科。

当然，每一门科学又有每一门科学的特殊规律，研究美术史就要以研究美术作品为主，从作品上发现问题。比如，汉代的美术作品以画像砖、画像石为主，其内容大多是供死者灵魂之用。汉代是"以孝治天下"的时代，孝的形式之一就是父母活着时要使之吃好、玩好，死后还要厚葬。所以，汉代的董永卖身为奴，也要把父亲安葬好。富人家的厚葬就更加隆重，往往耗资千万。画像石、画像砖就是厚葬的产物。各地博物馆中收藏的汉代"金缕玉衣"，即用金线将玉片联串成衣，穿在死人身上，以保护遗体，这种昂贵的金玉衣，只有在汉代厚葬风气下才有，其他朝代是没有的，汉代的艺术都体现了"以孝治天下"的思想。现存出土的汉代帛画都是盖在死人身上，内容都是引导死者灵魂升天的。汉代的书法以碑为主，《孔宙碑》《曹全碑》《张迁碑》《史晨碑》等等都是孝子为死者所立，当然也是孝的产物，汉代的美术遗迹真实地记录了汉代人的思维、汉代的社会思潮、社会兴衰变化等等。可以说，美术史是最真实的历史，这就是我们研究美术史的意义之一。汉代的画像石、画像砖又以徐州地区、南阳地区、四川地区最多最集中。徐州地区是西汉开国君臣刘邦等人的故乡，南阳地区是东汉开国君臣刘秀等人的故乡，四川地区是当时经济发达之地。一代美术无不反映一代社会之真实。再如清代绘画有三大重镇，清初重镇在徽州，不仅本地有新安画派，且姑熟画派、宣城画派以及石涛、石豀、龚贤等一代大家皆聚于此，就因为徽州是商业重镇，著名的徽商即起于此。艺术的发展是必须在经济发展的基础上才能实现的，人们不能饿着肚子去欣赏艺术品。清中期绘画重镇在扬州，全国的画家差不多都聚于此，"扬州八怪"只是其中代表人物。清中期的扬州商业居全国之首，盐商富甲天下，盐商衰败之后，画家也都离开了扬州。清末绘画重镇在上海，海派绘画兴起，上海当时是世界冒险家的乐园，商业发达更非以前可比。我们通过美术发展的历史正可了解当时的社会，尤其能了解到绘画和商业的关系。总结出其中规律性的东西，以启发和引导以后的美术事业。

从风格上论，南方的书法和绘画大都显示出温雅的风度，北方的绘画和书法大多显示出雄健的气势。刘熙载云："秦碑力健，汉碑气厚，一代之书，无有不肖乎一代之人与文者。"《金石略序》云："观晋人字画，可见晋人之风猷，观唐人书踪，可见唐人之典则"（《艺概》）。一个人的意识如何，我们看不到摸不到，但其意识形之于"态"，或书、或画、或其他，心手虽欲相欺而不能。我们便可以从有形的"态"上了解到其意识。一个时代的意识形之于"态"上，便形成了一代的艺术风格。汉代是封建社会蒸蒸日上的时代，其石刻艺术皆深沉雄大，具有无穷的内在力；唐代是封建社会的鼎盛阶段，唐代的石雕艺术把汉代的那种内在力全部跃发出来，雄强威猛，气压百世，但其强大也达到了顶点（内在力已远逊汉代）；宋以后，石雕艺术犹如封建社会自身，每况愈下；至明清，石雕艺术之庸俗媚弱，虽雕狮虎亦如犬猫之可鄙，正封建社会衰败之兆也。

说艺术是社会意识形态，只要把艺术史研究深透，就知这一说法是完全正确的。

艺术史研究的意义太多了，非一篇短文所能道及，我们更可以通过艺术史了解到古代和古代人的建筑、宗教、经济、生活、思想、意趣等等，以及隐藏在这后面更为重要的东西。对于想做艺术家的人来说，艺术史就更为重要，任何人在任何领域内想要取得成就都必须借鉴前人的成果。艺术史把历代艺术风格的演变、艺术家成功的缘由一一披露出来，学习艺术的人便可从中得到启示。历代大艺术家无一不精通艺术史。近代大画家黄宾虹七十五岁以前主要精力用在美术史上；潘天寿一直在教授中国绘画史，他最早著出一本《中国绘画史》；傅抱石去日本是学美术史的，回国后一直教美术史。

他们画画时间并不多，但却成为一代大家。

美术史研究的意义越来越被人了解，现在，世界各国艺术史研究的力量都在壮大。在美国，几乎每一所综合性大学都有艺术史系，研究的方法因人而异。以中国美术史的研究为例，因为中国美术史源远流长，作品又多，世界各大博物馆皆有收藏，所以世界各国都有研究中国美术史的学者和机构。一般说来，美国的研究方法具体而微，他们注重作品本身，一张画一张画地研究，一个画家一个画家地研究，即所谓"个案研究"。这种方法，比较实在，但也失之琐碎，而且，更缺乏宏观的探索，对艺术的精神价值也很少触及，有的人只把作品的时代属性分清就行了。美国是一个商业社会，很多美术史研究也只是古董商的附庸。日本的研究方法以前受中国影响，现在受美国影响。中国研究美术史的大多数学者，喜欢根据文献资料编撰美术史，往往缺少实物证实。近来已有部分学者注重作品了。

我的研究方法是实证和文献相结合，国内外各大博物馆、收藏机构和个人的藏品都要尽可能地一一鉴赏，全国各地重要的石窟、墓葬、陵墓等遗存的艺术品也都要一一考察，然后分门别类，总结出各个时代的艺术特点、内容等，找出其规律，然后查找有关史料加以论证。更重要的是，要把这些艺术品放在中国文化的大背景中去研究、考察，才能发现问题。当然，学习时，先要把中国美术通史作一大概的了解，可以借助各种画册和就近到博物馆中对部分实物进行考察，形成一个大概的印象，然后选择一个具体的课题深入地集中地研究。比如先研究一个画家，那么选择这个画家就必须是有一定影响的画家，而且必须有作品存世，然后尽量将他的存世所有作品都搜寻到，认真考察。然后，详细地研究他的社会背景和时代背景，了解他的生平思想、精神状态、艺术主张，他的环境影响，他对前人的继承和对后人的影响。然后，再回到他的作品上来。如果研究得好，一滴水中见太阳，你就可以从这一位画家的作品中看到美术史的一个环节，这一环节同时也联系着其他的环节，这样一环一环研究下去，美术史的问题也就越来越清楚，你也就必有发现，美术史的社会科学意义也就不言而明。

1990年春于南京师大

载《江苏画刊》1992年第2期

附录：回首追风趁日飞
——记美术史论家陈传席

初见陈传席，总是被他堂堂的仪表所吸引，有种气宇轩昂的感觉。然而，只要一谈笑起来，陈传席平易的性格马上就显露出来，尤其是笑的时候，露出那儿童般的天真。美术界人士都说：陈传席是个有童心的人。即使生活的磨难、经历的坎坷也不能损伤他丝毫。

陈传席少时即聪颖过人，经史子集、释老岐黄，无所不读。少年时文史方面打下的坚实基础，使得他至今不做卡片，写论文时也不用临时去查阅资料，至多只是论文写完后做一些引文的校对工作。陈传席说：撰写学术论文或著作，头脑中必须具有某一问题的详细材料以及完整的大背景印象，然后，从中发现问题、总结问题、解决问题。如果没有详细完整的材料，而是临时去查翻文献，那样写出的文章，只能是杂凑拼接，就不可能有新意，更不会解决什么问题。

陈传席的文章，不仅史料丰富，观点新颖，而且更有严密的逻辑，这和陈传席学过工科有关。"文革"开始时，知识青年上山下乡，陈传席都首当其冲，在农村挖过河、种过田、喂过牛，还当过医生、会计等。

后来，陈传席进入淮南煤炭学院学习，毕业后从事了九年工程技术工作。陈传席在《六朝画论研究·自序》中说："余少读经，尤喜诸子。少长学画，略能涂鸦。再长欲埋头科学而事工，尝精密于缩尺刻计之间。"工程设计和严密的计算，训练了他日后从事研究工作所需要的推理和逻辑思维的能力。

1979年，陈传席考上了南京师范大学研究生，开始了中国美术史的研究。在进一步熟悉中国美术史的基础上，选择了六朝画论作为研究重点。这因为，他精通六朝时影响最大的玄学和佛教传入时之状况，这些又是研究六朝绘画和画论的关键。在庄学、老学和《周易》学影响下所产生的六朝画论，是中国绘画的灵魂，而后，千余年来的中国绘画可以说都是六朝画论的实践和深入，只有把六朝画论研究深透，对中国绘画精神的理解才能势如破竹。而当时，美术史家和美学家们虽都引用六朝画论，但真正理解者却不多，是陈传席第一次把六朝时期的画论搜集、整理、点校、注释，并在此基础上写出了十几篇学术论文，这就是他后来出版的《六朝画论研究》。

研究生毕业后，陈传席任职于安徽省文学艺术研究所。为弘扬民族文化，宣传中华文化名人，深入学术研究，陈传席组织了黄山诸画派的国际研讨会。他向国内各大学、研究所、博物馆等单位和个人发出通知，而后又向世界各国的著名学者发出通知，短短一个月内，就得到了响应，纷纷回电回信，寄来论文。

继之，他又奔波全国各地，组织了故宫、上海、天津、沈阳、广州、四川等地全国三十六家博物馆、院和文博收藏单位的精品在安徽省博物馆联合展出。

国际研讨会和藏品联展在1984年——新安画派领袖渐江逝世三百二十周年之际举行。大陆、港、台以及欧、美、日等国学者纷纷到会，陈传席成功地组织了这次中国美术界的第一次国际研讨会。

陈传席在海外的影响也越来越大，去年在美国组稿编辑、香港出版的国际汉学刊物《九州学刊》上刊载了"陈传席《中国山水画史》研究专号"。发表了几组文章，从不同侧面讨论了陈传席的巨著《中国山水画史》的成就。日本《东方学刊》上也给陈传席的另一部力作《六朝画论研究》以很高的评价。国内外学者的论文、论著上引用陈先生的观点和资料者不计其数。南京师范大家聘他任教授、美国堪萨斯大学聘请他赴美任研究员，他的著作和论文大量地在国内外出版发表。现在，大家都知道他是一位中青年学者。陈传席多年来潜心于学术的研究，自得其乐，他思路敏捷，下笔神速，如长江黄河，一泻千里，全新观点的学术论文接连不断地发表，至今已发表学术论文一百六十余篇，出版学术专著十一部。其中《六朝画论研究》又在台湾学生书局再版。《中国山水画史》洋洋洒洒七十一万字，已经一版再版，并也将在台湾再版，以及译成俄文在莫斯科出版。他的著作不仅数量多，更重要的是观点新。但陈传席对著文求新的观点另有见解。他力主著文实事求是、实实在在，发现问题、解决问题，若一味在求新上动点子，有时会出现荒诞，或内容空泛。他十分反对故意标新立异的做法，他认为实实在在地发现和解决前人没有解决的问题，新就在其中了。我们说他的著作观点新，实际上是他的观点正确，我们总觉得他的观点一出，其他观点就很难成立。比如他的《李唐生卒年考》。李唐是南宋最重要的画家，历来的学者都记载李唐死于南宋初，八十余岁。根据是古文献上李唐于南宋建炎年初到杭州画院，皇帝亲授金带的记载。可是，陈传席查阅大量当时文献，南宋初建炎年间的全部，皇帝都在河南商丘等地逃难，直到绍兴年初还不曾到过杭州，又怎么在杭州授金带？而且，他还考证出南宋初根本就没有画院，直到绍兴十七年后才有画院，因之李唐的年龄应推后二十年。陈传席的研究成果为学术界所注意，很多文摘转刊。新出版的《中国美术辞典》等书都已采用了他的说法。

如果只考证画家的年龄，陈传席是不屑于大作文章的，问题是他借考证之机披露了北、南宋大量的典章制度，以及宋、金等方面重大问题。而在此之前，有很多写南宋初画院问题的文章，然而南宋初根本无画院，这些文章也就没有意义了。由于陈传席的努力，为研究李唐和宋代绘画开了新的路子。再如，论到北宋绘画的保守和复古问题。历来的说法都认为北宋绘画如何如何辉煌，然而陈传席先生却以无可辩驳的事实，指出了北宋绘画保守和复古的倾向。这样，就正和北宋大文化背景相符。又如院体画问题，历来学者把院画和院体混为一谈，陈传席指出，五代北宋有院画而无院体，院体画始于南宋李唐、马远、夏珪，而后，凡属院体一派者，皆师南宋李唐、马、夏之体。这一说法使人明白了不少问题。历来很多学者都说院体画是柔媚细腻的、真实的。实际上恰恰相反，南宋院体以及师法南宋院体的浙派恰恰是刚猛的、粗疏的，现存的院体作品大斧劈皴，刚硬的线条，尤其是浙派后期大片的浓墨、纷乱的笔触以及梁楷的大泼墨仙人图等，皆是明证。历来文人攻击院体也都说它粗而硬、污而躁，未尝说它柔媚细腻，而柔媚恰恰是文人画追求的目标。经陈传席这一提示，很多问题便被澄清了。

实证和文献相结合，是陈传席从事学术研究的重要特色。以实物（画迹等）为证，以可靠的文献加以阐释和互证，因而他的结论基本上无懈可击。

由微观进入宏观，再由宏观校验微观，这是陈传席治学的方法。他常常告诫学生：宏观如果没有微观为基础，只是空言泛论，大而无当，甚至是胡说乱道。微观如果不进入宏观，不由宏观指导，那只能是零碎的发现，难成气候。所以，他常由一个微小的问题上升到社会的大背景之中，上升到国家民族的大问题中去。

陈传席的文章，博大宏深，历史、哲学、文学、宗教、考古、文物，都涌到他的笔下，为他的艺术史研究服务。他的文章给很多社会科学工作者以启发。

历史学家、文学研究家、宗教学家都开始注意到陈传席的著作。国外的学者，尤其是日本的学者，在引用他著作的同时发出高度的赞叹。《九州学刊》研究文章称陈传席的著作代表当代的最高水平，日本著名的美术史研究家铃木敬教授也说："陈传席的《中国山水画史》是目前出版物中最高的一本。"谢稚柳、伍蠡甫等老一代泰斗都多次给陈传席以最高评价。北方最有实力的美术史家薛永年先生、浙江美院博士生导师王伯敏教授总结十年美术史研究成果时都特别提到陈传席

的几部著作。薛永年先生还由衷地赞叹：陈传席的《六朝画论研究》真
是一部力作。

陈传席的文章气派宏大、恣肆汪洋，绝不用套话，无一俗语。这就
正如他的为人：真率、正直、脱俗、高逸。

最后还想介绍一下陈传席的写作方法问题。有人说他的《中国山水
画史》有九种方法，为此我问过他，他说：西方人说的什么图像法、阐
释法等等，我一种都不知道，也不想知道，也不必要知道。我只欣赏清
代袁枚的咏岳飞诗："不依古法但横行，自有云雷绕膝生。我论文章公
论战，千秋一样斗心兵。"写文章和用兵一样，"运用之妙，存乎一
心"。一语一文，皆凭性而发，心的作用，意识的显现，发而为文，岂
能为某些方法所拘束，或按某种方法去填写文字？实际上，世界上研究
方法论的人自己都没有方法。贡布里希是西方大美术史家，应该是有方
法的了。当有人问他方法论时，他说："什么叫方法，当你要把钉子砸
进墙里时，你就用锤子。当你要把钉子从墙里取下来时，你就用起子，
这就是方法。"（大意）这个回答太妙了。我写作时，只根据我所熟悉
的资料，根据写作的内容，确定写文章要达到什么目的，解决什么问
题，然后直陈其说，方法是在文章写成后见出来的，写作之前绝不用一
种方法约束自己。研究方法论学者们所说的各种方法，实际上我都用
得上，但并不是有意用他们的方法，而是他们的方法融到我的文章中
了。即使世界上没有任何一个学者研究或说过"社会学方法""图像
法""阐释法"等等，我的文章中仍存在这些方法。所以我的文章和著
作既可以说没有一法，也可以说一文一法，更可以说囊括所有方法。
"法岂为我辈设哉"！

接着陈传席又谈起他的名言："感、觉、悟，凡欲成大艺术家、大
学问家者，必经此三境界。"他说写文和作画一样，开始是感，感是受
外物的影响，师造化，师前贤（传统），画画人或照着别人的画画，或
照着实物画。写文章的人或摹仿别人，或见到什么写什么。由感而觉，
觉即师心，以手写心。由觉而悟，悟即师性，随性而发，乃至不知然而

然。由感而止于觉，只入菩萨境界，由觉而至悟，方成为佛。学问和艺术，也只有进入悟的境界方可称大家。

陈传席的学问可谓进入悟的境界。

读陈传席的文章应尽一日一夜之力一气读之，然后当浮一大白，亦快哉！

周虹、戴文撰，载《江苏画刊》1992年第2期

十九、评几位所谓"新文人画家"及其他

　　几年来，"南刊北报"遥相呼应，假"新"以诳世，抛出了所谓"新文人画"的名词，但却没有任何一个人讲出新在何处。只有一篇文章谈到"南线北皴"，可是中国画一千多年来不就是线和皴吗？何新之有？因而，我完全不赞成"新文人画"的无聊提法，但错误的东西（尤其是错误的名词）一旦存在，就无法消除。"新文人画"名词一旦出现，大家都乐于接受这种愚弄，真没奈胡说者何。本文对"新文人画"这个名词只表一个态，并不打算认真批评。

　　从几位被称为"新文人画"的作品来看，实际上就是中国画（或曰水墨画），不过每人都有一点个人特色而已。如果说文人画有点新意就叫新文人画的话，那么历代文人画家都有新意，各家有各家的风格，宋代的米芾，一反历代师承，其画完全出于独创，要说新意，没有超过米芾者，但是没有人称他的画是新文人画，称"新"大概是一种时代病。尤其是五颜六色的现代派袭来之后，一般年轻人蜂拥而上，对老一套的中国画大为冷落。宋代郭熙说过："人之耳目，喜新厌旧"。叫旧文人画，怕被人厌弃，仍叫文人画，不足引人注目，为了招徕看客，于是抛出"新文人画"的名词，借以欺世愚人而已。其实，改名招摇，正是无其实的表现，这也是一种时代病吧。不过，从几位被称为新文人画的作

品来看，还不是欺世盗名之流，他们的画想大出风头而不足，但在同类画中又确实不错。自己不甘于沉沦，理论家们也怜而名之，大概也有一点苦衷吧。

下面评判几位所谓"新文人画家"，其中有好话，也有坏话，但都是实话。如果读者和被评者听了在火冒三丈之后，能加以冷静的思考，也许有些好处。

南京的青年画家，实际上以王孟奇影响最大。南京大批年轻画家，都受过他的影响，有很多人就是他的学生。从作品上分析，这一批画人受王孟奇的影响之痕迹就更明显，包括朱新建、徐乐乐等人的成功，王孟奇的启导作用并不可忽视。据我分析，王孟奇这个人可能不善于钻营，既不能乞怜于权势，也没有奔走于评论家之门，所以，他没有成为编辑和评论家笔下的"最具影响力的画家"，但他毕竟画得好，不好意思排斥他，于是成为南京新文人画家之一。功名利禄，对于王孟奇来说，可能是可有可无的东西，他自乐于文人画这块净土之上，一任淡泊心理之游弋，借以排斥纷扰的俗世。他既不会拍胸脯自称英雄好汉，也不愿从俗顺流去追逐热闹，于是在他笔下出现的是萧散、清淡、悠缓的情趣，他的笔下没有狠而霸的墨痕，更没有狂而肆的线条，其画如其人。既有传统的精灵，又有不同于流俗的个人风貌，他的线条和造型皆是散而疏，不合于应有的结构，他的"冲破"在有意无意之间，表现了他对现实中某些现象的无可奈何的哀叹和消极的应付。一幅画技巧的好坏是次要的，在画面上看到画家的性情和心境是重要的。王孟奇的画之所以被很多年轻人欣赏和效法，正因为它反映了很多年轻人（年轻的知识分子）的心态。

可是王孟奇不是弄潮儿，他的画只是为了自己寻找一小块净土，因而他不想也不可能领一代风骚。这和他的思想情趣不能完全代表当代年轻人的思想情趣一样。

朱新建的画，在老一代人中取否认态度者居多，在年轻人中，他的画名超过了王孟奇，正因为他的画从内容到情趣，更符合年轻人的心态，他的知识水平和认识水平也基本上和现在大多数年轻人相等。据我了解，朱新建有一些知识，但知识并不广博，深度更不纵渊。他有一定的绘画技术（造型、笔墨等），但并不过硬，他读过一点书法，但在书法实践中并未入门。他看的书大概只限于明清言情小说及《金瓶梅》之类。但是，朱新建的长处是能把他所得到的小块土地（各种知识以及在这些知识影响下所产生的思想情趣）有机地统一起来，成为这小小王国的主宰，他把握自如驾轻就熟，物尽所用，情尽所泄，加上他的真率，所以，他的部分画有一种难以言传但可意会的情味，看后令人喜悦。但他的画也有很多一般化甚至很差的作品，看后令人摇头。

朱新建的画优在没有进入自觉境界，劣也在没有进入自觉境界，他的画也是自己真性情的流露。王孟奇与世无争，认真的消极，谨慎的散漫（不出格）；朱新建不拘小节，马虎玩世，甚至逢场作戏，除自己之外，万事不关心，唯适之者从。但他消极中也有积极的一面，他作画只是自适其意（好玩而已）。其画如其人，故其优秀之作，显示出其才子风流，劣作如有所云也令人摇头不顾。朱新建的画为人所好，正因为它是供人玩好之物，他本人可以成为某一范围内的名家，但不可能成为大家。他的致命弱点是理解力差，他曾认真地发表过自己的艺术见解，认为："宁要脂粉气，不要书卷气。"并在大骂书卷气之后，极力为脂粉气鼓掌叫好。他大概认为自己所画的小脚女人、半裸的荡妇就是脂粉气。实际上，他的精品画却正是有书卷气，而他的精品和劣品中都没有脂粉气。说明他不懂得什么叫脂粉气和书卷气。如果艺术修养不厚，年轻气盛时，身上有一种不同常人的"气"，画中也有一股不同常人的"味"，年老后，锐气消失了，味也就不存在了。很多老年画人的画反不如他自己青年时代的画，道理即在于此。新建的画，还可以保持相当一段时间的优势，等待他的将是每况愈下。新建读过我的文章后，如果发誓要打破我的预言，那就必须加强艺术修养。

几年前，我看过董某某的画，颇吃惊，认为当今世上还有一位懂得传统的人。董氏精心之作，除了气局狭小一些之外，其他皆无懈可击。

气韵、骨法、构图、用笔用墨，皆在一般人之上。有人批评他的画不老辣、不雄浑、不厚重，其实他的画优点正在于此。他的画以飘逸、隽秀、清新取胜，这正是吴地绘画的传统，董氏深得其精髓。他的最大长处是悟性好，十分难得。他在画上常钤一"我"字印，不知他是否承认苦功，然而他的成功正是苦功和悟性。他曾在行家指点下，在传统上三折肱，作画的技术颇为过硬，其线条颇有功力。然而他的修养并不高（自我感觉可能相反），理解力还没有超过他的手。他鄙视谦虚，常大言诳世，几乎骂遍了老一代画家，但却非常佩服吴毅。他的画当然也有精品之作以及一般化和怠漫(劣）之作，但他往往把自己的短处和败笔当做自己的佳作。实际上，他确实有很多好画。如果请一位懂传统而又负责任的批评家帮助选画，他的名气将不捧自高。董氏要想保持自己的优势，还要在画上下工夫，诗要孤、画要静，画画的人首先是静下来，更要加强艺术修养。如果说董氏懂理论，那只是误会，但因他悟性好，略一经意，便有所知，胆子又大，又敢于放言和下断论，水平不高的青年，便为其所震。倘能真正下点工夫，或有所成。

南京的青年画家还有范扬、黄柔昌二人，常被人忽视。范扬有传统，堪称鬼才第一，作画古拙与飘逸、浑朴与潇洒兼而有之，颇为难得，成就绝不亚于以上几人，乃至过之。可惜他的画曾一度在服务性上着力太多，影响了其艺术的发展。现在已迷途知返，走上正路，而且已产生了不小影响。范扬有实在的功力，比较起来，潜力也最大，他目前在研究考古和书法，也许当别人山穷水尽时，范扬却如三峡行舟。范扬不必要急于出名，大器晚成，来日方长。黄柔昌的画很孤立，其实格外难得，他的人物画风姿优美、秀雅隽逸，这正是真正文人画的标准。而且举世皆尚写意，逸笔草草，黄柔昌却十分认真，结构准确，造型不苟，笔墨赋彩，飘然有如藐姑射山处子之姿，生动宜人。前人之仕女画，有其气而无其韵；今人之仕女画，有其工而无其雅。但因当世青年人认真应世者不多了，而欺世玩世、游戏人生、马虎待物者居多，因而朱新建的放荡之作应运而生，黄柔昌的认真之作反而为人冷落，学之者更少；王孟奇的画可以带动一大片，黄柔昌只是一人。道理也正在于此。

与王之田合作，载《江苏画刊》1990年第5期

二十、野牛精神——老甲画杂谈

（一） 推动和脱落

近现代中国画的发展，一是沿着自己的传统，一是引进西法。前者会嘲笑后者皮相、没有传统，甚至根本不是中国画；后者会嘲笑前者老一套，缺乏大的变革。画家可以有其喜好上的选择，理论家却不容许有偏颇，也就是说，画家可以走极端，可以片面追求，理论家必须公正、全面。老实说，不论用哪一种方法，只要画得好就好。但怎样画得好，却值得注视。

老甲的画却异于以上二者所为。他基本上不用西法，也不蹈传统，然而，他又研究西法，又研究传统，时时对照西法和传统。他的画基础是靠传统推动上去的，但和传统型画家又不同。传统型的画家，在传统的基础上积累、加厚，如黄宾虹，无论其画怎样成熟，其新安画派、程正揆、戴本孝、程邃、石谿等人的基础仍在；或在传统的基础上积累、变化，如齐白石，无论其画怎样变化，八大山人、徐渭、吴昌硕的影子都有。在他们的画中都可见到传统的基础，在传统的基础上发展。

而老甲则不同，他的画向前发展，传统的基础却不再保留了，犹如用火箭发射卫星，基础的一节火箭燃烧完之后，就自动脱落了，不再保留了。于是又以第二节为基础，继续向前推进，第二节的作用发挥完之后，又完全脱落，不再保留。因而他的画不是靠积累，而是靠推动。传统的、西方的，都是推动他的画发展的动力，但他不积累它们，所以，他的画中既见不到西方的，又见不到传统的。　有人画过连环画，一生都摆脱不了连环画的影响，甚至画大幅创作画，也是连环画的放大，如有变化，也只是在连环画的基础上略有所增而已。老甲画过连环画，可他的画中毫无连环画的影子。老甲画过年画、工笔画，在他的非常大写意画中也完全消去了。当推动卫星的火箭一节一节的作用用尽后，就全部脱落光了，剩下的便是发光的卫星。老甲的画也如此，最终只保留他自己。老甲是怎样的人，从他的画中可以见出。老甲的画是怎样的，读者看他的画，自可知道，无须我去赘言；而且，我已经写过一篇文章论述了。这篇文章中，我不想再谈画，想谈一些画外的内容。老甲和他的朋友员冬鸣也告诉我，不一定篇篇文章都谈画，谈者和听者都会被弄呆的；可以借谈画为引导，写你自己的文章，做你自己的学问，或借题发挥，谈一些其他问题。我还是从老甲画的牛马谈起吧。

（二）　乾马坤牛

老甲画马，也画牛。古人常说："牛马走""当牛做马"。马和牛原是一类，在古代都曾为战争服务。《史记》记周武王灭商后，"纵马于华山之阳，放牛于桃林之虚，偃干戈，振兵释旅，示天下不复用也"。"不复用"即表示不再用于战争，可见那时，马牛主要用于战争，而那时的牛、马和老甲笔下的牛马一样，皆不是"孺子牛"。齐将田单曾以火牛效力沙场，冲杀燕军，大获全胜。马是战争必须之物，"哀鸣思战斗，迥立向苍苍"，这自不必说。唐太宗死，惟以六匹骏马刻于石碑上，树于陵前，这六骏，皆是他作战时之坐骑，是他建立基业的重要伴侣。不过，周武王时，马还不是坐骑，牛更不是。马直接为人骑，乃始于战国时之赵武灵王。有很多画家画周武王骑马，甚至电影电视上也有周武王前后时人骑马者，皆不知古也。春秋战国之际之前，绝无骑马者。那时人说的乘马，是坐在马拉的车上，四马为一乘，宋人画晋文公复国图有一马拉一车，晋文公坐在里面，也是错的，当时都是四马拉一车，但宋人毕竟知道当时未有骑马者。孔子周游列国，也是坐在车上。赵武灵王发明骑马术后，将军们才渐渐知道马可直接骑，且比坐车更灵便，更迅速，这也是世界上最早以马为坐骑者。马奔腾跳跃，良马可日行千里，在当时是最先进高明的运输工具。大概相当于今天的波音式飞机。所以，最受人们重视。继而出现了鉴定马的专家，伯乐、九方皋的出现都在赵武灵王之后，而不可能在其前。牛还没有成为坐骑，老子骑青牛，乃是后人演绎而成，一般情况下，牛走得慢，优哉游哉，但道家之徒，大抵皆隐居之士，无家国之忧，无人世之忙。逍遥游于山水林泉之中，慢腾腾，晃悠悠，这正和道家的精神状态相契，所以，后人以"老子骑青牛"为道家之精神，青牛更慢于黄牛也。但如果说老子坐在牛车中，倒是有道理的。牛的速度虽慢，但有耐力，善于负重，所以，作为运输工具，又不可少。马以致远，牛以任重。古人又以马喻天道和乾道，以牛喻地道和坤道，"乾象天，天行健，故为马；坤象地，地任重而顺，故为牛"。乾坤之大，独取马牛以为象，若夫所以任重致远者也。马以致远，牛以任重，不知是巧合，抑或是出于感觉，老甲画马，以力健著名，画牛则以气厚见称。"牛为坤"，这是传统哲学的说法，而老甲笔下的牛作为艺术品而言，即非"坤道"了，它不阳、不柔、不静，乃属于乾道也。

（三） 挥毫不画孺子牛

鲁迅的"横眉冷对千夫指，俯首甘为孺子牛"一诗被世人注意后，孺子牛的精神便成为时代的精神，世人争做孺子牛，俯首贴耳，唯唯诺诺，不争不抗。无论有多少恶势力袭来，有多少权势人物损国利己，有多少巧宦欺上压下，有多少以强欺弱者，也都在"孺子牛"的口号下，不作斗争，甚至温顺从之，任由恶势力蔓延和发展。有人说，在中国最容易生存的不是蟑螂，而是坏人和恶人，如果以牛喻人的话，中国的孺子牛太多了。连画家笔下的牛都是孺子牛，文人笔下也多写孺子牛，而冲锋陷阵，烧杀恶势力的野牛、火牛太少了。有人更认为这是鲁迅的精神，其实鲁迅首先说"横眉冷对千夫指"，"千夫所指，无疾而亡"，而鲁迅能横眉冷对，这是他的本色，面对"千夫"所指，他绝不做孺子牛，他以一杆笔，扫荡文坛的萎靡之风和恶势力，抨击和揭露官僚的丑恶，这正是野牛和火牛的精神。他的"俯首甘为孺子牛"是对于善良和弱小的人而言的。岂能在任何人面前都做孺子牛呢。世人曲解和断章取义于鲁迅，以致把孺子牛的作用扩大了甚至赞扬过分。其实牛还有另一面，还有另一种牛。

牛头上有两只硬角，这表明，它本是十分勇猛、十分威烈、十分倔强的动物。牛本不是孺子玩骑之物。前所云齐将田单以火牛效力沙场，《史记》《武经》皆有记。战国时齐国大将田单和燕国军队作战，集千余头牛，两角上绑上刀刃，两胁上束长矛，在牛后烧起火来，火牛大怒而冲向燕军，燕军大乱，死伤无数，强大的燕军就败在火牛角下。田单之后，火牛作为破阵杀敌的强兵之一，延续二千年。《武经总要》上还特别介绍"火牛"并绘有火牛奔冲敌阵的图。《穆天子传》上还提到一种"野牛"，郭璞注云野牛"肉皆千斤"。野牛又叫兕。《论语》中说到"虎兕出于柙"，可见野牛和虎一样地厉害，不是孺子可玩的。老甲笔下的牛是火牛，是野牛；他用浓焦墨纵刷横涂，其势如黑云压城。其肉有千斤，无丝毫的温顺之气。使懦弱者壮其气，魄小者张其胆，柔顺者增其猛，使一切恶势力，见之者惊恐，它固不能为孺子所玩骑，也不能耕犁负重，然却能气冲斗牛，力摧昆仑，有拉倒喜马拉雅山之力，这——乃是我们当今最需要的精神。

当然，孺子牛也是需要的，老老实实的牛更是需要的，宋诗云："老牛粗了耕耘债，啮草坡头卧夕阳。"李纲《病牛》诗云："耕犁千亩实千箱，力尽筋疲谁复伤？但得众生皆得饱，不辞羸病卧残阳。"这种牛还不可贵吗？还不需要吗？我们的时代仍然需要。但世有不平事，有以强欺弱者，有损国害民者，何可皆作孺子牛而处处俯首贴耳？张心斋云："胸中小不平，可以酒消之，世间大不平，非剑不能消也。"剑又能消多少不平事呢？而今世间大不平，非以老甲牛缚田单刃，怒而冲杀之，不能消也。

孺子牛固然需要，但孺子牛太多了，我们需要老甲式的野牛和火牛。需要天煞星、黑旋风来扫荡人间的龌龊之徒。现实中得不到的东西，只好从文艺中找到加以补充，因而，我喜爱老甲的牛。

（四）回归原初

宋人有一句话说："牛即戴嵩，马即韩干，鹤即杜荀，象即章得。"因为戴嵩画牛出名，所以见到画牛图，即谓是出于戴嵩之手；见到画马，即谓之出于韩干。后二句是玩笑。有一位大诗人姓杜，名荀鹤，因而戏之曰：见到鹤即谓之杜荀之鹤了。章得象即姓章，名得象，也被戏谑为章得之象了。这是就名气而论的。当然有名气的画家画都有些特色。然就阳刚大气一派特色而论，唐宋以后，恐怕应数老甲了。他在前人推动下，已走向极端，我绝对不是乱吹。从画牛的历史来看：梁武帝时陶弘景曾画《二牛图》，一牛散放水草间，一牛著金笼头，有人执绳，以杖驱之。这是因梁武帝带他出来做官，他画二牛，一牛虽散放但自由，一牛虽有金笼着头，但有杖驱之虞。此图已不可见。唐代宰相韩滉画《五牛图》，发扬陶画之义，一牛着金笼头，四牛散放。这画现存故宫博物院。五牛颇雄壮，线条粗阔有力，造型精确。但韩滉画牛不及他的学生戴嵩出名，嵩"乃过滉远甚"。记载中皆说他们画牛"能穷尽野性"。但二人画牛都以墨色刻画牛之形，不像老甲这样，借牛之形以宣泄力和气势。五代有历归真，南宋有李唐等，其画牛大抵皆以线条勾写形体后，再以墨色渲染，一毛一孔皆很精确。明代的郭诩（清狂道士）始用写意法画牛，他用笔随意点染，求潇洒清奇之趣而已。而后的写意法画牛大抵皆如此。

近人徐悲鸿喜画牛，徐少时曾以放牧牛为生，儿时情愫，时时再现于他的笔下。徐画马有奔腾大势，画狮有狂怒急愤之情，大率感于民族危亡、国家情急而作，固有不可一世之慨。然惟于画牛，多出于甜蜜的回忆，故笔下牛多类于孺子牛。

李可染画牛亦颇闻名，李斋号师牛堂，师的不是野牛的冲杀精神，而是老牛的兢业精神，故其笔下的牛老实厚道，有的被牧童骑玩，有的力尽筋疲，病卧残阳，大有"粗了耕耘债"之况。其牛皆俯首听命之相，无野、火之气。李可染的牛是时代精神的产物，但不是改造时代的力量，它是道道地地的孺子牛。

老甲的牛绝不同于他们，他不用笔墨表现牛，而以牛表现一种阳刚正气和磅礴大气，表现他自己的情怀。我在上一篇论老甲的文章中说他的画是一种精神，是一种哲学，是力的宣泄，是势的冲发，这正是我们时代所需要的精神，我们国家所需要的气魄。

有人要适应于时代，有人要改造时代，老甲属于后者，大概也是强者。三千年前，先民们便提出"移风易俗"，即要改变时代。而那时候的艺术也都是"肉皆千斤"的野牛和火牛式，商周青铜器艺术中的野牛都是如此，其体犹如铁铸，其力似无坚而不可摧，安稳如大山，群虎呼叫而不为之动。那时的牛，鲜有孺子牛，或立或行，皆有君临天下之慨。它只摧毁别人而不会被别人摧毁。那时我们民族多么强大啊。形态也反映社会的意识。老甲的牛不期然而然地回归到原初的形态。愿我们的时代精神也恢复到大气磅礴、君临天下、无坚不摧的时代。

愿颠移一下风气：各级官员们多一点孺子牛精神，革命者多一点野牛精神（现在正相反）。

愿阳刚大气再多一些，震荡我们的民族，扫荡那些阴暗邪恶萎靡不振之气。

本文为《论老甲的画》之节录

载《江苏画刊》1995年第10期；复载1996年9月15日《文论报》

二十一、阳刚大气别开生面——老甲和他的画

不久前，在京城北郊建立了一座老甲艺术馆，艺术馆开馆之际，同时展出了老甲新作六十幅。

老甲是画家贾浩义的号，他于60年代初毕业于北京艺术学院美术系，严格的素描和色彩训练，使他具有了坚实的造型基础。毕业后他做过文化馆的美术干部，曾把一个区的美术工作搞得热火朝天。他下过工厂，去过农村，培养了很多美术人才。他为了适应当时社会需要，还长期从事连环画和年画的创作。70年代后期，他调入北京画院，才专门从事中国画的创作和探索。他现在是北京画院的一级美术师。

艺术的生命在于创新，创新有多种途径，在原有的基础上或发展、或变化、或另起炉灶是一种，抑或借鉴外国的方法是一种。

老甲是各种方法都同时用，又都不完全用。完全丢弃传统，另起炉灶，则内涵缺乏底蕴。像一般画家那样在传统的基础上变化一点，老甲则认为不够，他要创作一种全新的形式，同时又能反映时代精神的艺术。他采取的是推进式，我曾分析他的画犹如火箭式的前进，当第一节完全燃烧之后，便自行脱落，不再保留，然后再燃烧第二节。他的画每向前推进一步，原有的形式便完全否定，不断地自我否定，由十分精细的年画和连环画形式变成了今天的"非常大写意"，由具象渐变为抽

象，但又不完全抽象；早先的艺术形式完全不见了，但又都内化于现在的形式之中。因而老甲的画貌似简单，实则十分雄厚而丰富。

老甲原先以画马、画牛享誉画坛，现在又画山水。他用浓焦墨猛扫，纵横恣意，毫飞墨喷，如雷鸣电闪，倒海翻江，具有强烈的震撼人心的力量。很多学者论他的画是"重锤敲大鼓"，是力的宣泄，势的冲发。他的画不是纤细小巧的，更不矫揉造作；都显露一股极强的磅礴阳刚之气，这正是我们时代所需要的精神状态。

载《人民日报》1997年11月20日

二十二、若有一笔是画也非画
——说老甲（贾浩义）的画

一幅画能否引起人的联想，能否启动人的想象力，是判断这幅画的价值标准之一。

看了老甲的画，我产生了不少联想：曾经在朦胧中读过一篇文章，所以记得大概，是说某官员在酒席上忽然大叫："啊，这酒坏了。"众从皆惊，问："酒如何坏了？"答曰："酒气太重。"酒当然有酒气，何谓坏了呢？他说出一番道理，似乎是好酒应该具有如何如何的品质，大抵是醇、醹、醇醴、酥等等以及香、清、润、圆等等，若酒气太重，则酒的真正品质就被掩盖了。笔者从不饮酒，对于酒讲不出名堂。但笔者研究过玉，知道玉实际上不过是石的一种，玉之所以珍贵，是从玉身上看到了君子的品德。《说文》记玉有"五德"，《礼记》记玉有"九德"："君子比德于玉焉，温润而泽，仁也；缜密以粟，知也；廉而不刿，义也；垂之如坠，礼也；叩之其声清越以长，其终诎然，乐也；瑕不掩瑜，瑜不掩瑕，忠也……"珉和玉相似，但"君子贵玉而贱珉"，就因为珉不具有"九德"。如是看来，玉之所以贵，不是玉的本身，而是从中看出"君子"德风了。

画画也如此，什么是画呢？《广雅》云："画，类也。"《尔雅》

云："画，形也。"《释名》云："画，挂也。以色彩挂物象也。"就是说画要类某物，要象形，要有彩色。但是好的画之所以珍贵，并不是画的本身，而是画中所显示出的某种精神意义。明代大画家董其昌力求在画中见禅，他的画室叫画禅室。他的学生、明末著名禅画大师担当和尚作画，更了不起，担当的画既不类，又不讲究形，更无彩色。我们看他的画犹如九方皋相马，马是牝是牡，是骊是黄，都忽略了，只见出千里马的本质，在担当画中，形、色都令人视而不见，但见一片"空、冷、静、净"气氛，表现出的禅意更浓。他自己题画云："若有一笔是画也非画，若无一笔是画亦非画。"若以类、形、色而论画，他的画形不形、色不色，确无一笔是画；但如果说画并不是只表现类形彩色，而应该具有更深层的东西，比如担当自己的画是用来表现他的禅心，也就是说所谓画，应该是禅，每一笔都应该具有禅意，这才叫好画。若如此论之，他的画又每一笔都是画。这段话颇有点哲理，应该请一些哲学家来把它说清楚。我们现在还是谈画，谈老甲的画。

老甲的画真可谓"若有一笔是画也非画。"那猛烈的笔触，浓重的墨点，纵横涂抹，恣意挥洒，狂飞乱舞，为所欲为，视一切法度传统于不顾，它是类？是形？是挂物象的色彩？都不是。所以，无一笔是画，有人说他的画是一种精神，是一种哲学，是一种用来解释中国画博大宏深思想内涵的全新美学观念。颇有道理。如果说精神、哲学、美学观念可以是画的表现，即是说画是精神、哲学、美学观念的升华和形态，那么，他的画又每一笔都是画。

老甲画的特点之一就是：他绝不用笔墨去造型，他认为那是简单的事。作画为造型服务，他是不屑为的。他的造型是为笔墨服务的，他的笔墨表现的是他个人，表现的是他的风度、气质、品格，表现的是一股阳刚正气和磅礴大气。在当前画坛上到处充塞着阴柔纤细画风的时候，老甲的画尤显得可贵，它扫荡了横拥满道的萎靡细弱之风，使人们的精神为之一振，还使人知道中国的绘画除了小巧秀雅画风之外，还有这种磅礴大气，发人振奋的艺术。

明清以来，南方的部分文人以其本身的虚娇之气提倡静净气、书卷气。当然，画中有静净气、书卷气是好的，但这不是惟一的标准，还有阳刚之气和磅礴大气，雄强之气和浑厚之气。但这些都被南方的文人们斥为俗气、匠气，纵横习气，于是很多画家的个性遭到压抑，多种风格被扼制。我曾在《从阳刚大气谈起》（载《美术》1992年第6期）一文中分析了这种现象对我们民族的危害性。

实际上，真正有书卷气的画并不多，多数画家从外表上模拟书卷气，谨小慎微，用笔不敢着力，表现的不是自我，而是一种理论模式，弄得面目全非，画坛上一片柔弱虚假之气。直到近代一批敢于革新的大画家如吴昌硕、黄宾虹、傅抱石等出来，才给画坛上增添了一股生气。这股生气，正是明清文人所痛骂的匠气、俗气、纵横习气和恶习。但是受其影响的一代画家，又因缺少内在气质，也只是从外表上模拟，结果胡涂乱抹，貌似粗壮而实空虚，观者仍然不满。于是一部分画家又转向西方绘画，企图借用西方的绘画方式取代中国画，但中国绘画植根于中国的大文化基础上，西方绘画植根于西方大文化的基础上，想将西方绘画的形式和内涵嫁接到中国绘画中并取得很好的效果也是十分困难的。于是又回复传统，加之传统的势力本来就很强，柔弱气毕竟在中国画坛上风靡了几百年，一回复就回复到这种柔弱细秀的画风上来了。尤其是江南画家，因习性相通，有意无意地回复到细秀的传统上来，但也新鲜一时，全国画家都跟着学，又弄得一片柔媚之气，画家们都认为只有这样才是传统。老甲的画在这时出现，具有巨大的冲击力。他的画不是传统的翻版，古人讲究的绵里裹针、含蓄、圆润、不露圭角等，他都完全弃而不顾，而且反其道而行之。他的画是彻底的暴露型的，内刚外也刚，笔墨横冲直撞，根本不计较什么圆和润，有时还干而枯，都显示出一种猛烈的气势，人称之为"非常大写意"。如果要在绘画中寻找现代语言，这就是现代语言，是古人从来没有过的。他画的《巴特尔》《快乐的穆斯林》《出牧》《驰》是马还是人？似是又不是，但皆像一阵旋风，齐白石题画云"可恼无声"，老甲的画中似有呼呼的啸声，他画的

《涛影》《晨曦》《铁流》皆似马、似山又似风，在毫飞墨喷、惊飙戾天的气氛中，似有万马奔腾之慨，但又无一具像之马。作者借用现代抽象主义画法，但又不是绝对的抽象，无一笔是画，无一笔非画，他创造了古今中外没有的画法。

《六十四卦经解》有云："成象之谓乾，效法之谓坤。夫乾其静也专，其动也直，是以大生焉。夫坤其静也翕，其动也辟，是以广生焉。"就是说乾属创造性的，坤属效法性的，任何事必须有创造，也必须有效法。无创造，则新的东西不会出现，真正的创新只是少数人；无效法，则新的东西不广生焉，独创的势力就不得扩展。乾又为阳，为刚；坤又为阴，为柔。老甲的画是阳刚性的，又是独创的，应属乾。明清以来，我们的艺术属坤的太多了，明初的浙派是效法南宋院体的，中期的吴门派是效法"元四家"的，"元四家"又是效法董、巨的，后期的松江派又是效法吴门派的，清初的"四王"，又是效法松江派的，清代的绘画又都是效法"四王"的。"效法之谓坤"，坤为阴、为柔，因而我们的艺术阴柔的太多了，阴盛则阳衰，至今都没能改变，艺术正是民族精神的反射。一阴一阳谓之道，一乾一坤谓之天地。那么，我们的艺术急需"乾"道，急需阳刚和创造，也就急需老甲式的艺术。

至于老甲的艺术出来后，有人效法，那是自然的事。我倒担心的是效法者能否效法得了，因为"效法之谓坤"，坤不可能像乾那样刚猛强大。老甲的画不是画，而是力的宣泄，是势的冲发；像大风暴在呼啸，似狂海涛在奔腾；如闪电惊破宇宙，似雷鸣撼动群山。这正是我们时代所需要的精神，我们国家所需要的气魄，倘能广而生焉，则时代幸也，国家幸也。

愿老甲式的艺术成为时代艺术的主流，愿我们的民族多一些阳刚大气，多一些"乾"道。

载《中国画》1993年第1期

二十三、聪明·文·野·化境
——谈吴冠南及其画

　　吴冠南的"才"超过他的"学"，"学"又超过他的"学历"。看了吴冠南的画后，又引起我深深的思考，思考到现在，落实到"聪明"二字。"聪明"才是成功的基础，同样的天时、地利、人和，有人成功了，有人不成功。不聪明的人费尽力气，未必能成功一件事；聪明的人未必大费力气，都能成功。《人物志·八观》有云："是以观其聪明，而所达之材可知也。"

　　孔子还没有谈到"聪明"问题，孟子提到"师旷之聪，不以六律，不能正五音"。这个"聪"指审听音乐的耳力，和现在我们说的"聪明"一词有联系，但意义不完全相同。在更早一点《尚书》《管子》书中也提到"聪明"问题，我怀疑是后人加的内容。到了六朝时代，"人的自觉"引发人对人的研究思考，于是便得出"聪明"一词，刘邵著《人物志》，是论人的，开头一句便说："夫圣贤之所美，莫美乎聪明。"可见"聪明"是十分重要的，"众材得其序"，小材、中材、大材（才）都看其聪明程度如何。"聪明"的本义是耳目明，能明断一切，干什么事都要清清楚楚、明明白白，画画也一样，糊里糊涂是画不好画的，甚至优劣都明断不了，如何用笔、如何用墨、如何构图、如何用色，都糊里糊涂，那就肯定画不好画。为什么有人明白，有人不明白；有人知道看书，有人不知道看书；有人看了书便明白，有人看了书仍不明白；有人听别人一讲就明白就记住；有人听别人讲也不明白也记不住，问题就出在"聪明"二字。"记得住"是记忆力问题，科学家研究，"记忆力"是聪明的核心，所以，"记得住"也是聪明不聪明的问题。我断定吴冠南的记忆力不会差，知者都说他的记性很好。

"聪明"人还有一个特点，即兴趣广泛，一触即通。冠南少时好音乐，无师自通，能识谱，闻音即能诵记。他拉二胡、拉提琴、弹琵琶都接近专业乐手的水平。

但冠南后来还是决定专意于画。他对于画也是无师自通，天性得之。虽然，宜兴这地方出了很多大画家，仅近现代，徐悲鸿、吴大羽、钱松嵒、徐明华、吴冠中等，都是名震国内外的人物。但冠南开始学画时，这些人对他都全无影响，他甚至不知道这些名家。12岁时，冠南忽然想画画儿，于是便随手涂抹，见到什么画什么。因为自己爱画，也去看别人的画，他没有钱买画册，便到附近废品收购站中挑捡，废品收购站收购很多废报纸、旧书、旧画报等，因为当废纸收来，十分便宜，小孩子去撕下几张画没有太大损失，冠南便从中挑一些自己喜爱的画撕下来，作为自己的"收藏"和学习范本用。当时像他这样小小年纪，喜爱画，差不多就以像与不像论优劣，正如苏东坡说的"论画以形似，见与儿童邻"。论画以形似为标准，这就同于儿童的见识了。但冠南却一眼看中了吴昌硕的画。直到现在，冠南也不理解他当时为什么看中了吴昌硕的画，他当时并不知道吴昌硕是谁。吴的画也并不像，而冠南当时也并不理解传统。

我想，这就是"天性得之"。12岁时，他忽然想画画儿，并没有人指点他，更没有人强迫他学画，甚至他也没有看到别人画画而受到启发。吴昌硕的画，一般小孩子也不能理解，12岁的冠南更没有受过艺术理论的训练，他也不能道其所以然，但他却莫名其妙地爱上了吴昌硕的画。这就是艺术学上所谓艺术家的天赋性的生理因素，中国古人说的

"性之所出""神于好""天机独到，取成于心""以天合天"。吴冠南至今没有拜过什么名家为师，没有成为某某人的入室弟子。他只说自己自幼私淑吴昌硕、八大山人。实际上他完全是自学，也就是前面说过的"无师自通"。他自通，一是出于先天性的禀赋；二是他除看画外，也注意读书。聪明人以读书为兴趣（不认字人例外），他读诗词、小说，也读绘画史和理论书籍。他从书上知道清人编的《芥子园画谱》是供自学者学习的好东西，便设法找到《芥子园画谱》，每日临摹，功底日渐踏实、深厚。

同时，他继续读书，知道要画好中国画，必须写好字，于是他便练字，他的书法从颜真卿入手，然后上溯秦汉及春秋战国，于石鼓文、石门颂著力尤多。有了籀、隶、楷奠基，书法的笔法他基本省悟，而后便不专临一帖一碑，唐宋元明清的大书法家作品，凡是他喜爱的，无不手摹心追，渐渐地，形成了他个人的体系——天真自然、潇洒简远，也正和他的画浑然一体。

冠南早期的画，我见到的原作不多，但知道他走的是吴昌硕的路子，也以花鸟画为主，用笔粗犷、深沉、浑厚。不但形似吴昌硕，而且也确实神似，如果不是书法有别的话，几乎被人误认为是吴昌硕的作品。继而，他又吸收八大山人的画法，作品略有变化，但仍以"吴派"成分居多。再后来，他的画即减少了"吴派"的粗犷，而增加了雄浑和厚重。虽仍能见出"吴派"的根基，但已超出了"吴派"范围。一个聪明的画家不会永远为他人所囿。

冠南的画，80年代后期至1996年间的作品，我见到甚多。大体有三种风格，其一是用细而劲的线条勾写物象的大概形体，然后加以大写意的墨和色，墨或淡或浓，色亦或淡或浓。吴昌硕的画线条和墨色皆粗犷、浑厚，无处不统一。而吴冠南却完全改变了，他的细劲线条完全不同于吴昌硕的篆书似的粗犷线条，墨色虽然是大写意式，但却清闲淡逸，和吴昌硕的粗浑也完全不同了。当然，吴昌硕的画在某一方面达到极致，形成个人风格，这是他的长处。而且，吴冠南已知道制造矛盾和解决矛盾，细线和大写意的墨色同居一画，这一对立的矛盾又统一起来，画面则显得奇特。对立的统一，一向是中国古代哲学的基础，冠南则用之于画。《韩非子·扬权篇》有云："一栖两雄，其斗谇谇"。两只牛都是雄的，就不对立，因而在一起就会争斗，其叫谇谇。如果一公一母两只牛在一起就安静了。《易经》是儒家哲学的基础，其《革第四十九》有云："二女同居，其志不相得。"两位女性居在一室，只有统一而不对立，必然互相妒忌、互相攻击，而不得安宁。若一男一女的对立体统一于一室，就安静了。朱老夫子也说："……男必求女，女必求男，自然是动。若一男一女居室家后便定。"（见《语类》卷五）并说这是"天下之理"。吴昌硕画中粗笔粗墨，粗线粗色，虽气势有余，而宁静文雅不足也。因为它没有对立的东西。这正如"一栖两雄，其斗谇谇。"而恽南田的画，色、墨、线都是十分文静的，秀润有余，则气势不足，太弱了，这正如"二女同居，其志不相得"。当然，我并不是说吴冠南的画就超过了吴昌硕和恽南田，但他却解决了这一矛盾，不专于文，也不专于野，而使文、野居于一体，因而他的画既不粗浊，也不文弱。冠南第二类风格画是淡墨湿笔。他缓缓地画，用笔如屋漏痕。因为笔墨很湿（水分多），色墨都晕出线条很多，形成一种天然的趣味。加之他用笔的功力和造型的夸张以及吸收一些现代派的构成法，因而风格也颇为突出。其画风虽文而不弱，虽野而不粗。

　　冠南第三类风格画是粗笔焦墨。这类画，若仔细寻觅，还能看出有一点吴昌硕的影子，但他的粗笔却不狂野，更不粗猛，他仍然轻缓地写出，质粗而文细；而且他用焦墨，墨不变而笔变，笔变而墨自变，这都不同于吴昌硕。也是文与野居于一体的。

　　他有时还用焦墨颤笔法，颇有金石趣味。颤笔法始于南唐李后主，南唐画家周文矩发扬之。但李后主和周文矩的颤笔法只是使线条有节奏感，而改变了六朝"春蚕吐丝"式，并无金石味。清初大篆刻家程邃作山水画借用金石法，似有颤笔意。但现冠南画花鸟画，其法都和他们不同，不知是其独创，抑或是借鉴程邃法而变化。总之，效果是不同凡响的，方法也不和古今人同。

最近两三年间，冠南画又一变也。其法皆已进入"化"境。

其一，他将传统的笔墨打散。传统的文人画反对大块墨色，而是一笔一笔地写出，处处见笔，从"元四家"到董其昌、"四王"皆如此，尤其是黄宾虹，画山水，即使是大块山石，也是用线条笔笔写出，连染色也是笔笔写出，像"浙派"画家画山水用大笔墨涂写者，文人画家是最反对的。但大写意花鸟画家似乎还没有完全解决这一问题，吴昌硕、齐白石等画花叶，尤其是画荷叶，仍用大片墨色，中国画贵在笔墨和气韵，通常以笔取气，以墨取韵，然则气不重，则韵无所附，气高韵才能雅。大片墨色虽能见笔，但笔已墨化了，仍然是见墨。黄宾虹画花鸟已注意到这个问题了，他画鸟很少用墨抹写，多用线笔笔写出，画花也尽量用线，他一般极少画荷叶，大概是荷叶中大片墨色无法笔线化，也就是无法书法化。吴冠南则超越了花鸟的形的羁绊，把大片的墨色打散，笔笔写出或点出，即使画大荷叶、大石头也如此，这就把花鸟画完全书法化了。

中国传统书画的创作，历来讲究"散""淡"，即完全放松，彻底自由。冠南作画用笔轻松自然，犹如按着音乐节拍在舞蹈，自由自在，潇洒而舒畅，人潇洒，则画亦潇洒；人舒畅，则画亦舒畅。

画画人如果提笔在纸上左顾右盼，不知如何下笔，或者造型把握不好，需要临时去捕捉形象，或者笔墨技法不熟，不知如何用笔、用墨，那就不轻松、不潇洒了，他画出的画来，也不会潇洒和轻松；或者其用笔虽熟练，但不得法，或用缺乏弹性的直线横竖勾划（如用米达尺在画框），或妄生圭角，好到"几到古人不用心处"。可见"不用心处"是最高境界，"不用心"不是不认真，而且"随性而出"，越率意，越自然越好，"随性""随意"而不需用心去计较。过于"用心"去画画，这一笔要达到什么目的，这一笔要画什么型，这一笔要出什么效果，如会计在拨算盘珠，或如工程师在画效果图，无意外之趣，无自然之味。作画用心去排列笔墨，那就和机械师差不多了。又如跳舞，舞步不好的

人，跳四步，用心地数步了，一、二、三、四，结果越用心，越会踏着
别人的脚，越是跳不好；舞步好的人，根本不需用心去数步子，顺着音
乐的节拍，自然而潇洒，更不会跳错。作画亦然。冠南作画也"几到古
人不用心处"，他的画只"随性""随意"而出。

其二，冠南的画把原来淡墨湿笔一路，又加以西方现代派之构成
法，增加了大块的色、调和画面的构成，加强了对比统一的效果，但他
的大块色不是涂填，而是写出，其中仍有笔墨的情趣，而且他把花鸟形
象又加以变形，书法（题字）也参与构成，效果也颇独特。

其三，写意重彩。在花鸟画史上，北宋徐崇嗣在其祖徐熙写意法基
础上创没骨法，即用彩色直接画出，而不用勾勒后填色。"写意"和
"没骨"的区别是："写意"画用笔草草，写形不严谨，"没骨"法用
笔严谨、造型精严。明人沈周又用"没骨"法画花卉，清人恽南田将
"没骨"法发展到极致，但用的都是淡彩。吴昌硕、齐白石画花卉用重
彩，但以墨骨为主。吴冠南的重彩写意法介于二者之间，他抛弃墨骨，
全用重彩，似没骨，又似写意，既不狂放，也不拘谨，用多种重彩（胭
脂、朱砂、朱磦、雄黄、石绿、石青、赭石等重色）轻轻缓缓，随意写
出，轻松而自然，又与古今之法大异其趣，这是他的独创。我很希望冠
南把这一法发展下去，成为花鸟画史上一个既新又成熟的品种。

冠南年不足知命，而多种风格的绘画都已达到"化境"。诚为难能
可贵。

我曾为冠南题词曰：

清初花鸟画，恽南田开毗陵派，吾尝叹其画太文。清末花鸟画，吴
昌硕开后海派，吾每哀其画太野。今宜兴冠南君出，文、野合为一流，
古法传灯，吾无忧也。

载《江苏画刊》1999年第9期

二十四、笔墨等于灵魂

我又按捺不住了，不写受不了啦。

"笔墨等于零"的谬说十年前就偷偷地流传，我听后，一笑置之，实在不值得一驳。后来竟堂而皇之地出现在报刊上，我也不想理会，因为这种说法太无知。再后来居然到处发表，有人送我一本《艺术散步》，不幸看到这篇文章，是吴冠中写的，1997年上海社会科学院出版社出版。《笔墨等于零》之末，介绍吴冠中是教授，这是我第一次听到吴冠中的姓名，我一直研究古代美术，对当代画家不太关心。一个教授居然讲出这样话来？！真令我惊讶。这次，我不再一笑置之了。我已感到问题有点严重了，恐怕不是出于无知。再注意，1997年11月13日《中国文化报》上又发表了这篇文章，1998年第2期《美术观察》"论摘"中摘转了这篇文章。1998年第2期《中国画研究院通讯》上又全文转载这篇文章。我是世界上气量最大的人，还是忍受不了，很多画家也恳切地请我出来写文反驳，以正视听，以免贻误青年。

首先，吴冠中根本不懂得什么叫"笔墨"。中国画家所说的"笔墨"，是一个专业术语，指的就是构成画面的笔和墨，离开画面就不是我们说的"笔墨"。质言之，我们只有欣赏中国传统绘画时，才用"笔墨"一词，我们说画上的"笔墨"如何如何，离开画面，又遑论"笔墨"？墨水瓶倒了，墨汁淌在纸上，没有任何人说它是"笔墨"；和画画无关的胡涂乱抹，也没有任何人叫它"笔墨"。至于孤立的毛笔和墨水，只是工具，和绘画术语中"笔墨"无关，相信吴冠中说的"笔墨"不是指工具，即使指工具，吴说也绝对荒谬，笔和墨明明存在，怎么等于零呢？画家要花很多钱才能买到笔、墨，"零"还能卖钱吗？笔厂、墨厂还能存在吗？当然，吴说指画面上的笔墨。"笔墨"一词始于唐末山水画大家荆浩，他在著名的"六要"中说到作画人必须明白"六要"，一曰气，二曰韵，三曰思，四曰景，五曰笔，六曰墨。经过荆浩的阐说，笔墨遂成为中国画技法的代名词，同时也是评价一幅画高下的重要标准。吴文中说："我国传统绘画大都用笔、墨绘在纸或绢上，笔与墨是表现手法中的主体，因之评画必然涉及笔墨。逐渐，舍本求末，人们往往孤立地评论笔墨。喧宾夺主，笔墨倒反成了作品优劣的标准。"从逻辑上推理，笔墨等于零，一万个零仍是零，那么，"我国传统绘画"岂不是"零"？"笔墨等于零"，笔墨又是传统绘画"表现手法的主体"，这不就是说零是主体吗？这是些什么道理呢？

吴冠中文中说："书画中讲求的屋漏痕，……显得苍劲坚挺"，"米家云山湿漉漉的点或倪云林的细瘦俏巧的轻盈云线"，都是"好笔墨"。自己说"笔墨等于零"，自己又说是"好笔墨"，这不是自相矛盾吗？

吴又说"笔墨只是奴才"，（奴才也是能干事的，也不等于零），这种比喻真是莫名其妙，"笔墨"是画家画出来的，如果硬比作"奴才"，画家才是"奴才"，你看，一张白纸上之所以出现笔墨等等，都是画家在效力，画家不是"奴才"吗？当然，我这是从吴冠中文章中推理而来的，我本人并不真心说画家是"奴才"，画家们且慢骂我。

吴文中说"笔、墨……价值源于手法运用中之整体效益"！其实就是"笔墨的效益"，怎么能说等于零呢？吴冠中也承认"评画必然涉及笔墨"，但又反驳"笔墨倒反成了作品优劣的标准"。吴的反驳错了，绝对错了。吴冠中谈的是传统绘画，我们可以说"传统绘画"作品优劣的标准就是笔墨。至少说主要就是笔墨，在一定程度上说：绝对是笔墨。我们看黄宾虹的画，除了笔墨功力外，那房子、树、石造型、颜色，有什么了不起？不要说美术系的学生，小孩子也画得出，可是其笔墨的魅力，自黄之后，几代画家，数十万之众，无一人能达到。黄宾虹之所以能成为一代大师，关键在笔墨，我看黄宾虹的画，既不看其山水，也不看其人物，只看他的"笔墨"。黄公望、倪云林、董其昌、四王、四僧的画，妙都妙在笔墨，评论其作品优劣的标准就是笔墨，画面上的气韵生动等也在其笔墨上见之，笔墨一俗，画就俗，笔墨粗劣，画就粗劣，笔墨纤弱，画就纤弱，一切都表现在笔墨上。画面上一切都由笔墨派生出来，都由笔墨显示出来，所以，笔墨等于灵魂，不是"喧宾夺主"，本来就是主、就是君、就是灵魂。没有笔墨就没有优秀的传统绘画。八大山人的画，好在哪里？好就好在笔墨，你没有他的笔墨功力，你就画不好。吴冠中说强调"笔墨"是舍本逐末（末也不是零），又错了，笔墨不是"末"而是"本"。优秀的画家不是用笔墨去造型，而是造型构图都为"笔墨"服务。一幅画上，需要加一棵高树，需要一些小草，又需要加一块大石，又需要一个人物，都是笔墨的需求，这一块要黑，这一块要白，也是笔墨需要。大画家作画，以取势开始，一笔下去，便决定下面需要什么样的笔墨，以笔墨取势，势中见笔墨，二者是不分的。但功夫还在笔墨中见之，艺术水平的高下更在笔墨中见之，笔墨是本，不是"末"。形式是需要的，但仅有形式就不耐看，笔墨好才耐人寻味，黄宾虹的画不就如此吗？明乎此，方能成为大家。

工笔画也要好的笔墨，但更重要的在色彩。代表传统中国画主流的是写意画。写意画家练的一辈子是笔墨，读书明理也表现在笔墨上。"书人不可无年矣"，"画人不可无年矣"！年龄不到，火候不到，黄宾虹、齐白石都在差不多九十岁时才画出好画，也在笔墨上消耗了一生心血。笔墨岂能等于零？

至于吴冠中文章中两次说到："脱离了具体画面的孤立的笔墨，其价值等于零。"前面我已说过，吴冠中根本不懂什么叫笔墨，"脱离了具体画面的孤立的"就不叫笔墨。如果你硬叫它"笔墨"，因为它"脱离了具体的画面"，又有什么讨论价值呢，我们讲的是画，脱离了画，又讨论它干什么呢？

但我要郑重声明：脱离画面的不叫笔墨，"笔墨的练习"却是绝对可以"脱离了具体画面"地"孤立"地进行练习。传统中国画的基础不是素描，而是书法，书法就是"脱离了具体画面的"。传统画，书法好，画就好；书法弱，画就弱。从八大山人到黄宾虹、齐白石、潘天寿、陆俨少，画的功力就是书法的功力。画画者练字（也就是"脱离了具体画面"地"孤立地[练习笔墨]）比"整体形态"地练习要进步快得多。其价值岂能等于零？

吴文中还讲了一些莫名其妙的话，我没有时间一一反驳，他最后又说："正如未塑造形象的泥巴，其价值等于零。"这比喻也是不大恰当的，我对陶都宜兴紫砂艺术作过一点儿研究，写过两本书。吴冠中是宜兴人，也应该知道中国的紫砂壶只有宜兴的好，就因为宜兴的泥巴好，这泥巴未塑造形象时，就有价值，开采出的生泥巴就值很多钱，艺人们把生泥巴变成熟泥巴就更值钱。有了这些泥巴才能造壶或塑造形象，价值岂能等于零？当然这个比喻的更不恰当处是"我国传统绘画"的笔墨中包括画家的功力、思想情怀，包括吴冠中说的"视觉美感及独特情思"，荆浩解释"笔墨"就有"不质不形"，却"如飞如动""文采自然，似非因笔"之说。按照吕凤子先生的说法，孤立的线条中也能反映人的各种情思，这是绝对正确的。我们常说某人画中"无笔墨"，画中明明有笔有墨，否则，还能称为画吗？又为什么说"无笔墨"呢？就是因为其笔、墨中缺乏人的功力、缺乏人的"独特情思"，所以，笔墨中必须有人的功力和独特的情思，否则也不叫笔墨。所以，传统中国画的最高价值就在笔墨中，灵魂就在笔墨中，岂能等于零！！

黄宾虹题画云："画之气韵出于笔墨。"又云："国画民族性，非笔墨之中无所见。"又《与傅怒庵书》云："尝悟笔墨精神，千古不变。"黄宾虹是真正的大画家大宗师，他的话是正确的。我们宁可相信黄宾虹，而绝对不能同情吴冠中。

吴冠中自己不懂笔墨，不懂传统，连个毛笔字都不会写，反而诋毁传统。一会儿说传统等于零，一会儿说笔墨等于零，只能说你太无知了。当然，你的画没有传统，也有人看，那是因为你在革新上、形式上下了点工夫。你走的是另一条路，恐怕也是不懂传统逼出来的一条路。但你的画也仍然是靠笔墨表现出来，没有笔墨，又哪来你的画，笔墨岂能等于零！你的路，我们不否认，但你也不能否认别人走传统的路、走笔墨的路。"大路朝天，各走一边"，又何苦责骂别人的"一边"呢？

此外，中国画的优劣，要靠中国的内行说才算数。外国人，十万个外国人掏钱，一百万个外国人叫好，把喉咙叫出血，也无济于事。一千万个外行把天叫破了，也赶不上一个内行的淡淡一句话。我这话是什么意思，还望体会。我曾发表过"反对殖民文化"的文章，很多人给我讲，吴冠中的画就属于"殖民文化"，属于垃圾。我说"吴冠中的画还不是殖民文化，顶多是半殖民文化"。当然这是开玩笑的话，但是……（还是不讲了吧，言多必失）

最后，我还要附录几句话。我这篇文章一旦发表出来，围攻、咒骂，必然铺天盖地而来，我的朋友以前曾骂我"恣意评点前贤"，现在又该跳出来大骂我"恣意评点时贤"了。"时贤"难道不能"评点"？不但咒骂我现在，更会有人揭我的老底："你陈传席想干什么？你评钱锺书，评鲁迅，评郭沫若，又评刘海粟，又评张大千，现在又评吴冠中，你到底想怎么样？"老实说，我有很多正事要做，很多重要的学问要研究，我真的不想写这类文章，我只是想维护中国的传统，不希望有人误导青年。

殖民文化，半殖民文化，这一批人都企图打倒中国传统文化，公开叫喊"打倒"，恐怕不起作用，公开宣布"取消"，他们又没有这个权力。于是便采取釜底抽薪的办法，传统中国画的灵魂是"笔墨"，于是便到处宣扬"笔墨等于零"，把"笔墨"否认了，中国画也就否认了。用心可谓良苦。学习中国画主要学习笔墨，宣扬"笔墨等于零"，叫青年们不要研究笔墨，长此以往，中国画失去了灵魂，仅剩外形，不亡亦亡。然而，"吾舌尚存"，你们有毁坏中国画的用心，我们也有维护中国画的权利。所以，我只好出来讲几句真话、实话，至于话是好听是难听，还要看他的话有没有道理。你们围攻我，咒骂我，甚至用行政手段组织人马陷害我，我都不会计较。这几年来，那么多人对我造谣、污蔑，甚至侮辱我的人格（有人甚至编造了我给他打电话，登门赔礼道歉和认错的无耻谎言，很多报纸在没有任何证据，也不向我取证的情况下，居然发表这些谣言。谣言能惑众，但不能最终解决问题），我也都一笑置之，不辟谣，不反驳，听之任之。我经常说：仇人害你，只能损伤你的皮毛；朋友害你，就会损伤你的性命。这几年，仇人、朋友都出来咒骂我，陷害我，希望我不要讲话。但气死也是死，憋死也是死，被人攻击、陷害死也是死。等我死后，你们想怎么讲就怎么讲，那时我已无法过问。现在还不行，我活着，就要尽到对中国文化的责任，其他的，夫复何求？

《孟子·滕文公篇》有云："外人皆称夫子好辩，敢问何也？"孟子曰："予岂好辩哉？予不得已也。"嗟夫！夫子代我而言也。

二十五、什么是大师

　　有人问我，吴冠中能不能算大师？我的回答：首先要弄清什么是大师。据我的研究，凡是大师，必是：包前孕后的。"包前"不是"综前"，大师的画中必然包含前代传统的精华，必能看出绘画发展的轨迹，必能表现出个人的、时代的面貌。前人的精华、历史的轨迹是内含于其画中的。不"包前"也就不能"孕后"。"孕后"不仅指有无后学者向他学习，更重要的是学了之后，能否产生新的艺术。黄宾虹是典型的大师。中国绘画艺术一步一步地发展，传统的精华都积淀在他的画中，但黄绝不重复前人，他创造出比前人更进一步的，属于个人独特面貌的，又能代表时代风格的一种崭新的艺术，有形式，有内容，更重要的是内涵。强调形式的人不可能理解内涵，他们认为绘画只有形式，没有内涵。因为他们的修养和理解力以及知识基础只达到这一步。什么叫内涵？就是形式下面内藏着可感受而不可具体指陈的深刻内容，对于绘画来说，即是笔墨下面包含着高深的文化积淀和个人修养，虽不可指陈但却耐人寻味。但修养不到的人却无法品味，不但不可理解，也觉察不到。"包前"才能"孕后"，学黄宾虹画的人不但多，而且大都能吸收其中有益的内容，丰富自己的笔墨，创造更新的艺术。

　　吴冠中的画是优是劣？我是著名的胆小鬼，不敢随意评论。但他的画基本上不包前（当然不是绝对没有一点前），只重复从朱德群那里学的一点形式，他的画只有形式，极少内涵。因而学他的画的人极少，而且这极少数人中只学他一点形式，这形式又是吴冠中的。因为无内涵，（只学形式）也就创造不出新的艺术。你如果想重复，复制吴的艺术，当然可以学习；你如果想创造新的艺术，就要慎重一点了。

吴是不是大师，从我给大师下的"包前孕后"四字标准中就可以得出结论。

绘画大师是画家中影响最大或巨大的大画家，或者说是一代画家之师。但吴至少是一位画家，他的少数画中有一点新的形式，我还是比较欣赏的。虽然没有内涵，正如一位外表漂亮的姑娘，肚子里没有知识、没有学问，但仍可悦目一样，也还是有人看的，即使不漂亮的姑娘穿一套奇装异服，大家对她的服装也会看几眼。有内涵（有知识、有学问）的女性也许不太重视外表形式，甚至不漂亮，但她在高层次人心目中，又是一种价值。她的内涵所留给后人的影响，更是徒有外表的女性所不能比拟的。

清代画家石涛在其《渴笔人物图》中有一段著名的题词云："画家不能高古，病在举笔只求花样，……"（此图刊于张大千《大风堂名迹》第三集《清湘老人专辑》。另，浙江教育出版社《中国书画名家精品大典》第752页亦有刊登）"高古"指画的格调，表现在笔墨中，绝不在形式；"花样"即"形式"。"举笔只求花样"指的是专在"形式"上下工夫，而不在"笔墨"上下工夫。所以不能"高古"。大画家、大师作画重在格调，"高古"即格调之一。画的优劣也最重格调。但修养不高对中国画不理解的画人画画就只知道一点"花样"，而且也只强调"花样"，即"形式美"了。这也是衡量"大师"的标准之一。

当然，"形式美"不是不需要，但更重要的是"内在美"，内在美惟存在于笔墨的内涵中，也是大画家终生追求和锻炼的内容。

1998年9月于南京师范大学美术系

二十六、"现代书法"臆议
——兼说改革太急便会出现"胡来"

以理推之，现代人写的书法作品都应该算作现代书法，难道能称之为古代书法吗？我们现在之所以把今人的书法分为现代书法和传统书法，乃是把完全不同于传统书法风格的一部分称之现代风格。这是一种"改革"。大部分是强而为之。

从理论上分析，艺术、文学、国家、民族不改革是没有出路的，慢慢地改等于不改，但改革的呼声太高、强调得太过分，又会出现胡来。汉代书法改革就有过这样的先例。由篆而隶可谓改革最大的一次，不仅字形变化得最大，一部分字连象形、指事、会意、假借都变掉了。比如篆书的"〰"总还像水波，隶书的"水"就根本没有水的形状。再如照明的"照"字，下面的火，却变成了"灬"，也和火和形象完全无关了。无火又怎么照明呢？篆书的笔画总还是均匀的，隶书即有粗细挑波之变化了。所以，至今治印只用篆书，又称篆刻，而不用隶刻，就是因为只有篆书笔画均匀，易于奏刀。汉代书法改革是最迅速、最巨大的，隶书、草书、行书皆在这个时代出现了。这是成功的一面。书法家们各出新意，改来改去，又出现了鸟书和飞白体，尤其是鸟书，在当时是最有新意、最高雅的"玩艺"，凡事过了头就会走向反面，现在这种曾经是新而雅的鸟书却成为村头街巷卖艺人的俗趣，略有知识的人皆是掉头不顾的。这是失败的例子。这就是改革过分便会出现"胡来"的先例。现代派书法家们是不能不接受这个教训的。

从《中国当代书法展》的现代书法部分可以看出，大部分作品还不是"胡来"。有很多书法家本有很深的传统功力，但既称之为现代风格，却又看不出改革在哪里。像何应辉写的"守一"、周运真的《陈毅诗二首》、伍雪丽的草书等，都与传统书法基本无异。只有少数书法吸收了日本书法的一些笔意，是成功是失败，姑且不论，而吸收外来营养和借鉴古代传统本来就是学习书法的基本方式，似乎还谈不上就是"改革"。

如果把"胡来"排在改革之外，现在书法应该怎样改革，甚至能不能改革成功，皆值得深入思考。我本人则是悲观论者，因为艺术是社会意识形态，什么时代就有什么意识，这种意识形之于"态"（即书法作品或其他）上也是一定的。秦碑力健，汉碑气厚，一代之书无有不肖乎一代之人与文者。《金石略序》云："观晋人字画，可见晋人之风猷；观唐人书综，可见唐人之典则。"董其昌说："晋书尚韵，唐书尚法（陈按：此"法"乃《荀子·劝学》中"《礼》《乐》法而不说"之"法"，今人理解多误），宋书尚意。"一代而有一代之书，个人努力必须在时代精神的基础上才能成功，没有时代精神的基础，个人努力都不能成功。个人努力把字写得好一点可以达到，形成一代新风，则非人力可为。谋事在人，成事在天。这个"天"就是时代精神。除非你能改造这个时代。况且，凡事皆有尽头，鲁迅说："我以为，一切好诗到唐都已做完。"还说："我以为宋末以后，除了山水画，实在没有什么绘画，山水画的发展，这也到了绝顶，后人无以胜之，即使用了别的手法和工具，虽然可以见得新颖，却难于更加伟大。"苏东坡说："诗至于杜子美，文至于韩退之，书至于颜鲁公，画至于吴道子，而古今之变，天下之能事毕矣。"前面说到的"宋书尚意"，实际上在前代书法中都能找到宋书的影子，比起晋唐书法，也并不伟大。孙悟空也不过七十二变，七十二变变完后，也就不能再变。书法如果能变，前人早就变了，不必等到今日。至于小改小变，则"难于更加伟大"，大改大变，又有可能画虎类犬。

现代书法家可以偶然弄些蹊跷，用些别的手法和工具，见点新颖，取点趣味。但正经的，还是要在继承传统的基础上，争取把字写得好一些，把字写得好一点也就不错了，强求改革就可能流入"胡来"。

载《书法研究》1991年第4期

陈传席文集

Selected Works Of Chen Chuanxi

第五卷　悔晚斋论艺及序跋集

 序　跋　集

一、《六朝画论研究》白叙

余少读经，尤喜诸子。少长学画，略能涂鸦。再长欲埋头科学而事工，尝精密于缩尺刻计之间。然工程制图与丹青水墨殊异，怀此顾彼，苦莫大焉。摩诘诗云："行到水穷处，坐看云起时。"余遂暂止诸技，复读书以俟天择。无聊读书，本出无心，经史诸子、释老岐黄、古今中外、记胜之书，朝读至暮，暮读达旦，如沈昭略之嗷哈蜊，久而别知其味。日积月储，铅摘次桀，匪欲顺世迎俗、俯仰时好，盖欲与知味者道耶。

呜呼，真知画者，余得见于昔贤。或期宏文，惟寄望于来哲。

　　　　　　　　　　　　　　　　1984年夏自叙于南京师范大学

二、《六朝画论研究》台湾版自叙

　　凡人：得情则乐，失志则悲。惟余不尽然。余虽久处于忧患困苦之地，长止于卑贱贫穷之位，抑或非世而恶利，或自托于无为，或被迫而应世，或为群小所欺，然而志终不屈，惟以笔墨为寄也。故无日不悲，亦无日不乐。

　　昔龚定庵诗云："著书都为稻粱谋"。余著此书，稻粱而外，更在自遣，复作嘤鸣之图，今声布海内，余望过矣。

　　学生书局又肯于重印，欣慰之情，何能匿于方寸而不溢于言表乎？故书数语，聊作王融之复，更以谢书局同仁。

                                            1990年于南京师大

三、《中国山水画史》自叙

余少颇能诗，尝自作《还剑》《了闲》二集，览之，皆闲愁牢骚语也。程伊川素不作诗，自谓"不欲为此等闲言语"。且评杜甫曰："如云'穿花蛱蝶深深见，点水蜻蜓款款飞'。如此闲言语，道出作甚。"斯言得之。余乃焚诗治画史。画史者，社会科学也。盖当有益于人伦日用，有补于国计民生而已也。

夫画者何？意识形之于态也。与人世并生，随世应变，逮至汉末魏晋，始成审美焉。文人参伍，遂分工（匠）体、士体。皇家赏心雅玩所好，乃蓄画院，院体生焉。唐末以降，山水居首，知山水而知中国画也，其道、其理、其情、其趣，暨宗、法、派、系，每于山水画中见之。

夫文人之画，萧散简远，每于文余公优，据德依仁，游心兹艺，养性怡情，增识益智，非博弈用心之可比，固不可废也。院体之作，水墨苍劲，刚猛纵横，虽乏柔少变，每多刻露，然抒其忿气，发人振奋，不可少也。工体质朴，良多稚趣，又岂可失之者也。余作山水画史，非唯述各宗各派之始末递变，尤在穷其画风所成之源，更在揭示中华民族精神形之于画之旨，亦复披露山水画潜移民族精神之义。使览者知之，画非小道也。

　　虽然，论从史出，史自实来，不谙史实，无以作确论也。余尝遍览史集，复奔波于各大博物馆、院，阅画万余。又尝溯长江、过三峡、登峨眉、越秦岭，涉巴蜀古道，游长安周遭，探秦坑唐墓。西征甘蒙，诣敦煌佛窟，觑千年壁画。浮道黄河，上览西岳华山，下观永乐古殿。东巡洛阳，以至开封、龙门、云岗。骋目齐鲁，三登泰岱。北略燕蓟，少驻长白。南游新安，四上黄山，遨足苏浙，六蹒江南。跨海漂河，踽椎跌宕，普陀、营丘、娄东、虞山……凡古贤人画之山川水村，无不沿波讨源，饱游饫看。

　　嗟夫，茫茫往代，既沉予闻；历历丘壑，罗列予胸。余鄙囿成论、综陈言，一语一文，皆凭性而发。呜呼，文果载心，余心有寄。眇眇来世，倘尘彼观也。

　　　　　　　　　　　　　　　　　　1985年盛夏于广陵

四、《中国山水画史》三版自叙

　　余著此书之时，年三十余，其时济世之志未灭，而今转瞬中年，自强之心已无。百年身世，苍茫无畔。八载悲辛，无家可归，每悄然而泣。复出游以期忘忧，或西览大漠风沙，或南看三峡风云，或东闻吴侬软语，或北观千里冰雪。又越洋跨洲，俯察北美，巡视东瀛，尽天下之大观以壮吾气。惜时运不济，命途多舛，乃归而隐居于宁。品一城黛色六朝水，赏半席玄言两晋风。块然于世，独与天地精神往来，不谴是非，以与世俗处。

　　出版社屡催再版旧作，奈余倦怠，力已不逮，又为俗务所羁，终日熬熬，一至于今。嗟夫！拙著问世以来，歧议纷纷，然余皆一笑而置之。庄子云："举世而誉之而不加劝，举世而非之而不加沮，定乎内外之分，辨乎荣辱之境，斯已矣。"此代余而言之也。

1993年于黄山避暑之际

五、《中国山水画史》后记

一、此书付印后，作者承美国艺术史教授李铸晋先生推荐，赴美任堪萨斯大学研究员，得以尽观美、英、日各大博物馆所藏之中国古代绘画，所获甚丰，进一步证实了我在本书中所作的结论和观点不误。

二、书中提到的海外藏品，我在当时尚未亲见原作（现已看过），因而借鉴了部分鉴赏家的论述；本书完稿之后，我读到了徐复观的《中国艺术精神》，有很多观点我们不谋而合，在修改时，其中两段参考了他的一些看法。谨此鸣谢！

自美、日归来记于南京师范大学美术系

六、《中国山水画史》重印附记

　　此书出版之后，承国内外学者和读者关心，至今来信鼓励者不绝，皆盛意可感。再版时，只在挖补方便条件下，改正了一些错字。至于需要修改的内容，如清初"金陵八家"是以陈卓为首，而不是以龚贤为首，等等；需要补充的内容，如明末吴彬、陈洪绶，清初张风、僧七处等；以及近代现代地域性画派的出现，如西安之石鲁，南京之钱松嵒，成都之陈子庄，台湾之张大千，北京之李可染等，乃至于香港之刘国松，檀香山之曾佑荷等，皆暂置而俟诸异日。

1991年孟春于南京师范大学

七、《中国山水画史》三版后记

　　这本书于1980年至1983年断断续续写成。因出版社安排在1985年出版，故在出版前改写了明清部分。而后因我去美国任研究员，故至1988年才出版。发行不久，便要再版，我拖至1991年才改了一些错字，遂付再版。二版之后不久，又要再版，真出乎我的意料之外，本想作一大的修改和增补，我在《重印附记》中已说明。但因时间太紧张，我只匆忙写一篇"三版自叙"，便外出了。回宁后，方知原版已毁，三版似无指望。据说海内外的读者急需此书，出版社本着为社会服务精神，决计重新排版，于是我便抓紧时间增写部分内容。谁知当编辑来催稿时，我增写的内容竟被人盗走，心境十分不好，也就无心且无暇再写。这次再版，只将我1989年为台湾版匆匆增改的部分内容加入（二版不宜大动而未能加入）。观点的改变，只有"金陵八家"一节。又增写了辽画和姚彦卿、吴彬、陈洪绶、陈卓等。部分章节，我增加了一些注释，其余为保持原貌，皆未改动。为了避嫌，最遭友人非议的"南北宗论"一卷，我更是一字未易，是是非非，任人评说。我不会因受到他人的攻击就沮丧，也不会因得到他人的赞誉就忘乎所以。"眼底都无碍，胸中自有春"，老实说，我写作，主要在过程，需要写的内容，写出来心情便轻松。写毕之后，效果如何，我一向是不计的。"人生得一知己足矣"，我已收到数千名读者来信，其中有著名老画家、中青年画家、艺术爱好者、青年学生、鉴赏家、博物馆馆长、国外学者、教授、研究员、博士等等。我虽不计效果，但如此众多的知音，又足使我慰藉，至于国内外众多学者，在他们的论文和著作中引用我的观点，尤使我感到慰藉，我的学生邢文博士在本书出版前便读到稿本，从而引起他对美术史研究的兴趣，因而决计投考我的研究生。邢文博士现在任美国哈佛大学的研究员。本书再版时，他帮助改正了不少错字。

尤其使我不能忘却的是：美国杰出的美术史研究家李铸晋教授对我的关心和帮助。他的著作和研究方法也对我产生很大的影响。日本的铃木敬教授、英国的韦陀教授、德国的雷德侯教授、苏联的查瓦茨卡娅（汉名"白纸"）教授都对我的研究表示关注，有的来信来电话鼓励，有的寄来国内外罕见的资料，有的寄来他的一系列研究中国绘画史的著作，都使我十分感动。大陆和港台的众多读者来信，我都一一细读，都十分感激，可惜无暇一一回复，在此谨表歉意。

很多读者来信希望看到我的新著，这使我十分惭愧。我当年毅然从美国回来，除了我热爱自己的祖国外，就是希望在国内多做些事，再写一些像样的著作。因为我的头脑无一刻不在思考问题，我有很多想法急于要写出来和朋友们交流。可惜，由于我不谙世故，不善处理人际关系，致使我生活、工作都遭到巨大的挫折，乃至造成我终生遗憾，思之凄绝。又加之俗务所羁，以及迫于生计而为各种利益的诱惑，近十年来，我竟一事无成。只读些闲书，写些无关紧要的著作和一些无聊的文章。我一时还无法摆脱这种困境。不过，我已学会在困境中生活。不着急，不怨天，不尤人，不咎责政府，也不要完全听从命运的摆布，更不要急功近利。荀子曰："无冥冥之志者，无昭昭之明；无惛惛之事者，无赫赫之功。"既要量力而行，又不要把精力浪费在些许小事上。人生尤其不能折腾。我折腾太过，故有今日之困境。致使我对古代史的研究正处于兴奋时期，又忽然停止了。我只责怪自己。目前我的兴趣又转向现代史的研究，我已受海外两家出版社之约，主编大型著作《现代中国画史》《近现代中国画史》，大约明年可出版。但是这些都不是我最希望做的事，我希望写作的书和要做的事，至今尚未能动手。人生易老，时间和精力能否使我进入我理想的境地，我的毅力能否战胜我自己，思之泫然。

昔孟轲有云："志壹则动气，气壹则动志。"然余志已减，气已衰，是志与气皆不壹耳。悲夫，安得天地之至大至刚之气，以壮吾志，以成吾愿。可也，否也，又一泫然。

1994年酷暑写于南京寓所

八、《中国山水画史》五版自叙

吾著此书至今已十有八载矣，沉耽于斯道者亦二十春秋也。初则风皱波水，继之桃花潭水。然吾读《易》有云："知周乎万物，而道济天下。"夫艺，小道也；术，微知也，不足以济天下而周万物，故凛乎其不可留也。中岁，吾已以习懒为业，习懒之余乃治人文、文学耳。然此书偏为读者所谬爱，又被国外学者译为外文，至今再版不辍。余向有求全之毁，亦有不虞之誉，嗟夫，然今皆淡然处之矣。

天津人民美术出版社又欲改版再印，嘱余增补新章，又索新序，余肃然而恐。

忆余少时习经读诸子，游于艺。其时即欲重新审视吾国传统文化，尊德性而道问学，致广大而尽精微，极高明而道中庸。惜时运不济，未能成行，抱憾久之。至余年二十有九，时之方许，乃攻读于六朝遗都。其时风华正茂，即决计重写《中国艺术史》，然重审吾国传统文化之心未泯。朱子云："旧学商量加邃密，新知涵养转深沉。"深入读书，日有所补，始悟吾国艺术虽殊途而同归，皆源于道，而以山水画为最。余欲重新审视吾国传统文化总体价值暨内涵，而广道美术之建筑、雕塑、绘画、工艺诸科，则笔墨易散，是故乃以山水画为切入之点，此所以有《中国山水画史》也。夫学界同仁谓吾首创分科画史，其时吾全无意于此之首也。如前所述，吾意乃借论山水画形成、发展之始末，以穷民族精神文化内涵之旨也。

书成之后，余即赴美，出版乃止，三年后方得出版，字数减少二十万，余悲焉，然非悲于此，乃悲知音之难得也。昔人云："不惜歌者苦，但悲无知音。"又，老残云："吾人生今之时，有身世之感情，有家国之感情，有社会之感情，有种教之感情，其感情愈深，其哭泣愈痛，此鸿都百炼生所以有《老残游记》之作也。"余之有《中国山水画史》亦同之也。老残又欲海内千芳、人间万艳，必有与吾同哭同悲者焉。然余之书诞世以降，知音遍及东西球，余望过也。

今得增补罅漏，添写现代章，再呈读者，余无遗恨也。

嗟呼，余治史二十年，载我者，史也；覆我者，史也；娱我者，史也；悲我者，史也。然余不敢恨，惟求心地无私，有补于世而已也。

于南京师范大学西山

天津人民美术出版社出版第五版《中国山水画史》（增补本）

九、《中国山水画史》韩文版叙

我大概和韩国有点缘分。我的祖籍是江苏徐州，但我却出生在中韩边境。我从美国回中国时，开车送我上飞机的韩正熙先生也是韩国人，他现在任弘益大学教授。我在南京师范大学任教授，指导16个国家的留学生，其中韩国人最多，关系也最密切。新千年刚刚来临，第一个翻译我的《中国山水画史》的学者金炳是先生又是韩国人，我很高兴。

金炳是先生毕业于韩国的釜山大学，然后来到中国留学。先到美丽的杭州城，学汉语于杭州大学；后到广州美术学院学习中国画，同时自行研究现代绘画。他的导师是中国著名画家林丰俗教授，向他推荐了我的《中国山水画史》，作为他了解中国画史的一本教科书。这是很多年前的事了。金炳是先生回韩国后，任职于釜山艺术文化大学，就开始翻译我的《中国山水画史》。今年初，他到中国上海参加画展，又专程赶到南京来见我。他递上名片后，我看到他姓金，就想起《旧唐书》上记载，韩国人"多金、朴两姓"，唐代人都知道金姓是韩国第一大姓，我一直记忆清楚。初次见面，他给我的印象：身材不高，但却很精明；思路敏捷，汉语流利，对中国的传统及艺术了解颇深，但不守旧。从事绘画的人，如果只把精力用于技巧的探索而不读书、不了解历史，那只能成为一个画匠，而成不了画家，更成不了杰出的画家。中国学者一直认为：七分读书，三分画画，才能成为一个好画家。金炳是先生是一位画家，但他更重视文化知识的学习。他是一个文化人。所以，他学习中国画，首先了解中国画的历史。因而，他和我也就有话可谈。谈中韩艺术的互相影响，谈中韩文化的交往。他用汉语和我交谈，可惜我不懂韩语。我也曾一度想学一点韩语，因为研究中国古代绘画，高句丽古坟壁画是必须知道的。我托友人从韩国带来的有关高句丽壁画的画集和研究文集都是韩文字，我看不懂。临时学习韩文，精力已不足了，只好请我的韩国学生翻译。

　　但古代的韩文（朝鲜文）我是看过的，基本是汉字。15世纪之后的韩文（朝鲜文）中还夹有很多汉字。据说老一代的韩国知识分子至今仍能认识汉字。这说明中韩文化原属于一系。古代的中国十分发达，被世界公认为"四大文明古国"之一。东亚诸国的文化基本上都受中国文化的影响。日本人就称中国的文化是日本的母文化。所以，一切研究日本传统文化艺术者必须同时研究中国的传统文化。韩国的传统文化也基本上同于中国的文化。两国的友好交往可以上溯到公元前。中国的二十四史，从公元前的大历史学家司马迁写的《史记》到清人写的《明史》中都列有"朝鲜"专章，记载中韩两国的交往。有时，韩国内部几派势力出现矛盾，乃至形成战争，中国的君主还派人去调解。中韩两国一直是唇齿相依的亲密邻邦。到了近代，中韩两国都受到日本、法、俄、英、美等列强的欺侮，成为列强瓜分的对象。著名的"甲午战争"（1894年中日之战）就是因韩国向中国请求援兵，而日本又进攻韩国，中日军舰遭遇而发生了战争。韩国被日本并吞，中国的台湾也被日本并吞，唇亡则齿寒……

　　而且，中韩两国是韩中有中，中中有韩。《史记》和《汉书》中都记载，韩国政府"所诱汉亡人滋多（诱引中国逃跑的人到韩国去，越来越多）。"尤其是汉代（206～220年），中国人大量留在韩国，变成了韩国人。也就是说，韩国人中很多人本来就是中国人。而韩国人到中国定居者也很多，唐代长安等地都居有大量韩国人，他们也就变成了中国人。很多人都知道中国人到韩国去传播文化，其实，韩国人到中国传播文化者也很多。我曾在中国的安徽省文化厅工作过，多次到过安徽的九华山。九华山与五台山、峨眉山、普陀山合称为中国佛教四大名山，九华山又一直被称为"东南第一山"。此山之所以如此出名，就是古代韩国一个王子开发的。唐开元间(713～741)，王子金乔觉来到九华山，辟地藏王（佛家菩萨名）道场，大规模建造寺庙达几百座，于是九华山兴旺起来。这位新罗国王子从年轻时到九华山，一直到99岁去世，都在这里弘扬佛法，没离开此山，他死后肉身不腐。现在九华山肉身宝殿供的便是这位王子的遗体，至今不腐。国内外佛教徒来九华山拜地藏王菩萨，实际上拜的便是古代韩国一位王子的肉身。

现在的韩国比中国发达，于是，韩国人又大量来中国投资，帮助中国搞建设，两国来往频繁，中韩文化又一次大交流。

中韩文化源远流长。金炳是先生这次翻译我的《中国山水画史》并在韩国出版，也是中韩文化交流之一吧。我写《中国山水画史》时才三十多岁。至今已在中国印了五版。台湾等地区也要出版，因为我太忙，无暇准备图片而拖延到现在。很多学校以此书为教科书。而且很多文学、历史学学者写论文也引用了我这本书。下面要谈谈我为什么写这本书。

我少时读经（孔子、孟子等等经学之书）及诸子百家（老子、庄子等）、古文、诗词等文学、医学、哲学之类著作，都是古文词；后来学画画，盖出于天性，从没有受到任何人的影响。我的父亲通古文和外文，他和我母亲都是老革命者，他们年轻时，都曾组织抗战，战争结束后，父亲从事文教和政法工作，一直反对我画画。中国传统文人都认为读经是高尚的，是经邦济世之学。其次通古文、诗词歌赋，绘画只能作为游憩之用，不可作为一生的专业。我十来岁时，因写诗词其中有一首《咏迎春花》词，末句是："一驾东风，便领千花万卉红。"（东风即春风）意思是说：迎春花在春天最早开放，在迎春花带领下，千花万卉才跟着开放。后来这首词被左派查到，说这孩子要带领千军万马向中国共产党进攻。于是我便成为反党分子，被批判斗争、关押，并判了20年徒刑。我忍受不了，逃跑了。一年后又平反了，然后下乡。我以画画为生，也当过医生、会计等。后来，我改学工科，到淮南煤炭学院学习，毕业后从事九年煤炭开采工作。但业余对文学、哲学、艺术的兴趣一直未减。那时，我在外便画大型油画，回家便画中国画，夜晚读书。当然上班时便从事煤矿技术工作。

1978年，我参加国家煤炭工业部一次考试，考外语、数学、机械、电气等。在全国工程师、技术员中招收20人，准备出国留学。我考上了，又到淮南煤炭学院学习一年外语。结业前，我忽然想改行从事艺术史研究工作。因为我以前阅读过很多美术史著作，包括一些权威学者所写的美术史著作，都不太满意，中国美术中所包含的文化深意，他们似乎还没有完全披露出来。中国的美术以绘画为先，古人说："画者，文之极也。"中国的绘画是在儒学、道学、文学以及各种宗教学等总体文化基础上形成的，具有深刻的哲学内涵。不弄通中国文化的精神意义和哲学底蕴，就根本无法理解中国优秀的绘画。日本部分学者由于做学问的条件优越和专心，对中国某一方面的文化尚有所知，但他们对优秀的中国画尚不能真正地理解，日本画虽然一直学中国画，但只学一点皮毛。欧美的学者对中国文化及其背景知之不深透，虽然他们能罗列很多资料，但真正理解中国画的精神意义也是不可能的。我感到我有责任把中国美术史上一些问题弄清楚，所以我决定从事中国美术史的研究。在中国当时，改变专业不容易，同时我还要补充一些知识，于是我便去投考美术史研究生。那时投考研究生十分困难，当年全国只有南京师范大学一家招生，而且规定只招收一人（后来增加二人），我考上后，一边学习，一边考察，到全国各地去考察古代美术遗迹，到全国各大博物馆、图书馆以及文博机构去查阅资料、观看美术藏品，一边写作。

我写的第一本书是《六朝画论研究》。研究中国古代艺术，如果不深谙六朝（魏晋宋齐梁陈，实际上自220年～589年）画论，对中国的艺术精神永远不能有深刻的理解。中国艺术的自觉始自魏晋时代，魏晋时代文学、艺术等都受当时玄学的影响。玄学是六朝时代主要的哲学思潮，对当时社会的各个领域都产生巨大的影响。玄学主要用老、庄的道家思想糅合孔、孟的儒家经义，具有高度抽象的思辨的形式。后来，玄学又和佛学合流，产生更广泛的影响。当时，中国最主要的哲学流派——道、儒、佛，都掺合在玄学之中了，而且其声势十分浩大，诗文书画都成为玄学的宣传形式和理论模式。六朝画论就是六朝玄学的产物，实际上也是玄学的一部分。如是，则中国画从自觉时代起就是玄学这一哲学思潮的产物，一直影响到后来一千多年的发展，说中国画是哲学的，盖源于开始的画论是哲学的。外国人看中国画大多只能看其外在形式和笔墨效果，却很难看懂其内在的深刻的哲学内涵，这就是外国人无法理解优秀的中国画的原因，也是现在年轻的中国画家画不好传统中国画的主要原因，因为他们都不大理解中国画深奥的哲学含义。

玄学和山水有最密切的关系，当时有一句名言："以玄对山水。"魏晋的名士们都谈玄、游山水，把游览山水看作比吃饭穿衣还重要，不但游览，还要歌咏之，图画之，所以，山水画是玄学的直接产物。西方直到17世纪才有并非纯粹的风景画，比中国晚了十几个世纪，这就是中国玄学的功劳。

玄学产生山水画，所以，山水画中所含有的哲学成分更多更浓，从山水画中更能看到中华民族的精神。我本打算写作一部新的《中国美术史》，但我现在更需要对中国总体文化和思想作重新的审视、重新的评价和讨论，切入点选择山水画也就够了。如果写作《中国美术史》，对山水、花鸟、人物、建筑、雕塑、工艺等都要一一介绍，就要浪费很多笔墨，那么，我重新审视中国总体文化的观点内容就要被冲淡。所以，我决定写一部《中国山水画史》。中国学术界学者们一致说我的书是第一部分科画史，其实我当时并无心于这个第一，只是想集中笔墨研究中国文化的深层问题，也把山水画的丰富内涵弄通。比如，山水画和道、儒、禅等之间千丝万缕的关系，山水画和中国社会变动之间的关系，山水画和商业经济之间的关系等等，这本书中都谈到了，读者读后自然明白。当然，山水画自身的发展规律和有关学问，更需要首先研究清楚。

中国绘画"山水居首"，绘画史中的问题都集中在山水画中，唐以后，历代大画家基本上都是山水画家，历代画论也基本上是山水画论。山是静的，水是动的，一静一动，一刚一柔，代表对立的统一，和中国的哲学是一致的。山水画有高、深、远的感觉，谓之"三远"，远而玄，苍苍茫茫、飘飘渺渺，正是道家哲学的境地。本书虽然谈山水画，实际上也谈了人物画和花鸟画，总之，中国绘画史上最重要的问题都提到了。

但读者要了解中国的绘画史、艺术史，还必须注意另外一些问题：

一、越是早期的艺术越有一致性，越到后期越是多样性。原始时代，全世界的艺术都差不多，大都画在岩石上或大地上，后来就变了。东西方绘画明显的不同，不同的原因很多，物质材料的不同是一个基础的原因。中国是世界上最早也是惟一生产丝绸的国家。丝绸用于做衣服，也用于写字绘画，绘画的"绘"字相当于英文中draw或paint，画相当于英文中painting，绘字之所以是"糸"旁，就因为是在丝绸上从事的，必须用毛笔写出，用水调颜色淡淡地染，而不能用油画。这就形成了中国画的特色。西方没有丝绸，很晚才生产出亚麻布，很粗硬，必须用硬笔、蛋清、油画大块地涂写，用毛笔淡色是不适宜的，这就形成了西方画的特色。

二、中国是世界上最早实行文官制度的国家，由文人管理国家。西方一直是贵族和教会管理国家，西方最早实行文官制度的国家是英国，但比中国晚了二千多年。中国文人的基本功是诗文、儒家学说、道家学说，也都擅书法。他们在"志于道"之余，也"游于艺"，有时用写字的毛笔画画，所以他们不计较形似，而重哲学内涵，重书法用笔，而且喜欢在绘画作品上题诗文，这就形成了中国文人画的特色。中国文人在社会上影响最大，所以，文人画影响也大。文人擅理论，有时画得不如讲得多，所以中国画的理论也最多，最含哲理。

三、儒、道、禅的思想对中国画影响最大，中国画论经常和儒、道、禅的理论掺合在一起，研究中国画，必须知道儒、道、禅的一些学说。当然，知道中国画和理论，也就多少知道一些儒、道、禅的学说，这问题，我在书中谈得很多，希望读者特别注意。

四、中国是一个大国，南北方人的性格不同，因而南北方绘画风格也不同，大抵长江流域的画家代表南方画的风格，其特征是柔曲和淡润；黄河流域的画家代表北方画的风格，其特征是刚硬和雄强。韩国的传统绘画大抵和中国北方画相近。

感谢金炳是先生和他的朋友们付出了如此巨大的劳动，使韩国的读者们能读到我这本书。

最后我还要告诉大家：我开始为韩国读者写这篇序的时候，我的父亲还健在，还盼望我回家欢度春节，序言写到一半，我的父亲在故乡去世了，享年86岁。我十分悲痛，便停笔赶回故乡去处理丧事。父亲生前告诉我，他在中国东北工作时，认识很多韩国朋友。可惜，这本书在韩国出版时，他已看不到了，太遗憾了（哭）。但我会将此书祭献在父亲的坟前，以慰其在天之灵。

2000年2月23日于南京师范大学美术学院

十、《六朝画家史料》前言

六朝，严格地说，是指三国东吴、东晋、宋、齐、梁、陈，这六个相继建都于建康（亦称建业，即今之南京）的王朝，《宋史·张守传》有云："建康自六朝为帝王都。"这是指王朝而言。若以时代论，则起自三国，终至陈。其间，在中国南北各地建立的大大小小政权，魏、吴、汉（蜀）、西晋、东晋、宋、齐、梁、陈、魏（北魏，后分为东、西魏）、齐（北齐）、周（北周），简称为三国两晋南北朝；若以魏代表三国，则又简称为魏晋南北朝，或者干脆以在南方建都的六个王朝为时代代表，再简称为六朝。同时在北方相继建都的有魏、西晋、北魏、北齐、北周、隋，也称六朝。所以，后世学者称六朝多以时代论，而不以王朝论，有的仅指南方六朝，更多的是南北朝兼指。如清人许梿评选的《六朝文洁》，不仅有南方六朝作家的文章，也有西晋、北魏、北齐、北周等北朝作家的文章。清人严可均辑《全上古三代秦汉三国六朝文》，其六朝部分，不仅有《全宋文》《全齐文》等，还有《全后魏文》《全北齐文》《全后周文》，更有《全隋文》。隋初和陈对立，后来隋灭陈而统一中国。严格地计算，隋初属六朝，统一之后则不属六朝矣。若以历史的属性来分，六朝有它的同一性，隋唐又有它的同一性（隋是唐的序幕，而不是六朝的结尾）。所以，本书所称六朝，起自汉末三分，止至隋统一中国之前。这是一个南北分裂的时代，也是继战国之后中国思想界最活跃的时代，在艺术上，则尤是奠定基础、划定航向的最关键的时代。

给六朝社会形态影响最大的是玄学。六朝的诗歌、绘画无不受玄学的影响而产生质的变化。玄学的兴起和发展是有一定原由的。东汉末年，由于军阀混战，生产力遭到巨大破坏，城市丧失了曾经有过的政治经济意义，地方的自然经济占有统治地位。地方实权分散在这些封建贵族手里，他们要发展自己的经济和社会势力，因而要求君主"无为"，听任自然，以此达到巩固世族地主经济，任其充分发展的目的。于是搬出了主张"无为""处下""柔弱"、崇尚"自然"的老庄之学（玄学虽然以《老》《庄》《易》为三玄，而实以《庄》学为中心），并加以发挥。曾经占据统治地位的儒学被玄学所代替，或者受到老庄学说的重新解释。《文心雕龙·论说》有云："迄至正始（240～248年），务欲守文，何晏之徒，始盛玄论。于是聃（老子）、周（庄子）当路，与尼父（孔子）争涂矣。"玄论大振，魏、晋、宋、齐、梁、陈诸朝争相清谈玄理，蔚然成风。清谈玄理上承汉末清议，其来有自矣。清议本是配合乡选里举，议论人物，又称人伦鉴识。开始重道德、操守、儒学、气节，由于儒学失势，政局变更，统治者凶残地镇压异己，士人不敢随意议论人物的道德节操，议论人物开始转向人的才情、气质、格调、性分，再变而为谈论人的形貌、容止、精神状态。人伦鉴识原来的政治实用性减弱，渐渐变成对人的欣赏，并由对人体的欣赏深入到对人的精神风姿的欣赏。士人名流论人，言必神情风姿，书画家尤甚（本书所收《世说新语》中的部分内容即可见其一斑）。这实际上是对人本身美的一种讨论和认识。于是乎产生了美的自觉，同时也就出现了文的自觉和画的自觉，这是文学艺术自身的重大觉醒，文和画皆不必是功利的附庸和政治的工具。比如绘画，在汉末之前不过是用于"成教化，助人伦"而已，或作为安葬死人的一部分，帮助灵魂升天，或作为牌坊一个部分，表彰忠臣孝子等等，画的价值意义在它的本身之外。魏晋开始，画的本身才因为有了美的自觉而成为美的对象。可以说，绘画（美术）和人类同时诞生，但中国的绘画作为一种独立的艺术品，乃是从魏晋开始的，玄风的催动之力十分重要。

六朝的绘画以人物为主。人物画，王充曾认为无用，曹植则认为有用，这皆是从政治功能方面去议论的，一面是忽视了艺术本身的美。绘画有了美的自觉，便会根据人的美的意识去发展。在玄风大振中，人们议论人物、品评人物、欣赏人物，重神而不重形，所以，绘画也强调传神。顾恺之的"传神论"便在这种背景下产生了。他有一句名言："四体妍蚩，本亡关于妙处，传神写照，正在阿堵之中。"认识到传神的关键在眼睛，这是对的，但身姿并不是不重要，所以谢赫又提出"气韵"说。气韵是传神的更精密的说法，不仅指眼神，更指人的整个身体之风姿神貌（详见拙作《六朝画论研究·论中国画之韵》）。气韵说影响更大，后来发展为兼指整幅画的气氛（尤指笔墨效果）。但在六朝时期，气韵却完全是人伦识鉴的用语，人伦识鉴又是以玄学为功底的。所以，"气韵说"的产生，也正是玄风的流衍所致。人物画的发展在六朝出现一个大的飞跃，不能忽视玄学的动力。

六朝产生了山水画，画中有山水（在东汉）比有人物、花鸟都晚得多。但画中有了山水还不等于有了山水画，独立的被称为艺术品的山水画出现于魏晋，这正是受玄学影响的结果。前面说过，玄学的发生和发展本有一定的动力，诗、文、画，不仅是玄学"余气"，也是宣扬玄学的工具。《文心雕龙·时序》有云："自中朝（西晋）贵玄，江左（东晋）称盛，因谈余气，流成文体，……诗必柱下（老）之旨归，赋乃漆园（庄）之义疏。"沈约《宋书·谢灵运传论》亦云："有晋中兴，玄风独振，为学穷于柱下，博物止乎七篇（《庄子》"内篇"七），驰骋文辞，义单（殚）乎此，……莫不寄言上德（老），托意玄珠（庄）。"山水画尤是言玄悟道的工具，宗炳"卧游"山水画就是为了"澄怀观道"和"澄怀味象"（"象"是"由圣人之道所显现之象"）。由于政局的变动无常，杀伐频仍，自汉末始，退隐之风大盛。

士大夫们登山临水，竟日不归，"上下山水，……无异好美色"（《徐道辉墓志铭》）。在玄风独盛的气氛中，一切言行都要融化于玄学之中，于是，游山水也被说成是体味玄学的重要途径。士大夫们从自觉到不自觉地迷恋于山水之中，以领略玄趣，追求与道冥合的精神境界。孙绰《庾亮碑》有云："方寸湛然，固以玄对山水。"宗炳更说："圣人含道映物，贤者澄怀味象，至于山水，质有而趣灵"，"圣人以神法道，而贤者通；山水以形媚道，而仁者乐"。山水形象成为表达玄理最理想的媒介，画山水亦然。这就是山水画在六朝时期忽然兴起而又迅速发展的原因。几乎所有的六朝画家都能画山水，如：戴逵、戴勃、顾恺之、宗炳、王微、陆探微、萧贲、张僧繇、梁元帝等等。六朝画论中，亦以山水画论最有影响。

花鸟画，在六朝不算十分盛旺，但亦非绝无能画花鸟的画家。顾恺之能画《水鸟图》《木雁图》，史道硕工画马、鹅，陆探微能画《斗鸭图》，陶景真能画《孔雀鹦鹉图》，丁光能画蝉雀，杨子华能画牡丹，张僧繇有《咏梅图》，顾野王的《草虫图》宋代御府尚有收藏。

最重要的是六朝的画论，可谓无所不至，后世鲜能出其右。就以为画家所称道的唐人张璪"外师造化，中得心源"一语来说吧，仍未能超出姚最的"心师造化"说。只有明末董其昌提出的"南北宗论"，算是有点发明，但"南北宗论"仍然是六朝有关画论的强调（详阅拙著《中国山水画史》第八章《董其昌和南北宗论》）。所以，研究六朝绘画，重点应放在画论方面。可以说，中国古代的绘画，皆是六朝画论的实践。更可以说，六朝画论一直是中国画的灵魂。而宗炳的山水画论又是灵魂的灵魂。

如果把六朝画论区分为明暗两个方面，则顾恺之的传神论、谢赫的六法论以及姚最、王微等人的理论属于明。明的易被注视。而且就绘画的共性来说，除了气韵论外，传神、位置、赋彩等等，所有绘画都是具有的。宗炳的山水画论，更确切地说乃是玄理，它属于画论中暗的一面。它重点谈道、谈理，其次谈游离于物与画之外的神和附于物与画上的灵，以及"万趣融其神思"的神遇迹化。宗炳很少正面谈画，一切围绕"道"而论。所以，中国画被称为"道"，而不像西洋画那样被称为科学，也不称为技术（古人忌称画为"艺术"，王微还对把画列于艺术行列的说法给予严肃的驳斥）。宗炳山水画论的纯理性精神，正是决定中国画特性和特质的内在因素。可以说，凡被文人称道的中国古代绘画，又皆是宗炳理性精神的形态。

中国画为什么历隋唐、五代、两宋而发展到元、明、清那个样子，为什么中国主流绘画不在形似上下工夫，而却注重内在的精神意义，都是宗炳画论中反映出的理性精神在暗中起作用。细心地研究中国古代绘画，凡属高深之论，无不和宗炳的理性精神意义相契合。宗炳在历代文人画家心目中从来都是精神的依据，只是最近才被大多数论者所忽视。我不得不于此认真地表而出之。

六朝画家的史料有其特殊性，直接谈画的，比上古三代秦汉不知多多少倍，但比起宋元或明清，又是微乎其微。所以，辑录时就不可过分挑剔。但见于记载的画家又大多是当时的大官僚、大文人（六朝的政治家、军事家和其他重要人物鲜有不能书画的），如果所有和画家有关的资料都录，那将变成一部小型的《永乐大典》。所以，本书选录原则是：有影响的重要画家，各种资料尽可能多录，如：顾恺之、宗炳等。但在当时虽是重要画家，对后世却无太大影响而有关资料又十分多的（不可能全是绘画资料），只选录其传记一整篇及其他一些大体能见出其人面貌者就行了，如：荀勖等。

有的画家的有关资料，对了解六朝时代背景有帮助，亦不惜多录。如王羲之等。但皇帝画家的本纪，则不能全录，以免离题太远。

录文中凡有"……"者是局部省略，凡用"（略）"者，是大段大段的省略。

六朝画家又多是书法家，书法内容当然也属于研究画家的资料之一，故亦斟情选录。

研究六朝重在其理性精神，其次是了解绘画的阶层，绘画的内容所反映的时代意识，各种类绘画（美术）兴起的原因（比如南朝的山水画，北朝的佛像之类）等等。所以，所辑选的史料也就不同于宋元。因为了解六朝绘画的理性精神，重要的是要了解画家本人的思想。所以，本书所录除画家的传记外，便是能反映画家美学思想的诗文。比如宗炳画论中所说的"道""理""神""灵""圣"，到底是哪家的"道"，是什么样的"神"，历来争论不休，其实只要读了他的《明佛论》和其他几篇论文便清清楚楚。

诗人画家的诗当然皆能反映他的美学思想，本书只录其有名的一篇供欣赏。其余的凡对研究六朝绘画有助益的亦适当选录。

画家佚闻趣话，有目的地选录，至少可供谈资，然亦不尽然。如：王羲之"袒腹东床"，正可看出艺术家的真率性情。真率乃是技巧不及之处，更是艺术家的根本。《世说》言"逸少清贵人"，李白诗"右军本清真"，皆可印证。又如《世说》记"子敬赏井丹之高洁"，子猷云："未若长卿之慢世。"则二人为人和艺术风格之异如之。再如顾恺之勾引邻女，从中可以看出：其一，顾并不痴，南朝吴郡顾、陆氏是依附于北方王、谢、桓大族的，装痴以保身也；其二，南朝文人是风流放荡的（有关史料极多），这种作风必然在文和艺上有所反映。有人明确提出"文章且须放荡"。至于内容之荒诞，则要靠读者自己分析取舍。

本书所收《世说》中品赏人物容貌风姿的内容，又正可见出当时人伦鉴识的风气，这是研究六朝画论的根本。

总之，我所选录的资料，皆和研究六朝绘画有关；有些条目看似离题太远，从某种角度看仍然是切题的。当然，研究六朝绘画，还有很多更有用的资料，因无可着落，只得忍痛不录。

本书所选画家，除姚最一人外，皆出于《历代名画记》。见于记载的六朝画家不过是清代见于记载画家的五百分之一，选录时便不能再加挑筛了。有些值得注意的画家，资料虽少，仍列专条，以免遗忘；资料太少者，只好作罢。中国的画家往往是业余者多，专业者反少，六朝尤甚，真无可奈何。

所选史料以六朝记载为主，唐朝次之。严格地说，六朝时的史料尚有一定可靠性，唐朝多闻录也。故所录史料至唐为止，其后不再选录。但宋人所见到的六朝画家画迹的史料，乃是第一手资料，故米芾《画史》和《宣和画谱》中关于六朝画之记载，亦附于后。

本书所录史料，内容大体相同者甚多。如谢赫《画品》中各条，《历代名画记》中皆引录了；《世说新语》中各条，《晋书》中皆引录了。二者看似重复，然并不完全相同，在不完全相同的地方，有时能发现很多有价值的内容及问题。"王羲之"条中，《临河叙》正出于《兰亭叙》，在"《兰亭》真伪"的论辨中，几乎所有文章都提到这个问题。所以，为了便于读者考证、研究和了解唐人著书的资料来源，皆一并录出。

画家条目的顺序基本按照《历代名画记》，但根据时代先后作了调整，如嵇康本三国人，《历代名画记》却列于晋；谢惠连本是宋人，却列于齐；另外，条目靠前的陆探微也比宗炳、王微晚得多，等等。

还有极少部分的史料互见的。大抵因画家重要，然资料又少，如陆探微等，亦一并列出。

每一条目中的资料分两部分：一为画家的传记以及能反映画家生活、思想的诗文；二为评论。然二者并非界线分明。有的资料太少，则不再划分。

六朝的文章基本上都被严可均辑在《全上古三代秦汉三国六朝文》中（并不全），六朝的诗基本上都被逯钦立辑在《先秦汉魏晋南北朝诗》中，但我选录时，基本上都和资料来源一一核对。

我本人对六朝谈不上专门研究，但自幼嗜经、史、书、画，兴趣一直未减，而对六朝文学、史学、玄学、画家尤有偏好。1980年以来，我在学习和研究中翻阅了各个时代的大量文献。后来，看到了文物出版社出版的《宋辽金画家史料》，十分感叹。其中资料我基本上都看过，然而，如果我早看到这本书，顶多顺着线索再去查阅一遍，按图索骥比大海捞针不知要省去多少时间和精力。为了方便六朝绘画的研究家们，我决计辑编一本《六朝画家史料》。辑编过程中，把六朝所有史集、文集和有关文献重新阅读一遍，又发现了很多问题值得重新或深入地研究。有些学者著书立论，引用的史料注明出于某家某书，但一经查找，则根本没有。至于将史料张冠李戴，或半真半假地转用，也常令人啼笑皆非。有时为了一段话，我奔波几个省市的大图书馆，查阅各种版本，仍然一无所得，令人叹息。辑编成这本《六朝画家史料》，完成了夙愿，十分愉快。中国史料浩瀚，选辑不当及错误之处难免，恳切希望读者批评指正。

　　陈绘卉女士曾为本书初稿执抄校之劳，至为感念。

1986年3月2日于广陵

文物出版社1990年版

十一、《现代艺术论》前言

　　昔章学诚有云："高明者擅独断之学，沉潜者尚考索之功。"嗟夫，余非高明者，而好独断；又非沉潜者，而喜考索；心游神放，群山万水，如齐王之嗜鸡跖。余昔著《六朝画论研究》，当有考索之功；《中国山水画史》，似有独断之论；行世以来，爱之者谬赞不已，仇之者攻击无休，然余皆一笑而置之，年虽四十，耳已顺矣。

　　治史之余，亦论今，皆应友人之托而为之者也。辑入此书者，仅余论今文十之一耳。其后附《悔晚斋臆语》，乃余付梓此书之本意也。

　　吾斋昔曰：了闲；今曰：悔晚。风雨如晦，悲思不止。余少年浪迹，孤茕独行，唯与古为徒，不谙世事，乖僻邪谬，不偶于人。半生坎坷，至盛年独处；卅载江海，积无穷遗恨。然后方知，苦皆自酿，咎皆自取。悔之已晚，故以"悔晚"名吾斋。

　　又，余昔尝怨天不与我时，地不与我利，人不与我和，命不与我运；而今思之，天时、地利、人和、命运，余皆得之，痛不能利用尔。青春易逝，时不再来，两番折腾，不胜嗟跎。余尝悲极而登钟山痛哭，忽风雨骤至，天地动容。然回首天涯，归期又误。屈子云："苟余情其信姱以练要兮，长颇颔亦何伤？"微哉斯言。

　　悲夫，后之忆今，其又悔耶，其又不悔耶？来路多少，余不可知，但寄托于笔墨，聊以终岁焉。

莹莹提议并协助此书之成。然出版之日，伊又飘洋留学，一去不返，故聊书数语，以志感念。

1992年于南京师范大学悔晚斋

十二、《现代艺术论》后记

　　我是研究古代史的，但又不得不留心现代。有两家出版社还聘我为《现代中国画史》以及《近现代中国画史》的主编。于是我的精力只好移出一部分转向现代了。这本《现代艺术论》不是论现代派，而是我应友人之约，所撰写的论现代人艺术之一部分。收入文集的连我论现代艺术文章的十分之一都不到。主要是受篇幅限制，不能全部收入也。哪些文章收入，哪些文章不收入，都有些道理，暂时还不想披露。1992年，我辑编此书时，只从各刊物中，把我的文章Copy下来，凑够字数便交出，一遍也没有看。校稿出来后，我校了一遍，才发现内中有些段落内容重复。我写文有两个很不好的毛病，即非到急时促时不动笔，有时约稿的时间也很宽裕，本可以认真地写，但也坐使流光逝去，或读书，或聊天，或看电视，待到编辑来电话电报催要时，便匆忙动笔，有时把举过的例子又举一遍，我在《悔晚斋臆语》中《匆匆而成》一节已谈过，陈去非词云："吟诗日日待春风，及至桃花开后却匆匆。"忙中便会生乱。其二是很多文章我本不想写，从中找不到感觉，碍着友人的面子，不得不写，便把已讲过的话拿来塞责，但写毕之后，觉得有些内容还有点意思。这次又因时间匆匆，只好任之，十分遗憾。

　　书后附录的《悔晚斋臆语》，才是我出版的目的，前言中讲了，

　　"悔晚"是我的斋号，我长期反省自己，很多事使我后悔，但已晚，无可如何。《悔晚斋臆语》是我论史、论诗文、论书法绘画、论人生、论社会、论卫生的语录。其中大部分内容写于1980年前后，以后陆续有增有改有删，也有近来才写的，收入本书的，只是一部分，故为"选录"。其中都是我的感受，有的也是戏语，有的虽是一时冲动而写，颇有片面之处，但总觉得有点意思，有些可供读者思考之处，才收入的，我不会欺骗读者。我以前几本著作出版后，国内外数千名读者给我来信，我都很感动，有时太忙，未能一一回信，都颇感内疚。

　　《悔晚斋臆语》的内容，我没有照顾一般的读者，但在语言上，我反复修改，力使一般青年能看得懂，我原用文言文写成的。不是我吹牛皮，我十几岁时能写出一手很像样的文言文。但希望出版这本《悔晚斋臆语》的几家出版社都要求我改为白话文，以照顾现在的青年阅读。中国之大，百花齐放，难道就不能容纳文言文？我坚持不改为白话文。但却尽量改用通俗明白易懂的语言，再加解释，宁可伤雅，而不使之隐奥，更不用艰涩的文字和偏典，务使今日之青年一读即懂。改来改去，其中很多条目，已由原来的文言文，变为半文半白的语言了，我一直提倡半文半白的语言，简洁而又明了。这本《悔晚斋臆语》竟成为我的理论之实践了。

　　文集出版了，本应很高兴，而我却感慨万千，很多话想讲，但又止住。我已有数十年没有高兴过。

　　悲夫——

　　　　　　　　　　　　甲戌六月避暑于大连海滨，书于笑月楼

十三、《中国紫砂艺术》自序：人无癖，不可与交

　　昔张宗子云："人无癖，不可与交，以其无深情也。"

　　心斋亦云："花不可以无蝶，山不可以无泉，石不可以无苔，水不可以无藻，乔木不可以无藤萝，人不可以无癖。"

　　癖者，大抵爱一物而不能自已；为得一物而至倾家荡产；为护一物，乃至投之以生命。爱物尚如此，况爱人乎？爱人尚如此，况爱国乎？待物尚如此，况待友乎？然其能如此者，皆因深情所至也。

　　凡余之友，皆有癖，或画癖，或书法癖，或古砚癖，或集邮癖，或藏书癖，或酒癖、茶癖、竹癖、花癖、山水癖，或陶瓷癖，或石癖，或玉癖，或古钱癖，或古器癖。数年前，一友独癖紫砂壶，屡屡出示所藏壶，余始视之，不以为然；久之，则喜焉；今亦癖之也。

　　余友癖之，则动手治之，今已名动海内外，其壶又为好事者癖。余癖壶，则著之于书。愿览者亦癖之，则神与万物交，智与百工通，终生乐之，则亦乐之终生也。

　　又，晋王济有马癖，和峤有钱癖，而杜预独有《左传》癖。若壶癖者，非仅玩物也。吾国文化之一斑皆集于一壶，故其癖者，非同博奕用心也。《周书》论士："贵器用而兼文彩。"洽闻之士，倘得留心斯道，览华食实，极睇参差；复振叶以寻根，观澜而溯源。则君子多识之训，可以得也。

　　　　　　　　　　　　1995年大火焚家后重书于睢宁夏颖秋菊楼

十四、《中国紫砂艺术》后记

"士之致远，先器识，后文艺。""一物不识，儒者之耻。"然而，我对紫砂壶的认识却很晚。我原不饮茶，后来听说饮茶有很多好处，也便饮了；但用器却十分随便，杯也行、碗也行，惟独没用过紫砂壶。后来认识了一些制壶专家，他们经常拿些砂壶给我看，看得多了，便看出一些门道。继而又找出一些参考书，也就看得更深入一些。后来才知道，这类艺品在港、台以及新加坡等东南亚地区早已掀起一股热潮，可谓家家购紫砂，户户藏茗壶，几乎有以其有无定雅俗之风了。再深研下去，竟发现了很多严肃的问题，举凡华夏古今文化之内涵、国家民族之兴衰动静、战争和平，以及同国际间的贸易交往等，一言以蔽之：都在这些壶中有所表现。

张彦远云："不为无益之事，何以遣有涯之生。"在这无益之事中，却见出十分重要而又深刻的问题，实是始料未及的。于是，便准备撰写一部《中国紫砂艺术史》。写史之前，先写出这本《中国紫砂艺术》，以期得到专家学者和读者们批评指教。

本书参考了许多有关资料，其中参考较多的是：《宜兴陶器图谱》（台北南天书局1982年版）；《宜兴陶艺》（香港市政局主办）；《砂艺掇英》（宜兴紫砂工艺厂油印本）；《壶锦》《壶锦续集》《宜兴紫砂》（文物出版社、两木出版社）；《宜陶之旅》（香港茶与艺术杂志社）；《宜兴茶壶精品录》（台北国立历史博物馆）；《宜兴紫砂珍赏》（香港三联书店）；《宜兴紫砂当代名人作品集锦》《阳羡砂壶图考》《阳羡砂器精品图谱》《紫砂春秋》（文汇出版社）；《古今茶事》（上海书店，此书提供资料最为完备）。此外，还参阅了明文震亨《长物志》、张岱《陶庵梦忆》《明史》、清李斗《扬州画舫录》《美术丛书》等等。宋伯胤先生的文章以及《文物》上一些考古材料和论文对我的启发较大，应予特别提及于此。

限于规定的文字和图版数，有很多好的资料和名家壶只好忍痛删略，尤其是近现代的很多名家及其壶遗漏未载者甚多，只好要求在我日后所著之《中国紫砂艺术史》一书中再加以补入并详述，敬请读者谅解。

昔魏收著《魏书》，于《艺术传》中引孔子语曰："盖小道必有可观。"紫砂壶虽属小道，然芥粒之中藏三千世界，善观者，其所藏之道岂小欤？惜余事烦无暇日，又限于篇章，未能尽道其妙，是为憾焉。

1995年秋于南京师范大学美术系

十五、《中国紫砂艺术》续后记

原已有了《后记》，今又复写《续后记》，似是议论太多了。但临文嗟悼，所以兴怀，又岂能不书。

一、这本书的主要部分写于1992年，承书泉出版社经理王翠华小姐青睐，要我重加增改，由她负责出版。但当时我的兴趣已开始转移（其实是又回归到我本来的专业上了），正受命主编《现代中国画史》一书，并为中国北京商务印书馆主编一套《艺术与文物鉴定丛书》（其中也有紫砂壶鉴定），特别是《现代中国书史》乃为一部大书，各国各地出色的华人艺术家都寄来了他们的作品，盛意可感。值此之际，书泉出版社又来信催稿，是故新书未定，我又忙着修改旧稿，也由于忙乱，事故频出。最终由于用电不当，一场大火降临了！这不但把我半生积蓄烧得精光，也把我的书房烧得片纸不留；满满两间屋，几十架的书籍，许多十分珍贵的画册、文物、名人字画统统付之一炬！我已写好的手稿和拍照的图片，也化为灰烬⋯⋯悲夫，天可怜见！

正所谓祸不单行，恍惚之中，我记得我已把整理较满意的稿子寄出了，但1995年6月份，书泉却来信催稿，说至今未收到稿件，这仿若雪上加霜！我想稿子不是失于途中，便是毁于大火，反正是没有了，与其费心去查追，不如重写。此时想起来，我平生没有满意的事，或许是因为这份书稿，我整理得比较满意，所以被烧了吧？！

在整理被烧成废墟的旧宅时，意外地在阳台上发现此书的初稿，但已被烧去大半，剩下一部分，也被烧残不少。此时方寸已乱，只好在旧稿基础上改写。有时写到一半不敢写了，不知前面写过没有，有些条目不知是否重复。又因为所有资料都烧光，写起来十分吃力。本来，我写文如游戏，思之所到，笔之随之，需要利用的资料，顺手从架上即可取到，十分轻松自在。现在麻烦了，需要什么资料，没有什么资料，十分痛苦。徒自叹息："十年磨剑，五陵结客，把平生涕泪都抛尽。"

更可叹者，我原来费尽心力拍来的图片，也已荡然无存，很多紫砂壶艺人和专家都曾寄来他们的资料和图片，我不好意思再请他们重寄，只好自己重加搜集，实在搜集不到，只好付之阙如。因火灾造成我的心境混乱和资料图片短缺，致使此书不能尽如人意，希望读者和紫砂壶专家们能够谅解。

二、我在书中说到，现在宜兴紫砂工艺已超过古人。这次整理中，又看了一些宜壶，在做工（技术）方面，确已超过古人，其契合严密，光润洁净，至无瑕可指；然也有部分作品仅止于肤表，不过悦俗目而已。盖徒有其形，无气韵也，可谓乏其内在气质也。其美在外，而非发于内，《记》云："和顺积于内，英华发于外。"真正的美无不本乎中之所积而自然流露于外，又肖乎其人者也。这就要求制壶艺人加强修养，不能仅仅止于技，而要进乎技、达于道，如古人所云："不务妍媚而朴雅坚致"（《茶疏》）。"妍媚"，则见于外表和形式，而外表太漂亮了，会不会影响内在的气质呢？不一定如此。但一个内在气质非凡的人，外表必不妍媚。

我常说：大文人必无文人气，大商人必无商人气，盖不同流俗也。真正好的紫砂壶不能完全不讲究外表，但不能仅止于外表。陈曼生的壶，外表并不华丽，甚至不严紧，然不失高雅风度。史书记载，汉武帝时有尹、邢二夫人，诏不得见。但尹夫人请求一见邢夫人，武帝以一人饰作邢夫人，宫服华丽随从数十人，尹夫人见后曰："此非邢夫人。"

后来武帝又叫邢夫人穿上入宫前旧衣服，独身前往，尹夫人一望而知是邢夫人，并自痛其不如也。由此可知，服饰虽不能说完全不重要，而关键还在于其内在气质，淡妆雅服而姿态明秀。宜兴的一部分紫砂壶就外表华丽技工高超而言，已经达到很高的程度，但是否要转而向"朴雅坚致"方面发展呢？我想这是一个值得思考的问题。

《周书》有云："政贵有恒，辞尚体要，不惟好异。"制陶者亦应戒趋浮末好异之事，力使其纯一、简实、以淡为宗，发扬中国文人的审美传统，使之植根于中国而叶荫于五洲之上。惟有志于此道者察之。

1995年酷夏于南京师范大学

十六、《弘仁》后记

　　有很多事，当时并不觉得十分了不起，但过了一段时间后，忽然被人发现意义十分重大。比如民国初期，有几位富家孩子闹着要画画，家长为满足其虚骄之心，便花钱弄了几个人在一起画画，当时最大的目的不过是抑制孩子外出，半个世纪后，却成为教育史上重大事件。

　　1982年，我研究生毕业后，供职于安徽省文学艺术研究所，因无事可做，组织上要我宣传一下安徽的文化名人。弘仁（渐江）是新安画派的领袖，海阳四大家之首，又是清初"四僧"之首，是安徽屈指可数的文化名人之一。我也特喜爱他的画，寒光冷韵、悲怆静寂、超尘绝俗，泠泠然若藐姑射山之处子。在美国曾掀起一个研究的高潮。在国内，对弘仁的研究还不够。开始，我们希望把纪念弘仁的规模搞大一些，我给几位朋友发了通知，希望他们写点文章，准备参加会议。但后来，大家都忙自己的事，加之经费无着，就不了了之。为了收场，领导又叫我找几个人在办公室喝点茶，聊一聊，然后在报纸上发一个报道，就算是纪念了文化名人，年终总结时，便好向上级汇报本单位做了哪些工作。我一向不做对不起朋友的事，会议不开，朋友们就白准备了一通。但领导说，没关系，国家的五年计划都能落空，何在乎一个会议呢？但我仍暗暗盘算，决定挟天子以令诸侯，造成声势，里应外合，把一个在办公室里聊天小会开成国际性的大型研究会。何况，我是好大喜功的人，喜爱王安石的"不畏浮云遮望眼，只缘身在最高层"，而不太喜爱苏东坡的"只缘身在此山中"。

1984年是弘仁逝世三百二十周年。我便决定花一年多时间筹备，召开一个国际性的纪念大会暨学术研讨会。于是我便迅速地更大规模地向全国各地学者发出通知，马上得到广泛的响应。接着，我又向欧、美、日、澳等世界各国学者发出通知。国外学者第一次接到中国大陆的这种通知，纷纷回信，表示极大的热忱，还有很多没收到通知的学者也都纷纷来信询问，并要求参加会议。当时的中国刚开放不久，又是第一次召开这样的学术研讨会，他们都感到惊奇和兴奋，有人又给我寄来有关资料和建议。台湾学者当时还不能直接来大陆，他们要从美国赶来……

接着，我又和另外两位同事奔走全国各地，组织全国博物馆所藏弘仁和安徽画家作品联展。结果也得到了广泛响应和支持。故宫博物院负责人说故宫是第一次拿藏品和地方联展。然后，东北、西南、华东等地博物馆，基本上都答应参加联展。

召开国际性的纪念大会及研讨会的各种因素都具备了，剩下的最大问题也是决定会议规模甚至命运的问题便是争取省领导人支持，否则连经费都成问题。而且，如果下令"不准召开"，那样，前功尽弃是小事，我将无面目再与世人相见，这个世界上将无我容身之地。于是我们又花最大的精力向省委省政府负责人反复鼓吹这次大会的重大意义，煞有介事地阐说各种"道理"，如果成功了，不仅对安徽省，对国家都有无穷好处，四个现代化问题就不大了；如果不成功，那问题就严重了，有可能安徽省就混不下去了。后来，省负责人了解了我们的筹备情况后，不但表示支持，且同意出任大会主席。这样，一切都顺利通过了。

1984年5月9日前后，合肥市的飞机场、火车站、汽车站、稻香楼、博物馆纷纷忙忙，接待国内外学者三百余人。大会如期召开。全国三十余家博物馆及收藏家联展也如期开幕。会议进行十天，会后，我们送全体学者及博物馆人员上黄山游览，谒拜弘仁墓、考察弘仁遗踪，声势和规模之大，时间之长，所有人士都感叹不已。

现在想起来，那时我胆子也太大，两手空空，竟把世界上那么多国家的学者都请来，把全国各大博物馆和博物院都邀请来并携来其所藏珍品参展。当时只想到成功，没想到失败。后来一想，万一上级否定，后果真不堪想象。

大概促使我办成此事的惟一因素是：我的无知。我当时只三十余岁，对社会太不了解。

现在我年龄增长了，对社会了解了。我绝对不会干这种事，因为根本不可能成功，"十有九输天下事"嘛。当时几位"支持"我干这事的领导人也暗暗嘲笑，认为根本不能成功，但又说："年轻人，让他干吧，不成功也不要紧，国家五年计划都落空，年轻人失败几次有什么关系？"现在回忆起来，怎么就成功了呢？无知人没有什么顾虑，居然就成功了，真是万幸。

会后，我便埋头著书。著书、出书，当然是十分简单而轻松的事。一个十分无能的人最好选择当作家、画家的道路，因为这比较容易且无风险。两年后，经美国堪萨斯(Kansas)大学讲座教授李铸晋先生推荐，我赴任堪萨斯大学研究员。到任后，美国很多学者见到我都说，你那次召开的纪念弘仁及黄山画派学术研讨会，是中国美术史界第一次国际型的研讨会。此后，中国各地才有类似的研讨会出现，但规模和影响都远远不及。即使在世界学术史上，你那次大会也是屈指一流的。欧美等国要想组织几十家博物馆联展，也是不可能的，至少到现在还没有过。总之，在世界学术史上，还没有那样大的规模和完整的研讨会（前年，高居翰还来信说他在合肥参加了弘仁研讨会之后，几乎每年都到中国参加研讨会，但却没有一个会议能赶上弘仁研讨会，更没有一个会议能像弘仁研讨会那样组织全国的作品展览）。我听后，猛地一惊，才知道，当时因我无知而办成的一件事，竟有如此重大的意义。

后来，很多友人成功了不少大事，如有人出国留学，有人受邀出国讲学或从事研究工作，有人为出版社完成了很多重大项目，等等，虽然都是他们自己努力的结果，但大会给他们带来了接触、联络、相识的机会，恐怕是一个基础的因素。我也结识了不少朋友，因为安排上很难平衡，也得罪了不少人，当然，这是不值得一提的小事。不过，从此，我仿佛成为研究弘仁及安徽画派的专家，只要有和弘仁及安徽画派有关的问题，大多会找到我，我写了不少论文，也出版了不少著作。这次，吉林出版《明清中国画大师》丛书，也特把《弘仁》一书交给我。我当时正忙，但一想，弘仁的文章，我已写了很多，现在，花一个星期时间，把文章凑一下，一本书就出来了，未尝不是好事。于是就接了下来了。但学术良心促使我又翻找一些资料，竟发现很多新的问题，以前我只从宏观上探讨，现在需要从宏观和微观两方面探讨。所以，当出版社催稿时，我才决定重写。我写作，从不起草稿，多是一遍成功，这次因太匆忙，写到一半，又发现问题，再写下去，又发现新问题。比如，弘仁为什么到武夷山出家，弘仁和商人的关系，弘仁晚年信的是佛家的净土宗，等等。安徽石谷风先生又查到清乾隆刊本的弘仁家谱，原来弘仁是"杭州诸生"，等等；这一切都影响弘仁的画风。可惜，时间太紧，来不及继续探索下去。

书稿完成，我的心情并不轻松，不知是否能对得起读者、对得起出版社。这几年，总是匆匆忙忙地出书，自己也控制不住自己。有很多地方，明知要改动，结果还是听之任之。

但有几个问题，必须向读者剖白：

一、安徽省博物馆文物鉴定家、画家和研究家石谷风先生经多年努力，访查到弘仁的家谱（乾隆刊本《新安东关济阳江氏宗谱》），其中很多新的资料，竟发现和解决了弘仁研究中很多问题。本书写作时，多所取资。石谷风先生还为我校对、抄录了不少世人罕见的资料。使我十分感激。

二、汪世清、汪聪两位先生于1963年就编辑了《渐江资料集》。1984年，我们召开纪念弘仁大会和学术研讨会之前，他们又修改并补充不少资料，由安徽人民出版社再版，中外研究弘仁的学者无不以此书为重要参考。我这次写作《弘仁》，当然也以此书为重要参考，省力不少。这本书的两个版本，我都有，但以前性急，一直没有细读，这次细细查阅，才发现前辈们治学态度是何等地严谨啊，一个注释都不知查了多少文集和地方志，几十年的时间留心于一本书上。想起我辈"做学问"，每日东溜西逛，玩腻了，口袋玩空了，才想起摸笔，一篇文章一个晚上，一本书几个月，甚至一两个月，写毕便丢，对外号称做学问，实则是混稿费，真是惭愧。汪先生这本资料集，真是难得的好书。读者如发现我在注释中注得还不够清楚的，皆可从这本资料集中查到。我在书后所附的有关弘仁的资料，也大多来源于此书（当然也有新的资料）。特向汪世清、汪聪二先生致以谢意。

《渐江资料集》中也有一些错误，如：《为闲止作山水轴》藏上海博物馆，而不是在故宫博物院；其中题诗"雨余连雨觞声急……花事既零吟兴倦……"应为"雨余复雨鹃声急……花事既零吟莫倦……"；"两岩松雪"应为"西岩松雪"；《为次豫画山水轴》名应为《秋柳孤棹图轴》，此图藏沈阳故宫博物院，而不在辽宁省博物馆；等等。因为汪先生辑此书时间较早，有的原作没有见到，我在组织全国博物馆联展时，都见到了原作。

还有资料集中，辑录的画史资料，省略部分都没有用"……"或"（略）"，我这次收录时，也都依原著补充。错字径改。作为资料集，给研究者带来巨大方便，小疵难免，无碍其光辉。

三、弘仁存世的画作，凡流落国外的，都收录在日本著名学者铃木敬教授主编的《中国绘画总合目录》中。凡在国内的，多收录在文物出版社出版的《中国古代书画图目》中。读者查找此两套书，十分方便，每一画各藏在哪一家，哪一博物馆中，多宽，多高，等等，皆注明清楚。本书不再赘录（我曾花很大精力辑录很多，最后发现，凡属可靠画迹，基本上都在此二套著录书中，为节省篇幅，故删去）。

四、弘仁的画作刊印者甚多。其中以安徽省美术出版社1988年出版的《明清安徽画家作品选》（副题《纪念渐江大师逝世三百廿周年〈渐江暨黄山画派名作联展〉》）最佳，收入作品最多，印刷也最清晰。这本画册，实际上就是我当年和另两位同事奔波全国各地联系全国博物馆联展的作品结集。

五、研究弘仁的论文较集中地收录在《论黄山诸画派文集》（上海人民美术出版社，1987年版）中，这本论文集就是1984年弘仁研讨会上，中外学者的论文结集，其中有我的文章三篇（笔名），校译日义论文一篇。论文集由我主编，出版社当时坚决要我署"陈传席主编"，我坚持不署我的姓名，而署我所在单位文学艺术研究所编。那时我年轻，思想多么纯正啊。我写了"序言"，也用笔名：池邻。

往事如烟，十年前，我组织研究弘仁的国际学术大会时，年仅三十余，而今转瞬已过不惑，十年中，余所遇良机甚多，皆因懒惰马虎失去，竟一事无成，思之惨痛凄绝。呜呼，人生短暂，所遇无故；两番折腾，悔已晚矣。天道周星，物极不反；日暮途远，人间何世？屈子云："苟余情其信女姱以练要兮，长颇颔以何伤。"余竟不得。十年江海，无穷遗恨；每坐视流光逝去，唯以笔墨寄恨。悲夫，昌黎盘谷之叹，或有以也。

1994年春于南京师范大学悔晚斋

原载《弘仁》，吉林美术出版社，1996年5月

十七、《中国绘画理论史》自序

　　吾国画论，本乎道，体乎文，酌乎艺，成为理，实乃一代之精神。

　　六朝人重神韵，故"传神论""气韵论"生焉；宋代士人心态常呈迟暮落寞之状，故多主"萧条淡泊""平淡""荒寒"之论；元人多逸气，故"逸气论"风行不衰；明末文人好禅悦，又多宗派，故"南北宗论"盛焉；清人死寂一片，"万马齐喑"，故倡"空寂、静、净"论；近世欧风东渐，故"引进西法论"不绝。一代之画论无不肖乎一代之人与文者，知画论而知时代也。

　　夫铨序一文为易，弥纶群言为难。矧余年来每为物累，事烦无暇时，心欲静而意常乱，身欲安而事多扰；行则乱所为，思则躁所绪；欲止之而益之，又何能励精而致远耳。

　　悲夫，性定会心自远。余唯知之而不能为之。每思古人优游之情，林泉之乐，琴画之趣，皆以淡、静为旨，余不可得之，尤感慨痛心疾首焉。摩诘诗云："薄暮空潭曲，安禅制毒龙。"何有于我哉？

　　余按辔文雅之场，环络藻绘之府，因心躁而无备，又何望乎树德建言而不废也。昔刘彦和云："陶钧文思，贵在虚静，疏瀹五藏，澡雪精神。""然后使玄解之宰寻律而定墨。"余少即闻其教，今复乱之，终当去之。

稍俟异日，余了却众俗事，清偿诸文债，则必摒名利、绝尘事、释躁心、拒庸客、去细碎、弃凝滞、止暇思、忍屈伸、除嫌吝、空怨咨，积学以贮宝，研阅以穷照，再著论史，以报读者耳。

于南京师范大学悔晚斋

附录：独排众议奇思多 / 罗青撰文

陈传席先生是大陆艺术史界的奇才。他的《六朝画论研究》及《中国山水画史》二书，都是见解独到，精研功深的重要作品，为中国古代艺术的研究开辟了新的门径。不过，他探索研究古代之时，并没有忘记关怀现代。在他的新著《现代艺术论》中，对中国艺术如何从19世纪走进20世纪，提出十分精彩的看法。该书附录二《悔晚斋臆语》也是一本奇书，显示出陈先生不但通"史"达"论"，同时也知"文"解"诗"。文言白话，鲜活生猛，说理抒情，警策清新。此外，他在书画方面的造诣，亦不落凡俗，戛戛独造，自有奇思。

一般说来，艺术史家多半在史料及诠释上下功夫，能兼通美学理论的，并不多。再旁通文学诗词的，那就更少了。像陈先生这样，史论兼备，诗文并长，同时还能在文章书画两种创作上，都达到高水平的，那更是少之又少了。

陈先生为文做研究，皆以独创为归依，敢独排众议，发人所未发，角度特别，新意时出。他的风格之一，是常向权威大师挑战，例如他对钱锺书及刘海粟的批评，便非常有名，有凭有据，掷地有声，非一般浮薄苛论可比。

现在陈先生把多年精研中国绘画理论的文章，结集成书，名之曰《中国绘画理论史》，是研究艺术者的一大佳音。本书始于他的专长"六朝画论"，终于他的关怀"近现代画论"，把唐宋元明清以来的重要绘画理论，挑选出来，做了一番整体而又精微的回顾。对初习中国绘画理论的人，是一本上好的参考书。

　　"温故"旨在"知新"，陈先生特别在"后记"中附上六篇文章，说明本书在当今的作用，并指出20世纪中国画在世界上的地位，要靠自己努力创作及研究阐释，一切操之在我，不假外求。同时也欢迎世界上所有中国艺术爱好者一齐来共襄盛举，信心十足，气度恢宏，值得喝彩。希望本书的出版，能为中国艺术理论的研究及实践带来丰硕的成果。

（《中国绘画理论史》主编语，
台北东大图书股份有限公司1997年版）

十八、《中国绘画理论史》跋

书稿寄到东大图书公司后，我便想，何时能进入编排过程？何时能出版？于是便决定写封信去问问，信刚写好，还没来得及寄出，便接到编辑部的来信告诉我，书稿已完成编排，现已进入三校。我大为震惊。台湾出书速度之快，我早有听闻，但快到这个程度，却是我意想不到的。我的一本书在大陆上因畅销，多次再版重印，每次重印至少要三年，最近一次再版，已过了三年。因为很多读者不停地来信催问，我便向编辑打听，回答是"马上"。但这一"马上"又过了一年，我当时发表一篇杂文《马和马上》加以讽刺："马上，马上，我们的马也太慢了。"在这里一本书再版要三四年，而东大图书公司出版一本新著只不过三四个月，感慨之余，又想起往事，有关这本书的一些事，很想呈告读者。

1991年，上海一家杂志编辑部寄来一封快信约稿函，要我写一部《中国画论简史》在他们的杂志上连载，索稿颇急。接信后，我考虑了一下，我曾经出版了《六朝画论研究》和《中国山水画史》两部专著，对中国绘画上很多问题该讲的话差不多都讲了。后来又写了十几本，虽然也多了一些零星的发现，但总的来说，也未超出此二书的范围，因而不想再继续研究画史画论了，但对中国历史、思想史、诗文、社会、人生等，我还有很多话想讲。当时正准备撰写一部综论中国的历史、思想史、诗文、社会、人生、哲学以及艺术方面的书（最近出版的《悔晚斋臆语》则是其中点滴），思想一时尚未转过来，所以，不大想接受这个稿约。后来一位好友来信说情，确是盛情难却，而且他们出版社还答应在连载结束时结集出书。我又重新考虑许久，忽然想起我也曾计划过研究历代画论，在《六朝画论研究》后记中，我还说过，要对隋唐、宋元、明、清画论逐一研究，后来很多读者还来信询问和催促过。现在写画论简史，正好完成这一夙愿，也对关心我的读者作一交待，于是就决定写下去。其实，要静下心来写，这本画论史，不过一个月时间便可完成，而且会写得比现在更连贯、更深刻、更有条理，发现的问题和解决的问题也会更多、更有价值。但杂事多、俗务多、电话多、客人多，各种约稿多，弄得我昏头转向，无所适从。每到编辑部来信催稿，才赶紧连夜赶出一篇。已经发现一些问题，应该深入研究，又止了。一稿交出，又忙其他。等到下次催稿，拿起笔，思路又变了。很多火花，刚迸出，又熄掉了，写得很不满意，现在十分后悔。很多杂事不问也就算了，一个月时间也不是抽不出来。集中写，又快、又能深入。分散写，则相反，而且思路拉来拉去，费时费心更多。我这半辈子，后悔的事太多，所以我叫"悔晚居士"，后悔已晚矣。连载快要结束了，出版社催我再加整理，准备出书，于是我便抽空整理。

原连载的《画论简史》中的中国画论虽然都产生过一定影响，但对中国画产生十分重大影响的画论只有五次（详前），其中有几次画论常被人错解和误解。在杂志上连载时，因限于字数，未能说清。这次，换上我以前详细研究的文章，字数有的多，有的少，体例就不一致了。我考虑好久，还是来点实际吧，以讲清楚为重。体例不一致，或者叫"非驴非马"，有人说非驴非马有什么不好，骡子就是非驴非马。这话很有道理。

因为当时各篇分开写，又匆匆忙忙，写了后篇，找不到前篇，于是各自为政，前后不统一，但我看问题也不是太大。为什么非要强求统一呢？只要实在就行，这也许又有点"非驴非马"了，但读者读起来，并无不便之处。只是部分章节的引文有些重复，考虑章节的独立性，还是不删。

在杂志上连载时，限于字数，很多引文没加注出处，这是学术研究上的大忌。整理时，都尽量加上，但常见而为读者所熟悉的内容就不再加注了。

有很多较重要的画论，连载时没有写，后来也重写加在每部分之后，总之，比以前充实得多。

但我的感觉，这本书能否正式出版，不一定有把握。所以，整理时，并没有下太多的工夫。果然，书稿寄到出版社后，他们讨论来，讨论去，结论是：暂不出版。因为纸价暴涨，出版社没有资金，所有的书稿都停印。我因事忙，书稿也就暂存该处，未能及时索回。我常因事忙，误了很多事，也造成过很大的损失，但这一次却在不幸中得其幸了。

1995年初，我的家宅忽遭巨大火灾，几间屋的书籍、画册、文物和名人字画都被焚烧一空，半生积蓄付之一炬，更有我收集几十年的资料以及我撰写十多年的手稿，尚未出版，也化为灰烬，岂非命也夫。而且，我近几年主编并主笔写了一部《现代中国画史》，国内外无数画家寄来他们的图片和各种资料，也都烧了，真痛不欲生，"十年磨剑，五陵结客，把平生涕泪都抛尽。"只有这部手稿在外，幸而得免。

得知著名诗人、画家兼理论家罗青教授为东大图书公司主编一套"沧海美术丛书"，目的为传播文化，不为赚钱。于是我便把这部劫后仅存的手稿索回，在罗教授的引介下，得以列入该丛书，感激之情，难以言喻。

我一直希望静下心来，埋头对中国的人文科学作一深入的研究，我有资料，也有想法，但很多莫名所以的因素，使我一直不能实现我的愿望，青春易逝，徒自叹息，悲夫！

校毕这部书稿，南京的烟雨依旧，我从书房步入阳台，凭栏眺望，

感慨良多，我少时学过诗，容易遐想，锦笺在案，我提笔写了
　　一副旧联：

　　世事沧桑心事定，
　　胸中海岳梦中飞。

十九、谈改变中国画形态的五大理论^①

中国画的理论固然多，然使中国画产生巨大改观的只有五次：其一是顾恺之的"传神论"；其二是宗炳的山水画论；其三是以苏轼为中心的宋代文人画论；其四是董其昌的"南北宗论"；其五是徐悲鸿的"素描是一切造型艺术的基础"论。当然，其他画论对中国画的建设都起到很大作用，比如"六法论"的地位也许更高，但"六法论"并未对中国画产生质的改观。这五次画论对中国画的建设未必皆是有益的，其中也有不利于中国画发展的成分。但这五次画论的提出对改变中国画的精神和形态都起到巨大的作用，中国画为之一变。

其一，东晋顾恺之"传神论"的提出，使中国画进入自觉的境界。汉代之前，中国的绘画在艺术上都是不自觉的，都是功利和政治的附庸。他们并不知道绘画本体具有美的价值。顾恺之"传神论"一出，使画家知道，绘画可以传神为手段，使绘画本身具有美的价值而成为美的对象。"传神论"一出，千百年来，作画、赏画无不以传神为审美标准。改变了汉代以前绘画只取其大势、能表达其内容效用而已的形式。中国画之所以能向深刻精微方面发展，"传神论"功绩不可没。顾恺之有关"传神论"的内容很多，著名的"六法论"就是在其"传神论"基

①本文是《中国绘画理论史》"后记"第六部分内容。

础上发展起来的。

其二，宗炳《画山水序》谈山水画的"道"和"理"，谈"卧游"，谈"畅神"，谈"远"，谈"澄怀观道""以形媚道"。他把山水画和"道"联系起来了。宗炳之后，中国的绘画则处处求其和道契合。它像一股暗流，处处左右中国画的发展，决定中国画的形质，可以说，凡被文人称道的中国古代绘画，皆是宗炳理性精神的形态。

其三是宋代的文人画论，苏轼谈"士人之画"、"萧散简远""澹泊""简古""论画以形似，见与儿童邻""诗画本一律，天工与清新""绵里裹针""平淡""常形"和"常理"。欧阳修主张"萧条淡泊""开和严静趣远""常形"和"常气"。米芾力主"高古""平淡天真"。晁补之力主"遗物以观物""画写物外形""大小惟意，而不在形"。黄庭坚大谈以禅论画。这使以后的中国画产生了翻天覆地的变化。中国画由画家画为主一变而为文人写意画为主，盖源于宋代文人论画。此后，唐宋那种气象庄严的绘画退居下来，文人逸笔草草的绘画跃居主流了。宋代文人画论影响太大，有好的部分，但消极部分也不少。

其四，董其昌的"南北宗论"，以禅论画。宋代文人画论，使中国画雄伟浑厚、气势刚猛的作品减少了，多数转而向"萧条淡泊"和"平淡"。董其昌"南北宗论"在宋代文人画论的基础上，不但加强了"平淡"，又进一步明确地反对"刚硬"，更使中国画走向"曲软"和"阴柔"，乃至导致"软甜俗赖"，一片萎靡，而且势力特别强大。

其五，徐悲鸿的"素描为一切造型艺术之基础"论。这一句简单的话，借助徐悲鸿在教育界的权威，却在历史上出现了划时代的效果。中国画从来没有以西方的素描为基础的。以素描为基础，改变了以往以临写古人勾线平涂为基础的形式，决定了中国画的生命和形体。这个理论提出之后，尤其是各大学招收新生的考试、学习、创作都以素描为基础。学中国画的人必须学素描，学到的素描也就必然用到创作中去，中国画的面貌完全改变了。从顾恺之到陈老莲、任伯年一千多年间，基本上单线勾写再涂色式的形式大体结束。新一代画家差不多都以素描为基础，出现了一代新形式的国画。这种新形式的国画是优是劣，姑且不论，徐悲鸿提出的以素描为基础，其影响之大是无可否认的。且不说刘文西、方增先、黄胄、李斛、杨之光等等，就连蒋兆和人物一系、李可染山水一系，基本上都是以素描为基础的。李可染的名言："用最大的力气打进去，用最大的勇气打出来。"但他并没有用最大的力气打进去，他的成功，大半是用水墨画素描，也吸收了西画中伦勃朗的方法（在一片暗光中留有一点高光）。他的山水画中有明暗光线感，也有传统的笔墨，他成为一代大师，徐悲鸿理论的影响是重大的。

当然，我只是说徐悲鸿的画论影响大，并没有说他的画论是画家惟一可遵循的理论，更没有说他的画论是最佳的理论。而且欧风东渐，其理论也是大势所趋中的必然。

五大理论中，董其昌的"南北宗论"被人误解最多，也最需说清楚，所以，我写得最多。这部分内容，我实际上写于公元1981年，那时候，很难看到台湾学者的著作，后来（大约1986年）美国堪萨斯大学李铸晋教授告诉我台湾徐复观的《中国艺术精神》一书，观点和对某些问题的分析和我相近。我便设法找到徐著，他果然写得好，我修改时，又参考了他的一些写法（实际上我们所用资料和部分观点本也相同），刘勰云："有同乎旧谈者，非雷同也，势自不可异也，有异乎前论者，非苟异也，势自不可同也。同之与异，不屑古今，擘肌分理，唯务折衷。"斯言得之。其实，我们的结论和大部分观点并不相同，有的则相反。虽然如此，我仍然反复声明参考了徐复观的著作。这本来是学术研究上正常的事，但有人仍有微词。然而大多数画家都来信或面告：这部分内容对他们启发太大。多少年来，我对"南北宗论"又有更新更深刻的见解，但想来想去，为避欲盖弥彰之嫌，还是不加改动，故而我将以前这篇文章原封不动地收入，还是那句老话，是是非非，任人评说，"举世而誉之而不加劝，举世而非之而不加沮，定乎内外之分，辩乎荣辱之境，斯已矣"。

二十、《明末怪杰》前言

这本书，原是应苏联社科院著名学者叶·查瓦茨卡娅（汉名：白纸）教授之请，写给外国学者看的，并承她翻译为俄文。她当时要求我：语言浅近，明白易懂；少用文言，交待要详。但内容一定要有深度，一定写成研究性的专著，而不是介绍性的小书。当然，资料来源、引文出处皆必须按国际论文写作标准一一标注清楚。白纸是前苏联汉学功底十分雄厚的专家，译过《易经》《佛经》（其中《坛经》译文并附有她的研究文章）、孔、孟、诸子以及石涛《画语录》等。对这些中国人都很少弄懂的古文，她不但精通，且多能背诵，并著有研究中国古代文化的专著十五本。因而，她绝不满意于内容上肤浅的介绍。她反复要求：既要全面展开，更要研究出深度，一定要有新的发现，新的见解，最好采用新的写作形式。要使不了解陈洪绶的人读了能深刻地了解陈洪绶，使已了解陈洪绶的人更有新的认识。同时，还要以小见大，通过对陈洪绶的研究展现出中国艺术的内蕴，使外国人对中国伟大的艺术有深刻的认识。她并说她和很多苏联人对陈洪绶的艺术十分崇拜，很早就想写一本《中国最伟大的画家——陈洪绶(1598～1652)》，自看了我的《中国山水画史》一书后，决定请我写，她负责译。但她的要求过于苛刻。我当时提出：艺术的美在形式，所以形式越新越好，但论文的价值在内容。内容要新而实在，要解决问题。至于写作形式的新旧是无关紧要的。心思过多地放在形式上，会忽略内容的充实。她没有表示反对。其他要求，我都尽量遵办，但是否办到了，不得而知。

我为写此书自觉是下了工夫的。我曾奔波于全国各博物馆，又到美国、日本等国的博物馆去认真地考察过陈洪绶的作品。陈洪绶的作品从少年到晚年的，我心里都有一个谱。因而，我决不是凭空议论，也不是凭几本文字资料任意发挥。我的话都是有根据的。我研究过陈洪绶的书画和诗文，我的话首先有"物"为证，其次有"文"为证。我的老师、当今世界上著名学者李铸晋教授多次教导我：研究绘画史，一定要从分析绘画开始，我一直铭记在心。

研究中国美术史，中国的部分学人专以杂凑常见的资料为事；另一部分人又过于轻视史料，甚至连画都很少看，每以大言诳世，云天雾地，无一实处，皆不可取。而外国的学者细腻的实实在在的研究，一笔一画的分析，完全忠实于客观，我固然很欣赏，但又不满于那些零碎的发现和细小的观察。而且又担心这样下去，是否会堕入古董商的附庸而失去了绘画史研究的社会科学价值。我到过美国，在堪萨斯大学担任过研究员，在那里了解了不少美国人的治学方法。总之，美国学者的实实在在的研究是好的、无可非议的。研究工作必须有这个实实在在的基础，否则便无权发言。但是我们既然辛辛苦苦地筑造起这个基础，不妨第一个立上去向远处、高处、深处观望一番，看到一些别人看不到的景致。固然，远处、高处、深处是空和无。然而，发展和建设的利用只能在空和无处。《老子》曰："有之以为利，无之以为用。"（十一章）这也许正是绘画史研究的社会价值作用。我以前的几本著作在国内外引起的反响不一。我经常收到国内外学者来信的称赞，其中日本著名美术史家铃木敬教授竟谬奖我的《中国山水画史》为中国出版物中的最高水平著作（我本人颇惭愧），但也有一些海外学者批评我完全无视他人的研究成果。还有一些海外学者忠告我一定要去除部分主观议论，只保留那些实实在在的内容。前者我完全接受；后者我小心地接受。因为主观议论如果有实实在在的研究为基础，就是观点和见解，甚至可以说是发现。研究家是不可没有的。我写《明末怪杰——陈洪绶的生涯及艺术》仍然本着这一观点。

这次我将原文交浙江人民出版社出版前又重读一遍，因为是为外国学者写的书，有些内容似乎交待过于清楚了，但觉得并不累赘。所以，除了删去一些释文之外，语言内容一仍其旧。

1988年暑期至1989年，意大利一位留学生又来到我这里学习。她是专门从事陈洪绶木刻画的研究的。为了授课，我又花了一年时间，对陈洪绶的人物画作了更具体的研究。尤其是对陈洪绶画中的人物内容（如《博古叶子》等）费力甚多。所写文字是本书的一倍，不便全部附录，只好留待异日另行出版。

黄涌泉先生著有《陈洪绶年谱》一书，功力甚著，本书多所取资，是必须申明的，并向黄先生致以谢意。

查瓦茨卡娅教授的提议，美国堪萨斯大学讲座教授李铸晋先生为我赴美、日等地考察给予全部的支持，皆至为感念。

1998年于南京师范大学美术系

二十一、《扬州八怪诗文集》前言

　　研究"扬州八怪"，他们的诗文集无疑是重要的和必需的资料。然而，其中除郑板桥和金冬心的部分诗文曾有排印本和影印本行世外，其他各家诗文集多藏之"秘阁"，世人罕见，海内外研究"扬州八怪"的学者每以为憾事。现将整理校点的这套《扬州八怪诗文集》，分集出版，以资海内外研究家研究之需。

　　"扬州八怪"是哪"八怪"？历来说法不一，集各家之说，可得十五人，据目前所查，其中十三家有诗文集，除了李鱓的《浮枢馆集》和高翔的《西唐诗钞》已不可见外，尚有十一家有诗文集遗世，余者或有诗而无集。

　　以前研究家介绍"扬州八怪"时，多数不提及他们的著作，偶有提及者，多不确切，且无一全面者，大型辞书《辞海》算是最严肃的书了，其中提到汪士慎有《巢林诗集》、黄慎有《蛟湖诗草》、郑板桥有《板桥全集》、高凤翰有《南阜山人全集》等等，其实皆不确切（详见本集）；又提到金农有《冬心先生集》、罗聘有《香叶草堂集》，其实，金农有集十一以上，罗聘也非止一集。我们这次皆以各家较早的版本为据，以其他可靠版本互校。

　　《扬州八怪诗文集》第一集刊印了边寿民的《苇间老人题画集》、

汪士慎的《巢林集》七卷、郑燮的《板桥集》、李葂的《啸村近体诗选》三卷，已于1985年9月出版。

《扬州八怪诗文集》第二集刊印了黄慎的《蛟湖诗抄》四卷、《黄慎集外诗文》，已于1987年8月出版。

这次整理出版的是第三集。

第三集整理刊印金农、罗聘二家的全部诗文集。

金农(1687～1763)，字寿门，又字司农，号冬心，别号甚多。浙江仁和（今杭州）人，寓居扬州，住三祝庵、西方寺。

金农是"扬州八怪"中遗世诗文集最多的一家。

（一）《冬心先生集》四卷

根据集前"雍正十一年十月钱塘金农自序"可知成书的时间，又据自序的内容可知，在此之前，他曾有诗集刊印行世，雍正十一年(1733)又"发愤将旧稿删削编肴，都为四卷，写一净本，付之镂木"。这就是现在所能见到的《冬心先生集》四卷。金农"自序"中还说："冬心先生者，予丙申病痁江上，寒宵怀人，不寐申旦，遂取崔辅国'寂寥抱冬心'之语以自号，今以氏其集云。"可见这是他第一次以冬心为集名。

又据集中每卷末尾的篆书所署"雍正癸丑十月开雕于广陵般若庵"可知，此集于金农手编的同年十月开始雕刻刊印。

《冬心先生集》中诗系编年排列，集中诗始于康熙五十五年(1716)，止于雍正十一年(1733)，这本诗集是冬心的重要著作。

我们这次校勘所用的《冬心先生集》底本是南京图书馆所藏的雍正刻本。集前有"扬州八怪"之一的高翔所画的"冬心先生四十七岁小像"一幅。背面有"蒲州刘仲益题"辞云："尧之外臣汉逸民，著簪韦带不讳贫，疏髯高颡全天真，半生舟楫蹄与轮，诗名到处传千春。"

至清同治光绪年间，钱塘丁氏"当归草堂"刊本之《西泠五布衣遗著》中，又收录了金农的《冬心先生集》，这个刻本很好，几乎没有错误，五布衣为吴颖芳、丁敬、金农、魏之琇、奚冈，皆杭州人。我们初校和复校时所参考的"当归草堂"本《西泠五布衣遗著》是扬州图书馆古籍部所藏。南京图书馆古籍部也有。

（二）《冬心先生续集》一卷

雍正十一年之后，金农所作之诗，则由其弟子罗聘收编，集为《冬心先生续集》，初刻于乾隆三十八年(1773)，其时金农已逝。清同治光绪间，"当归草堂"本《西泠五布衣遗著》中将此集收录，重刻于《冬心先生集》之后，而后，便没有再版过。

集前有金农的"自序"，述其自幼学诗经历及乾隆之年被荐赴博学鸿词科的事实。末署"予编纂续集上下卷成。因抒往事，述之简端，乾隆十七年(1752)岁次壬申二月十日雪中、钱塘金吉金撰"。可知此集亦为金农生前手编，原为上、下卷，罗聘编刊时，不分卷。罗聘的跋中亦云"厘为一卷，仍其原序"。末署"乾隆三十八年十二月十六日，门人罗聘谨题于津门客舍"。跋中还说："癸未秋，先生没于扬州佛舍。"癸未秋是1763年，此时可认定金农卒于1764年、1760年、1762年有差误，当以罗聘所记为准。

因《当归草堂丛书》刻本更加完整清晰，故据为底本，参以乾隆三十八年刻本互校。

（三）《冬心集拾遗》一卷——

原刊于《当归草堂丛书》之一《西泠五布衣遗著》中，清光绪六年(1880)八月福州刊本，今据以点校，其中有诗六十八首、序二篇、书一通、表一首、像赞一首、题跋九则。按《拾遗》中有重复诗一首，又有《杂画题记》一百三十四条，和冬心另一集《冬心先生杂画题记》所载部分重复，本集中皆删除。又，编次与原目有误，为保持原貌，仍之，读者自加注意。

（四）《冬心先生画竹、梅、马、佛、自写真题记》

亦载《当归草堂丛书》本之《西泠五布衣遗著》中，刊载这五个
《题记》的本子很多，有冯兆年辑《翠琅玕馆丛书》第一集《冬心画题
记》，黄任恒辑《翠琅馆丛书》子部《冬心画题记》。此外，《花近楼
丛书》《巾箱小品》《古今文艺丛书》第五集、《艺术丛书·画学·冬
心题画》《芋园丛书·子部·冬心画题记》《美术丛书》初集第三辑等
等，另有《小石山房丛书》第十二册还收入《冬心先生画竹题记》，
《画竹题记》后有"金陵余纶仿宋录写，江氏鹤亭古梅庵藏版"字样，
顾名思义，这些是冬心画竹、画梅、画马、画佛和自写真的题记集，本
来是五个集子。本书以《当归草堂丛书》本之《西泠五布衣遗著》本为
底本，参以《美术丛书》及《小石山房丛书》本之《冬心画竹题记》等
互校。

《画竹题记》乃是冬心自辑，集前有冬心自序云："冬心先生逾
六十，始学画竹，……宅东西种修篁约千万计，先生即以为师。"又
云："无日不为此君写照也。画竹之多，不在彭城，而在广陵矣。每画
毕，必有题记，……编次成集，江君鹤亭，见而叹赏不置，命佣人抄录
付剞劂氏。"末署"乾隆上章敦牂九月九日钱塘金农自序"。

《画佛题记》前亦有自序云："三年之久，遂成画佛题记一卷计
二十七篇……广陵执业门人罗聘，为予编次之，惧予八十衰翁，恐后失
传，乃请吾友杭堇蒲太史序予文，并列藏《朱草诗林》。"末署"乾隆
二十七年岁在壬午七月七日，前荐举博学鸿词杭郡金农漫述"。

按《美术丛书》本中于《冬心画佛题记》后增加一则题记曰"补
遗"，余皆仍之。

其他几部分皆无自序。

（五）《冬心先生杂画题记》

此集是继《冬心画竹、梅、马、佛、自写真题记》之后的题记集，其第一篇相当于自序，其中谈到以前"三载中得题记画竹诗文五十八篇，为广陵江鹤亭镂版行世。近复画竹不倦"云云。可见是江氏镂版之后的杂记辑。内容是金农画竹、画蕉、画荷以及画人物杂画上的题记。原刊《当归草堂丛书》本之《西泠五布衣遗著》。《美术丛书》三集第一辑亦收录，二丛书均谓"据归安凌霞所藏钞本"刊入。今以前者为底本，参以后者互校。

（六）《冬心先生杂画题记补遗》一卷

顾名思义，是前本的"补遗"，此卷仅载于《美术丛书》第三集第一辑，据辑者谓乃"据真迹山水人物册"补录。

（七）《冬心先生三体诗》一卷

集前有金农用"杭郡金吉金"之名写的序，云："乾隆壬申初春，春雪盈天……检理三体诗九十九首"。乃是金农生前亲手所编。所谓三体诗，是一首中有五、六、七言三体，其中七言是绝句。载于《当归草堂丛书》本中《西泠五布衣遗著》之《冬心先生集·续集·拾遗》之后。同治十三年(1874)顾湘辑《小石山房丛书》第十二册中也刊有这卷《冬心先生三体诗》。今据《当归》本点校。

（八）《冬心先生随笔》一卷

卷前有金农自序，末署"乾隆三年十一月十六日，钱塘金农手识"。但当时并未刻印，从卷后魏锡曾的跋语可知，金农的这卷随笔，真迹曾藏萧山丁文蔚家，又复为摹本，二本魏锡曾皆见过。光绪四年，魏锡曾从摹本录出，又根据他所见过的真迹加以校正，付闽工吴玉桂缮刊，为《当归草堂丛书》本之一。今据以点校。

（九）《冬心先生自度曲》一卷

前有"乾隆二十五年二月朔日七十四翁金农在龙梭仙馆书"的序。序中自云："昔贤填词，倚声按谱，……予之所作，自为己律。"即所谓"自度曲"也。又云："家有明童数辈，宛转皆擅歌喉，能弹三弦四弦，又解吹中管，每一曲成，遂付之宫商，哀丝脆竹，未尝乖于五音而不合度也。"可见金农家颇富足，并不像很多论者所说的其家很穷。

其集据金农自序云："广陵诗弟子项均、罗聘、杨爵各出囊金，请予开雕。"光绪六年(1880)又被收录入《当归草堂丛书》本《西泠五布衣遗著》中，今据以点校。

（十）《金农斋砚铭》一卷

此卷乃金农收藏的砚铭之集，卷前有冬心自序，末署："雍正十一年岁在癸丑嘉平望日，钱塘金农自序。"是卷和《冬心先生集》皆冬心同时手编，也同时刻印，卷末皆有"吴郡邓弘文仿宋本字画录写"之语，其刻书风格也完全一样。1997年，上海古籍出版社影印《冬心先生集》时，也将此卷从北京图书馆借出，一并影印附后，《当归草堂丛书》本《西泠五布衣遗著》也将此卷列入《冬心杂著》之中。此外，清人管庭芳辑《花近楼丛书》稿本，将此卷列入《冬心杂记》六卷之中。又，民国二年(1913)至四年，由何藻所辑，上海广益书局排印的《古今文艺丛书》，也将此卷录入第一集中。

今以北京图书馆所藏印影印本为底本，参以其他本互校。

（十一）《金农印跋》

　　原为梁溪秦祖永所辑《七家印跋》中之一，七家为：丁敬、金农、郑燮、黄易、奚冈、蒋仁、陈鸿寿。今人黄宾虹、邓实依"稿本"刊入《美术丛书》二集第三辑三、四册。《金农印跋》为金农治印的印跋集。有的很长，内容也很丰富，清末魏稼孙对《七家印跋》颇有微词，然考其原文多有出处，且广为研究家们所征用，姑以《美术丛书》本录出并标点。

　　附注：金农的很多题跋、题记等，原无题目，此次整理时亦不欲妄加题目，故无可作详细目录。

　　罗聘(1733~1799)，字遁夫，号两峰，又号花之寺僧，等等，原籍安徽歙县，后为扬州人。罗聘是金农的弟子，主要向金农学诗，诗集有：

1．《香叶草堂诗存》

　　初版刻于嘉庆元年(1796)，其后，初刻版子归罗聘之孙罗小砚藏，小砚后来又将此版移至金楷（竹减，罗家亲戚）处，清道光十四年，金楷又用嘉庆版并加跋语，再次刊印。1918年，上海聚珍仿宋印书局又据嘉庆元年本排版重加勘印，然错谬甚多。但聚珍本前增印了风雨楼藏本的《两峰先生像》和蒋子延本的《两峰道人像》各一幅，颇具气韵。

　　此次整理，以道光年所用嘉庆版重印的木子为底本，参阅其他互校。

2．《白下集》（一名《白门集》）

　　原为手稿。乾隆四十六年(1781)秋冬季，罗聘客金陵时所在，共三十一首，后为金楷所藏，前题"扬州罗聘两峰氏稿"，黑格稿本，九行二十字，通七叶，收藏印有"金氏竹""嬾云草堂藏本"，按嬾云草堂乃金楷的藏书室名。据鉴定家鉴定：皆真。此稿现为现代藏书家黄裳所藏。黄裳序云："写手精雅，当在乾隆中。"

集后附黄苗子录自罗聘手稿的《怀古诗》十首、《怀人诗》二十一首，其中有的诗为罗聘《香叶草堂诗存》中所无，大部分诗可见于《香叶草堂诗存》，然文字略有不同。

这次以黄裳所藏手稿点校，第一次正式刊印。

3. 《正信录》（一名《我信录》）

罗聘信佛，这本书是他于乾隆五十六年(1791)在北京琉璃厂的寓所里写成的，专谈和佛教内容有关的天堂、地狱、轮回、报应之类内容，他在自序中说："人信信言，我信信心，因果心会，无不信也。儒也，佛也，同此信也。一而二，二而一也。"书分上下两卷。据考察，《正信录》初刻于乾隆末年，前有翁方纲"乾隆五十九年十二月十九日"的序，我们这次整理时，却未能找到乾隆的刻本。宣统元年(1909)又有怀豳园刊本，书名为《我信录》，民国二十年(1931)辛未又有潮阳郭氏（泰隶）校刊本，名曰《正信录》。《正信录》中内容略多于《我信录》，目录和内容中的个别文字也略略有异，但基本内容还是相同的。《我信录》卷首又有云："据罗两峰先生原稿校刻。"两个刊本前皆有翁方纲写的序，末署："乾隆五十九年岁次甲寅冬十二月十九日，北平翁方纲序。"翁方纲是清代著名学者，和罗聘同年生，他为罗聘这本书写的序必收入其文集中，查翁氏《复初斋集外文》，果收此序，名为"正信录序"，故本书名取《正信录》。

郭氏刊本《正信录》后附有《罗两峰先生事略》，系录自蒋宝龄的《墨林今话》，本拟删去，但考虑保持原书风貌，仍予保留。

本册以《正信录》本为底本，以《我信录》本互校。

点校的方法，主要是：

（一）以较佳的一种版本为底本，底本中如有错字、缺字或明显不当之处，参以其他刻本或墨迹进行校补。

倘仅有一种刻本，则以标点为主。如有缺字、错字，尽可能以墨迹校补，如无可参阅，仅在校记中说明。

原书皆不改动。

校记置于每篇诗文之后。

（二）各集原为竖排、繁体字，今统改为横排、简体字。清代刻书，异体、篆体、变体、不规范字体甚多，凡可，尽可能改为通行字。因不涉词义，故不出校。少数难以辨认者，仍保留原貌。

（三）原书凡提到帝王或尊亲之人等，多抬头或空格，一律改正。避讳字，在校记中说明。

（四）诗文总集、别集、选集以及画学书籍中所载"扬州八怪"诗、文，与本集之标题、内容有歧异者，一般不作校勘。请读者参阅《扬州八怪研究资料丛书》其他分册。

（五）标点以"。""，""《》""、"为主，其他标点也酌情使用。

（六）原集目录太简。整理点校时皆重编详细目录，置于集首。原书目录，仍予保留，以见原貌。

二十二、灵性和悟性——《亚明画集·序》

　　凡是大家，学识都不会单一；凡是聪明的人，学识也不可能单一；凡是有灵性的人，对所知的东西必有自己的见解，有灵性也就会有悟性，有悟性方能洞彻某一学问的深蕴。不聪明的人不可能成为大家。聪明的人兴趣广，接受力强，学识当然不会单一；有灵性的人，目有所触，心必有所悟，个人的见解就会出现，自己有见解，就不会人云亦云。有灵性则能顿悟，往往不师自能。

　　见过亚明的精品画（而不是散见于市的应酬画）再和他本人交谈，就会知道他的聪明和灵性非同一般。

　　亚明是一位画家，而且被列为中国当代巨匠之一。但接触过他的人都认为他本应是一位思想家、哲学家，而且他的历史知识、理论水平皆大大超过同辈画家。

　　笔者认识亚明已有十几年的历史，但和他深谈只是近几年的事。他谈的问题十分广泛，他精通历史，对唐宋元明清、太平天国至近现代的历史、思想史、宗教史中重大事件，他不仅能如数家珍，而且都能提出自己的见解。熟悉历史要读很多书，能记得住，就要有天资，科学家研究，记忆力是聪明的核心。《文心雕龙》又云："夫姜桂同地，辛在本性，文章由学，能在天资。"有学者未必有能，也未必有才。"才自内发，学以外成"。很多人学富五车，甚至得了博士学位，却提不出自己的见解。这叫有学无才，无才即无能。能提出自己的见解，方可谓之有才。古代，宰相任史官，魏征、司马光、脱脱等皆是宰相，不是宰相，亦须有宰相才，否则是修不好史的。亚明对每个时代的历史都能提出自己的见解，可谓有史才，以史为基础，在哲学、人类学、文艺学等方面，他都有自己的特殊见解，显示出他不同一般的思想。但是亚明的学历并不高（只是比齐白石高一些），他少时上过几年学，便因家贫辍学，很小就担负起全家生活的重担，后来参了军，在军队中，读了一年淮南艺专。后因战事紧张，便忙于组织武装力量，开展对敌斗争。继之又作战争宣传，做随军记者，主编过杂志，办过画报。战争结束后，即离开军队，转入地方，先在无锡从事文艺创作和管理工作，后到南京筹建文联，筹建画院，后任江苏省美协主席、江苏省画院党组书记兼副院长。而后，又被选为全国文联委员、中国美术家协会常务理事。他身负重任，不仅主管江苏全省的美术工作，更参与组织全国的美术活动，他筹建中国画研究院，促进南北画家大联合。他奔走友好邻国以及东南亚各国，访问北欧、东欧、西欧诸国，游览美洲、澳洲，足迹遍及世界各国，直至退休。他一直身无闲时，居无定处。因而他的学识不是在大学里苦读而来，更不是在研究所里钻研而来，全靠他的灵性和悟性。

苦功人人可下，名师人人可拜，造化人人可师，唯灵性和悟性，非人人都有，而灵性和悟性又是成为大家的根本条件。这问题一提大家都明白，但证明起来却很麻烦，故在这篇小文中暂不多论。

我们还是谈亚明的画。亚明没有老师，但他又说过，他一生有三个老师——传统、自然、人民。没有老师，是没有像一般画家那样入某名家之室，亦步亦趋地学老师画法。他学过传统，从明代的沈周入手，尔后宋元明清各家各派都认真学习过。他师法自然，作画题材皆从自然中来，而且在师法自然中补充过去传统中之不足。创造新法，他肯于听取同行、读者们的意见，更虚心地向同行学习，他中期的画法就吸收了很多傅抱石的画法，继而化之。

亚明的画最大特点是没有固定画法，更不落入某一家某一派之窠臼。这也体现了他的一贯主张："中国画有规律而无定法。"他要画的对象不同，画法不同，他的情绪不同，画法也不同，甚至纸张等材料不同，画法也不同。如果用一种固定的画法作画，黄山、峨眉、太华，江南青秀之山、北方雄伟之山，都会变成千山一貌，或貌异而神同。这就是明人王履说的"马首之络"。

法以去弊，法亦生弊，作画用笔有法则去除了很多弊病，但法久则又生弊。亚明的画有法而又无固定之法，正去弊又不生弊。但没有灵性和悟性的人也是很难达到的。

《老子》云："以正治国，以奇用兵。"中国画亦然，真正的优秀的中国画，风骨气韵必须正，用笔必须奇。亚明说的中国画有规律，即风骨正、气韵正。他一向反对各种歪门邪道，力主画中国画从掌握毛笔和宣纸开始，打好基础，而不能作空中楼阁，更反对那些不懂传统，甚至连毛笔都掌握不好的人用西洋法来假冒中国画。大兵家用兵必以奇，出奇方能制胜，大画家作画用笔也必以奇，不奇则不能引人入胜，清初"四王"作画，非无功力，病在用笔不奇。亚明画或率直、或豪放、或激烈、或雄强、或刚猛、或浑厚、或浓重、或朴茂、或自然、或清雅、或淡润、或兼而有之、或"动美"、或"静美"、或动静相兼，皆体现了他"无定法"的主张。然而若无悟性和灵性，又谈何容易。

亚明目前正隐居在太湖当中，他购买并整修了一套明代大型建筑，取名为近水山庄，内称悟园，这位身经时代风云，足迹遍布五大洲海岳的悟人，仍然在艺术上追求不止。他具有学者的基础，思想家的见识，历史家的眼光。有学、有才、有能，他的画必能再现另一高峰。

本文节选自安徽美术出版社出版的《亚明画集·序》

二十二、《回望人生路》序

大抵意识思维和他人不同的人，说话做事也会和他人不同；其意识形之于"态"（诗文书画等），也就具有不同的风格，如果其人的意识思维，和常人完全不同，其结果或是疯癫，或是大天才，古今人物大多如此。

年前，我的家遭大火灾，书籍、资料、名人字画、文物收藏、手稿等，皆焚烧一空，半生心血化为灰烬。海内外有关人士和友人纷纷来电来信慰问，独亚明先生来信祝贺，说是福，不是灾。他的说法就与众不同。

老画家们退休后，大多跑到广州、深圳等繁华城市，住上现代化的高楼大厦，独亚明跑到寂静的太湖当中，住在明代人遗留下来的古建筑物内。他又和别人不同。

"同能不如独诣"，为人如此，为文方能如此，艺亦如之。

我第一次见到亚明，就发现他和别人不同。那时我正读研究生，一般老画家不会把一个年轻人放在眼里，而且大多老画家和官员们都要摆点架子，甚至装模作样，其目的是引起年轻人的重视和尊敬（虽然效果相反），所以，我对于名人和官儿们，历来是不敬而远之。那次是参加一个会议，我去时已散会，大家去赴宴，前头走的一批人，个个派头十足，又都十分矜持，不用问，都是名画家和官员们了。我没有理睬他们，他们也没有理我，独有一位个头不太高却气质不凡又风度翩翩的长者拍拍我，拉我一起去赴宴，并且很随意地和我神侃起来。我是研究历史的，三句话不离本行，于是他便和我谈历史，从宋史、明史，谈到太平天国，又谈到现代。其实，我不认识他，他也不认识我，但我断定他不是画家，更不是官员，因为他和他们不同，他只是一位有学问的长者，可能是一位历史学家，他对历史那样精通，又有自己独到的见解。第二次会议，我发现这位"历史学家"坐在主席台上，别人告诉我，他就是大名鼎鼎的画家亚明，江苏省美协主席。我当时绝对愣住了，他既是大画家，又是大官员，应该比那些小画家、小官员架子更大才是，实际却相反。始悟"唯大英雄能本色，是真名士自风流"之真谛。凡是真正有知识的人都不会摆架子，更不会装腔作势，且都是很自然很本色的。很多人都知道亚明从来不欺无名，也从不阿谀权势，上至国家主席，下至平民百姓，他都同样的对待。

那次见面后，只几年时间，我由一个研究生，到安徽省文化厅研究人员，又到美国堪萨斯大学研究员，再回到南京任南京师范大学教授。不久，海外某机构委托我主编《中国巨匠与名画》二十本，选从古至今二十名画家加以研究，以便向全世界显示中国绘画的风貌。当代画家，我选定了亚明，而且由我本人撰写。

我又一次和亚明联系上，这时他已隐居在太湖当中的近水山庄，他购买了一套明代花园式住宅，而且整修一新，又画了很多壁画，他自称"悟人"。在太湖之渚，落日楼头，藤荫架下，芭蕉叶旁，这位身经一时代风云，足迹五大洲海岳的悟人，感时抚事，追昔虑今，给我谈起了他七十年沧桑，又让我观看了他历年来所存画稿，末了，又交给我一大批介绍他的文章，我翻了一下，只有石楠所写的一篇值得参考。亚明的女学生也告诉我，安徽有一位作家石楠正在写一本介绍亚明的书。

我当时就希望能早日读到石楠的大作，但因海外催稿太急，我等不到她的著作出版，就匆忙地完成了《中国巨匠与名画·亚明》卷。我这本书日下正在英国出版，幸而匆忙寄出，否则也难免于年前这场大火灾。可惜我保存的众多有关亚明的资料都已烧光了。但幸运的是我又读到了石楠女士的大作《回望人生路——亚明艺术之旅》，而且出版社郭柬女士又约我为之写序。

石楠这本书详细地记述了亚明一生的经历和艺术追求。他从一个穷苦的孩子，到新四军的战士，到著名的画家、江苏省美协主席，甚至干预一代艺术的活动家、组织家，其中风风雨雨，坎坷沉浮，都在石楠笔下如实地涌现出来。一切有作为的人物都不可能是一帆风顺的，亚明的七十年沧桑也正是中国七十年历史的一个侧面，从石楠的书中，从亚明的经历中，我们也了解到抗战至"文革"，直至今日的中国社会，尤其了解到现代艺术发展中的一些内幕。石楠以她的生花之笔写得生动而真切。

我没有见过石楠，只知道她是安徽省政协常委，作家协会副主席，我在安徽工作时，还不知道她，也不知道她怎么迈入了艺术家的圈子中来。她的成名之作是《画魂》，如今已家喻户晓，她本人的大名也远播海内外。《回望人生路》大约是她的第二部著作，接着她又要写刘海粟。但愿她不停地写下去，把近现代画史上重要画家都写出来，则画界幸也。

1995年2月于南京师范大学

《回望人生路》，海南国际新闻出版中心1995年出版

二十四、《黄山画人录》序

　　清代画坛有三大重镇。清初的画坛重镇在黄山，其地处徽州，亦称新安。这里是徽商的发祥地，徽商在当时的中国经济中起着举足轻重的作用，时人称曰："无徽不成镇。"清代中期的画坛重镇在扬州，扬州成为东南第一大都会，靠的是盐商。当时全国的税收一半以上靠盐商，朝廷无力做到的事，盐商都有钱做到。可是扬州盐商的八大首领全是徽州人，《盐法志》上所载的盐商也差不多都是徽州人，连小说中的巨富人物如《杜十娘怒沉百宝箱》中的巨商孙富都是徽州盐商。促进扬州经济、文化发达的重要人物亦皆是徽州人。清代后期画坛重镇在上海，上海当时是世界冒险家的乐园，经济发达更不同于扬州。由这三大重镇所产生的三大画派，一脉相承，贯穿清代绘画史的全部。清初以渐江为首的新安画派，以梅清为首的宣城画派，以萧云从为首的姑熟画派，以及石涛、石谿、龚贤等等，差不多有些创新的画家无不和黄山有关，国外学者称之为安徽画派，国内部分学者称之黄山画派，正确的称谓应该是：黄山诸画派。因为当时黄山地区以及和黄山有关的画派很多。当然，这些画派的兴盛都和徽商的赞助有关。徽商转移到扬州之后，画家也跟着转移到扬州，形成了扬州诸画派，"扬州八怪"就是其中的代表画家。"八怪"中年龄最长的汪士慎和年龄最小的罗聘都是黄山人；名震京师的"小师画派"领袖方士庶也是黄山人，当时寄居在扬州盐商家中。扬州诸画派的先驱和奠基人是石涛和查士标，石涛便是在黄山成长起来的大画家，他上黄山成为黄山诸画派成员之一，下黄山即开创了扬州诸画派。其实对扬州画坛影响更大的是查士标，"扬州八怪"的率汰三笔和五笔的粗率画风正是从查士标的风神散懒、气韵荒寒画风中变来的，对照二者作品，因果关系便　目了然。查士标便是"新安四人家"之一，晚年定居扬州，带去大批新安画家。除了定居者外，渐江、汪之瑞等新安画家都曾暂居过扬州。查一查《扬州画舫录》，新安画家最多。由是看来，扬州的盐商不过是徽商的转移，扬州的画坛也不过是黄山画坛的延续（当然也有发展变化）。后来由于种种原因，扬州盐商忽然衰败（参见拙作《论扬州盐商和扬州画派及其他》，刊香港《九州学刊》1987年9月号），扬州的画家也就全部散去。不久，又聚到上海，海派兴起。海派中的名画家虚谷一家人最有趣，他们原是黄山人，后移到扬州，再移到上海。海派在近现代画坛的影响非同小可，比如山水画，有谁能超过黄宾虹？黄宾虹就是黄山人，寄居在上海。还有海外的华人画家多属这一派。由是观之，近现代的绘画（海内和海外）、清代全部绘画，乃至于散落到世界各地的画家的"根"都延伸到黄山。黄山的画人是何等地重要啊。因之，国内外研究中国绘画史的学者都希望有一部《黄山画人录》，以备查考。这工作也早有人想做，皆因工作量过于浩繁而止。

"不遇盘根错节，何以别利器乎。"《黄山画人录》终于由黄山才子徐卫新和他的夫人程映珍女士合作完成了。

从史籍的编撰方面而论，这本书也早就应该问世。清代绘画三大重镇的画家，扬州，在清代就有汪鋆编撰的《扬州画苑录》，记录扬州画家五百五十八人；上海，也有近人扬逸编撰的《海上墨林》，记录上海画家七百四十余人。独最早最重要的黄山画人录，付之阙如。"补苴罅漏，张皇幽眇"，现在《黄山画人录》问世了，记录黄山画家一千余人，足以和前二书鼎足而三，乃甚过之。至此，记录清代三大重镇画家的三大著作都已完备，从事绘画史研究和文物鉴定的学者可以无憾也。

昔欧阳询编《艺文类聚》云："欲使家富随珠，人怀荆玉"，"俾夫览者易为功，作者资其用"。余观夫《黄山画人录》，足可当之。并乐而为之序。

1991年10月30日夜于南京师范大学

二十五、人文、黄山、画黄山
——《现代名家画黄山》序

地球虽小，尚有两个世界——东方和西方，西方世界的文明以欧洲为中心，美国的发达即以欧洲的文明为基础；东方世界的文明以中国为中心，日本、新加坡的发达即以中国的文明为基础。这两个世界在很多方面都不同，欧洲的政体原来是一直由贵族和教会把持的，又称君权与教权。中国的政体却一直是文人们在起作用，中国是最早实行文官治政的国家，一般说来，比欧洲最早实行文官制度的英国早六七百年。我们认为早二千多年。西方的贵族和教会把持政体，贵族在城市内，西方最有名的教堂也在城市内，很少建在深山老林中。

中国的皇帝虽然有至高无上的权力，但因为实行的是文官制度，因此影响到各个领域的思想意识仍然是文人在起作用，连皇帝也要遵循儒家的学说而行事。文人们可上可下，在任何一个时代，实际领导阶层都是文人。中国的文人一直是崇尚自然的。西方人对自然也很热爱，但其亲和的程度就远不及中国人。中国的宗教首领们大多是文人，文人们主要希望以自己的思想影响社会。

西方的人文思想以人为宇宙中心，宗教则以神为尚，人神形象一也。故西方的绘画也以人为主题。中国的人文思想以自然为尚，老子曰："人法地，地法天，天法道，道法自然。"自然是何等地崇高。孔子曰："智者乐水，仁者乐山。"佛、道最有名的场所皆建在名山大川之中。因为崇尚大自然，特别崇尚山水，故中国画以山水为主题。古人云："绘画之宗，山水居首。"又因为山是静的，水是动的，山水也就代表一静一动的对立统一，这也是中国的哲学思想的基础之一。《礼记》云："著不息者，天也；著不动者，地也；一动一静，天地之间也。"山水的一静一动正象征着天地，也就是大自然。所以，西方有风景画（Landscape—Painting）。而山水画在风景之中，中国只称山水画，山水就代表了自然风景，山水是有"道"之风景。

从中国画史去考察，文人参与绘画之前，中国画也和西方画一样以人物为主，文人参与绘画后，即以山水为主。如前所述，中国文人实际上是中国的领导阶层，具有强大的影响力，所以，中国画也就以山水为主。五代宋初四大家——荆浩、关仝、董源、巨然；南宋四大家——李唐、刘松年、马远、夏珪；元四家——黄公望、吴镇、王蒙、倪瓒；明四家——沈周、文徵明、唐寅、仇英；清代"四王""四僧"，这些代表一代的著名画家都是山水画家。

古代的交通不便，要想看尽天下的名山是非常困难的。所以，每位画家都画自己地方的名山，黄公望画富春山，吴镇、倪瓒画太湖山水，沈周画吴中山水，还有一些画家只临古画。当时有些名山只因无人开发，无法游，也无法画。画家画山水，当然喜欢画最美的山水。但是必须能看到最美的山水。

在古代，中国有很多美的山水未被人发现，或者未被画家发现，如桂林、三峡、峨眉等，这些地方基本上没有大画家，所以山水虽美，而在画中很少出现。古代的中国名山，以五岳最有名，五岳即山东的东岳泰山、湖南的南岳衡山、陕西的西岳华山、河北的北岳恒山，河南的中岳嵩山。后来又以山西浑源的恒山为北岳。安徽的天柱山也曾被封为南岳，其实安徽的天柱山远远不如黄山。黄山古称黟山，因黄帝和容成子在这里炼过丹，故唐玄宗下令改名为黄山。黄山虽早已为人所知，但文人（诗人、画家）无一人游过黄山，"一生好入名山游"的李白为黄山写过长诗，但他只是路过黄山，根据传说和想象而写。元代的大画家唐棣（字子华）在休宁做过官，他一生主要政绩也在休宁，而且他的集也取名《休宁稿》，休宁就在黄山脚下，唐棣久闻黄山之名，但近在黄山脚下却未进过黄山，张羽《唐子华云山歌》云："长松平远早已工，更上歙州看山水。"但唐棣却未看过黄山，也未画过黄山。因为进不了黄山，无法见到黄山真面目。到了明代，从五台山下来的普门和尚来到黄山所在地徽州，普门是五台山佛家大法师空印和尚的徒弟，法统为正，在当时有很高的声望，他一到徽州，达官贵人，名商大贾，平民百姓几千人前来请求皈依。徽州人经商成风，钱财居全国之首，普门即募款开发黄山。此后游黄山的人渐多，大旅行家徐霞客，游遍天下名山，但游黄山后，说："登黄山，天下无山，观止矣。"又有谚云："五岳归来不观山，黄山归来不观岳。"黄山之美确实居全国名山之首，又经普门和尚开发，于是画家诗人多游于此。图绘之，歌咏之而不绝。有人称这批画黄山的画家群为黄山画派。其实这一派中又有很多派。清初渐江和尚是画黄山的最著名画家之一。渐江是每岁必游黄山的，石涛说他"游黄山最久，故得黄山之真性情也。即一木一石，皆黄山本色"。渐江画中，《黄山图》《黄山天都峰》《黄山始信峰》《黄山松》《黄山六十景》等，比比皆是。以渐江为首的新安画派都是画黄山的。此外还有以渐江为首的新安四大家也都以画黄山为主。"新安四大家"又称"海阳四大家"，海阳就是黄海之阳，黄海就是黄山云海。

宣城画派的首领梅清也是画黄山的，他自己题自己创作的《黄山图》十六幅云："余游黄山后，凡有笔墨大半皆黄山矣。……"宣城画派的画家画山水大半都画黄山。

大画家石涛画黄山更多，他曾一度住在黄山下，日游黄山，他说："黄山是我师，我是黄山友。""漫将一砚梨花雨，泼湿黄山几段云。"

"四僧"之一石谿，金陵大画家龚贤，姑熟画派之首萧云从等等，无不画过黄山。尔后，画黄山的画家就更多了。新安画派重要画家雪庄和尚在黄山皮蓬居住终生，也画黄山终生……

现代山水画大家当首推黄宾虹。黄宾虹有一印，文曰："黄山山中人"。他家在黄山下，也以画黄山著名。其后，凡现代山水画家鲜有不画黄山的，潘天寿画过《黄山始信峰古松》，钱松喦画《黄山》《黄山黑虎松》《黄山云》等等，李可染多次上黄山写生，画过黄山人字瀑等图，陆俨少画黄山不计其数，张大千、徐悲鸿、刘海粟、亚明、魏紫熙、宋文治、刘国松、谢稚柳、何海霞、程十发、周韶华、冯今松……老年、中年、青年，现代画家无不执著地迷恋黄山和绘画黄山……

遗憾的是，至今还没有一本"现代名家画黄山"的专集。泱泱大国，巍巍黄山，嗟呼

为了填补这个空白，清除这个遗憾，我们经过了多年的筹备，在至今仍健在的著名画家们配合下，在已故著名画家的家人和友人的支持下，完成了组稿工作。由总监杨平先生赞助全部费用，出版了这本《现代名家画黄山》大型画集，完成了中国出版史和世界出版史上第一部黄山画专集的大事，从而为美术史家研究，收藏家收藏，当代艺术爱好者们学习提供了方便，同时也向世界展现了中国黄山和中国名画家画黄山的特色。

如前所述，现代山水画很少有不画黄山的，我们这本画集基本上包含了现代所有名画家，凡是有一定名气的，或画山水有一定特色的，在这本画集中都收录了他们的作品。因此，研究现代山水画史，了解近百年来中国山水画的面貌和发展过程，有这一本画集也就差不多了。

画集中的作品原作都将陈列在即将建成的黄山艺术馆内，这些作品，凡属已故画家的都购自可靠的品质高尚的藏主（一般都是画家的家人、朋友和著名学者、画家），凡是健在的画家作品，都是画家专门为本画集而创作的，由编委登门去取，韩国画会会长林颂羲（以石）的作品由其女儿林银雅（南京师大美术系留学生）带来，马来西亚画家袁松正的作品由他本人送来。这些作品出版后又都与画家见面，这就保证了

所有作品的绝对可靠性。但遗憾的是，国内外更多的画家寄来的大量作品，因限于篇幅未能全部出版，在此特致歉意。画家们对本画集的支持，我们一直深表感谢。

还有几件事要声明的：

一、我虽然任本画集主编，但因事忙，具体过问事并不多，主要由杨平、许宏泉、董曙光三人处理具体事务。

二、征集到的作品，最后由编委会选定，编委会由陈传席、杨平、许宏泉、董曙光以及部分顾问和另行聘定的几位著名评论家、画家组成（但我因事忙，实际上很少参与意见）。

三、入选原则：其一是作品的艺术水平；其二是画家已有的影响。即是说：1. 只要作品具有很高的水平，有一定代表性，不论画家有无名气，都可入选；2. 画家在全国或某一较大地区（省市）有很高的名气、很大的影响，寄来的作品能代表他本人的水平（不是全国的水平），也都可收入。一般说来，名气很大的画家，作品也都有很高的艺术水平。但也有的画家名气很大，或者在某一大地区具有领袖地位，但其作品艺术水平并不太高。作为一种现象和一定的代表性，仍可供研究家研究（研究这种现象）。

历史上有这样一种规律，某人一旦进入了历史的轨迹，不论他是用什么手段，什么样方式进入的，如果想把他再从这个轨迹中排斥出去，就困难了。你可以批判他、否定他，但不可消除之。

《刘子》云："赏者，所以辨情也；评者，所以绳理也。"还是让读者、研究家们去辨情、绳理吧。我们只提供基本素材，如是而已。

1996年8月22日于南京师范大学美术系

《现代名家画黄山》，安徽美术出版社，1998年出版

二十六、才分·功力·情怀

大利本善文，其散文如高云游空，殊得风流媚趣；其论文如乔岳之
蠹天，颇多雍容气象；其诗如丝如膏，清靡绮密，情喻渊深。诗文之
余，尤善丹青。初作画，源于八大、老缶，每落笔，瀹郁沉朴，凝重屈
蟠，以见北方雄浑之气暨磅礴之势。帜树金陵，卓尔不群。

大利今于政务之余，更以文心作画，触处生春，意趣深博。虽其
无意于感人，而欢愉惨恻之思，溢于言象之外。每洒笔和墨，复能变
雄浑为潇洒，化刚猛为和柔，熔磅礴为淡逸，而又不失其本。故其豪
迈之中自有一种英爽之气。骨鲠之中别有一番空灵之韵。意趣天真，
墨情动人。

昔人有云："才人之画，品高而度远；诗人之画，风雅而神韵；奇
人之画，超迈而味苦；画人之画，写真而作假矣。"若大利画者，可兼
才人、奇人、诗人之妙，而无画人之假。大利画俱在，诗文亦俱在，
览者或见仁或见智，然皆可见其才分之高，不在功力之苦，而在情怀学
养之不俗也。

《宋书》有云："英才起于徐沛，茂异出于荆宛。"大利者，燕人
而居于徐沛，复起于徐沛也。尝与余同里，余自美、日游学归，再睹大
利画，复览大利文，喜不自禁，乃为之志焉。

1987年秋于南京师大

二十七、大字——南溟书序（一）

　　用笔不知擒纵，故字中无笔。无笔之病众矣，流于软媚则其一也。知擒纵而过意为之，又每贻做作之诮或剑拔弩张之态。夫知擒纵之法而善为之者，山谷之后，南溟可称国手。尝见先生作大书，每解衣盘礴，挥斥八极；如骠拥千骑，凭陵大漠；似鹏徙南冥，水击三千。动静相兼，刚柔俱生；气夺颜柳，韵掩苏米。

　　或曰：过矣。先生爱其人而宝其书乎？

　　余曰：何不见世人宝其书而爱其人。是人与书俱可爱矣。

二十八、小字——南溟书序（二）

　　南溟书法，以二王筑基，复取法米芾、苏轼，再佐以王觉斯。退笔如山，又读书万卷；质沿古意，又文变今情。禀宇宙之壮气，承山川之灵韵，又终以其人格而形之。似晋非晋，似宋不宋，似明不是明。每作书，辄曰："走笔之际，无我无法。"余曰："细看来不是杨花，点点是南溟书法。"先生附掌颔之而笑。

　　在昔苏东坡有云："大字难于结密而无间，小字难于宽绰而有余。"余观古今法书，唯南溟可兼之也。尝览先生小字，浑厚中饶其遒峭，苍莽中见其娟妍。而后知：朗鉴出于自然，英风发乎天骨。信非虚言哉。

二十九、论远：跋杨建侯教授《群雁来归》

　　临图观景，务使游目愈远而思接无穷。是以古人作画重山水而轻花鸟者也。余尝纵横东南，迹逸西北；复游北美，再巡东洋；所览吾国遗绘，十之七为山水，十之二为人物；花鸟竹石畜兽之属，不足十之一也。古人云："绘画之宗，山水居首。"信非虚言哉。明屠隆曰："画以山水为上，人物小者次之，花鸟竹石又次之。"从此论者甚众，不复繁录。

　　嗟夫，若永寻绘事，花鸟最尚，彩陶青铜，每多见之。六朝以降，画人莫不贵斯山水而贱彼花鸟，消长相倾，有自来矣。何以故？盖览者披图远映，咫尺而求千里之趣，非山水莫可当焉。晋顾虎头"西去山，别详其远近"者也。梁刘彦和著《神思篇》，以为"神与物游"，"文之思也，其神远矣，故寂然凝虑，思接千载，悄焉动容，视通万里"。绘事详其远近视通万里者，山水也。山势之远，神思接之，涤除玄览，澡雪精神，澄怀观道，万物无以挠其心身。是以梁萧贲作山川，咫尺之内，而瞻万里之遥，方寸之中，乃辨千寻之峻。杜子美谓王宰山水"咫尺应须论万里"；沈括"荆浩开图论千里"；宋郭熙复立"三远"之章，首揭山有高远、平远、深远之义，花鸟莫可及焉。是以明薛冈谓之："禽虫花草，虽至精妙，一览易尽。"郑绩复曰："花卉只是一株之能，禽兽虫鱼，更属小物。"山水咫尺可见万里。若五代之黄筌，宋之崔白，元之王渊，明之林良，清之恽南田，近人吴老缶，皆赫赫大家，所作花鸟，皆方丈之物也，其趣不过一花一鸟，其景不过一前一后，又安能见其远势如万里之哉。

一峰不与众峰平。古今花鸟之作，独吾师杨建翁《群雁来归》，以远势胜雄百代，开拓万古之心胸。所作雪雁百只并九，其有翱有翔，有飞有落，有立有卧，有上有下，有前有后，有近有远。前者秀羽可辨，后者苍苍茫茫，远者缥缥缈缈，极远者窈窈冥冥。披图幽对，游目骋怀，视极千里，神飞万峻。子美诗云"尤工远势古莫比"，若移赞吾师《群雁来归图》，莫不当焉。

吾师尝语于余曰：作此图之日，正百废俱兴之时，盼群贤毕至，共商大计，殷殷此意，是以为图，子岂察乎？

余论曰：呜呼，非画也，真道也，以一艺以往，其所谓进乎技者，吾师《群雁来归》也。

又，前以远势论，花鸟不如山水，若论诗人六义，多识于鸟兽草木之名，粉饰大化，文明天下，牡丹见国色之容，孔雀见富贵之姿，梅菊兰竹见君子之风，乔松古柏见岁寒后凋之心，鹤鸥之幽闲，鹰隼之击搏，杨柳之风流，梧桐之扶疏，鸳鸯之恩爱，莲花之纯洁，皆能兴起人意，移人精神，又非山水之可比焉。

昔宋徽宗以万乘之尊，尤爱花鸟；虞步青以乞丐之贱，特善山水。玉环飞燕，各具其美，不可以贵贱重轻论也，览者察之，莫以吾一时兴到之言，而废所学，慎也夫。

吾师八十寿辰，弦歌六十载，弟子群而贺之，征言于余，爱书数语，不知当否？

光阴荏苒，吾师又八十有四焉。声愈播于四海，誉尤加于八表，欧美亚澳好事之士，无不争睹吾师一画以为乐。是以贤达之士，乃筹印画集，以慰天下。吾师不以余鄙陋，乃命作序，余惶惶焉，不敢赞一词。矧余频年为俗务所羁，久荒文笔，然吾师高义，岂能却乎？乃以己巳祝寿之文复呈之，以代序焉。

　　更望吾师养气节宣，寿如金石，功追吴齐，茂树荫蔚，芳草被堤，则艺事幸也，教育幸也。待吾师百岁之辰，余当再献寿文，以为贺。

　　　　　　　　　　　　　　　　　　1992年盛夏于金陵

三十、神于好，精于勤
——《裴家同画集》序

凡一艺之成，莫不神于好，而精于勤。

家同先生少从前清翰林刘仁甫家学，即结缘于艺，继而好之，复勤之。总角之年，考入中央大学，即如蛟龙潜海，鸣鹤翔天，腾云冲霄，以待时也。《荀子·劝学》云："学莫便乎近其人。"方此之时，其师乃傅抱石、陈之佛诸大家，皆海内名流。家同先生近之，学亦便之。数年之后，先生供职于合肥，暂息于其已学者，而勤乎其未学者：为道日损，为学日进。至今已四十年矣，日异其能，岁增其智。举凡油画、水粉、年画、版画、国画，又人物、花鸟、山水，无所不能，而终以山水鸣世。其画山水，以石涛筑基，佐以渐江、梅清、萧尺木诸大家，复启动以其师傅抱石，又终以己之志怀抒之，凭情以会通，负气以适变。其作或细密秀雅，或潇洒飘逸，或率意劲秀，或苍浑朴茂，或冷峻清疏。而皆独诣于时。

尝见先生解衣盘礴，意冥玄化，忽振笔奋毫，猛刷横扫，如鲁阳挥戈，似闪电雷鸣，类狂飙唳天，若海涛澎湃。天风海雨过后，复加以小心收拾，于磅礴大气中见精微，于蓬勃生机中见率真。担当题画云："若有一笔是画也非画；若无一笔是画亦非画。"先生画同之。惟其心与道俱，知与神通，技进乎道，天机自张，而能超出乎丹青畦畛之外者也。

先生尝云："余作图之时，每神经紊乱不可自控也。惟觉天地氤氲，宇宙洪荒，无古无今，无法无天，神与天游，不知其为画也，投笔良久，方始醒悟。故家人劝吾不可再画，以免遗颠疯之灾。"

余曰："甚矣，颠则颠也，不可无画。古之大家，米颠、梁疯子、大痴、徐渭、八大，非颠即疯，非痴即迂，而画名千古，人亦因之。而神经正常之徒，何止亿万，斯辈而今安在哉。"先生含笑附掌，索序于余，余喜而从命焉。

夫知之者不如好之者，好之者不如乐之者，先生年过花甲，人画俱老，卓然独立，犹乐此不疲。然，昔刘彦和著《养气篇》云："吐纳文艺，务在节宣，清和其心，调畅其气，烦而即舍，勿使壅滞，意得则舒怀以命笔，理伏则投笔以卷怀，逍遥以针劳，谈笑以药倦。"先生察之，望养气以至长寿之年，贾余于文勇，再造其极。则绘事幸矣。

今目睹先生之画，惊而神之，故乐而为序，又顺而贺焉。不知先生以为如何。

辛未孟春于金陵

《裴家同画集》，安徽美术出版社1992年版

三十一、中西之变

余尝览古今之迹，观中西之画，尔后略知其变。西方画变以形为先，立体派、未来派、抽象派、超现实派，形各不同，一览而知焉。中国画舍形取意，其变以情以趣，故其形虽近，而情意神趣各不同也。欧人每论中国画百人一面，是不识其情，不悟其意之故也。国人若因之削足适履，遗情意而著形变，则大谬也。

叶维先生以画名世者，尤以情意胜也。其画逾千，皆杏花春雨江南。平淡天真，岚色郁苍，云烟风雨，清润秀拔。内明而外润，意趣新雅。览者观之，心游神放，情随意移，泠然有感而应者，虽复虚求幽岩，何以加焉？

复想先生解衣盘礴之时，义理融通，无所视听，天机自运，神与物遇，笔振而气摄，墨动而韵生。岂区区吮笔涂墨，求索形变者，同年而语哉？

叶维先生，常熟人也。其地江山人才，风流纷纭，元之黄子久，清之王石谷，雄风久振，百代称圣。先生师其心而不蹈其迹，得其意而不循其法。千里江南，水乡清秀，桃红李白，久列胸中，真力弥满，万象在旁。故每作一图，必有一境；每写一境，必有一法；虽情性一也，而风格各异：或质沿古意，而文变今情；或遇物援毫，自出胸臆；或泼墨刷彩，别有意趣。

先生久居画坛，刚毅木讷，人淡如菊，清介绝俗，浩然养素，声藏于丘园之中，迹隐于尘嚣之表，与世无争，唯寄于画。荀子曰："无冥冥之志者，无昭昭之明；无昏昏之事者，无赫赫之功。"是以先生虽无意于争世，而世人争睹其画，争知其人。珠玉潜水，而澜表方圆。

今出专集，余喜而先睹，又乐而为之序焉。

1990年夏于南京师大美术系

（《叶维中国画集》，安徽美术出版社1991年版）

三十二、山水起于玄，花鸟通乎禅

吾国绘事，山水起于玄，花鸟通乎禅。故云："以玄对山水"，"禅房花木深"。昔毕加索尤惊叹梅竹兰菊，西洋画望尘莫可及也。然彼仅以画论之，实则岂徒画也。玄、禅皆基于道，故曰：非画也，真道也。以一艺以往，其至有合于道者，此古之所谓进乎技也。通于玄，故可澄怀味道；通于禅，故潭影空人心。是以知，凡为画家者，皆无心于形似工者，每假于手而寄色墨于纸绢，赋形出象，发于生意，得之自然，托其意而形态心物者也。天地万物皆藏于心，是以一墨得摄山河大地。若仅以技论中国画者，则不知中国画也。

吾与越子交，十载有余也，其始作画，仅以技见，故工其形似，而不可动变人心。吾尝治一印，文曰："今是昨非"。越子睹之，沉吟良久，忽而悟焉。至是，为人、为艺、为学，皆焕然一新。既观古今之变，又究自然之道；既遁天机，又进乎技；为道日损，为学日进，以画为寄，忘乎四肢。

余访美，游日，归再睹越子画，惊曰：神乎技矣，越子非复吴下阿蒙也。又知其画早已声动国内，屡获嘉奖；传之海外，颇遇青睐。今出专集，余喜而为之序焉。

1990年于南京师范大学

三十三、法以去弊，法亦生弊

余尝云：文人作画，如词家之写词，贵在清空，不在质实。吾友常进画，始则质实，继则柔润，今则以"清空"名于世。凡十载一变，出妙入神，终以化也。

夫对纸挥毫，意在物之形，则能得其质实；意在物之性，则能得其柔润；意在抒己之性，方能得其清空。惟"清空"为最难。何哉？人清空，画方能清空，清空者，物我为一，浑合自然，实化虚，虚化空，空空濛濛中见其真象，而非物之假象也，此其一；动腕处，若虚、若灵、若力、若轻、若松、若化，惟不可钝、硬、实、痴、疑，此其二；用笔则若干若松、若即若离，实处转松，有处转虚，清晰处化朦胧，此其三；用意处，若淡若无，若有若空，干蒙养飘莽中得之，如李商隐之写诗，此其四。画者知此四法，方可求清空。

常进尝与余论画，余知其始学画，重在写生，其师教其以笔纸色墨状物之形，故得物之形；后其师又教其师古人，于宋元明清诸大家，无不临写，尽得古人之法。继之，又入江苏画院，随当代名家亚明等诸公游，复得今人之法。一日，忽读石涛《变化章》云："古者识之具也。""夫画，天下变通之大法也，山川形势之精英也，古今造物之陶冶也；阴阳气度之流行也，借笔墨以写天地万物而陶泳乎我也。"忽而悟焉。法古法今，皆纸绢相承，何有于我哉。

夫法以去弊，法亦生弊，成法则不足恃也。且明理法自生也。老子云："以正治国，以奇用兵。"作画亦然，凡画风骨气韵正则正，不正则非中国画也。出奇方能制胜，用笔用墨须以奇，死守成法则不奇，不奇则不足取胜。于是乎，复作画，则尽变成法，法当实之则以虚出之，法当空之则以有出之，法当枯之则以润出之，凡不需变者亦不强为之变。墨受于天，浓淡枯润随之；笔操于人，勾皴烘染随之。继之，又深悟焉。复得之于心，存之于性，随性而出，不知然而然也。

如余之作文，落笔前，胸无一物，落笔后，源源而出，神之所到，笔之随之。需止处则戛然而止。若着意为文则必无好文，不着意于文亦无文，故文之妙在着意与不着意之间也。常进曰：余作画亦然。更需加一语，用笔之道，在着力与不着力之间也。

丙子初春，余因车祸在家休养，常进闻之，偕夫人郭柬问病于余。郭柬乃作家，与余论文、论诗，常进则与余论画，道合处，每相视附掌而笑，夜半方离去。临行，常进索序于余。余性极懒，爰以其记质之，不知可为序否？

1996年4月伤痛之余于悔晚斋

三十四、《故宫博物院藏画集》序

（一） 故宫的藏画及其迁台

　　故宫的藏画，具有悠久的历史。我们看很多画上有宋徽宗赵佶题签的印鉴，就可知道它曾在北宋的御府中收藏过。在中国，收藏绘画的历史可以追溯到汉代，这在很多文献上皆有记载，但汉代的收藏很难再见到了。晋至宋、齐、梁、陈诸朝，公私收藏都达到了一个高潮，这时候，装裱技术也大大提高，并且出现了鉴定家和理论家，顾恺之的《论画》、谢赫《古画品录》、姚最《续画品》都是在观赏大量的收藏品之后而写作的。谢赫利用的是齐高帝和梁武帝两代内府的收藏，姚最利用的是齐、梁及西魏的收藏，这些我在《六朝画论研究》一书中已有详论。隋、唐、宋的内府收藏，各文献记载甚多，本文不打算重复。唐宋的内府收藏就和后来的故宫藏品有关了。据《宣和画谱》记录，宋徽宗时期仅中秘所藏，晋唐以来名画，凡二百三十一人，计六千三百九十六轴，这些"名画"都是入"谱"的，还有未入"谱"的古画，再加上宋徽宗及其画院画家的作品，那就更多了。这些画，在北宋灭亡时，全被金人掠往北国（详见拙著《中国山水画史》宋金部分）。南宋初期，宋高宗赵构身无长物，而且全部财力用于军事，用于对付金军，所以，内府一张藏品也无。但宋金罢兵之后，南宋小朝廷渐渐富裕，宋高宗又特好书画，于是便向民间搜集从汴梁流散出来的书画，又通过与金人的交往，从榷场（宋金在边境设立的互市市场）中买回一批原北宋的藏品。据南宋庆元年间杨王休所编《宋中兴馆阁储藏》记录，南宋的内府藏画在千幅左右。南宋还有私人收藏家韩侂胄和贾似道等人，藏品精而丰富。蒙古人建立元朝，先灭金，后灭宋，于是金的藏品和南宋公私藏品都落入元人手中，大部分收入元内府，还有一部分为成宗铁穆耳之女祥哥剌吉所得。祥哥剌吉在仁宗时被封为皇姊大长公主，所以，她的藏品中都钤有"皇姊图书"的印章。当朱元璋派大将徐达、常遇春攻陷大都（元首都，今北京）时，元最后一位皇帝惠宗逃回蒙古，内府的藏品又为明王朝所有，所有名画法书都归稽察司保管，我们现在见到故宫很多藏画上有"稽察司"半印者，就是如此。但明朝皇室对搜求名画兴趣不太大，嘉靖以后，因军饷不足，还把内府所藏名画法书拿去出卖，但却成就了江南的几位大收藏家。

明代的私家收藏一直很活跃。明初有庐陵杨士奇，建安杨荣，南郡杨溥，人称"三杨"，都是朝中大官，同时也是收藏家，藏品皆精而丰。明中期，皇帝不问政事，宦官专权，内府所藏和各地献纳的名画法书，大多落入宦官之手。成化末年，太监钱能、王赐在南京时，每隔五天就叫人抬出两筐名画法书，互相炫耀。沈周在《客座新闻》中记载，他们的藏品可值四万余两银子。

明代藏品最多的私家是严嵩、严世蕃父子，严嵩利用手中的权力，巧取豪夺，占有晋唐以降名画三千二百零一件，法书一百零一件。严氏父子失势后被抄家，文嘉奉檄前往查点其家所藏书画，后著录为《钤山堂书画记》，还有《天水冰山录》等都有详细记载。这些书画当然都入了内府。

在严嵩之前，还有一位陆完，官至尚书，收藏书画近千轴，因其与宁王朱宸濠有来往而被抄没，其藏品全部充入内府。

士大夫中有长沙李东阳，长洲吴宽、沈周，吴江史明左，梁溪（无锡）华夏以及苏州文徵明及其子文彭、文嘉等人，在名画法书收藏方面都有一定影响。明后期的大收藏家更过于以前，其中以韩存良、项子京、董其昌、王世贞四家尤胜。董其昌收藏书画为了研究学习，因而时收时卖，我们现在见到很多古代名作上皆有他的题记，但他不在名画法书上盖章，董其昌人品未必好，但他爱惜书画方面还是好的。项子京的收藏更精更多，他是一位职业收藏家，每收到一画，都在上面钤上自己的收藏章，他的收藏章有自己的姓名、字、号、斋号，闲章有正方、长方、葫芦等形，他在自己收藏的每一幅作品上都钤了很多印，对画面破坏很大。

王世贞的弟弟王世懋收藏也颇有名。还有詹景凤、莫是龙、陈继儒、嵇文甫、刘子大、郭道亨、张则之、何元良等都是当时颇有名的收藏家。新安休宁人朱之赤、吴其贞等凭借自己的财力，收藏更丰。这些公私收藏都为清朝的书画大集中打下了基础，最终差不多都成为故宫的藏品。

李自成打进北京城，明王朝灭亡了，内府收藏的书画基本上没遭到太大的破坏，清人入主中原，即全部占有了这批珍藏。康熙帝玄烨对传统书画特为爱好，开始在全国范围内征集书画珍品，同时命王原祁、孙岳颁等纂修《佩文斋书画谱》。于是全国各地的部分书画珍品，通过臣下的献贡，收藏家的"进御"等方式，渐渐流入宫廷。到了乾隆帝弘历，对历代书画的爱好，较之康熙帝有过之而无不及，在他统治的六十年间，在全国范围内广为搜集，有的主动贡献，有的被指名献纳，有的酌情价购，有的由皇帝下旨必须卖给内府，于是全国上下，尤其是江南的大大小小收藏家祖宗几代精心收藏的名画法书，都陆续地进入了乾隆的内府。

这是中国书画珍品空前大集中。其后，乾隆为修《四库全书》，一方面下旨全国各省必须进献本地所藏、所能查到的图书、名画、法帖等，一方面又派官员到江南各地访查，把以前大集中之后余下的部分图籍书画又一次查点，包括一般士大夫家和略为富裕之家的收藏也都全部

故宫博物院藏画　明　陈洪绶　玉堂柱石

收入宫廷。

　　乾隆时集中于宫廷的名画法书，第一次鉴定整理是乾隆九年二月至十年十月十日，由张照、梁涛正、董邦达等人负责，编成《石渠宝笈初编》，计历代名画一千二百六十一件，法书四百六十件，清朝臣工书画三百八十九件，还有玄烨、胤禛书法一百七十六件，总计二千二百八十六件，编成四十四卷。有关宗教书画编入《秘殿珠林》初编。乾隆五十六年春又开始第二批书画的鉴定整理，由王杰、董浩等人负责，到乾隆五十八年完成，共三千零六十二件，编入《石渠宝笈重编》《秘殿珠林重编》，都钤上"乾隆御览之宝""乾隆鉴赏""三希堂精鉴玺""宜子孙""石渠宝笈""石渠重编""石渠继鉴"等印玺。乾隆退位后，又加钤"太上皇帝""古稀天子之宝""八徵耄耋之宝"等大玺。这些印玺，至今仍能见到。

　　嘉庆二十年，清宫又进行第三次书画鉴定整理，由英和、胡敬等人负责，主要是胡敬负责，整理历代书画九百一十六件，弘历、颙琰书画二千四百九十三件，编入《石渠宝笈三编》《秘殿珠林三编》。胡敬还写了一本《西清札记》，记载鉴定整理情况。

　　辛亥革命后，宣统皇帝逊位，但仍居住故宫十一年，他又命载瀛、陈宝琛、朱益藩、耆龄、袁励准等查点一次，又加钤"宣统御览""无逸斋精鉴玺"等印记。至清末民初时，故宫所藏历代法书名画总数约万余件，唐宋元近两千件，明代两千件左右。其中有大件，有小件，有长轴，有横卷，有册页等。在宣统之前，嘉庆皇帝和道光等皇帝，曾把部分法书名画赏赐亲王和大臣，使宫中藏品减少，但为数不多。

　　1911年，辛亥革命推翻了清王朝，宣统皇帝辞位了。新的民国政府制定了《清室优待条件》，规定清室"暂居宫禁""日后迁居颐和园"。所以，已逊位之皇帝溥仪带着清室一批人仍居紫禁城内廷。原宫廷收藏之书画仍在他的管辖之下。后来的历届政府要人都和清室有关，不但没有把这一批人"迁居颐和园"，而且还特加保护、优待，使溥仪等人有恃无恐，把原宫内的书画随意送人，有的赏赐给身边的遗老

（"近臣"），有的作为礼品赠给日本。后来，溥仪想离宫出走（留学英国），于是以"赏赐"给其弟溥杰等为名，自监自盗，把大量珍贵书画盗出宫外，同时太监们也暗中盗窃，使原宫中书画损失惨重。尤其是易于盗窃的手卷和大小册页，大部被盗出。如果任其下去，连大轴书画也会全部被盗出。

1924年9月，第二次直奉战争爆发，当时的北洋政府总统曹锟任命直系军阀吴佩孚为"讨逆军总司令"，出兵讨伐奉系军阀张作霖，直系军中的著名将领冯玉祥奉命率师离开北京，又忽然回师，发动震惊中外的北京政变，迫曹锟下野，同时将溥仪逐出紫禁城。当时任卫戍总司令的鹿钟麟和警察总监张璧奉命率领二十名短枪手，于1924年11月5日，将原清室一批人赶出去，收回了紫禁城。11月7日，临时执政府发布命令，成立"清室善后委员会"，清理清室一切财产，聘请李煜瀛为清室善后委员会委员长。委员会由政府和清室双方人士组成，政府方面有汪兆铭（易培基代）、蔡元培（蒋梦麟代）、鹿钟麟、张璧、范源濂、俞同奎、陈垣、沈兼士、葛文浚、李煜瀛十人，清室指定绍英、载润、耆龄、宝熙、罗振玉五人。清理工作虽然遇到很大阻力，而且临时执政政府又改由段祺瑞执政，但清理工作仍然在进行。在清理点查预备会上就决定成立图书、博物馆筹备会，聘请易培基为筹备会主任。经过一年的查点后，善后委员会于1925年9月开会，决定成立"故宫博物院"，并于10月10日举行故宫博物院成立典礼。典礼期间即同时展出书画等文物供人参观，中国从此有了博物院，溥仪盗运而剩下的名画法书就由故宫博物院保管。

当然，故宫博物院的经历也十分曲折，尤其是1928年6月，国民政府委员经亨颐竟提出"废除故宫博物院，分别拍卖或移置故宫一切物品"这一议案，而且得到国民政府讨论通过。后经故宫博物院很多同仁多方努力，才又否决了经亨颐的提案。

1931年，日本发动了侵略中国的"九一八"事变，几个月时间，占领了我国东北各省，平津震动，华北告急，一旦日军占领平津，故宫博

故宫博物院藏画　明　陈洪绶　无法可说

物院的文物就有遭到抢劫的危险，故宫博物院理事会决定并报国民政府同意，将院藏文物中的精品，南迁上海保存。从1932年秋始，从故宫博物院藏品中选择各类文物精品，边选边装箱。古物馆中以书画精品和铜、瓷、玉器为主，还有其他。1933年1月，日军进入山海关，并进攻热河省和长城各口，形势十分危急，2月5日起，南迁文物开始起运，到5月5日止，共运出文物一万三千余箱，南迁文物储存于上海天主堂街和四川路的两处库房。因为南京是当时的首都，于是在南京抢修库房，1936年8月，南京朝天宫文物库房建成，当年12月投入使用，于是这批文物又从上海分批运到南京，储存在新库房内。1937年北京"七七"卢沟桥事变后，日寇又在上海发动了"八一三"事变，南京局势又日趋危急，刚刚存好的文物，又要转移，根据行政院命令，所有文物分三批西迁到大后方。

第一批文物8月14日由南京船运到湖北汉口，再用火车转到湖南长沙，暂存在湖南大学图书馆内。后又由长沙转到贵阳，并成立了故宫博物院驻贵阳安顺办事处。第二批文物于1937年11月搬运到汉口，不久南京沦陷，汉口也有随时被炸的危险，于是转运到重庆，这部分文物数量大，直到1938年5月才全部运毕。1939年9月，又将文物运到乐山，成立了故宫博物院驻乐山办事处。第三批文物于1937年11月下旬火车运往陕西宝鸡，后又转移到汉中，由于日寇派飞机轰炸汉中机场，又将这批文物转运到成都，最后又转运到峨眉县储存，同时成立故宫博物院峨眉办事处。1944年冬，日冠进攻广西桂林、柳州，又向贵阳进犯，安顺危急，于是安顺办事处的故宫博物院文物又转迁到四川巴县，并成立故宫博物院巴县办事处。

再说南京的故宫博物院朝天宫分院，1937年8月开始分三路西迁文物，但直到这一年12月8日，南京江岸码头上，还有近三千箱文物等待运出，因运输工具太缺乏，不久日寇便逼近南京，但仍找不到车船运输，于是只好全部运回南京分院库房。日寇占领南京后，便把这批文物分藏在南京的北极阁中央研究院和紫金山天文台以及地质调查所等处。南京遭到大屠杀，但这批文物却保护下来了。

在北京（当时称"北平"）本院中还有一些书画等文物。七七事变后，日军占领北平，当时马衡院长及各馆馆长等要员大部分离开北平南下了。北平的故宫博物院本部工作则由总务处处长张庭济负责，后来日本人向故宫博物院派顾问，被院内同仁顶住，未能派成，直到1942年6月，才由伪华北政务委员会仟命祝书元为代理院长，但实际工作还是张庭济等人负责，由于本部留守人员的努力维护，院藏文物和古建筑没有遭受损失。后来日寇要制造武器，从故宫劫走铜铁缸五十四个，铜灯亭九十一个和铜炮四个。此外属于故宫博物院的太庙图书分馆中的图书遭到日军的破坏。

1945年9月日本投降，抗日战争胜利了，故宫博物院开始了复原工作。留在北平本部的书画文物当然就不动了。南京分院遭到日本人破坏，但三千箱文物仍在，北平、重庆派人去中央研究院等处追查收回，1946年5月结束。问题最大的就是西迁的文物，远在四川的南部和东南部，于是第一步工作是把这三处文物集中到重庆，在重庆暂存，1949年6月分水陆两路运回南京，年底方结束。由南京分院负责保管整理这批文物。保存在南京分院的这批西迁回归之书画等文物从此就没有回到北京故宫博物院本部。

迁往台湾

1948年5月，由故宫博物院和中央博物院筹备处联合举办了一次展览，保存在南京分院这批文物主要是名画法书和陶瓷精品参加了展览。展览地点在中山门内中央博物院筹备处内（今之南京博物院）。这时，国民党的局势已很紧张了。

抗日战争刚胜利，国内革命战争即已开始。就在西迁书画等文物向南京运回时，国民党军队向共产党的解放区全面进攻的战争已节节失利。继又改为向人民解放军作重点进攻。1947年3月国民党军队向陕甘宁解放区作重点进攻，遭到全面失败；4月向山东解放区作重点进攻，又遭全面失败。这时国民党已由军事优势转为劣势，人民解放军已由战略防御变为战略反攻。1947年6月，中国人民解放军已经发起向国民党军队的全面进攻；1947年10月10日，中国人民解放军总部发出了"打倒蒋介石，解放全中国"的号召。在各个战场上，人民解放军都取得了辉煌的胜利，1948年8月，以毛泽东为首的中共中央军委，不失时机地组织辽沈、淮海和平津三大战役，国民党统治摇摇欲坠。自1948年9月开始，国民党政府即着手将故宫博物院的文物精品迁往台湾。辽沈战役结束后，东北全境解放，11月6日，淮海战役拉开战幕，国民党败局已定，自1948年12月22日始，南京分院的第一批文物共三百二十箱，运往台湾基隆；1949年1月6日，第二批文物共一千六百八十箱运往台湾基隆；1949年1月29日，第三批文物共九百七十二箱，运往台湾基隆。这时候，南京分院的文物只运走四分之一，南京的局势已岌岌可危，余下的文物仍留在南京，没能运走。

在南京分院文物运台之前，南京国民党政府就一面催促北平的故宫博物院院长马衡，要他和故宫博物院的文物一同去台，但马衡不愿去台，故意拖延，又强调机场不安全，文物不能起运等等，直至北平解放，故宫博物院的文物一箱也没运走。

所以，现存台北的国立故宫博物院中的书画等文物，只是抗战时西迁文物之一部分，数量上远不如大陆多，但却是精品中的精品，尤其是名画和法书作品，宋元名家名作大部分都在台北的国立故宫博物院。比如：法书中的王羲之《快雪时晴帖》《远宦帖》《平安·何如·奉橘三帖》，颜真卿的《祭侄文稿》，孙过庭的《书谱》，陆柬之的《文赋》，怀素的《自叙帖》《草书千字文》，以及"宋四家"苏、黄、米、蔡的精品等等；名画中的韩干《牧马图》，荆浩《匡庐图》，董源《龙袖骄民图》，巨然《秋山问道图》《层岩丛树图》，赵干《江行初雪图》，范宽《溪山行旅图》，郭熙《早春图》，李唐《万壑松风图》，赵佶《腊梅山禽图》，刘松年《罗汉图》，梁楷《泼墨仙人图》，赵孟頫《鹊华秋色图》，黄公望《富春山居图》等，皆举世共仰之名作。

（以上内容主要参考溥仪《我的前半生》、杨仁恺《国宝沉浮录》、王树卿邓文林《故宫博物院历程》等书以及其他一些文章和书籍，特此致谢）

（二） 故宫博物院中名画选析

故宫博物院内所藏名画颇多，我们选择本册中部分加以研究介绍，以见一斑。

《宫乐图》。《石渠宝笈》列此图为元人画，经现代学者研究，应是晚唐人的作品。也有人认为是宋人的摹本，那么，即使是宋人摹本，摹的也是唐人之作。观其画风，颇近于张萱和周昉，我认为此图原作当出于中唐后期的画家之手，晚唐画家画仕女就很少有如此之肥胖了。唐人未必都是肥胖的，《梅妃传》中记载的那位唐玄宗的妃子江采苹便是瘦的，但她还是失宠了，让位于肥胖的杨贵妃。美术作品都以美为对象，唐人的绘画、雕塑中人物都是肥胖的，说明唐人以肥胖为美。实际上，唐人确以肥胖为美，这股风始自唐宫廷。隋末唐初的大医学家孙思邈，活了一百多岁，唐高祖曾向他询问长寿之道，他以自己的经验告诉唐高祖，在宫中选择"肥而白"的少女作妃子，多和肥而白的女子同房，便可长寿，于是唐初起就只选肥而白的女性入宫，上行下效，举国上下便以肥胖（肤白）者为美。我们现在可以看到敦煌莫高窟第130窟的唐代壁画，那都是绝对真迹，其中《乐庭环夫人及女儿侍女供养像》都画的是真实人物，前面那位都督夫人太原王氏雍容华贵，但却肥胖到无以复加的地步，她在当时一定是十分美丽的女性。现存张萱《虢国夫人游春图》等，可见宫廷中美女皆是肥胖的。这是一代人的观念。影响所致，艺术作品中的人物形象无论男女都以肥胖为美了。

我们看《宫乐图》中的人物都是"肥而白"的，面部画法用"三白"法，即额、鼻、下巴三处全用白粉，白粉渐渐晕开，显得人的肤色之白，有时颈部也施白粉，这种"三白"法以前是没有的，应该是唐人为了表现"肥而白"的少女所创造的画法，"三白"法对后世影响很大，历代画仕女像都用此法，明代唐寅、仇英也用此法画仕女，效果不同一般。

画中人物的肥胖是一目了然的。在外面人想来，宫中妃子是十分幸福快乐的，实际上并非如此，几百几千个少女为一个男人（皇帝）服务，她们的寂寞、苦闷、无聊、空虚是难以名状的，唐诗中反映宫女无聊痛苦更多更深刻。我们从这幅《宫乐图》上可以看到，她们在演奏中，形式上快乐，但心底的空虚痛苦仍在画上有所反映。所以，这幅画不但画出了唐人审美中的美的形象，更画出了她们深沉的精神状态，确是一幅不可多得的精品。

此外，唐代的绘画色彩灿烂浓艳，张彦远《历代名画记》记云："上古之画，迹简意澹而雅正，顾、陆之流是也；中古之画，细密精致而臻丽，展、郑之流是也；近代之画，焕烂而求备，今人之画，错乱而无旨。"这幅画还没有像张彦远说的"错乱而无旨"，虽和六朝时期"迹简意澹"不同，用笔细紧均匀，但不像六朝绘画线条之"连绵""圆转"了，有点铁线描的意思。这些都显示中唐后期绘画的特点。晚唐至五代初的人物画如孙位的《高逸图》，画法正紧接着《宫乐图》，只是用线更繁复一些，人物形象也不那么肥胖了。

巨然《层岩丛树图》。这幅画右上有乾隆庚寅御题（不录），上面诗塘有董其昌写的"僧巨然真迹神品"七字，又跋云："观此图，始知吴仲圭师承有出蓝之能，元四大家之自本自根，非易易也，其昌。"下边幅有王铎跋云："层岩生动，竟移葆泉日华诸峰于此。明日别浒墅，心犹游其中。王铎题为石惠亲契。癸未三月夜，同观者吾诸弟与朱五溪，时雨新来未滂，吾占验诸占否否。崇祯皇帝十六年。"在"王铎"二字旁钤印一，文曰"西雒王铎"。收藏印记有"宣和殿宝"。说明这幅画经过北宋宣和内府收藏过，明董其昌、明末清初王铎等人看过。清代几位皇帝都在上面钤过印，《石渠宝笈初编》"养心殿著录"。巨然的画是学董源的，实际水平已超过董源，但董源是开派画家，在画史上地位更高。所以，一般把"董、巨"并称。董巨的影响是一致的，后人称他们是"江南画派"的代表，他们用笔柔和，和北方画派的那种刚硬风格相对。沈括《图画歌》云："江南董源僧巨然，淡墨轻岚为一体。"他们的画的确是"淡墨轻岚"。米芾《画史》中一再说他们的画"平淡天真""岚气清润，布置得天真多"，"巨然少年时多作矾头，老年平淡趣高"；"巨然明润郁葱，最有爽气，矾头太多"。《图画见闻志》谓巨然画"笔墨秀润，善为烟岚气象、山川高旷之景"。在这幅《层岩丛树图》中皆可得到验证。一般说来，北派的山水画画山石外轮廓重而硬，内外有别；而董、巨的"江南画"外轮廓线和内部皴线都是一致的，区别不大，且皆柔和轻淡，这是南方山水画的主要特点。此外，北方山水画雄强有气势，画起来必须用心用力；南方山水画平淡而潇洒，画起来随意而自然。南方的文人一般喜爱这类画。元以后，文人画家大多出于江南，经米芾、赵孟頫、董其昌等人鼓吹，董、巨画风居于画坛统治地位，"文人画""南宗画"都以董、巨为实际领袖。王时敏《西庐画跋》中称之为"董巨逸轨，后学竞宗"，比之于书法上的"钟王妙迹"。王原祁《雨窗漫笔》中称："画之有董巨，犹吾儒之有孔颜也。"画史上的"正宗"和正统画派，都是董、巨的流派，可见其影响之大。

黄居寀《山鹧棘雀图》。黄居寀是五代时蜀地院画家黄筌的儿子，黄筌和徐熙被后世称为花鸟画的两大鼻祖，黄筌以"富贵"胜，徐熙以"野逸"胜。黄筌画花鸟主要用色，工整严谨；徐熙画花鸟，以墨为格，杂彩赋之。黄筌和黄居寀原是蜀画院画家，宋初，黄筌去世，黄居寀主持宋画院工作，于是以黄家画法为较艺标准，所以，北宋画院前期、中期的花鸟画都是以黄家画法为程式的，一直到崔白、吴元瑜出，格局才有改变。

这幅《山鹧棘雀图》，是黄居寀的真迹无疑，诗塘上有宋徽宗的横题："黄居寀山鹧棘雀图"八个字，标准的"宣和装"。现存北京故宫博物院的《卫贤高士图》也是竖轴横题，据《墨绿汇观》"名画卷上"五代《陆滉捕鱼图》记："……上隔水宣和笔墨，侧题陆滉捕鱼四字，其大如钱，笔法超逸。相传巨然《烟浮远岫图》及余所见《卫贤高士图》，宣和皆侧题，盖当时屏幛阔幅，俱分装成轴，取其便于舒卷，故以横卷题之。"宣和时，画都分装成轴，但打开检查时，又像横卷一样展开，人在一旁观看，所以横题便于观检。此图《石渠宝笈初编》、"养心殿著录"乾隆等玺印俱全……

附记：

本文原是应出版社负责人多次约请，为新出版的《故宫博物院藏画集》所写的序。因为我事忙，误了很长时间，出版社又要求我把故宫藏画的历史及迁台经过写出，我又去查找资料，误去更多时间，出版社急于出版，又一时找不到我，便付印了，我的"序"也只写一半，现保留原貌收入集中。

三十五、《海外珍藏中国名画》序

（一）

我一直是有十分严重的历史癖好的人。我也曾十分癖好解数学题和下棋，曾弄得废寝忘食，但后来一狠心也就戒掉了。可历史癖一直戒不掉，而且越来越严重。仅一部二十四史，就反复阅读，有的已经能背诵出来，但还是读来读去，胸中的烦恼，身外的俗事，乃至饥饿、疲劳和小病，都能在读史中烟消云散，而且会一变万分清静、高雅。在读史中，我才能感到世界和人生有点意思。

读唐以前的历史还好。"但使龙城飞将在，不教胡马度阴山。""龙城飞将"确实曾经在过，胡人不敢南下而牧马。而且一个小孩子率领汉家军队便可以扫荡匈奴数千里。宋人只能"燕然未勒归无计"了。唐人的武功，也足使所有的外藩俯首称臣。晋人曾经输给魏（北魏），但魏入主中原后，反而被汉化了，中国不但没有失去什么，反而扩大了。但到宋代就不行了，只要读到这段历史就难过，宋反过来向别人家称臣，后来被金灭掉了，残存的南宋又被元灭掉了。不过现在看来，问题也不算大，灭来灭去，都在中国内部，土地也没有少，遗产也没有少。比如北宋所藏大批的绘画珍品，被金掠走了，元灭金，又被元掠走了，明灭元，又到了明人手中。明朝太穷，卖了一部分，大部分被江南收藏家买去。清代，宫廷的、民间的藏画又到了清人手中。到了清末，也就是近代，问题就严重了。一读近代史，心里就更难过。领土也失去了，遗产也失去了，而且这一失则黄鹤一去不复返，大部分落到外国人手中。外国人对我们就不客气了。

中国画到了外国人手中，有两种情况，其一是正常的交流，如梁楷、牧溪、玉涧的画，当时被国内的鉴藏家目为"粗恶无古法"，实际上，他们当时也只是随意涂抹，以墨作戏而已。"诚非雅玩，仅可僧房道舍，以助清幽耳。"但却被日本来华取经的僧人带回国去，成为日本的国宝，这类数量不会多。但第二种就不正常了，趁着中国贫弱、政府无力之际，巧取豪夺，盗窃诈骗，甚至出动武力抢劫，把已成为我们国宝的文物抢走。这是强盗行为。鸦片战争后，中国成为列强们瓜分的对象，大量的文物都在这期间流失国外。1860年英法联军火烧圆明园，1900年八国联军打入北京城，到处抢劫，清宫中的名作《女史箴图》等就在此时被一外国军人抢走，现在成为英国大英博物馆的珍藏。当然，损失更大的是《永乐大典》《四库全书》等也在这期间被坏……

中国石窟艺术举世闻名，丝绸之路上处处是宝藏，中国政府的无能，管束不严，却给外国人横冲直闯、胡作非为带来便利。清光绪五年(1879)，匈牙利地质调查所所长洛克济(L. deloczy)和斯希尼(Szecheny)到我国西北调查地理，到了敦煌，看到了莫高窟佛像和壁画，于是他们作了记录。1902年，国际东方学者会议在德国汉堡召开，他们在报告中提到了敦煌莫高窟的佛教艺术，震动颇大，使外国的文化强盗和所谓探险家们大喜过望。最早进入中国丝绸之路的外国所谓探险家是瑞典的斯文·海定，他在德国汉堡国际东方学者会议之前的1895年至1899年三次盗走中国于阗故址、楼兰大批珍贵文物。

其次是匈牙利后裔英国籍的斯坦因(M. A. Stein)，他1900年来过中国，1902年听了洛克济的报告后，又来到中国，掠走更多珍贵的文物。最早掠走敦煌莫高窟藏经洞大量经卷、文书手卷和绢画等文物者也是斯

坦因。次年(1908)，法国人保罗·伯希和(Paul Pelliot)和他的助手奴奈特
(C. Nonette)也跑到敦煌掠夺，伯希和精通汉学，他住敦煌莫高窟三个星
期，在藏经洞里挑选大量经卷、写本、绢画还有塑像、丝织品、木雕和
赤陶品等，计写本24箱，绘画绣品等5大箱，偷运到巴黎。而后，日本、
俄国、美国等国都跑来所谓探险家，每一国来人都多次掠夺，这些敦煌
文物，每一件都价值连城，他们数千件、数万件地盗运，用马驮，车队
拉。敦煌莫高窟中的主要绢画全被劫运到国外，国内几乎无存。

　　美国人兰登·华尔纳(Langdon Warner) 1923年秋才到敦煌，藏经
洞等所藏经卷绢画等已被人盗运一空，他感慨不已，于是一个洞窟一个
洞窟地看下去，面对数以千万计的优美壁画，他说："我除了目瞪口呆
外，再无别的可说。"他太"爱"这些壁画了，他不能空手而回，于是
和他的助手一起用一种特殊胶布把最精彩的壁画揭走，同时又盗走彩
塑……这批文化掠夺者不只是掠夺敦煌一处文物，丝绸之路上的文物无
一处幸免，1902年至1914年，德国人格伦威德尔和勒考克四次来到中
国，从西部的克孜尔石窟等龟兹古国石窟到东部的吐鲁番地区疯狂掠夺
壁画、塑像、文书等。勒考克在此住了三个月，搜刮81个洞窟，精品被
盗走一空，现在，这里只留下一片空白洞窟……（洞窟文物被外国人盗
走经过不忍再讲）

　　此外，还有一些外国文化商和国内的奸商、汉奸及文化败类相勾
结，通过各种手段将中国的名画等物运往国外，比如，唐代阎立本的名
作《历代帝王图》，举世宝之，就是被汉奸梁鸿志卖到外国人手中，然
后偷运出国，现藏美国波士顿博物馆。这一类名画被盗运出国者也不
少。我们这本书中可见其一斑。

　　现在英、法、德、意、美、日、俄、丹、韩、加拿大、瑞典、瑞士
等国甚至连挪威都藏有中国的名画，美国就有纽约大都会、克里夫兰、纳
尔逊、弗利尔、波士顿等五大博物馆以藏中国画闻名。仅大都会一家就藏
有中国文物近2万件，其他如旧金山、加州、西雅图以及普林斯顿大学、
密歇根大学、哈佛大学等都藏有中国的名画和其他文物，不可胜计……这

些画和其他文物大多都是近百年流落国外的。常令人感叹不已。

（二）

"魂兮归来"，二万多幅名画流落国外，一直萦回在我们心中。

1985年，美国堪萨斯大学(University of Kansas)聘我为该校研究员，并发来邀请和一切用于办理赴美的函件。我也就准备赴美。这时一家美术出版社的社长兼总编辑找到我，她希望我到国外为出版社办点事，办什么呢？研究的结果是，搜集流失在国外的中国画作品，拍成Slides，出版《国外藏中国画全集》。这正合我的心愿。她并向我交代了很多具体问题，并提到拍照等费用问题。我为人办事，一向不肯麻烦别人，能自己承担的都尽量自己承担。便说："先用美国人付给我的薪水垫付吧。"她说："那好，以后我们多付给你稿酬。"此后，她不停地和我商讨这个问题，并交代当时的副总编（后来成为新社长兼总编辑）具体过问此事。这位副总编实际负责出版社的具体事宜，又是我的朋友，他十分兴奋地找到我说："出版《国外藏中国画全集》是我多年的心愿，但我一直找不到合适人选，我曾考虑找陈丹青办这件事，但他不懂中国画，没有办法。你这次去美，帮我们办这件事，太好了。这套书将是我们社重点出版计划。我希望我们好好合作。到时候，我们一定会给你高稿酬……"两位负责人反复叮嘱我，讲了很多感激我的话，令我很感动。到了美国后，这位负责人又写信给我，希望我抓紧这项工作。我放弃了我原有的一切计划，到处拍摄资料。我在美国获得的一些资助，也包括我应邀去几所大学作的讲演所得的讲演费，都用于此项工作。我飞到纽约、华盛顿、波士顿、纽黑文、密歇根、旧金山等美国各地凡有收藏中国画的博物馆和个人之处，我都去一一观看，并拍回图片，欧洲等国所藏中国画，我又设法购买其图片(Slides)，后来我又到了日本，在铃木敬等学者帮助下，拍摄了日本各地博物馆以及私人收藏家所藏的中国画。其时恰值英国所藏中国画在日本展出，我也设法全部拍回……

我在美，本可以完成其他计划或学业（现在反思之，十分后悔），我也有十分重要的研究课题，但为了这本《国外藏中国名画全集》，我都放弃了。我要把出版这套画集作为一件最重大的事去做。我将这些图片(Slides)运回国内，这家出版社十分高兴。但消息传出后，北京、上海好几家大型出版社都要求出版这套画集，北京的文物出版社还两次派编辑来联系出版。原约我的这家出版社负责人急了，多次找我，动之以感情，晓之以利害，约之以道德，总之只能给他们出版，并叫我马上回绝一切出版社的约稿。我一向讲究信誉，一向十分重道德。于是也就回绝了其他出版社，忠诚于一家。当时是1987年。

我带回的图片大约有一两万张，从汉到近代时跨两千多年。出版社负责人要出版20本，我很高兴，这下子好了，事业也有了，稿酬也多得吓人，哈哈，后半辈子好过了。我拼命整理，分时代、分画派、注明画家、作品题目、尺寸、质地、收藏机构及个人，识别画上题字、印章，考证画上内容，尤其是佛教、道教上的情节，我查阅大量典籍，一一考证。我招收的硕士研究生邢文也帮我做。他只挑了一部分图片，已多得吓人，记得他和他的友人拖来一辆三轮车，把片子拖回家（邢文现在在北京大学任教，可以证明）。邢文之后，我招的研究生有崔卫，也帮我抄录很多内容，我整理了三年，耗去了无穷的精力和资财，结果，那位社长兼总编辑退休了，副总编继位，他也是积极约我做此集的负责人，又是我的好朋友。但他通知我：不出版了。实际上，他的前任（她）在任时，已透露给我说："出版社搞承包，找不出钱出版这套画集，你看怎么办呢？"继任者干脆说不出版了。这真要了我的命啊。我耗去那么多资金、那么多精力，这又是我多年的心愿啊，但别人却无动于衷……

（三）

我半辈子享受的各种灾难最多，天灾人祸也非常喜欢光顾我的门庭。1995年初一场大火灾降临，烧去了我半生积蓄，尤其是藏书手稿等。这批 Slides 也烧得差不多了，从灰烬里扒出一点，我没舍得扔。

当时几位研究生帮我把烧剩下的片子收好，他们毕业后，其中一位去天津人民美术出版社工作，便马上建议出版这批片子，这是中国第一部国外珍藏中国名画集，意义非同小可。出版社负责人欣然同意，并作为一件大事来做。可是我从国外拍照和购买的图片，已不全了，称全集已不可能，为了使读者大体了解国外藏中国画的情况，编辑选取部分图片，总名《国外珍藏中国名画》，并分为十集：

一、《晋唐风韵——晋唐五代绘画》；二《标程百代——宋代绘画》；三、《平淡天真——元代绘画》；四、《水墨苍劲——浙派和宫廷绘画》；五、《吴门秀润——明代吴门绘画》；六、《松江清远——明末松江派绘画》；七、《古怪清圆——明末怪杰绘画》；八、《黄山灵奇——新安派绘画》；九、《一代正宗——清初正统派绘画》；十、《野逸奔放——八大·八怪等人绘画》。

由于我的工作太忙，身体又不佳，选片和分集工作主要由已毕业的研究生硕士杨惠东代做，因为片子质量和数量限制，每一本画家、画派等划分不是太严，例如：《明末怪杰绘画》，虽以陈洪绶、崔子忠、吴彬、丁云鹏等四大怪杰之画为主，也收录很多并不是怪杰的画充数。尤其是正统派绘画，由于这批画家作画大体相近，类似的构图和笔墨太多，影响读者欣赏，所以，我们只选录很少，于是又加进很多清代去日本的画家和其他画家之画，海派画家画太少，也加在此集中。其他集中类似情况都有，这是因为出版的需要，希望读者能理解。

各集中文字内容由我口述，研究生顾平录音整理。由于我的方言较重，录音效果又不好，顾平整理时十分辛苦，使我很感动。因为录音机有问题，有些内容未能录下来，我又身疲力倦，俗务缠身，也无力再加。因为是口述，全凭记忆去讲，有些需要严格考证和必须出处准确的内容，便省略。十年前，我整理这些资料时，查阅大量文献，儒、佛、道的有关典籍，一一翻检，引述原文，又加解释，那真是丰富而又详尽，可惜这些资料都毁于大火灾，思之凄绝惨痛！

本来应该十年前出版的画集，而且应该是《国外珍藏中国画全集》，现在出版，晚了十年，又是选集，思前虑后，感慨万千。但选集既出，有识之士必会尽力于全集工作。相信不久的将来，《国外珍藏中国名画全集》必会继之问世。

杨惠东、顾平对我工作的协助，出版社负责人的热情支持，皆至为感念。

1997年夏于南京师范大学美术系

（天津人民美术出版社《海外珍藏中国名画》1998年12月）

附录一：史画两栖陈传席／刘润为

　　陈传席是南京师范大学美术系教授。他涉猎广泛，除了美术之外，对于哲学、史学、文学、自然科学都有浓厚的兴趣。前年，他在《文论报》上发表的《话说名家与大家》，就以其议论的精辟令文坛瞩目。学问上的广取博收，无疑为他的美术史研究与美术创作奠定了扎实的基础。迄今为止，他发表了三百多篇学术论文，出版了二十二部美术史专著，而且许多专著一版再版，其中七十多万字的《中国山水画史》则一共出了三版，有的专著还被海外购去版权。

　　在研究中国画史时，为了体验前贤的经验，他反复临摹历代绘画的代表作，因为体验得真切，对历代精品的理解也就相当深透；因为研习得精细，对各位大家的技巧也就烂熟于心。他本来能画精确严谨的鸿篇巨制，但是他的个性和学养又使其偏重于文人画。当代的文人画既要深刻地体现出中国传统文化的内涵，笔端凝聚着雍容优雅的格调，又要体现出时代精神，画面渗透着今天的趣味和风尚。陈传席的画在广泛师承历代大家的基础上，更多地吸收了半山、弘仁，以及戴本孝、程邃等人的精髓，但是又不是泥古、拟古，而是师而能变、学而能化，变出时代的特色，化出自家的风格。其用墨或者特干或者特湿，极少不干不湿的笔，即使同一作品中有干有湿，也是造成鲜明对比。因此，在他那里，干湿两种笔墨就不是相互结合而是相互配合。其线条的运用则一任情思的驱使，轻缓有致，一波三折，呈含蓄蕴藉、外柔内刚之势。所有这些艺术上的努力，使得他的文人画自成一格，既宁静幽深雅致又透露出勃勃的进取意态。

载《人民日报》1998年5月29日

附录二：陈传席教授著作、论文目录（选）

（陈传席已出版著作98部。发表的论文，据1994年、1995年、1997年三次统计，共计四百余篇，惜因其家中遭受火灾，全部烧光。后经四处查找，搜集整理其中一部分）

著作部分：

1. 《六朝画论研究》（江苏省哲学社会科学优秀成果奖），1984年江苏美术出版社；

2. 《〈画山水序〉〈叙画〉校注》，1985年人民美术出版社（北京）；

3. 《论黄山诸画派文集》（主编），1987年上海人民美术出版社；

4. 《中国山水画史》（江苏省哲学社会科学优秀成果奖，1991年），1988年江苏美术出版社；

5. 《渐江》，1988年人民美术出版社（北京）；

6. 《六朝画家史料》，1990年文物出版社；

7. （修订本）《六朝画论研究》，1991年台湾学生书局（台北）；

8. 《明末怪杰——陈洪绶生涯和艺术》，（1994年江苏省哲学社会科学优秀成果奖），1992年浙江人民美术出版社；

9.《紫砂精壶品鉴》，1993年浙江人民美术出版社；

10.《现代艺术论》，1995年5月江苏美术出版社；

11.《萧云从画谱及研究》，1995年9月安徽美术出版社；

12.（增补三版）《中国山水画史》，1996年江苏美术出版社；

13.《弘仁》，1996年5月吉林美术出版社；

14.《巨匠与中国名画　傅抱石》，1996年7月台湾麦克股份有限公司和英国STUDIOEDITIONS JHEUUBF联合出版；

15.《巨匠与中国名画　徐悲鸿》，1996年7月台湾麦克股份有限公司和英国STUDIOEDITIONS JHEUUBF联合出版；

16.《巨匠与中国名画　谢稚柳》，1996年7月台湾麦克股份有限公司和英国STUDIOEDITIONS联合出版；

17.《巨匠与中国名画　亚明》，1996年7月台湾麦克股份有限公司和英国STUDIOEDITIONS联合出版；

18.《中国紫砂艺术》，1996年9月台湾书泉出版社；

19.《中国绘画理论史》，1996年11月台湾三民书局；

20.《中国画论选注》，台湾锦绣出版公司；

21.《中国绘画美学史》（上卷），1999年12月人民美术出版社（北京）；

22.《中国绘画美学史》（下卷），1999年12月人民美术出版社（北京）；

23. 主编《扬州八怪诗文集》1~5册，已由江苏美术出版社出版；

24.主编《历代皴法大观》七本，已由湖南美术出版社出版六本；

25.《精神的投射——隐士和隐士文化》，1998年12月山东美术出版社；

26.《海外珍藏中国名画》（10本），1998年天津人民美术出版社；

27.《悔晚斋臆语》，2000年河北教育出版社；

28.（改版增补10万字）《中国山水画史》，2000年天津人民美术出版社；

29.《中国名画家全集　傅抱石》，2000年河北教育出版社；

30.《中国绘画美学史》（上、下），2000年人民美术出版社；

31.《吴昌硕》，2000年古吴轩出版社；

32.《悔晚斋臆语》，2001年河北教育出版社；

33.《中国山水画史》（改版增补10万字），2001年天津人民美术出

版社；

34.《中国名画家全集　弘仁》，2001年河北教育出版社；

35.《陈传席文集》（1-5），2001年河南美术出版社；

36.《山水画史话》，2001年江苏美术出版社；

37.《陈传席画集》，2001年人民美术出版社；

38.《陈之佛》，2002年河北教育出版社；

39.《中国绘画美学史》（2版），2002年人民美术出版社；

40.《中国山水画史》，2002年天津人民美术出版社；

41.《悔晚斋臆语》，2003年河北教育出版社；

42.《陈洪绶》，2003年河北教育出版社；

43.《中国山水画史》，2003年天津人民美术出版社；

44.《岭南画派》，2003年河北教育出版社；

45.《徐悲鸿》，2003年河北教育出版社；

46.《中国绘画理论史》（增订二版），2004年台湾三民书局；

47.《傅抱石》（韩文），2004年韩国达芬奇出版；

48.《弘仁》，2004年河北教育出版社；

49.《唐寅》，2004年河北教育出版社；

50.《读书人一声长叹》，2004年中国文联出版社；

51.《西山论道集》，2004年辽宁美术出版社；

52.《赵佶》，2004年台湾石头出版社；

53.《傅抱石》（3版），2005年河北教育出版社；

54.《徐悲鸿》（2版），2005年河北教育出版社；

55.《中国画山文化》，2005年天津人民美术出版社；

56.《画坛点将录——评现代名家与大家》，2005年北京三联书店，2005年香港三联书店；

57.《画坛点将录：评现代名家与大家》（2版），2006年三联书店第二版；

58.《李唐》，2006年河北教育出版社；

59.《六朝画论研究》，2006年天津人民美术出版社；

60.《中国山水画史》，2006年天津人民美术出版社；

61.《悔晚斋臆语》，2007年中华书局出版社；

62.《陈传席文集》（4卷），2007年安徽美术出版社；

63.《任熊版画》，2007年河南大学出版社；

64.《萧云丛》，2007年河南大学出版社；

65.《陈洪绶》，2007年河南大学出版社；

66.《白石留韵》（主编），2008年北京人民美术出版社；

67.《悔晚斋臆语》，2008年中华书局出版社；

68.《中国水墨收藏　陈传席卷》，2008年山东画报出版社；

69.《画坛点将录》，2009年三联出版社；

70.《中国艺术大师徐悲鸿》，2009年河北美术出版社；

71.《中国绘画美学史》（上、下）（入选《中国文库》），2009年人民美术出版社；

72.《中国名画家全集　王时敏》，2009年河北教育出版社；

73.《中国艺术大师傅抱石》，2010年河北美术出版社；

74.《海外珍藏中国名画》（编著，两册），2010年天津人民美术出版社；

75.《小道集》，2011年天津人民美术出版社；

76.《八大山人精品集》（主编），2011年江西美术出版社；

77.《悔晚斋臆语》，2011年中华书局出版社；

78.《中国山水画史》，2011年天津人民美术出版社；

79.《陈传席画集》，2011年江西美术出版社；

80.《中国绘画美学史》，2012年人民美术出版社；

81.《中国书法全集73 杨岘张裕钊徐三庚杨守敬》（编撰），2012年荣宝斋出版社；

82.《画坛点将录》，2012年三联书店；

83.《中国绘画理论史》（增订三版），2013年台湾三民书局；

84.《北窗臆语》，2013年中国青年出版社；

85.《陈传席绘画作品集》，2013年海洋国际出版社；

86.《中国山水画史》，2013年天津人民美术出版社；

87.《悔晚斋臆语》，2014年青年出版社；

88.《中国山水画史》（韩文版），2014年新泊尼出版社；

89.《艺术巨匠 傅抱石》，2014年河北教育出版社；

90.《艺术巨匠 陈洪绶》，2014年河北教育出版社；

91.《六朝画论研究》，2014年中国青年出版社；

92.《中国佛教美术全集 雕塑卷 响堂山石窟》(上、下)，2014年天津人民美术出版社；

93.《悔晚斋臆语》，2015年中国青年出版社；

94.《六朝画论研究》，2015年中国青年出版社；

95.《画坛点将录——评现代名家与大家》，2015年中国青年出版社；

96.《会心不远》，2015年华艺出版社；

97.《蛙怒集》，2015年华艺出版社；

98.《中国山水画史》，2015年天津人民美术出版社；

论文部分：

（已发表的698篇论文，已无法完全查找出，这里只是其中一部分）

1.有关顾恺之的几个问题（陈鹏飞），《美术文集》1982.9

2.王微《叙画》研究，《美术文集》1982.9

3.梓庆雕鐻和板桥画竹，《安徽美术通讯》1982年，《扬州八怪论文集（二）》

4.山水之变，始于吴、成于二李

——澄清唐代山水画史上一些问题，《新美术》1983.3

5.山水画与玄学，《美术研究》1983.4

6."迁想妙得"解，《中国画》1983.4

7.论政治和艺术之间，《安徽美术通讯》1983年

8.中国第一张帛画，《文化报》1984.1.15

9.关于张彦远评价顾恺之的商榷意见，《齐鲁艺苑》1984.3

10.其妙贵淡，《江苏画刊》1984.3

11.李唐生卒年考（弃病），《美术研究》1984.4

12.略论渐江和新安画派，《美术》1984.4

13.简论渐江和黄山画派的形成，《安徽日报》1984.4.9

14.说淡，《美育》1984.6

15.渐江其人，（香港）《文汇报》1984.9.7

16.王诜，《美术耕耘》1985.1

17.高克明及其绘画艺术，《美术耕耘》1985.2

18.释"效异《山海》"和"以形写形"，《中国画》1985.2

19.关于《巢林集》，《艺谭》1985.4

20.《雪景寒林图》应是范宽的作品，《文物》1985.4

21.谈李唐的崇古和独创，《美术史论》1985.4

22.《六朝画论研究》序，《美术之友》1985.4

23.瞿秋白和他的画家父亲，《安徽日报》1985.6.25，《文摘周报》转载

24."反"传统是对传统的最好继承，《江苏画刊》1985. 10

25.黄公望述评（弃病），《美术史论》1986.1

26.美学领域的新开拓，《美术之友》1986.1

27.倪云林生年考，《美术史论》1986.1

28.徽商和新安画派，《商业经济》1986.1

29.论北宋中后期山水画保守和复古的总趋势，《新美术》1986.2

30.《宣和画谱》的作者，《中国画》1986.2

31.《宣和画谱》的作者及其他一些问题，《阜阳师院学报》1986.2

32.论以扬州盐商为主的商业经济对扬州八怪及扬州文化之影响（上），《商业经济》1986.3

33.论北宋中后期山水画，《剧艺百家》1986.3

34.谈清初山水画论的"返祖"，《艺苑》1986.4

35.荣启期和被裘公，《中国画》1986.4

36.论故宫所藏几幅宫苑图的创作背景、作者和在画史上的重大意义，《文物》1986.10

37.八大山人"驴"号臆释，原刊《艺谭》

选人《八大山人研究》论文选集，江西人民出版社1986

38.论以扬州盐商为主的商业经济对扬州八怪及扬州文化之影响（下），《商业经济》1987.1

39.金陵八家的构成及四高岑问题，《东南文化》1987.3

40.论扬州盐商和扬州画派及其他（3万字左右），香港《九州学刊》1987.9

41.《羲之画扇图》赏析，《江苏画刊》1987.11

42.读日本高桐院《山水图》，《江苏画刊》1987.11

43.王维和水墨山水画研究，《吕梁学刊》1988.1

44.游美见闻记（一），《江苏画刊》1988.1

45.清代绘画三大重镇及其形成，《东南文化》1988.2

46.游美见闻记（二），《江苏画刊》1988.2

47.南朝陈　姚最《续画品序》浅译释，《书与画》1988.2

48.读唐寅《桃花庵图》，《江苏画刊》1988.3

49.违背美的历程的《美的历程》（弃病），《美学评林》第六辑

50.渐江与黄山画派，（香港）《美术家》第37期

51.王微《叙画》研究，《朵云》第7集

52.宗炳《画山水序》研究，《朵云》第6集

53.《山水松石格》研究，《朵云》第8集

54.论中国画之韵，《朵云》第10集

55.论"球体说"，《朵云》第12集

56.有关皖南诸画派几个问题，《论黄山诸画派文集》上海人民美术出版社

57.论北宋中后期的山水画，《文艺百家》1986.3

58.渐江述评，《论黄山诸画派文集》上海人民美术出版社

59.黄公望，《吉林艺术学院学报》1986

60.读《青藤老人卧看〈山海经〉图》，《江苏画刊》1988.5

61.李唐研究（3万余字），《朵云》第11集

62.戴本孝研究（校译）（5万字），《论黄山诸画派文集》上海人民美术出版

63.渐江述评（弃病），上海人民美术出版社1987.12

64.论皖南诸画派几个问题，上海人民美术出版社1987.12

65.清代绘画三大重镇及其形成，《东南文化》1988.2

66.程大利绘画之研究（弃病），《书与画》1988.2

67.米友仁生卒年新考，《中国画》1988.4，《大公报》1988年转载

68 访美闻见记（四），《江苏画刊》1988.7

69.依朱图——项圣谟自画像，《江苏画刊》1988.8

70.访美闻见记（五），《江苏画刊》1988.9

71.访美闻见记（六），《江苏画刊》1988.11

72.访美闻见记（七），《江苏画刊》1988.12

73.扬州八怪诗文集概述，《东南文化》1989.1

74.由清瘦到丰腴——战国至唐代人物画，《今日》1989.1

75.探索中的徘徊，《江苏画刊》1989.2

76.石涛《画语录》中"生活"正解，《美术研究》1989.2

77.六朝时期山水画传神论的玄学根源及其他，《东南文化》1989.2

78.山水画的产生、发展和突变，《今日》1989.2

79.动美和静美——四僧画审美观变迁议（2万字），《美术史论》1989.3

80.保守、复古、变异和水墨苍劲——北宋和南宋的山水画，《今日》1989.3

81.野逸　富贵　空灵——唐代五代两宋花鸟画，《今日》1989.4

82.关于"金陵八家的多种记载和陈卓"，《东南文化》1989.4～5合刊

83.兴盛　衰退　变异——五代两宋人物画，《今日》1989.5

84.眼底都无碍胸中自有春，《书与画》1989.5

85.高逸和放逸——抒情写意的元代山水画，《今日》1989.6

86.艺术大师与政治，《中国美术报》1989.9.25

87. E. 3dBdnckaR [baH—ykM.《苏联》A3NguAPPKA 1989. 10

88.南北宗论的基本精神，《朵云》1990.1

89.唯上智与下愚不移，《艺圃》1990.1

90.论北宋山水画，《美术耕耘》1990.1

91.坐拥群花过岁寒——恽南田及其艺术（2.5万字），台湾《艺术家》1990.2

92.有关萧云从及《太平山水诗画》诸问题，《朵云》1990.2

93.黄山对新安画家的影响，《书画家》1990.2

94.陕北民间艺术考察记（上），台湾《艺术家》1990.3

95.神于好，精于勤，《书与画》1990.3

96.陕北民间艺术考察记（下），台湾《艺术家》1990.4

97.清新高雅，《江苏画刊》1990.4

98.论"金陵八家"构成原因及有关问题（得奖），《东南文化》1990.5

99.评几位所谓"新文人画家"，《江苏画刊》1990.5

100.反传统是对传统的最好继承，《当代中国画之我见》讨论集，江苏美术出版社1990.5

101.吴门派和吴派辨，香港《大公报》1990.6.1

102.北魏孝子棺图，《文物天地》1990.6

103.宇宙的精神——傅抱石的生涯和艺术（上），台北《艺术家》1990.9

104.宇宙的精神——傅抱石的生涯和艺术（中），台北《艺术家》1990.10

105.宇宙的精神——傅抱石的生涯和艺术（下），台北《艺术家》1990.11

106.关于"金陵八家"诸问题，《美术史论》1991.1

107.不拘一格写大千，《美术之友》1991.2

108.明代女侠薛素素的《墨兰图》，《文物天地》1991.2

109.傅抱石生平及绘画研究（4万字），朵云》1991.2

庆陵辽画及辽国两种形制绘画初探，故宫博物院院刊》1991.2

111.画家与儿子，《人物》1991.3

112.唐寅的《桃花庵梦墨亭图》，《文物天地》1991.3

113.董其昌年谱，《朵云》1991.3

114.程大利及其绘画，《迎春花》1991.3，香港《文物天地》转载

115.李铸晋教授关于美术史方法论，《江苏画刊》1991.4

116.张大千出让名画给大陆的内幕，《美术之友》1991.4

117.沈周的划时代意义及其花鸟画，《朵云》1991.4

118.现代书法1991—兼说改革太急便会出现"胡来"，《书法研究》1991.4

119.西方美术精粹和东方海外遗珍，《今日生活》1991.5

120.画《垂钓图》，《坐禅图》，《烟村图》

附：文人画小说——从陈传席的画谈起，《书与画》1991.6

121.叶维笔下的水乡江南画，香港《文汇报》1991.8.11

122.疯癫和艺术，《读书人报》1991.8.16

123.评《泰岱奇观图》，《中国书画报》1991.8.30

124.释"洗出徐熙落墨花"，《中国画》1991.11

125.傅抱石在近现代绘画史上的地位，《上海美术馆》1991.11

126.艺术史研究的工具书，《读书》1991.11

127.明清画坛第一重镇，《黄山日报》1991.12.8

128.求同存异和求异存同——关于美术史方法论，《江苏画刊》1991.12

129.黄山画人录　序，黄山书社出版1991.12

130.中国画论简史（一），《书与画》1992.1

131.名附北极第一人，香港《收藏天地》1992.2

132.中国画论简史（一），《书与画》1992.2

133.中国画论简史（三），《书与画》1992.3

134.庶免马首之络，《中国财经报》1992.4.29《集贝》副刊

135.倪云林生年新考，《无锡文博》1992.4

136.中国画论简史（四），《书与画》1992.4

137.明清两位画家王鉴考，香港《大公报》1992.5.1，《艺林》副刊

138.中国画论简史（五），书与画》1992.5

139.从阳刚大气谈起，《美术》1992.6

140.中国画论简史（六），《书与画》1992.6

141.泥土与黄金争价，《今日生活》1992.6

142.中国画在世界艺坛上的实际地位，《江苏画刊》1992.7

143.明代女画家秋香——兼说唐伯虎，香港《大公报》1992.8.28《艺林》

144.集众所善，专为一家，《江苏画刊》1992.9

145.清谈飘渺的艺术，香港《收藏天地》1992.9.20

146.王时敏降清变节考，香港《大公报》1992.10.2《艺林》

同上（北京文艺出版社）《作品与争鸣》转刊1996.1

同上（人民文学出版社）《中华文学选刊》转刊1995.5

（此文约有二十多家刊物转刊）

169.悔晚斋札记，《文论报》1995.8.1

170.张大千卖画报国内幕，马来西亚《南洋商报》1995.9.25

171.野牛精神，《江苏画刊》1995. 10

172.美女　结婚，《文论报》1995. 11.1

173.悔晚斋笔记，《杂文报》1995. 11.3

174.关于文坛的杂言，《河北日报》1996.1.29

175.老嫩厚蒲，《美术向导》1996.1

176.若识本心即识斯画，《东方禅画》中国文学出版社1996.1

177.从阳刚大气谈起，《书法导报》1996.2.21，（转自《书画研究》1996.1期）

178.从阳刚大气谈起，《书法导报》1996.2.21

179.悔晚斋札记，《文论报》1996.3.1

180.夜读札记，《中国财经报》1996.3.15

181.评论评论家，《国画家》1996.3

182.评名家与大家，《江苏画刊》1996.5 　（此文在国内外转载评论二百多家）

183.许良佐的边塞山水画，《美术》1996.6

184.神遇桃花源，《浙江日报》1996.6.2

185.是沧海，是一粟，《新民晚报》1996.7.4第18版

186.悔晚斋札记，《文论报》1996. 8.1

187.关于"评刘海粟"一文风波答记者问，《文化时报》1996.8.8

188.到底如何？，《文化参考报》1996.8.13

189.知人与知事，《文论报》1996.8.15

190.灵性和悟性，《美术家通讯》1996.8

191.因果没有倒错——答君峰先生，《书法导报》1996.8.28

192.论早熟和晚学晚成，《美术观察》1996.9

193.野牛精神，《文论报》1996.9.15

194从传统中开创新境，香港《中化收藏》1996.9

195.陈传席"评刘海粟"，《河北青年报》1996.10.23整版

196.我对艺术发展的看法，《中国画学论文选》，宁教育出版社 1996.11

197.悔晚斋臆语，《文论报》1996.12.1

198.陈传席教授谈钱锺书教授，《淮北日报》1996.12.4

199.灵性和悟性，（香港）《文汇报》1996.12.8

200.悔晚斋论艺，《书与画》1997.1

201.陈传席教授谈鲁迅与郭沫若，《淮北日报》1997.1.14

202.我对艺术发展的看法（选刊），《天津青年报》1997.1.27

203.神到笔随悉造其微，《收藏家》1997.1.27

204.悔晚斋论艺，《书与画》1997.3

205.蔡京定罪法，《文论报》1997.4.15

206.写意，《天津青年报》1997.4.28

207.才与势，《文论报》1997.5.1

208.渐派人物画的新发展，《东海》1997.5

209.论画家画，天津美术出版社《国画家》1997.6

210.与君共岁华，台北《留青竹刻集》1997.6

211.为人与为艺，《美术观察》1997.6

212.陈传席"评刘海粟"，《名人》1997.7.1

213.画家和儿子，《文论报》1997.10.2

214.一句书评与中国的命运，《文论报》1997.11.20

215.皖人不可小视，《文论报》1997.11.20

216.阳刚大气，别开生面，《人民日报》1997.11.20（第11版）

217.呼吁批评界的天杀星和黑旋风，《文论报》1997.12.11

218.关于"评刘海粟"一文风波答记者问，《书法报》1998.2.23

219.我对当前艺术发展的七点意见，《美术观察》1998.3

220.潘天寿研究及联想，《潘天寿研究》第二集

（以上1998年3月不完全统计）

221.水墨苍劲　刚猛雄瞻，《福州日报》1993. 10. 10

222.弘仁，《人民政权报》1996. 11.1

223.懒怠画画，《中华收藏》1997. 11. 28出版

224.垂钓，《人民政权报》1996.3.1

225.绘画作品3幅（附专版介绍文），《中国书画报》1997.7.28

226.绘画作品2幅（附专版介绍文），《岭南文化时报》1997. 12. 18

227.称呼的变化，《河北画报》1994.4

228.悔晚斋论艺，《书与画》1998.2

9.提倡"正、大"气象和时代风格，《中国书法》1998.3

230.坐观，《中国书画报》1998.1.8

231.悔晚斋臆语（9则），《文论报》1998.5.28

232.宗炳王微，《中国历代画家大观》1998.9上海书画出版社

233.以画记史，《新华日报》1998. 12. 23

234.村庄小景（附专版介绍文），《人民日报》1998.5.29

235.绘画作品3幅（附专版介绍文），《大公报》1998.4.12

236.黄山与人文，《天地方圆》（台）1998. 12

237.学者与他的画（作者画6幅），238 传专与方圆》（台）1998.1

238.传统与自然，《美术研究》1998.4

239.笔墨岂能等于零，《美苑》1999.1

240.中国画在世界艺术中的实际地位，《新华文摘》（北京）1999.3

241.中国画呼唤磅礴大气，《光明日报》1999.4.22

242.就百年画史中一些问题答客问，《美术观察》1999. 10

243.评现代大家和名家　齐白石、徐悲鸿，《江苏画刊》1999.1

244.评现代大家和名家　陆俨少，《江苏画刊》1999.2

245.评现代大家和名家 林风眠,《江苏画刊》1999.3

246.评现代大家和名家 吴昌硕,《江苏画刊》1999.4

247.评现代大家和各家 石鲁,《江苏画刊》1999.5

248.评现代大家和各家 钱松嵒,《江苏画刊》1999.6

249.评现代大家和名家 蒲华及其他,《江苏画刊》1999.7

250.评现代大家和名家 丰子恺、陈师曾、黄胄,《江苏画刊》1999.8

251.评现代大家和名家 京派和浙派及其代表画家,《江苏画刊》1999.9

252.评现代大家和名家 陈之佛、于非闇,《江苏画刊》1999.10

253.评现代大家和名家 吕凤子,《江苏画刊》1999.11

254.真工实能与其他,《江苏画刊》1999.7

255.聪明 文野 环境,《江苏画刊》1999.9

256.探索不止,《美术报》1999.9.13

257.随想见形,随形见性,《紫玉金砂》(台)1999.11

258.人文 黄山 画黄山,《现代名家画黄山 序》1998.12安徽美术出版社

259.作文意不可在文,《文论报》1999.4.29

260.杂议,《文论报》1999.1.7

261.古今翻译之异(该刊要目),《作品与争鸣》1999.9

262.陈传席再论刘海粟,《美术报》1999.10.30

263.陈传席再评刘海粟,《书法报》1999.12.20

264.京派与浙派——南北美术教育体系和特色,《美苑》1999.3

265.书坛"生意",《书法报》1999.10.12

266.从睢宁县儿童画看童画的价值,《美术报》1999.4.26

267.我对九届美展的看法,《美术报》1999.5.24

268.幽居,《人民政协报》1999.2.2

169.造谣 传谣.信谣,《散文百家》1999.7

270.悔晚斋臆语，《文论报》1999. 12.9

271.评江苏几位名画家，《美术的回眸与展望》1999. 10文心出版社

272.我是怎样画起画来的，《美术报》1999. 12. 25

273.写意，《文论报》1999.6.24

274.悔晚斋臆语，《燕越都市报》1999.5.27

276.悔晚斋臆语，《文论报》1999. 3.11

277.悔晚斋臆语，《文论报》1999.7.25

278.京派与浙派，《20世纪中国美术教育》 1999.9上海书画出版社

279.志于道，游于艺，《美术观察》1999. 12

280.大气和乾道，《中国艺术》1999.4

281.中国画研究三题，《荣宝斋》2000.1人民美术出版社

282.五牛图，《中国油画》2000.1

283.虱子小史，《散文百家》2000.1

284.虱子小史，《读者》2000.7

285.十载狂名惊俗世，《书法报》2000.2.7

286.徐悲鸿　黄胄　老甲画马比较，《文论报》2000.3.1

287.评现代大家和名家　陈子庄，《江苏画刊》2000.3

288.隐士和隐士文化问题（一），《华侨报》（澳）2000.3.18

289.隐士和隐士文化问题（二），《华侨报》2000.3.19

290.隐士和隐士文化问题（三），《华侨报》2000.3.20

291.隐士和隐士文化问题（四），《华侨报》2000.3.21

292.隐士和隐士文化问题（五），《华侨报》2000.3.22

293.隐士和隐士文化问题（六），《华侨报》2000.3.23

294.隐士和隐士文化问题（七），《华侨报》2000.3.24

295.隐士和隐士文化问题（八），《华侨报》2000.3.25

296.隐士和隐士文化问题（九），《华侨报》2000.3.26

297.画出偏师，匠心独具（此文被译为英、日、俄、意、法、德等11国文字），《中国》2000.1

298.评现代大家和名家　黄秋园，《江苏画刊》2000.4

299.京派与浙派，《美术观察》2000.5

300.论工夫与功夫，《美术家》2000.2

301.山居图，《国画家》2000.3

302.传统艺术的根源之地，《国画家》2000.3

303.明反曹、暗反刘——《三国演义》内容倾向新论，《明清小说研究》（国家核心刊物）2000.1

304.元创性　功夫与工夫，《中国艺术》2000.2

305.论功夫与工夫（续），《美术家》2000.3

306.五牛图——读吴冠中一张油画，《中国油画》2000.1

307.虱子小史，《散文百家》2000.1，《读者》2000.7

308.谈"轻批评"，《中国画研究》2000.1，《国画世界》2002年第一辑

309.自信和悟性，《中国画研究》2000.1

310.画出偏师，匠心独具（此文被译为英、日、俄、意、法，德等11国文字），《中国》2000.1

311.明反曹，暗反刘——三国演义内容倾向新论，《明清小说研究》2000.1，《文论报》2000.9.1

312.中国画在世界艺术中的实际地位，《美术之友》2000.1

313.中国画研究三题，《荣宝斋》2000.1

314.十载狂名惊俗世，《书法报》2000.2.7

315.论功夫与工夫，《美术家》2000.2

316.元创性：功夫与工夫（上），《中国美术》2000.2

317.自撰联小记，《书法报》2000.2

318.元创性：功夫与工夫（下），《中国美术》2000.3

319.陈传席教授谈美术教育问题，《天津美术学院学报》2000.3

320.山居图，《国画家》2000.3

321.传统艺术的根源之地，《国画家》2000.3，《收藏与投资》

2015.6

322.徐悲鸿、黄胄、老甲画马之比较，《文论报》2000.3

323."心声"我的几点意见——答编者问，《艺术探索》2000.3

324.评名家与大家　陈子庄，《江苏画刊》2000.3

325.隐士和隐士文化问题之一、二、三、四、五、六、七、八、九，《华侨报》2000.3.18~26

326.评画坛大家与名家　黄秋园，《江苏画刊》2000.4

327.京派与浙派，《美术观察》2000.5

328.直以书法演画法，《国画家》2000.6

329.20世纪中国美术形成的各种因素，《美术》2000.6

330.评大家与名家　傅抱石，《江苏画刊》2000.7

331.形式与灵魂——当代中国画问题，《美术观察》2000.7，《美术》2000.7

332.中国历代山水画经典，《江苏美术》2000.8

333.《三国演义》倾向新论(上)，《澳门》2000.9

334.濠江画人再录-序言，《濠江画人再录》2000年9月

335.马之不同，《新华文摘》2000.10

336.评名家与大家　李苦禅，《江苏画刊》2000-10

337.女朋友的八种反应，《散文百家》2000.10

338.《三国演义》倾向新论(下)，《澳门》2000.11

339.三说陈平，《河北画报》2001.1

340.中国山水画源远流长，《美术之友》2001.1

341.骂得有理，《杂文月刊》2001.1

342.读史三则，《河北画报》2001.3

343.承上启下，所立卓尔，《国画家》2001.3

344.格调、意境、趣味，《荣宝斋》2001.3

345.大禹并未传位给子，《杂文月刊》2001.4

346.蔡文姬和李清照的荣与辱，《河北画报》2001.4

347.评现代名家和大家　黄宾虹，《江苏画刊》2001.4

348.台阁体与明代文人的奴性品格，《社会科学论坛》2001.4

349.文之深浅，《作品与争鸣》2001.5

350.论元创性：功夫与工夫(上)，《美苑》2001.5

351.傅抱石生平及绘画研究，《叩开中国名家之门》2001.5

352.隐士和隐士文化问题，《书屋》2001.6

353.笑说古今二事，《河北画报》2001.6

354.三般见解，《中国书画报》2001.6.28

355.身与时舛——谈我学画的历程和矛盾，《国画家》2001.6

356.论元创性：功夫与工夫(下)，《美苑》2001.6

357.高等艺术院校必须加强文化基础课，《美术》2001.7

358.江野的中国画，《荣宝斋》2001.8

359.天安门广场布局追溯，《河北画报》2001.9

360.就百年画史中一些问题答客问，《中国画研究》2001.9

361.中国名画的命运，《深圳商报》2001.10.30

362.天下第一玉，《河北画报》2001.10

363.台阁体及文人的奴性品格，《澳门》2001.10

364.小品三章，《乡音》2001.11

365.收藏现代人的书作99％无意义，《书法报》2001.12.3

366.海派的两股势力及其形成基础，《海派绘画研究文集》2001.12

367.是神仙自能拔宅，《国画家》2002.2，《美术》2002.6，《中国美术》2003.1

368.评现代大家与名家　朱屺瞻，《江苏画刊》2002.2

369.悔晚斋臆语（上），《荣宝斋》2002.3

370.悔晚斋臆语，《书法报》2002.4.29

371.名家与大家，《书与画》2002.4

372.评现代大家与名家　潘天寿，《国画家》2002.5

373.必须检讨我们的教育制度了，《美术观察》2002.5

374.唐人意境，宋人笔法，《人民日报》2002.5.28

375.志于道，游于艺，《荣宝斋》2002.5，《书画世界》2007.6期

376.悔晚斋臆语（下），《荣宝斋》2002.5

377.艺术的现代与传统，《书与画》2002.5

378.善学而能化，《美术界》2002.6

379.大画家降格，小画家升格，《书与画》2002.6

380.研究所和画院存在不合理，《美术观察》2002.6

381.论大师和高质量的艺术作品的标准，《美术》2002.7

382.唐人意境，宋人笔法，《书与画》2002.10

383.复古也是一条路，《美术观察》2002.11

384.关于现代画品，《美术观察》2002.12

385.文物与历史，《东南文化》2002.12

386.与赵凤池先生论书，《青少年书法》2002.12

387.艺术品收藏问题，《艺术与典藏》2002.7

388.批评就是宣传，《美术观察》2003.1

389.谈批评和危机及轻批评问题，《国画》2003.1辑，《美术与设计》（南京艺术学院学报）2004.3

390.汉文化的分裂、重心转移及与森林的关系，《南通师范学院学报》2003.1，《美术史论坛》（韩国美术研究所）2004第19号，《文津演讲录》2010.11

391.达变识次，开宗立派，《水墨丛书》（六）2003.1，《艺术评论》2006第1期

392.古今翻译之异——翻译史上重要问题，《徐州人大》2003.1

393.同学石飞，《散文百家》2003.1

394.南京不可为都论，《散文百家》2003.1

395.谈批评和危机及轻批评问题，《国画家》2003.1，《美苑》2003.4

396.评现代名家与大家　吴冠中，《国画家》2003.1

425."多元"方"七彩"，《江苏画刊》2003.10

426.写钟馗之神，《文化时空》2003.2

427.清新和淡润，《中国书画》2003.11

428.花样不是风格，《美术》2004.6

429.徐悲鸿并不提倡"中西结合"，《美术观察》2004.5

430.情怀高原——读尼玛泽仁作品有感，《美术观察》2004.11

431.评现代大家与名家　黄君璧，《国画家》2004.1

432.评现代大家与名家　岭南画派，《国画家》2004.2

433.评现代大家与名家　何香凝，《国画家》2004.4

434.评现代名家与大家　吴湖帆，《国画家》2004.5

435.评现代名家与大家　蒋兆和，《国画家》2004.6

436.陈传席点评十届全国美展国画部分，《国画家》2004.6

437.谈当前中国画坛的几个问题，《美术观点》2004.1，《澳门》
2006.8

438.风格和花样，《中国书画》2004.8

439.我学画略历和体会，《中国花鸟画》2004.3

440.民族、时代、个性——读曾迎春的画，《中国民族》2004.3

441.诗"石头和墙"，《光明日报》2004.8.16

442.诗二首，《诗刊》2004.12.4

443.中国画家与赞助人（六），《荣宝斋》2004.5

444.中国画家与赞助人（七），《荣宝斋》2004.9

445.中国画家与赞助人（八），《荣宝斋》2004.11

446.传统阵地的"制高点"，《荣宝斋》2004.11

447.格调与功力，《中国书画》2004.11

448.音韵清新——江浙沪花鸟画邀请展叙，《中国花鸟画》2004.第
4期

449.清新和淡润——刘知白老人的画，《江苏画刊》2004.11

449.斑驳、雄浑、神秘——记许其萍及其画，《江苏画刊》2004.8

450.乾隆《劝农纪典》研究，河北教育出版社2004

451.世纪中国美术形成的各种因素，《中国美术与世界艺术走向》（人民美术出版社2004）

452.谈清初山水画论的"返祖"，《南京艺术学院学报 优秀论文集》2004.10

453.出作品但不出画家，《美术》2005.4

454."艺术救国""物种进化"和"中国画改良"，《美术》2005.12

455.文艺题材与民族正气，《求是》2005.第15期

456.花样不是风格，《作品与争鸣》2005.6

457.古今之文志异，《作品与争鸣》2005.9期

458.艺术家，你在助谁之威风——关于题材的一个问题，《美术观察》2005.5

459.30年来美术对中国社会影响之一斑，《美术观察》2005.12

460.评现代名家与大家 赖少奇，《国画家》2005.2

461.评现代名家与大家 陈少梅，《国画家》2005.3

462.评现代名家与大家 刘奎龄，《国画家》2005.5

463.评现代名家与大家 启功，《国画家》2005.6

464.高旭奇画传，《中国地名》2005.1

465.清新典雅 古今契合——读柳学健的花鸟画，《艺术市场》2005.4

466.天付劲毫 制用有法，《荣宝斋》2005.5

467.花姿色——吴湘云花鸟画评，《荣宝斋》2005.6

468.重建中国画的审美价值——记贾平西及其艺术，《国画家》2005.1

469.马来西亚原始森林探险记，《散文百家》2005.12

470.20世纪中国美术形成的各种因素，《首届中国美术金彩论坛文集》2005年人民美术出版社

471.学位论文的选题与写作（上），《西北美术》2005.3

472.寻找自己的坐标点——记吴俊达及其画，《美术向导》2006.1

473.青绿山水的新境界，《美术》2006.5

474.论"骨秀"，《美术》2006.9

475.评现代名家与大家　金城，《国画家》2006.1

476.评现代名家与大家　陈半丁，《国画家》2006.2

477.评现代名家与大家　王一亭，《国画家》2006.3

478.评现代名家与大家　徐世昌，《国画家》2006.4

479.评现代名家与大家　徐燕孙，《国画家》2006.5

480.论黄胄的绘画及其在画史上的地位，《荣宝斋》2006.5

481.国画泰山山水之法，《国画家》2006.5

482.自信和悟性　笔厚墨沉说范扬，《艺术界》2006.1

483.笔势挽回三百年——谈赵跃鹏的画，《美术研究》2006.2

484.学位论文的选题与写作（中），《西北美术》2006.1

485.从"物种进化"到"变种进化"——谈二十世纪中国山水画发展的趋势，《二十世纪山水画研究文集》2006年上海书画出版社

486.折衷中西——"岭南画派"，《广州国画》2006.5

487.文之极也，《检查日报》2006.7.21

488.从文征明题假画谈起——兼谈我题过的几幅假画，《美术报》2006.7.15

489.任熊及其木刻画传四种，《澳门》2006.12

490.清朝八帝书法，《东方博物》2007.3

491.中国绘画的传统继承与创造，《晶报名人讲演录》2007.3

492.蒲华和吴昌硕在二十世纪文人画史上的意义，《澳门》2007.2

493.现代名家与大家　关良，《国画家》2007.1

494.现代名家与大家　叶浅予，《国画家》2007.3

495.现代名家与大家　汪采白，《国画家》2007.4

496.现代名家与大家　沈耀初，《国画家》2007.6

497.谈中国画的题跋，《中国书画》2007.1

498.高岑及其绘画艺术，《中国书画》2007.3

499.再谈王羲之的贡献，《中国书画》2007.10

500."入世之画"和"出世之画"，《中国书画》2007.11

501.有话则短，无话就算，《中国书画》2007.12

502.有与可遗意，得潇洒神韵，《美术之友》2007.4

503.多元时代的多元探索，《艺术生活》2007.4

504.神于好，精于勤，成于悟——三悟斋主窦金庸艺事，《新美域》2007.6

505.骨鲠而有书卷气——谈李一之书法特色，《荣宝斋》2007.5

506.山水画和风景画及其他，《第二届黄山中国美术论坛 当代山水画发展问题研究》2007

507.中西交流与近现代中国画的发展，《中国花鸟画》2007.6

508.书法艺术的两个标准和一点注意，《美术观察》2007.10

509.重建花鸟画的审美价值，《中华文化画报》2007.10

510."入世之画"和"出世之画"，《当代中国画》2007.11

511.从藏族传统艺术中走出的尼玛泽仁，《美术》2008.6

512.《清明上河图》创作缘起、时间及《宣和画谱》没有著录的原因，《美术研究》2008.4

513.齐白石一名为"房""潢"，《美术研究》2008.2

514.评现代名家与大家 林纾，《国画家》2008.2

515.评现代名家与大家 张书旂，《国画家》2008.3

516.评现代名家与大家 谈"周韶华现象"，《国画家》2008.4

517.工笔 写实 灵性，《国画家》2008.6

518."困惑"什么，《中国书画》2008.2

519.夺意 异形，《中国书画》2008.3

520.理论家是否要会画画，《中国书画》2008.6

521.谈压力和内在的冲动力，《中国书画》2008.7

522.敢于肯定，《中国书画》2008.8

523.画才和画情，《中国书画》2008.9

524.正和奇，《中国书画》2008.10

525.无所不师，无所必师，《中国书画》2008.11

526.分久必合，合久必分，《中国书画》2008.12

527.国画的艺术表率性，《美术观察》2008.7

528.国画的规律问题及当代标准，《美术观察》2008.8

529.功力之传承，《美术观察》2008.10

530.清圆细劲，润洁高旷——陈洪绶的人物画，《朵云》2008.1

531.悔晚斋臆语，《诗潮》2008.1

532.悔晚斋臆语二则，《书与画》2008.6

533.经济大潮和艺术发展，《书画艺术》2008.2，《美术之友》2008.4

534.读程风子的画，《书画艺术》2008.2

535.自信与悟性——笔厚墨沉说范扬，《美术之友》2008.2

536.我们这一代的书法，《中国收藏》2008.7

537.特色鲜明的绘画——谈周士钢的作品，《今日美术》2008.7

538.美术史论研究二十八年，《中国美术广大论坛文集　回顾与展望》2008.7

539.论书法的"骨秀"——兼论王羲之书法地位在唐代由最高到最低，《中国书法》2008.8

540.《兰亭序》不足称为"天下第一行书"，《祭侄稿》应为"天下第一行书"，《美术报》2008.6.7

541.《清明上河图》创作缘起、时间及《宣和画谱》没有著录的原因，《新华文摘》2009.8

542.《清明上河图》的创作及收藏流传，《美术研究》2009.2

543.评现代名家与大家　吴作人，《国画家》2009.1

544.评现代名家与大家　郑午昌、姚茫父，《国画》2009.2

545.评现代名家与大家　李霞、李耕，《国画家》2009.3

546.评现代名家与大家　胡佩衡，《国画家》，2009.6

547."芦管"是什么，《学林漫步》十七集 2009.5

548.玉德金声寓于歙，《徽学研究》2009.1

549.重振汉唐雄风——记张录成画牛、马、驮，《艺术市场》2009.3

550.谈新安画派及其他，《饰——北京服装学院学报》2009.2

551.艺术和艺术教育进入现代的标志性人物——李瑞清，《渔汛》2009.10

552.老甲的中国画，《荣宝斋》2009.7

553.巨变下的应变，《收藏》2009.7

554.从"物种进化"到"变种进化"——谈20世纪60年代前后中国山水画发展的趋势，《成就与开拓——新中国美术60年学术研究会文集》2009.9

555.评现代名家与大家黄宾虹，《开放与传播：改革开放30年中国美术批评论坛文集》2009.9

556."岭南派"五题，《岭南画派与20世纪中国美术学术研讨会论文集》2009.11

557.分久必合，合久必分——论中西绘画的交流，《当代中华艺术的多点透视——海峡两岸港澳地区艺术论坛论文集》2009.9

558.经济大潮和艺术发展，《中国书画》2009.2

559.破碎相，《中国书画》2009.3

560."学书贵在神似说"质疑，《中国书画》2009.4

561.清气和大气，《中国书画》2009.5

562.再论中锋、偏锋与八面锋，《中国书画》2009.6

563.单层文化和双层文化，《中国书画》2009.7

564.三股势力和传统的回归，《中国书画》2009.8

565.必须真的"无意"，《中国书画》2009.9

566.大家的胸怀，《中国书画》2009.11

567.无所不师，无所必师，《中国书画报》2009.1.29

568.会议开出什么名堂，《中国书画报》2009.2.26

569.金融危机和艺术生命，《中国书画报》2009.3.30

570.文化艺术院士可以设立吗，《中国书画报》2009.4.30

571.小学生学习书法提议的感慨，《中国书画报》2009.5.28

572.猥琐和谦虚，《中国书画报》2009.6.29

573.国学大师和国画大师，《中国书画报》2009.7.30

574.上级打招呼怎么办，《中国书画报》2009.10.29

575.新拔苗助长法及其他，《中国书画报》2009.11.30

576.绘与画及其创始考，《美术》2010.10

577.书法家在书法史上定位的标准，《中国书法》2010.7

578.文与画的内在关系，《荣宝斋》2010.4

579.评现代名家与大家-续　周思聪、卢沉，《国画家》2010.1

580.评现代名家与大家-续　刘文西，《国画家》2010.3

581.评现代名家与大家-续　王天铎，《国画家》2010.4

582.评现代名家与大家-续　徐悲鸿（书法），《国画家》2010.5

583.艺术家进入史册的标准，《深化文艺理论研究——第二届全国文联文艺理论工作研讨会文集》中央文献出版社2010年

584.林风眠和徐悲鸿中西艺术主张之异同，《林风眠诞辰110周年纪念国际学术研讨会论文集》中国美术学院出版社2010年，《美术》2013.10，《21世纪的徐悲鸿研究及中国美术发展》中国人民大学出版社2014年

585.陈传席谈古今书法家及书法（上），《中国书画印》2010.1

586.陈传席谈古今书法家及书法（下），《中国书画印》2010.2

587.《松竹图》自叙，《宇宙》2010.4

588.王羲之的贡献，《诗书画作品》2010.4

589.陈传席谈古今书法家及书法（一），《兰亭》2010.2.24

590.陈传席谈古今书法家及书法（二），《兰亭》2010.3.31

591.做官意不可在官，作文意不可在文，《青春健康》2010.6

592.文之极也——谈伏弘的画，《青春健康》2010.6

593."天才"与"干才"，《青春健康》2010.7

594.天气，《美文》2010.10

595.中国画是否改为"水墨画"，《艺术头录　总编寄语》2010.4

596.论"骨秀"——从徐渭、陈淳的画谈起，《乾坤清气——青藤白阳书画学术研讨会论文集》2010

597.教育和美术教育问题，《中国美术》2010.2

598.理性　感性　内涵——钱海源的艺术特色，《文艺生活》2010.11

599.是神仙自能拔宅——读冯健一先生的溶彩油画，《文艺生活》2010.4

600.为太行山立传，《书画艺术》2010.3

601."中西合瓦"与"中西合璧"——陈传席教授谈中西绘画，《中国社会科学报》2010.6.15

602.毫端百卷书——陈传席访谈，《文艺报》2010.9.27

603.重振汉唐雄风，《美术报》2010.9.18.

604.大文人画家陶博吾，《陶博吾先生诞辰110周年纪念专辑》江西美术出版社2010年

605.文之极也，《美术报》2010.11.13

606.论皖南诸画派的名称问题，《艺术境报》2010.11

607.释《易经》"黄帝尧舜垂衣裳而天下治"，《美术研究》2011.8

608.我们怎样成为伟人，《粤海风》2011.1

609.刘备不是中山靖王后代考，《粤海风》2011.4

610.评现代名家与大家　续　天才之绩与天才之志，《国画家》2011.1

611.评现代名家与大家　续　几位女画家，《国画家》2011.2

612.评现代名家与大家　续　丁衍庸，《国画家》2011.3

613.评现代名家与大家　续　林散之，《国画家》2011.5

614.中国人形象及艺术形象考略，《国画家》2011.6

615.马之不同——徐悲鸿、黄胄、老甲画马之比较，《人口文化》2011.4

616.论毛泽东书法，《中华书画家》2011.7

617.紫砂壶的文化背景及其滥觞期，《创意设计》2011.6

618.个性和修养，《荣宝斋》2011.7

619.从《富春山居图》谈黄公望山水画风格之成因，《艺术评论》2011.10

620.关于徐悲鸿美术教育思想在新实地的意义，《开宗立派》四川美术出版社2011年

621.董其昌艺术精神对当代的启示意义，《虚室生白》江西美术出版社2011年

622.谈十年艺术教育质量的下降，《美术观察》2011.12

623.《清明上河图》创作缘起、时间及收藏流传史，《清明上河图新论》故宫出版社2011年

624.八大山人研究三题（代序），《八大山人精品集》江西美术出版社2011年

625.杨守敬的书法及其在日本的重大影响，《书法》2012.1

626.名壶过眼录——康乾时期紫砂壶艺术简史，《创意设计》（江南大学学报）2012.4

627.敬礼　训话　改造，《粤海风》2012.6

628.笔墨当随古代，《美术观察》2012.9,中央文史研究馆编《翰墨文心——中国画学的传承与发展》2015.4

629.画派能否打造，《中国美术》2012.1

630.优秀的艺术家和艺术作品的标准，《中国书画》2012.8

631.三股势力和传统的回归，《中国水墨》2012.6

632.鬼子的敬礼和狞笑，《散文百家》2012.12，《2012中国最美的散文》商务印书馆2013年

633.为劳动人民呐喊的艺术家——晁海，《论晁海水墨世界》2012.9

634.梓庆雕鐻和郑燮画竹，《郑板桥研究》凤凰出版社2012年

635.沟通文学与绘画的奇才——丰子恺，《人口文化》2012.1

636.静得江山之趣的风子，《人口文化》2012.3

637.画以诗为魂，《人口文化》2012.8

638.评现代大家与名家-续 余绍宋，《国画家》2012.2

639.评现代名家与大家-续 "灵感"和"汗水"，《国画家》2012.5

640.评现代大家与名家-续 特色、个性和功力，《国画家》2012.3

641.评现代名家与大家 艺术发展于约束，灭亡于自由，《国画家》2012.6

642.台湾观画记，《中国书画报》2012.1.21

643.观看现代书法表演，《中国书画报》2012.2.29

644.诗二首，《中国书画报》2012.3.10

645.再看现代书法表演，《中国书画报》2012.3.31

646.假画和假文，《中国书画报》2012.4.28

647.朝无幸位，民无幸食，《中国书画报》2012.5.30

648.错在赵，而不在秦，《中国书画报》2012.6.27

649.规定、原则和专家共识，《中国书画报》2012.7.28

650.集古字、美术字更庄重大方，《中国书画报》2012.8.29

651.国家、人民，《中国书画报》2012.9.29

652.哪些中国的特色要保留，《中国书画报》2012.10.31

653.莫言为什么能得诺贝尔奖，《中国书画报》2012.12.5

654.马上要炒作抽象画了，《中国书画报》2012.12.2

655.绝句三首，《都市晨报》2012.7.21

656.徐悲鸿和林风眠艺术主张之异同和影响，《美术》2013.10

657.我们这一代的书法——关于批评，《书法》2013.9

658.我们这一代的书法——关于审美，《书法》2013.8

659.书法乱弹，《文汇　中国书画》2013.6.25

660.徐悲鸿《十二生肖图》研究，《诗书画作品》2013. 4

661.鬼子的敬礼和狞笑，《散文选刊》2013.2

662.中美两国对待造卖假画的不同态度，《中国书画报》2013.10.30

663.惑，《中国书画报》2013.8.10

664.看出了中国的希望，《中国书画报》2013.2.27

665.陈传席谈艺录，《书法报》2013.10.8

666.由"钱培琛事件"谈艺术品作伪，《中国文化报》2013.9. 29

667.如是我见，《藏画导刊》2013.4

668.朝无幸位，民无幸食——一议严打书画造假，《投资时报》2014.1.20

669.分久必合，合久必分，《书法报》2014.1.21

670.响堂山石窟寺发微，《美苑》2014.1

671.响堂山石窟寺发微（续），《美苑》2014.2

672.龙的爪数初探，《美术研究》2014.2

673.我认识的一位老华工，《粤海风》2014.5期

674.静得江山之风趣的风子，《敦煌美术》2014.5

675.徐悲鸿书法研究，《21世纪的徐悲鸿研究及中国美术发展》中国人民大学出版社 2014年

676.从"宁戚饭牛"谈起，《中国书画报》2014.1.25

677.骨直气清 休名生焉，《中国书画报》2014.2.11

678.惩治损坏艺术品和珍贵艺术材料的人，《中国书画报》2014.3.15

679.说帝和后，《中国书画报》2014.6.4

680.学生为什么在校学不到知识，《中国书画报》2014.8.23

681.是发展？还是毁灭？——谈目前美术的一个严重问题，《中国书画报》2014.9.7

682.怀念李铸晋先生，《国画家》2015.1

683.当代中国画创作为什么不能出精品，《收藏与投资》2015.2

684.文脉与画脉，《北京文化创意》2015.3

685.艺术机构该让什么人当上主席、院长，《国画家》2015.3

686.按过去方针办，《中国书画报》2015.4.8

687.书法艺术的两个标准和一点注意，《收藏与投资》2015.4

688.龙怒与蛙怒，《粤海风》2015.4

689.迅速筹建世界性的美术馆，《中国书画报》2015.4.29

690.经济大潮和艺术发展，《收藏与投资》2015.5

691.美术与通识教育，《美术观察》2015.6

692.革故鼎新——振兴当代山水画写实艺术，《墨苑》2015.6.15

693.书协问题，《中国书画报》2015.8.5

694.关于通识教育，《新华文摘》2015.16

695.倪云林生年新考，《倪云林艺术研究文集》江苏古籍出版社2015年

696.国外学术会议启示，《中国书画报》2015.12.19

（截至2015年12月搜集到的部分已发表文章目录，不完全）

图书在版编目（CIP）数据

陈传席文集/陈传席著.—北京：中国青年出版社，
2017.5
ISBN 978-7-5153-4754-7

Ⅰ.①陈… Ⅱ.①陈… Ⅲ.①中国历史－文集
Ⅳ.①K207-53

中国版本图书馆CIP数据核字(2017)第114509号

选题策划：彭明榜
责任编辑：孙梦云+彭慧芝
书籍设计：孙初+林业

中国青年出版社出版 发行
社址：北京东四12条21号
邮政编码：100708
网址：www.cyp.com.cn
编辑部电话：（010）57350506
门市部电话：（010）57350370
北京科信印刷有限公司印刷　新华书店经销

710mm×1000mm 1／16　124.75印张　1729千字
2017年9月北京第1版　2017年9月北京第1次印刷
定价：390.00元（全5册）

本书如有印装质量问题，请凭购书发票与质检部联系调换
联系电话：（010）57350337